新訂朱子全書

附外編

29

[宋]朱熹 撰
朱傑人 嚴佐之 劉永翔 主編

上海古籍出版社

本册书目

朱子全書外編

書集傳

〔宋〕蔡沈 撰
〔宋〕朱熹授旨 嚴文儒 校點

前言

朱子全書的編修從一九九四年開始，在制定「全書」的編修體例時確定：「全書」只收編朱子本人之著作（包括自著、合著、注釋、考訂及語録等），而朱子整理編修的他人著作，則另出爲「外編」。二〇〇二年「全書」出版，又經八年，「外編」成書付梓。

朱子全書外編計收各類著作凡七種，包括：

書集傳
中庸輯略
程氏遺書
程氏外書
上蔡語録
南軒先生文集
韋齋集附玉瀾集

其中韋齋集乃朱子親手整理編訂其父朱松的文集，玉瀾集則爲其叔父朱槔遺著，因篇幅較小，附於韋齋集之後。

程氏遺書、程氏外書、上蔡語録則是理學先賢程顥、程頤，謝良佐的著作，這些著作都經朱子親手裒輯、整理、編定。

張栻是朱子同時代人，與朱子齊名，兩人有很深的私人與學術友誼。南軒先生文集是朱子在張栻去世後爲其整理編訂的著作集。

書集傳是蔡沈之著，但這部書是在朱子一手規劃、指導、删定下完成，有些内容甚至是直接引用朱子之説。

中庸輯略是朱子將石𡼏中庸集解重新删定而成。

如朱子全書前言所述，朱子著作呈現出形式多樣的特點，其中整理編輯前賢的著作即是其中很重要的一類。這些著述的著作人雖不是朱子本人，但却是經朱子之手編選、整理、輯録而成。這一過程不可避免地反映出朱子的學術與文化、政治思想，所以，這些著作同樣成爲認識與研究朱子不可或缺的文獻，其價值絶不在朱子自著之下。

「外編」之體例一仍「全書」，詳見「全書」前言。

朱子全書從編修到出版歷經十年，出版以後一則以喜，一則以憂。喜者，一代儒宗朱子終於有了一部堪稱「全集」的著作集； 憂者，「全書」依然是一部從嚴格意義上説的「不全之書」。現在，擺在讀者面前的這部「外編」終於彌補了我們心中的一大缺憾。自此，我們可以説，中國歷史上第一部真正名副其實的「朱子全書」問世了。

「外編」的出版，正值朱文公誕辰八百八十周年，我們謹以此書獻給這位偉大的文化、學術先驅者。文公有知，當可含笑九泉矣。

二零一零年六月十六日時值端午　朱傑人

目録

書集傳卷四……一五一

書集傳卷六……二五三

校點説明

書集傳六卷，宋蔡沈撰。蔡沈（一一六七—一二三〇），字仲默，號九峰，學者稱九峰先生。蔡元定次子，南宋建州建陽（今福建建陽）人。蔡沈少承家學，師事朱熹。尤精於洪範之數，深得朱熹賞識。

探求「本義」是朱熹經學追求的最高目標。朱熹晚年欲仿詩集傳而著書集傳，雖做了大量準備，但「書豈易言哉」（蔡沈書集傳序，載南宋淳祐十年呂遇龍上饒郡學刻本卷首）！直至朱熹去世前一年，即慶元五年（一一九九），書集傳仍没有完成。朱熹自知垂暮力衰，將不久人世，没有精力再整理書集傳，遂將此事囑託給蔡沈。次年，朱熹去世。蔡沈又以十年時間，沉潛其義，參考衆説，融會貫通，至嘉定己巳（一二〇九），始克成編。

雖説書集傳由蔡沈完成，但朱熹對他的傳授與指點，蔡沈在書集傳序中一一作了説明：「二典、禹謨，先生蓋嘗是正。」「先生改本已附文集中，其間亦有經承先生口授指畫，而未及盡改者，今悉更定見本篇。」「集傳本先生所命，故凡引用師説，不復識别。」淳祐七年

（一二四七）八月，蔡沈之子蔡抗在回答宋理宗時也説：「先臣此書，皆是朱熹之意。朱熹晚年訓傳諸經，獨書未有訓解。以先臣從遊最久，遂授以大意，令具稿而自訂正之。今朱熹删改親筆一一具存。」（蔡抗面對延和殿所得聖語，載書集傳南宋淳祐十年吕遇龍上饒郡學刻本卷首）因此可以説，從思想到材料，朱熹爲蔡沈作書集傳做了充分的準備，而蔡沈則代朱熹建立起了一個完整的尚書學體系。

蔡沈書集傳問世後，即受到廣泛重視。宋理宗也曾對蔡抗説：「卿前日所進尚書解（即書集傳）朕常看，其間甚好。」（蔡抗面對延和殿所得聖語）正因爲統治者的好評和推崇，使書集傳得到迅速推廣和流行。書集傳初刻於何時，今已不可考。但據蔡抗淳祐七年所説：書集傳「坊中板行已久，蜀中亦曾板行。」（蔡抗面對延和殿所得聖語）此時距蔡沈完成書集傳僅三十餘年。此後吕遇龍倚席上饒，亦將書集傳鋟梓學宫。此即爲現存最早的南宋淳祐十年（一二五〇）吕遇龍上饒郡學刻本（藏國家圖書館）。元明清三代，書集傳屢有刻印，流傳至今的刻本即不下數十種。

此次校點整理，以南宋淳祐十年吕遇龍上饒郡學刻本爲底本，校以元至正十四年日新堂刻本（藏上海圖書館，簡稱元至正本）、元刻本（藏上海圖書館）、明正統十二年内府刻本（藏上海圖書館，簡稱明内府本）、明官刻本（藏上海辭書出版社）、清劉氏傳經堂叢書本

（簡稱清傳經堂本）。標點以蔡沈所詁而定。如卷三微子篇經文：「我舊云刻子。」蔡沈訓「刻」爲「害」。而清人焦循尚書補疏、孫詒讓尚書駢枝均以「刻子」爲箕子。今標點即以蔡沈所訓爲是，餘不枚舉。

南宋吕遇龍上饒郡學刊本卷首載有蔡沈九峰蔡先生書集傳序、書序、蔡抗進書集傳表、蔡抗淳祐丁未八月二十六日臣抗面對延和殿所得聖語、後省看詳、書傳問答（朱熹與蔡沈手帖、陳淳安卿記朱熹語、黄義剛毅然記朱熹語）等，現將蔡沈書集傳序、書序仍冠於卷首，其餘作爲附録，載於卷末。原刊將僞孔序作爲書後序載於卷末，今一仍其舊。

校點過程中，我的幾個研究生汪家華、郁輝、笪桂如等幫助我做了不少工作，在此一併表示感謝。

二〇〇六年十二月　嚴文儒

九峯蔡先生書集傳序

慶元己未冬，先生文公令沈作書集傳。明年，先生殁。又十年，始克成編，總若干萬言。嗚呼！書豈易言哉！二帝三王治天下之大經大法皆載此書，而淺見薄識，豈足以盡發蘊奧。且生於數千載之下，而欲講明於數千載之前，亦已難矣。然二帝三王之治，本於道；二帝三王之道，本於心。得其心，則道與治固可得而言矣。何者？精一執中，堯、舜、禹相授之心法也。建中、建極，商湯、周武相傳之心法也。曰德、曰仁、曰敬、曰誠，言雖殊而理則一，無非所以明此心之妙也。至於言天，則嚴其心之所自出；言民，則謹其心之所由施。禮樂教化，心之發也；典章文物，心之著也；家齊國治而天下平，心之推也。心之德其盛矣乎。二帝三王，存此心者也；夏桀、商受，亡此心者也；太甲、成王，困而存此心者也。存則治，亡則亂。治亂之分，顧其心之存不存如何耳。後世人主有志於二帝三王之治，不可不求其道；有志於二帝三王之道，不可不求其心。求心之要，舍是書何以哉！沈自受讀以來，沈潛其義，參考衆説，融會貫通，迺敢折衷微辭奥旨，多述舊聞。二典、禹謨〔一〕，先生蓋嘗是正〔二〕，手澤尚新，嗚呼，惜哉！先生改本已附文集中，其閒亦有經承先生口授指畫，而未及盡改者，今悉更定見本篇。集傳本先生所命，故凡引用師説，不復識别。四代之書，分爲六卷。文以時異，治以道同。聖人之心見於書，猶化工之妙著於物，非精深不能識也。是傳也，於堯、舜、禹、湯、文、武、周公之心，雖未必能造其微；於堯、舜、禹、湯、文、武、周公之書，因是訓詁，亦可得其指意之大略矣。嘉定己巳三月既望武夷蔡沈序。

校勘記

〔一〕禹謨　「禹」，元刻本、明内府本、明刻本、清傳經堂本作「三」。

〔二〕先生蓋嘗是正　「是正」原作「正是」，據元刻本、明内府本、清傳經堂本乙正。

書序

漢孔安國曰：古者伏犧氏之王天下也，始畫八卦，造書契，以代結繩之政，由是文籍生焉。陸氏曰：伏犧，風姓，以木德王，即太皞也。書契，刻木而書其側，以約事也。易繫辭云：上古結繩而治，後世聖人易之以書契。文，文字也。籍，書籍也。伏犧、神農、黃帝之書，謂之三墳，言大道也。少昊、顓頊、高辛、唐、虞之書，謂之五典，言常道也。至于夏、商、周之書，雖設教不倫，雅誥奥義，其歸一揆。是故歷代寶之，以爲大訓。陸氏曰：神農，炎帝也。姜姓，以火德王。黃帝，軒轅也。姬姓，以土德王。一號有熊氏。墳，大也。少昊，金天氏，名摯，己姓，黃帝之子，以金德王。顓頊，高陽氏，姬姓，黃帝之孫，以水德王。高辛，帝嚳也。黃帝之曾孫，姬姓，以木德王。唐，帝堯也。姓伊耆氏，帝嚳之子。初爲唐侯，後爲天子，都陶，故號陶唐氏，以火德王。虞，帝舜也，姓姚氏，國號有虞，顓頊六世孫，以土德王。夏禹，有天下之號也，以金德王。商湯，有天下之號也，亦號殷，以水德王。周文王、武王，有天下之號也，以木德王。揆，度也。八卦之説，謂之八索，求其義也。九州之志，謂之九丘。丘，聚也。言九州所有、土地所生、風氣所宜，皆聚此書也。春秋左氏傳曰：楚左史倚相「能讀三墳、五典、八索、九丘」。即謂上世帝王遺書也。陸氏曰：索，求也。倚相，楚靈王時史官也。先君孔子，生於周末。覩史籍之煩文，懼覽之者不一，遂乃定禮、樂，明舊章，删詩爲三百篇，約史記而修春秋，讚易道以黜八索，述職方以除九丘。討論墳、典，斷自唐、虞以下，訖于周。芟夷煩亂，翦截浮辭，舉其宏綱，撮其機要，足以垂世立教，典、謨、訓、誥、誓、命之文凡百篇，所以恢弘至道，示人主以軌範也。帝王之制，坦然明白，可舉而行。三千之徒，並受其義。程子曰：所謂大道，若性與天道之説，聖人豈得而去之哉。若言陰陽、四時、七政、五行之道，亦必至要之理，非如後世之繁衍末術也。固亦常道，聖人所以不去也。或者所謂義、農之書，乃後人稱述當時之事，失其義理。如許行爲神農之言及陰陽、權變、醫方，稱黄帝之説耳。此聖人所以去之也。五典既皆常道，又去其三，蓋上古雖已有文字，而制立法度，爲治有迹，得以紀載，有史官以識其事，自堯始耳。○今按周禮，外史掌三皇五帝之書，周公所録，必非僞妄，而春秋時三墳、五典、八索、九丘之書，猶有存者。若果全備，孔子亦不應悉删去之。或其簡編脱落，不可通曉；或是孔子所見，止自唐、虞以下，不可知耳。今亦不必深究其説也。及秦始皇滅先代典籍，焚書坑儒，天下學士逃難解散，我先人用藏其家書于屋壁。秦，國名。始皇，名政。并六國爲天子，自號始皇帝。焚詩書在三十四年，坑儒在三十五年。顔師古曰：家語云：孔騰字子襄，畏秦法峻急，藏尚書、孝經、論語於夫子舊堂壁中。而漢記尹敏傳云：孔鮒所藏。二説不同，未知孰是。漢室龍興，開設學校，旁求儒雅，以闡大猷。濟南伏生年過九十，失其本經，口以傳授，裁二十餘篇。以其上古之書，謂之尚書。百篇之義，世莫得聞。漢藝文志云：尚書經二十九卷。注云：伏生所授者。儒林傳云：伏生名勝，爲秦博士。以秦時禁書，伏生壁藏之。其後大兵起，流亡。漢定，伏生求其書，亡數十篇，獨得二十九篇，即以教于齊魯之間。孝文時求能治尚書者，天下無有。聞伏生治之，欲召，時伏生年九十餘，老不能行，於是詔太常使掌故晁錯往受之。顏師古曰：「衛宏定古文尚書序云：伏生老，不能正言，言不可曉，使其女傳言教錯。齊人語多與潁川異，錯所不知凡十二三，略以其意屬讀而已。」陸氏曰：二十餘篇，即馬、鄭所注二十九篇是也。孔穎達曰：泰誓本非伏生所傳，武帝之世始出而得行，史因以入於伏生所傳之内，故云二十九篇也。○今按此序言伏生失其本經，口以傳授。漢書乃言初亦壁藏，而後亡數十篇。其説與此序不同，蓋傳聞異辭爾。至於篇數，亦復不同者。伏生本但有堯典、皋陶謨、禹貢、甘誓、湯誓、盤庚、高宗肜日、西伯戡黎、微子、牧誓、洪範、金縢、大誥、康誥、酒誥、梓材、召誥、洛誥、多方、多士、立政、無逸、君奭、顧命、呂刑、文侯之命、費誓、秦誓，凡二十八篇。今加泰誓一篇，故爲二十九篇耳。其泰誓真僞之説，詳見本篇，此未暇論也。至魯共王，好治宮室，壞孔子舊宅以廣其居，於壁中得先人所藏古文虞、夏、商、周之書及傳，論語、孝經，皆科斗文字。王又升孔子堂，聞金石絲竹之音，乃不壞宅，悉以書還孔氏。科斗書廢已久，時人無能知者，以所聞伏生之書考論文義，定其可知者爲隸古定，更以竹簡寫之，增多伏生二十五篇。伏生又以舜典合於堯典，益稷合於皋陶謨，盤庚三篇合爲一，康王之誥合於顧命。復出此篇，并序，凡五十九篇，爲四十六卷。其餘錯亂摩滅，弗可復知，悉上送官，藏之書府，以待能者。陸氏曰：共王，漢景帝子，名餘。傳，謂春秋也。一云周易十翼非經，謂之傳。科斗，蟲名，蝦蟇子，書形似之。爲隸古定，謂用隸書以易古文。吴氏曰：伏生傳於既耄之時，而安國爲隸古，又特定其所可知者，而一篇之中、一簡之内，其不可知者蓋不無矣。乃欲以是盡求作書之本意，與夫本末先後之義，其亦可謂難矣。而安國所增多之書，今篇目具在，皆文從字順，非若伏生之書詰曲聱牙，至有不可讀者。夫四代之書，作者不一，乃至二人之手而遂定爲二體乎？其亦難言矣。二十五篇者，謂大禹謨、五子之歌、胤征、仲虺之誥、湯誥、伊訓、太甲三篇、咸有一德、説命三篇、泰誓三篇、武成、旅獒、微子之命、蔡仲之命、周官、君陳、畢命、君牙、冏命也。復出者，舜典、益稷、盤庚三篇、康王之誥，凡五篇。又，百篇之序，自爲一篇，共五十九篇，即今所行五十八篇，而以序冠篇首者也。爲四十六卷者，孔疏以爲同序者同卷，異序者異卷。同序者太甲、盤庚、説命、泰誓，皆三篇共序，凡十二篇，只四卷。又大禹、皋陶謨、益稷、康誥、酒誥、梓材亦各三篇共序，凡六篇，只二卷。外四十篇，篇各有序，凡四十卷，通共序者六卷，故爲四十六卷也。其餘錯亂摩滅者汩作、九共九篇、槀飫、帝告、釐沃、湯征、汝鳩、汝方、夏社、疑至、臣扈、典寶、明居、肆命、徂后、沃丁、咸乂四篇、伊陟、原命、仲丁、河亶甲、祖乙、高宗之訓、分器、旅巢命、歸禾、嘉禾、成王政、將蒲姑、賄肅慎之命、亳姑凡四十二篇，今亡。承詔爲五十九篇作傳，於是遂研精覃思，博考經籍，採摭羣言，以立訓傳。約文申義，敷暢厥旨，庶幾有補於將來。書序，序所以爲作者之意。昭然義見，宜相附近，故引之各冠其篇首，定五十八篇。詳此章雖説書序序所以爲作者之意，而未嘗以爲孔子所作，至劉歆、班固始以爲孔子所作。既畢，會國有巫蠱事，經籍道息，用不復以聞。傳之子孫，以貽後代。若好古博雅君子與我同志，亦所不隱也。陸氏曰：漢武帝末征和中，江充造蠱敗戾太子。○今按安國此序不類西京文字，疑或後人所託。然無據，未敢必也。以其本末頗詳，故備載之，讀者宜考焉。漢書藝文志云：「書者，古之號令。號令於衆，其言不立具，則聽受施行者弗曉。古文讀應爾雅，故解古今語而可知也。」括蒼葉夢得曰：尚書文皆奇澁，非作文者故欲如此，蓋當時語自爾也。今按此説，是也。大抵書文訓誥多奇澁，而誓命多平易，蓋訓誥皆是記録當時號令於衆之本語，故其間多有方言及古語，在當時則人所共曉，而於今世反爲難知。誓命則是當時史官所撰，隱括潤色，粗有體製。故在今日亦不難曉耳。孔穎達曰：孔君作傳，值巫蠱不行以終。前漢諸儒知孔本五十八篇，不見孔傳，遂有張霸之徒僞作舜典、汨作、九共九篇、大禹謨、益稷、五子之歌、胤征、湯誥、咸有一德、典寶、伊訓、肆命、原命、武成、旅獒、冏命二十四篇，除九共九篇，共卷爲十六卷，蓋亦略見百篇之序。故以伏生二十八篇者，復出舜典、益稷、盤庚二篇、庚王之誥及泰誓，共爲三十四篇。而僞作此二十四篇十六卷附以求合於孔氏之五十八篇四十六卷之數也。劉向、班固、劉歆、賈逵、馬融、鄭玄之徒皆不見真古文，而誤以此爲古文之書。服虔、杜預亦不之見，至晉王肅始似竊見。而晉書又云：鄭冲以古文授蘇愉，愉授梁柳，柳之内兄皇甫謐，又從柳得之。而柳又以授臧曹，曹始授梅賾，賾乃於前晉奏上其書而施行焉。漢書所引泰誓云：誣神者殃及三世。又云：立功立事，惟以永年。疑即武帝之世所得者。律曆志所引伊訓、畢命，字畫有與古文略同者，疑伏生口傳而晁錯所屬讀者。其引武成，則伏生無此篇，必張霸所僞作者也。今按漢儒以伏生之書爲今文，而謂安國之書爲古文。以今考之，則今文多艱澁，而古文反平易。或者以爲今文自伏生女子口授晁錯時失之，則先秦古書所引之文皆已如此，恐其未必然也。或者以爲記録之實語難工，而潤色之雅詞易好，故訓誥誓命有難易之不同，此爲近之。然伏生倍文暗誦，乃偏得其所難。而安國考定於科斗古書錯亂摩滅之餘，反專得其所易，則又有不可曉者。至於諸序之文，或頗與經不合，而安國之序又絶不類西京文字，亦皆可疑。獨諸序之本不先經，則賴安國之序而見，故今定此本壹以諸篇本文爲經，而復合序篇於後，使覽者得見聖經之舊，而又集傳其所可知，姑闕其所不可知者云。

書集傳卷一

虞書

虞，舜氏，因以爲有天下之號也。書凡五篇，堯典雖紀唐堯之事，然本虞史所作，故曰虞書。其舜典以下，夏史所作，當曰夏書。春秋傳亦多引爲夏書，此云虞書，或以爲孔子所定也。

堯典

堯，唐帝名。説文曰：典，從册，在丌上，尊閣之也。此篇以簡册載堯之事，故名曰堯典。後世以其所載之事可爲常法，故又訓爲常也。今文、古文皆有。

曰若稽古，帝堯曰放勳。欽明文思安安，允恭克讓，光被四表，格于上下。

曰，粤、越通。古文作「粤」。曰若者，發語辭。周書「越若來三月」，亦此例也。稽，考也。史臣將叙堯事，故先言考古之帝堯者，其德如下文所云也。曰者，猶言其説如此也。放，至也。猶孟子言「放乎四海」是也。勳，功也。言堯之功大而無所不至也。欽，恭敬也。明，通明也。敬體而明用也。文，文章也。思，意思也。文著見而思深遠也。安安，無所勉強也。言其德性之美，皆出於自然而非勉強，所謂性之者也。允，信。

克，能也。常人德非性有，物欲害之，故有强爲恭而不實，欲爲讓而不能者。惟堯性之，是以信恭而能讓也。光，顯。被，及。表，外。格，至。上，天。下，地也。言其德之盛如此，故其所及之遠如此也。蓋放勳者，總言堯之德業也。欽明文思安安，本其德性而言也。允恭克讓，以其行實而言也。至於被四表，格上下，則放勳之所極也。孔子曰：「惟天爲大，惟堯則之。」故書叙帝王之德，莫盛於堯。而其贊堯之德，莫備於此。且又首以「欽」之一字爲言，此書中開卷第一義也。讀者深味而有得焉，則一經之全體，不外是矣。其可忽哉！克明俊德，以親九族。九族既睦，平章百姓。百姓昭明，協和萬邦，黎民於變時雍。明，明之也。俊，大也。堯之大德，上文所稱是也。九族，高祖至玄孫之親。舉近以該遠，五服異姓之親，亦在其中也。睦，親而和也。平，均。章，明也。百姓，畿内民庶也。昭明，皆能自明其德也。萬邦，天下諸侯之國也。黎，黑也。民首皆黑，故曰黎民。於，歎美辭。變，變惡爲善也。時，是。雍，和也。此言堯推其德，自身而家、而國、而天下，所謂放勳者也。乃命羲、和，欽若昊天，曆象日月星辰，敬授人時。乃者，繼事之辭。羲氏、和氏，主曆象授時之官。若，順也。昊，廣大之意。曆，所以紀數之書。象，所以觀天之器，如下篇璣衡之屬是也。日，陽精，一日而繞地一周。月，陰精，一月而與日會。星，二十八宿。衆星爲經，金、木、水、火、土五星爲緯，皆是也。辰，以日月所會，分周天之度，爲十二次也。人時，謂耕穫之候。凡民事早晚之所關也。其説詳見下文。分命羲仲，宅嵎夷，曰暘谷。寅賓出日，平秩東作。日中，星鳥，以殷仲春。厥民析，鳥獸孳尾。此下四節，言曆既成，而分職以頒布，且考驗之，恐其推步之或差也。或曰上文所命，蓋羲伯、和伯，此乃分命其仲叔，未詳是否也。宅，居也。嵎夷，即禹貢「嵎夷既略」者也。曰暘谷者，取日出之義，羲仲所居官次之名。蓋官在國都，而測候之所，則在於嵎夷東表之地也。寅，敬也。賓，禮接之如賓客也。亦帝嚳「曆日月而迎送」之意。出日，方出之日。蓋以春分之旦，朝方出之日，而識其初出之景也。平，均。秩，序。作，起也。東作，春月歲功方興，所當作起之事也。蓋以曆之節氣早晚，均次其先後之宜，以授有司也。日中者，春分之刻，於夏永冬短爲適中也。晝夜皆五十刻，舉晝以見夜，故曰日。星鳥，南方朱鳥七宿，唐一行推以鶉火爲春分昏之中星也。殷，中也。春分，陽之中也。析，分散也。先時冬寒，民聚於隩，至是則以民之散處而驗其氣之温也。乳化曰孳，交接曰尾，以物之生育而驗其氣之和也。

申命羲叔，宅南交。平秩南訛，敬致。日永，星火，以正仲夏。厥民因，鳥獸希革。申，重也。南交，南方交趾之地。陳氏曰：「『南交』下當有『曰明都』三字。」訛，化也。謂夏月時物長盛，所當變化之事也。史記索隱作「南爲」，謂所當爲之事也。敬致，周禮所謂「冬夏致日」〔一〕。蓋以夏至之日中，祠日而識其景，如所謂「日至之景，尺有五寸，謂之地中」者也。永，長也。日永，晝六十刻也。星火，東方蒼龍七宿。火，謂大火。夏至昏之中星也。正者，夏至陽之極，午爲正陽位也。因，析而又析。以氣愈熱而民愈散處也。希革，鳥獸毛希而革易也。

分命和仲，宅西，曰昧谷。寅餞納日，平秩西成。宵中，星虛，以殷仲秋。厥民夷，鳥獸毛毨。西，謂西極之地也。曰昧谷者，以日所入而名也。餞，禮送行者之名。納日，方納之日也。蓋以秋分之莫，夕方納之日而識其景也。西成，秋月物成之時，所當成就之事也。宵，夜也。宵中者，秋分夜之刻，於夏、冬爲適中也。晝夜亦各五十刻，舉夜以見日，故曰宵。星虛，北方玄武七宿之虚星，秋分昏之中星也。亦曰殷者，秋分陰之中也。夷，平也。暑退而人氣平也。毛毨，鳥獸毛落更生，潤澤鮮好也。申命和叔，宅朔方，曰幽都。平在朔易。日短，星昴，以正仲冬。厥民隩，鳥獸氄毛。朔方，北荒之地。謂之朔者，朔之爲言蘇也。萬物至此死而復蘇，猶月之晦而有朔也。日行至是，則淪於地中，萬象幽暗，故曰幽都。在，察也。朔易，冬月歲事已畢，除舊更新，所當改易之事也。日短，晝四十刻也。星昴，西方白虎七宿之昴宿。冬至昏之中星也。亦曰正者，冬至陰之極，子爲正陰之位也。隩，室之内也。氣寒而民聚於内也。氄毛，鳥獸生耎毳細毛以自温也。蓋既命羲、和造曆制器，而又分方與時，使各驗其實，以審夫推步之差。聖人之敬天勤民，其謹如是。是以術不違天，而政不失時也。又按此冬至日在虚，昏中昴。今冬至日在斗，昏中壁。中星不同者，蓋天有三百六十五度四分度之一，歲有三百六十五日四分日之一，天度四分之一而有餘，歲日四分之一而不足。故天度常平運而舒，日道常内轉而縮，天漸差而西，歲漸差而東，此歲差之由。唐一行所謂歲差者是也。古曆簡易，未立差法，但隨時占候修改，以與天合。至東晉虞喜始以天爲天，以歲爲歲，乃立差以追其變，約以五十年退一度。何承天以爲太過，乃倍其年而又反不及。至隋劉焯取二家中數七十五年爲近之，然亦未爲精密也。因附著于此。帝曰：「咨，汝羲暨和，朞三百有六旬有六日，以閏月定四時，成歲。允釐百工，庶績咸熙。」咨，嗟也。嗟嘆而告之也。暨，及也。朞，猶周也。允，信。釐，治。工，官。庶，衆。績，功。咸，皆。熙，廣也。天體至圓，周圍三百六十五度四分度之一，繞地左旋，常一日一周而過一度。日麗天而少遲，故日行一日亦繞地一周，而在天爲不及一度。積三百六十五日九百四十分日之二百三十五而與天會，是一歲日行之數也。月麗天而尤遲，一日常不及天十三度十九分度之七。積二十九日九百四十分日之四百九十九而與日會。十二會，得全日三百四十八，餘分之積，五千九百八十八。如日法九百四十而得六，不盡三百四十八。通計得日三百五十四九百四十分日之三百四十八，是一歲月行之數也。歲有十二月，月有三十日，三百六十者，一歲之常數也。故日與天會，而多五日九百四十分日之二百三十五者，爲氣盈。月與日會，而少五日九百四十分日之五百九十二者，爲朔虛。合氣盈朔虛而閏生焉。故一歲閏，率則十日九百四十分日之八百二十七。三歲一閏，則三十二日九百四十分日之六百一。五歲再閏，則五十四日九百四十分日之三百七十五。十有九歲七閏，則氣朔分齊，是爲一章也。故三年而不置閏，則春之一月入于夏，而時漸不定矣。子之一月入于丑，而歲漸不成矣。積之之久，至於三失閏，則春皆入夏，而時全不定矣。十二失閏，子皆入丑，歲全不成矣。其名實乖戾，寒暑反易，農桑庶務皆失其時。故必以此餘日置閏月於其間，然後四時不差，而歲功得成。以此信治百官，而衆功皆廣也。帝曰：「疇咨，若時登庸？」放齊曰：「胤子朱，啓明。」帝曰：「吁！嚚訟，可乎？」此下至鯀「績用弗成」皆爲禪舜張本也。疇，誰。咨，訪問也。若，順。庸，用也。堯言誰爲我訪問能順時爲治之人而登用之乎。放齊，臣名。胤，嗣也。胤子朱，堯之嗣子丹朱也。啓，開也。言其性開明，可登用也。吁者，歎其不然之辭。嚚，謂口不道忠信之言。訟，爭辯也。朱，蓋以其開明之才，用之於不善，故嚚訟。禹所謂傲虐是也。此見堯之至公至明，深知其子之惡，而不以一人病天下也。或曰胤，國；子，爵；堯時諸侯也。夏書有胤侯，周書有胤之舞衣，今亦未見其必不然，姑存於此云。帝曰：「疇咨若予采？」驩兜曰：「都！共工方鳩僝功。」帝曰：「吁！静言庸違，象恭，滔天。」采，事也。都，歎美之辭也。驩兜，臣名。共工，官名。蓋古之世官族也。方，且。鳩，聚。僝，見也。言共工方且鳩聚而見其功也。静言庸違者，静則能言，用則違背也。象恭，貌恭而心不然也。「滔天」二字未詳，與下文相似，疑有舛誤。上章言順時，此言順事，職任大小可見。帝曰：「咨！四岳，湯湯洪水方割，蕩蕩懷山襄陵，浩浩滔天。下民其咨，有能俾乂？」僉曰：「於，鯀哉！」帝曰：「吁！咈哉，方命圮族。」岳曰：「异哉！試可乃已。」帝曰：「往，欽哉！」九載，績用弗成。四岳，官名。一人而總四岳諸侯之事也。湯湯，水盛貌。洪，大也。孟子曰：「水逆行謂之洚水。」洚水者，洪水也。蓋水涌出而未洩，故汎濫而逆流也。割，害也。蕩蕩，廣貌。懷，包其四面也。襄，駕出其上也。大阜曰陵。浩浩，大貌。滔，漫也。極言其大，勢若漫天也。俾，使。乂，治也。言有能任此責者，使之治水也。僉，衆共之辭。四岳與其所領諸侯之在朝者，同辭而對也。於，歎美辭。鯀，崇伯名。歎其美而薦之也。咈者，甚不然之之辭。方命者，逆命而不行也。王氏曰：圓則行，方則止。方命，猶今言廢閣詔令也。蓋鯀之爲人，悻戾自用，不從上令也。圮，敗。族，類也。言與衆不和，傷人害物，鯀之不可用者以此也。楚辭言鯀婞直，是其方命圮族之證也。岳曰，四岳之獨言也。异，義未詳。疑是已廢而復強舉之之意。試可乃已者，蓋廷臣未有能於鯀者，不若姑試用之，取其可以治水而已。言無預它事，不必求其備也。堯於是遣之往治水，而戒以欽哉。蓋任大事不可以不敬聖人之戒。辭約而意盡也。載，年也。九載三考，功用不成，故黜之。帝曰：「咨！四岳，朕在位七十載，汝能庸命巽朕位。」

岳曰：「否德，忝帝位。」曰：「明明揚側陋。」師錫帝曰：「有鰥在下，曰虞舜。」帝曰：「俞！予聞，如何？」岳曰：「瞽子。父頑，母嚚，象傲，克諧。以孝烝烝，乂不格姦。」帝曰：「我其試哉！」女于時，觀厥刑于二女，釐降二女于嬀汭，嬪于虞。帝曰：「欽哉！」

朕，古人自稱之通號。吴氏曰：巽、遜，古通用。言汝四岳能用我之命而可遜以此位乎？蓋丹朱既不肖，羣臣又多不稱，故欲舉以授人，而先之四岳也。否，不通。忝，辱也。明明，上明，謂明顯之。下明，謂已在顯位者。揚，舉也。側陋，微賤之人也。言惟德是舉，不拘貴賤也。師，衆。錫，與也。四岳羣臣諸侯同辭以對也。鰥，無妻之名。虞，氏。舜，名也。俞，應許之辭。予聞者，我亦嘗聞是人也。如何者，復問其德之詳也。岳曰，四岳獨對也。瞽，無目之名。言舜乃瞽者之子也。舜父號瞽叟，心不則德義之經爲頑。母，舜後母也。象，舜異母弟名。傲，驕慢也。諧，和。烝，進也。言舜不幸遭此，而能和以孝，使之進進以善自治，而不至於大爲姦惡也。女，以女與人也。時，是。刑，法也。二女，堯二女，娥皇、女英也。此堯言其將試舜之意也。莊子所謂「二女事之，以觀其内」是也。蓋夫婦之間，隱微之際，正始之道，所繫尤重。故觀人者於此爲尤切也。釐，理。降，下也。嬀，水名。在今河中府河東縣。出歷山，入河。爾雅曰：「水北曰汭。」亦小水入大水之名，蓋兩水合流之内也，故從水從内。蓋舜所居之地。嬪，婦也。虞，舜氏也。史言堯治裝下嫁二女于嬀水之北，使爲舜婦于虞氏之家也。欽哉，堯戒二女之辭。即禮所謂往之女家，必敬必戒者。況以天子之女嫁於匹夫，尤不可不深戒之也。

舜典今文、古文皆有。今文合于堯典，而無篇首二十八字。○唐孔氏曰：東晉梅賾上孔傳，闕舜典。自「乃命以位」以上二十八字，世所不傳，多用王、范之注補之，而皆以「慎徽五典」以下爲舜典之初。至齊蕭鸞建武四年，姚方興於大航頭得孔氏傳古文舜典乃上之，事未施行，而方興以罪致戮。至隋開皇初，購求遺典，始得之。今按古文孔傳尚書有「曰若稽古」以下二十八字，伏生以舜典合於堯典，只以「慎徽五典」以上接「帝曰欽哉」之下，而無此二十八字。梅賾既失孔傳舜典，故亦不知有此二十八字。而「慎徽五典」以下，則固具於伏生之書，故傳者用王、范之注以補之。至姚方興乃得古文孔傳舜典，於是始知有此二十八字。或者由此乃謂古文舜典一篇皆盡亡失，至是方全得之，遂疑其僞，蓋過論也。

曰若稽古，帝舜曰重華，協于帝。濬哲文明，温恭允塞，玄德升聞，乃命以位。華，光華也。協，合也。帝，謂堯也。濬，深。哲，智也。温，和粹也。塞，實也。玄，幽潛也。升，上也。言堯既有光華，而舜又有光華，可合於堯。因言其目，則深沈而有智，文理而光明，和粹而恭敬，誠信而充實。有此四者幽潛之德，上聞于堯，堯乃命之以職位也。慎徽五典，五典克從。納于百揆，百揆時叙。賓于四門，四門穆穆。納于大麓，烈風雷雨弗迷。徽，美也。五典，五常也。父子有親，君臣有義，夫婦有別，長幼有序，朋友有信是也。從，順也。左氏所謂無違教也。此蓋使爲司徒之官也。百揆者，揆度庶政之官。惟唐、虞有之，猶周之冢宰也。時叙，以時而叙。左氏所謂無廢事也。揆，度也。四門，四方之門。古者以賓禮親邦國，諸侯各以方至而使主焉，故曰賓。穆穆，和之至也。左氏所謂無凶人也。此蓋又兼四岳之官也。麓，山足也。烈，迅。迷，錯也。史記曰：堯使舜入山林川澤，暴風雷雨，舜行不迷。蘇氏曰：洪水爲害，堯使舜入山林相視原隰，雷雨大至，衆懼失常，而舜不迷。其度量有絶人者，而天地鬼神亦或有以相之歟？愚謂遇烈風雷雨非常之變，而不震懼失常，非固聰明誠智，確乎不亂者，不能也。易「震驚百里，不喪匕鬯」，意爲近之。帝曰：「格！汝舜。詢事考言，乃言厎可績，三載。汝陟帝位。」舜讓于德，弗嗣。格，來。詢，謀。乃，汝。厎，致。陟，升也。堯言詢舜所行之事而考其言，則見汝之言，致可有功，於今三年矣。汝宜升帝位也。讓于德，讓于有德之人也。或曰謙遜，自以其德不足爲嗣也。正月上日，受終于文祖。上日，朔日也。葉氏曰：上旬之日。曾氏曰：如上戊、上辛、上丁之類。未詳孰是。受終者，堯於是終帝位之事，而舜受之也。文祖者，堯始祖之廟，未詳所指爲何人也。在璿璣玉衡，以齊七政。在，察也。美珠謂之璿。璣，機也。以璿飾璣，所以象天體之轉運也。衡，横也。謂衡簫也。以玉爲管，横而設之，所以窺璣而齊七政之運行，猶今之渾天儀也。七政，日、月、五星也。七者運行於天，有遲有速，有順有逆，猶人君之有政事也。此言舜初攝位，整理庶務，首察璣衡，以齊七政。蓋曆象授時所當先也。○按渾天儀者，天文志云：言天體者三家，一曰周髀，二曰宣夜，三曰渾天。宣夜絶無師説，不知其狀如何。周髀之術，以爲天似覆盆，蓋以斗極爲中，中高而四邊下，日、月旁行遶之。日近而見之爲晝，日遠而不見爲夜。蔡邕以爲考驗天象，多所違失。渾天説曰天之形狀似鳥卵，地居其中，天包地外，猶卵之裹黄，圓如彈丸，故曰渾天。言其形體渾渾然也。其術以爲天半覆地上，半在地下，其天居地上，見者一百八十二度半強，地下亦然。北極出地上三十六度，南極入地下亦三十六度，而嵩高正當天之中，極南五十五度，當嵩高之上。又其南十二度，爲夏至之日道。又其南二十四度，爲春、秋分之日道。又其南二十四度，爲冬至之日道。南下去地三十一度而已，是夏至日。北去極六十七度，春、秋分去極九十一度，冬至去極一百一十五度，此其大率也。其南、北極，持其兩端，其天與日、月、星宿斜而廻轉，此必古有其法，遭秦而滅。至漢武帝時，落下閎始經營之，鮮于妄人又量度之。至宣帝時，耿壽昌始鑄銅而爲之象。宋錢樂之又鑄銅作渾天儀〔二〕，衡長八尺，孔徑一寸。璣徑八尺，圓周二丈五尺强。轉而望之，以知日、月、星辰之所在，即璿璣玉衡之遺法也。歷代以來，其法漸密，本朝因之，爲儀三重，其在外者曰六合儀。平置黑單環，上刻十二辰八干四隅在地之位，以準地面而定四方。側立黑雙環，背刻去極度數，以中分天脊，直跨地平。使其半入地下，而結於其子午，以爲天經。斜倚赤單環，背刻赤道度數，以平分天腹。横繞天經，亦使半出地上，半入地下，而結於其卯酉，以爲天緯。三環表裏相結不動其天經之環，則南北二極皆爲圓軸，虚中而内向，以挈三辰四遊之環，以其上下四方於是可考。故曰六合。次其内曰三辰儀。側立黑雙環，亦刻去極度數，外貫天經之軸，内挈黄、赤二道。其赤道則爲赤單環，外依天緯，亦刻宿度，而結於黑雙環之卯酉。其黄道則爲黄單環，亦刻宿度，而又斜倚於赤道之腹，以交結於卯酉，而半入其内，以爲春分後之日軌。半出其外，以爲秋分後之日軌。又爲白單環以承其交，使不傾墊。下設機輪，以水激之，使其日夜隨天東西運轉，以象天行。以其日月星辰，於是可考。故曰三辰。其最在内者曰四遊儀。亦爲黑雙環，如三辰儀之制，以貫天經之軸。其環之内，則兩面當中各施直距，外指兩軸。而當其要中之内面，又爲小竅，以受玉衡要中之小軸。使衡既得隨環東西運轉，又可隨處南北低昂，以待占候者之仰窺焉。以其東西南北無不周偏，故曰四遊。此其法之大略也。沈括曰：舊法，規環一面刻周天度，一面加銀丁。蓋以夜候天晦，不可目察，則以手切之也。古人以璿飾璣，疑亦爲此。今太史局、秘書省銅儀制極精緻，亦以銅丁爲之。曆家之説，又以北斗魁四星爲璣，杓三星爲衡。今詳經文簡質，不應北斗二字，乃用寓名，恐未必然。姑存其説，以廣異聞。**肆類于上帝，禋于六宗，望于山川，徧于羣神。**肆，遂也。類、禋、望，皆祭名。周禮肆師：「類造于上帝。」注云：郊祀者，祭昊天之常祭，非常祀而祭告于天，其禮依郊祀爲之，故曰類。如泰誓武王伐商，王制言天子將出，皆云「類于上帝」是也。禋，精意以享之謂。宗，尊也。所尊祭者，其祀有六。祭法曰：埋少牢於泰昭，祭時也。相近於坎壇，祭寒暑也。王宮，祭日也。夜明，祭月也。幽宗，祭星也。雩宗，祭水旱也。山川，名山大川，五嶽四瀆之屬。望而祭之，故曰望。徧，周徧也。羣神，謂丘陵墳衍，古昔聖賢之類。言受終觀象之後，即祭祀上下神祇，以攝位告也。**輯五瑞。既月乃日，覲四岳羣牧，班瑞于羣后。**輯，斂。瑞，信也。公執桓圭，侯執信圭，伯執躬圭，子執穀璧，男執蒲璧，五等諸侯執之，以合符於天子，而驗其信否也。周禮：「天子執冒，以朝諸侯。」鄭氏注云：名玉以冒，以德覆冒天下也。諸侯始受命，天子錫以圭。圭頭斜鋭，其冒下斜刻，小大長短廣狹如之。諸侯來朝，天子以刻處冒其圭頭，有不同者，即辨其僞也。既，盡。覲，見。四岳，四方之諸侯。羣牧，九州之牧伯也。程子曰：輯五瑞，徵五等諸侯也。此以上皆正月事，至盡此月，則四方諸侯有至者矣。遠近不同，來有先後，故日日見之，不如它朝會之同期於一日。蓋欲以少接之，則得盡其詢察禮意也。班，頒同。羣后，即侯牧也。既見之後，審知非僞，則又頒還其瑞，以與天下正始也。歲二月，東巡守，至于岱宗，柴。望秩于山川，肆覲東后，協時月正日，同律度量衡。修五禮、五玉、三帛、二生、一死贄。如五器，卒乃復。五月南巡守，至于南岳，如岱禮。八月西巡守，至于西岳，如初。十有一月朔巡守，至于北岳，如西禮。歸，格于藝祖，用特。孟子曰：「天子適諸侯曰巡守。」巡守者，巡所守也。歲二月，當巡守之年二月也。岱宗，太山也。柴，燔柴以祀天也。望，望秩以祀山川也。秩者，其牲幣祝號之次第，如五岳視三公，四瀆視諸侯，其餘視伯子男者也。東后，東方之諸侯也。時，謂四時。月，謂月之大小。日，謂日之甲乙。其法略見上篇。諸侯之國，其有不齊者，則協而正之也。律，謂十二律。黄鍾、太簇、姑洗、㽔賓、夷則、無射、大吕、夾鍾、仲吕、林鍾、南吕、應鍾也。六爲律，六爲吕。凡十二管，皆徑三分有奇，空圍九分。而黄鍾之長九寸。大吕以下〔三〕，律吕相間，以次而短，至應鍾而極焉。以之制樂而節聲音，則長者聲下，短者聲高。下者則重濁而舒遲，上者則輕清而剽疾。以之審度而度長短，則九十分黄鍾之長，一爲一分。而十分爲寸，十寸爲尺，十尺爲丈，十丈爲引。以之審量而量多少，則黄鍾之管，其容子穀秬黍中者，一千二百以爲龠。而十龠爲合，十合爲升，十升爲斗，十斗爲斛。以之平衡而權輕重，則黄鍾之龠，所容千二百黍，其重十二銖，兩龠則二十四銖爲兩，十六兩爲斤，三十斤爲鈞，四鈞爲石。此黄鍾所以爲萬事根本。諸侯之國，其有不一者，則審而同之也。時月之差，由積日而成，其法則先粗而後精。度量衡受法於律，其法則先本而後末。故言正日在協時月之後，同律在度量衡之先。立言之叙，蓋如此也。五禮，吉、凶、軍、賓、嘉也。修之，所以同天下之風俗。

五玉，五等諸侯所執者，即五瑞也。三帛，諸侯世子執纁，公之孤執玄，附庸之君執黄。二生，卿執羔，大夫執鴈。一死，士執雉。五玉、三帛、二生、一死，所以爲贄而見者。此九字當在「肆覲東后」之下，「協時月正日」之上，誤脱在此。言東后之覲，皆執此贄也。如五器，劉侍講曰：如，同也。五器，即五禮之器也。周禮六器六贄，即舜之遺法也。卒乃復者，舉祀禮，覲諸侯，一正朔，同制度，修五禮，如五器。數事皆畢，則不復東行而遂西向，且轉而南行也。故曰「卒乃復」。南岳，衡山。西岳，華山。北岳，恒山。二月東，五月南，八月西，十一月北，各以其時也。格，至也。言至于其廟而祭告也。藝祖，疑即文祖。或曰文祖、藝祖之所自出，未有可考也。特，特牲也。謂一牛也。古者君將出，必告于祖禰。歸，又至其廟而告之。孝子不忍死其親，出告反面之義也。王制曰：「歸格于祖禰。」鄭注曰：祖下及禰皆一牛。程子以爲但言藝祖，舉尊爾，實皆告也。但止就祖廟，共用一牛，不如時祭各設主於其廟也。二説未知孰是，今兩存之。**五載一巡守，羣后四朝，敷奏以言，明試以功，車服以庸。**五載之内，天子巡守者一，諸侯來朝者四。蓋巡守之明年，則東方諸侯來朝于天子之國。又明年，則南方之諸侯來朝。又明年，則西方之諸侯來朝。又明年，則北方之諸侯來朝。又明年，則天子復巡守。是則天子諸侯雖有尊卑，而一往一來，禮無不答，是以上下交通，而遠近洽和也。敷，陳。奏，進也。周禮曰：「民功曰庸。」程子曰：敷奏以言者，使各陳其爲治之説。言之善者，則從而明考其功。有功則賜車服以旌異之。其言不善，則亦有以告飭之也。林氏曰：天子巡守，則有協時月以下等事。諸侯來朝，則有敷奏以言以下等事。**肇十有二州，封十有二山，濬川。**肇，始也。十二州，冀、兖、青、徐、荆、揚、豫、梁、雍、幽、并、營也。中古之地，但爲九州，曰冀、兖、青、徐、荆、揚、豫、梁、雍。禹治水作貢，亦因其舊。及舜即位，以冀、青地廣，始分冀東恒山之地爲并州，其東北醫無閭之地爲幽州。又分青之東北遼東等處爲營州。而冀州止有河内之地，今河東一路是也。封，表也。封十二山者，每州封表一山，以爲一州之鎮。如職方氏言揚州其山鎮曰會稽之類。濬川，濬導十二州之川也。然舜既分十有二州，而至商時，又但言九圍九有。周禮職方氏亦止列爲九州，有揚、荆、豫、青、兖、雍、幽、冀、并，而無徐、梁、營也。則是爲十二州蓋不甚久。不知其自何時復合爲九也。吴氏曰：此一節在禹治水之後，其次叙不當在四罪之先。蓋史官泛記舜所行之大事，初不計先後之序也。象以典刑，流宥五刑，鞭作官刑，扑作教刑，金作贖刑。眚災肆赦，怙終賊刑。欽哉，欽哉，惟刑之恤哉！象，如天之垂象以示人。而典者，常也。示人以常刑，所謂墨、劓、剕、宫、大辟，五刑之正也。所以待夫元惡大憝、殺人、傷人、穿窬、淫放，凡罪之不可宥者也。流宥五刑者，流，遣之使遠去，如下文流放竄殛之類也。宥，寬也。所以待夫罪之稍輕，雖入於五刑，而情可矜，法可疑，與夫親貴勳勞而不可加以刑者，則以此而寬之也。鞭作官刑者，木末垂革，官府之刑也。扑作教刑者，夏、楚二物，學校之刑也。皆以待夫罪之輕者。金作贖刑者，金，黄金。贖，贖其罪也。蓋罪之極輕，雖入於鞭扑之刑，而情法猶有可議者也。此五句者，從重入輕，各有條理，法之正也。肆，縱也。眚災肆赦者，眚，謂過誤。災，謂不幸。若人有如此而入於刑，則又不待流宥金贖而直赦之也。賊，殺也。怙終賊刑者，怙，謂有恃。終，謂再犯。若人有如此而入於刑，則雖當宥當贖，亦不許其宥，不聽其贖，而必刑之也。此二句者，或由重而即輕，或由輕而即重，蓋用法之權衡，所謂法外意也。

聖人立法制刑之本末，此七言者大略盡之矣。雖其輕重取舍，陽舒陰慘之不同，然「欽哉，欽哉，惟刑之恤」之意，則未始不行乎其間也。蓋其輕重毫釐之間，各有攸當者，乃天討不易之定理，而欽恤之意行乎其間，則可以見聖人好生之本心也。據此經文，則五刑有流宥而無金贖。周禮秋官亦無其文。至呂刑乃有五等之罰，疑穆王始制之，非法之正也。蓋當刑而贖，則失之輕。疑赦而贖，則失之重。且使富者幸免，貧者受刑，又非所以爲平也。

流共工于幽洲，放驩兜于崇山，竄三苗于三危，殛鯀于羽山，四罪而天下咸服。

流，遣之遠去，如水之流也。放，置之於此，不得他適也。竄，則驅逐禁錮之。殛，則拘囚困苦之。隨其罪之輕重而異法也。共工、驩兜、鯀，事見上篇。三苗，國名。在江南荆、揚之間，恃險爲亂者也。幽洲，北裔之地。水中可居曰洲。崇山，南裔之山，在今澧州。三危，西裔之地，即雍之所謂「三危既宅」者。羽山，東裔之山，即徐之「蒙羽其藝」者。服者，天下皆服其用刑之當罪也。程子曰：舜之誅四凶，怒在四凶，舜何與焉。蓋因是人有可怒之事而怒之，聖人之心本無怒也。聖人以天下之怒爲怒，故天下咸服之。春秋傳所記四凶之名與此不同，説者以窮奇爲共工，渾敦爲驩兜，饕餮爲三苗，檮杌爲鯀，不知其果然否也。

二十有八載，帝乃殂落。百姓如喪考妣，三載，四海遏密八音。

殂落，死也。死者魂氣歸于天，故曰殂；體魄歸于地，故曰落。喪，爲之服也。遏，絶。密，静也。八音，金、石、絲、竹、匏、土、革、木也。言堯聖德廣大，恩澤隆厚，故四海之民思慕之深，至於如此也。儀禮：「圻内之民，爲天子齊衰三月。圻外之民，無服。」今應服三月者，如喪考妣；應無服者，遏密八音。堯十六即位，在位七十載，又試舜三載，老不聽政二十八載乃崩。在位通計百單一年。

月正元日，舜

格于文祖。月正，正月也。元日，朔日也。漢孔氏曰：舜服堯喪三年畢，將即政，故復至文祖廟告。蘇氏曰：受終告攝，此告即位也。然春秋國君皆以遭喪之明年正月即位於廟而改元，孔氏云喪畢之明年，不知何所據也。詢于四岳，闢四門，明四目，達四聰。詢，謀。闢，開也。舜既告廟即位，乃謀治于四岳之官，開四方之門，以來天下之賢俊，廣四方之視聽，以決天下之壅蔽。咨十有二牧，曰：「食哉惟時！柔遠，能邇，惇德，允元，而難任人，蠻夷率服。」牧，養民之官。十二牧，十二州之牧也。王政以食爲首，農事以時爲先。舜言足食之道，惟在於不違農時也。柔者，寬而撫之也。能者，擾而習之也。遠近之勢如此，先其略而後其詳也。惇，厚。允，信也。德，有德之人也。元，仁厚之人也。難，拒絶也。任，古文作「壬」，包藏凶惡之人也。言當厚有德，信仁人，而拒姦惡也。凡此五者，處之各得其宜，則不特中國順治，雖蠻夷之國，亦相率而服從矣。舜曰：「咨！四岳。有能奮庸熙帝之載，使宅百揆，亮采惠疇？」僉曰：「伯禹作司空。」帝曰：「俞！咨禹，汝平水土，惟時懋哉！」禹拜稽首，讓于稷、契暨皋陶。帝曰：「俞！汝往哉。」奮，起。熙，廣。載，事。亮，明。惠，順。疇，類也。一說：亮，相也。舜言有能奮起事功，以廣帝堯之事者，使居百揆之位，以明亮庶事而順成庶類也。僉，衆也。四岳所領四方諸侯有在朝者也。禹，姒姓，崇伯鯀之子也。平水土者，司空之職。時，是。懋，勉也。指百揆之事以勉之也。蓋四岳及諸侯言伯禹見作司空，可宅百揆。帝然其舉，而咨禹使仍作司空，而兼行百揆之事，録其舊績，而勉其新功也。以司空兼百揆，如周以六卿兼三公，後世以它官平章事知政事，亦此類也。稽首，首至地。稷，田正官。稷名棄，姓姬氏，封於邰。契，臣名，姓子氏，封於商。稷、契皆帝嚳之子。暨，及也。皋陶，亦臣名。俞者，然其舉也。汝往哉者，不聽其讓也。此章稱「舜曰」，此下方稱「帝曰」者，以見堯老舜攝。堯在時舜未嘗稱帝，此後舜方真即帝位而稱帝也。帝曰：「棄，黎民阻飢，汝后稷，播時百穀。」阻，厄。后，君也，有爵土之稱。播，布也。穀非一種，故曰百穀。此因禹之讓而申命之，使仍舊職，以終其事也。帝曰：「契，百姓不親，五品不遜，汝作司徒，敬敷五教，在寬。」親，相親睦也。五品，父子、君臣、夫婦、長幼、朋友五者之名位等級也。遜，順也。司徒，掌教之官。敷，布也。五教，父子有親，君臣有義，夫婦有別，長幼有叙，朋友有信。以五者當然之理而爲教令也。敬，敬其事也。聖賢之於事，雖無所不敬，而此又事之大者，故特以敬言之。寬裕以待之也。蓋五者之理，出於人心之本然，非有强而後能者。自其拘於氣質之偏，溺於物慾之蔽，始有昧於其理，而不相親愛，不相遜順者。於是因禹之讓，又申命契仍爲司徒，使之敬以敷教，而又寬裕以待之。使其優柔浸漬，以漸而入，則其天性之真，自然呈露，不能自已，而無無恥之患矣。孟子所引堯言勞來匡直輔翼，「使自得之，又從而振德之」，亦此意也。帝曰：「皋陶，蠻夷猾夏，寇賊姦宄，汝作士，五刑有服，五服三就。五流有宅，五宅三居。惟明克允。」猾，亂。夏，明而大也。曾氏曰：中國文明之地，故曰華夏。四時之夏，疑亦取此義也。刼人曰寇，殺人曰賊，在外曰姦，在内曰宄。士，理官也。服，服其罪也。吕刑所謂上服下服是也。三就，孔氏以爲大罪於原野，大夫於朝，士於市。不知何據。竊恐惟大辟棄之於市，宮辟則下蠶室，餘刑亦就屏處。蓋非死刑，不欲使風中其瘡，誤而至死，聖人之仁也。五流，五等象刑之當宥者也。五宅三居者，流雖有五，而宅之但爲三等之居。如列爵惟五，分土惟三也。孔氏以爲大罪居於四裔，次則九州之外，次則千里之外。雖亦未見其所據，然大槩當略近之。此亦因禹之讓而申命之。又戒以必當致其明察，乃能使刑當其罪，而人無不信服也。帝曰：「疇若予工？」僉曰：「垂哉！」帝曰：「俞！咨垂。汝共工。」垂拜稽首，讓于殳、斨暨伯與。帝曰：「俞！往哉，汝諧。」若，順其理而治之也。曲禮六工：有土工、金工、石工、木工、獸工、草工。周禮有攻木之工，攻金之工，攻皮之工，設色之工，摶埴之工，皆是也。帝問誰能順治予百工之事者。垂，臣名，有巧思。莊子曰「攦工垂之指」，即此也。殳、斨、伯與，三臣名也。殳，以積竹爲兵，建兵車者。斨，方鑿斧也。古者多以其所能爲名，殳、斨豈能爲二器者歟？往哉汝諧者，往哉汝和其職也。帝曰：「疇若予上下草木鳥獸？」僉曰：「益哉。」帝曰：「俞！咨益。汝作朕虞。」益拜稽首，讓于朱、虎、熊、羆。帝曰：「俞！往哉，汝諧。」上下，山林澤藪也。虞，掌山澤之官。周禮分爲虞衡，屬於夏官。朱、虎、熊、羆，四臣名也。高辛氏之子，有曰仲虎、仲熊，意以獸爲名者，亦以其能服是獸而得名歟。史記曰：「朱、虎、熊、羆，爲伯益之佐。」前殳、斨、伯與，當亦爲垂之佐也。帝曰：「咨！四岳。有能典朕三禮？」僉曰：「伯夷。」帝曰：「俞！咨伯，汝作秩宗。夙夜惟寅，直哉惟清。」伯拜稽首，讓于夔、龍。帝曰：「俞！往，欽哉！」典，主也。三禮：祀天神，享人鬼，祭地祇之禮也。伯夷，臣名。姜姓。秩，叙也。宗，祖廟也。秩宗，主叙次百神之官，而專以「秩宗」名之者，蓋以宗廟爲主也。周禮亦謂之宗伯。而都家皆有宗人之官，以掌祭祀之事，亦此意也。夙，早。寅，敬畏也。直者，心無私曲之謂。人能敬以直内，不使少有私曲，則其心潔清，而無物慾之污，可以交於神明矣。夔、龍，二臣名。帝曰：「夔！命汝典樂，教胄子，直而温，寬而栗，剛而無虐，簡而無傲。詩言志，歌永言，聲依永，律和聲。八音克諧，無相奪倫，神人以和。」夔曰：「於！予擊石拊石，百獸率舞。」胄，長也。自天子至卿大夫之適子也。栗，莊敬也。上二「無」字，與「毋」同。凡人直者必不足於温，故欲其温。寬者必不足於栗，故欲其栗。所以慮其偏而輔翼之也。剛者必至於虐，故欲其無虐。簡者必至於傲，故欲其無傲。所以防其過而戒禁之也。教胄子者，欲其如此。而其所以教之之具，則又專在於樂。如周禮大司樂：「掌成均之法，以教國子弟。」而孔子亦曰：「興於詩，成於樂。」蓋所以蕩滌邪穢，斟酌飽滿，動盪血脉，流通精神，養其中和之德，而救其氣質之偏者也。心之所之謂之志，心有所之，必形於言。故曰「詩言志」。既形於言，則必有長短之節，故曰「歌永言」。既有長短，則必有高下清濁之殊，故曰「聲依永」。聲者，宫、商、角、徵、羽也。大抵歌聲長而濁者爲宫，以漸而清且短則爲商、爲角、爲徵、爲羽，所謂「聲依永」也。既有長短清濁，則又必以十二律和之，乃能成文而不亂。假令黄鍾爲宫，則大簇爲商，姑洗爲角，林鍾爲徵，南吕爲羽。蓋以三分損益，隔八相生而得之，餘律皆然。即禮運所謂五聲六律十二管，還相爲宫，所謂「律和聲」也。人聲既和，乃以其聲被之八音而爲樂，則無不諧協，而不相侵亂失其倫次。可以奏之朝廷，薦之郊廟，而神人以和矣。聖人作樂以養情性，育人材，事神祇，和上下，其體用功效，廣大深切乃如此。今皆不復見矣，可勝歎哉！「夔曰」以下，蘇氏曰：「舜方命九官，濟濟相讓，無緣夔於此獨言其功。此益、稷之文，簡編脱誤，復見於此。」帝曰：「龍！朕堲讒説殄行，震驚朕師。命汝作納言，夙夜出納朕命，惟允。」堲，疾。殄，絶也。殄行者，謂傷絶善人之事也。師，衆也。謂其言之不正，而能變亂黑白，以駭衆聽也。納言，官名。命令政教，必使審之。既允而後出，則讒説不得行，而矯僞無所託矣。敷奏復逆，必使審之。既允而後入，則邪僻無自進，而功緒有所稽矣。周之内史，漢之尚書，魏晉以來所謂中書門下者，皆此職也。帝曰：「咨！汝二十有二人，欽哉，惟時亮天功。」二十二人，四岳、九官、十二牧也。周官言内有百揆四岳，外有州牧侯伯。蓋百揆者，所以統庶官；而四岳者，所以統十二牧也。既分命之，又總告之，使之各敬其職以相天事也。曾氏曰：舜命九官，新命者六人，命伯禹，命伯夷，咨四岳而命者也。命垂，命益，泛咨而命者也。命夔，命龍，因人之讓，不咨而命者也。夫知道而後可宅百揆，知禮而後可典三禮，知道知禮，非人人所能也，故必咨於四岳。若予工，若上下草木鳥獸，則非此之比，故泛咨而已。禮樂命令，其體雖不若百揆之大，然其事理精微，亦非百工庶物之可比。伯夷既以四岳之舉而當秩宗之任，則其所讓之人，必其中於典樂納言之選可知，故不咨而命之也。若稷、契、皋陶之不咨者，申命其舊職而已。又按此以平水土，若百工，各爲一官，而周制同領於司空。此以士一官兼兵刑之事，而周禮分爲夏、秋兩官。蓋帝王之法，隨時制宜，所謂「損益可知」者如此。三載考績，三考，黜陟幽明。庶績咸熙。分北三苗。考，核實也。三考，九載也。九載，則人之賢否、事之得失可見。於是陟其明而黜其幽，賞罰明信，人人力於事功，此所以「庶績咸熙」也。北，猶背也。其善者留，其不善者竄徙之，使分背而去也。此言舜命二十二人之後，立此考績黜陟之法，以時舉行，而卒言其效如此也。按三苗見於經者，如典、謨、益稷、禹貢、吕刑詳矣。蓋其負固不服，乍臣乍叛。舜攝位而竄逐之。禹治水之時，三危已宅，而舊都猶頑不即工。禹攝位之後，帝命徂征，而猶逆命。及禹班師而後來格，於是乃得考其善惡而分北之也。呂刑之言遏絶，則通其本末而言，不可以先後論也。舜生三十徵庸，三十在位，五十載，陟方乃死。徵，召也。陟方，猶言升遐也。韓子曰：竹書紀年，帝王之没皆曰陟。陟，昇也，謂昇天也。書曰「殷禮陟配天」，言以道終其德協天也。故書紀舜之没云陟，其下言「方乃死」者，所以釋陟爲死也。地之勢東南下，如言舜巡守而死，宜言下方，不得言陟方也。按此得之，但不當以陟爲句絶耳。方，猶「雲徂乎方」之方。陟方乃死，猶言徂落而死也。舜生三十年，堯方召用。歷試三年，居攝二十八年，通三十年乃即帝位，又五十年而崩，蓋於篇末總叙其始終也。史記言舜巡守，崩于蒼梧之野。孟子言舜卒於鳴條，未知孰是。今零陵九疑有舜冢云。

大禹謨

謨，謀也。林氏曰：虞史既述二典，其所載有未備者，於是又叙其君臣之間嘉言善政，以爲大禹、皋陶謨、益稷三篇，所以備舜典之未備者〔四〕。今文無，古文有。

曰若稽古。大禹曰：「文命敷于四海，祗承于帝。」命，教。祗，敬也。帝，謂舜也。文命敷于四海者，即禹貢所謂東漸西被，朔南暨，聲教訖于四海者是也。史臣言禹既已布其文教於四海矣，於是陳其謨以敬承于舜，如下文所云也。文命，史記以爲禹名。蘇氏曰：「以文命爲禹名，則敷于四海者爲何事耶？」「曰」：「后克艱厥后，臣克艱厥臣。政乃乂，黎民敏德。」「曰」以下即禹祗承于帝之言也。艱，難也。孔子曰：「爲君難，爲臣不易。」即此意也。乃者，難辭也。敏，速也。禹言君而不敢易其爲君之道，臣而不敢易其爲臣之職，夙夜祇懼，各務盡其所當爲者。則其政事乃能修治而無邪慝，下民自然觀感速化於善，而有不容已者矣。帝曰：「俞！允若茲，嘉言罔攸伏，野無遺賢，萬邦咸寧。稽于衆，舍己從人，不虐無告，不廢困窮，惟帝時克。」嘉，善。攸，所也。舜然禹之言，以爲信能如此，則必有以廣延衆論，悉致羣賢，而天下之民咸被其澤，無不得其所矣。然非忘私順理，愛民好士之至，無以及此。而惟堯能之，非常人所及也。蓋爲謙辭以對，而不敢自謂其必能。舜之克艱，於此亦可見矣。程子曰：舍己從人，最爲難事。己者，我之所有，雖痛舍之，猶懼守己者固，而從人者輕也。益曰：「都！帝德廣運，乃聖乃神，乃武乃文，皇天眷命，奄有四海，爲天下君。」廣者，大而無外。運者，行之不息。大而能運，則變化不測。故自其大而化之而言，則謂之聖。自其聖而不可知而言，則謂之神。自其威之可畏而言，則謂之武。自其英華發外而言，則謂之文。眷，顧。奄，盡也。堯之初起，不見於經。傳稱其自唐侯特起爲帝，觀益之言，理或然也。或曰：舜之所謂帝者，堯也。羣臣之言帝者，舜也。如「帝德罔愆」、「帝其念哉」之類，皆謂舜也。蓋益因舜尊堯，而遂美舜之德以勸之，言不特堯能如此，帝亦當然也。今按此説所引，此類固爲甚明。但益之語，接連上句「惟帝時克」之下，未應遽舍堯而譽舜。又徒極口以稱其美，而不見其有勸勉規戒之意，恐唐、虞之際，未遽有此諛佞之風也。依舊説贊堯爲是。禹曰：「惠迪吉，從逆凶，惟影響。」惠，順。迪，道也。逆，反道者也。惠迪從逆，猶曰順善從惡也。禹言天道可畏，吉凶之應於善惡，猶影響之出於形聲也。以見不可不艱者，以此而終上文之意。益曰：「吁！戒哉！儆戒無虞。罔失法度，罔遊于逸，罔淫于樂。任賢勿貳，去邪勿疑，疑謀勿成，百志惟熙。罔違道以干百姓之譽，罔咈百姓以從己之欲。無怠無荒，四夷來王。」先吁後戒，欲使聽者精審也。儆，與警同。虞，度。罔，勿也。法度，法則制度也。淫，過也。當四方無可虞度之時，法度易至廢弛，故戒其失墜。逸樂易至縱恣，故戒其遊淫。言此三者所當謹畏也。任賢以小人間之謂之貳，去邪不能果斷謂之疑。謀，圖爲也。有所圖爲，揆之於理而未安者，則不復成就之也。百志，猶易所謂「百慮」也。咈，逆也。九州之外，世一見曰王。帝於是八者，朝夕戒懼，無怠於心，無荒於事，則治道益隆，四夷之遠，莫不歸往；中土之民，服從可知。今按益言八者，亦有次第。蓋人君能守法度，不縱逸樂，則心正身修，義理昭著。而於人之賢否，孰爲可任，孰爲可去；事之是非，孰爲可疑，孰爲不可疑，皆有以審其幾微，絶其蔽惑。故方寸之間，光輝明白。而於天下之事，孰爲道義之正而不可違，孰爲民心之公而不可咈，皆有以處之不失其理，而毫髮私意不入於其間。此其儆戒之深旨，所以推廣大禹克艱惠迪之謨也。苟無其本，而是非取舍，決於一己之私，乃欲斷而行之無所疑惑，則其爲害，反有不可勝言者矣。可不戒哉！禹曰：「於，帝念哉！德惟善政，政在養民。水、火、金、木、土、穀，惟修正德，利用厚生，惟和。九功惟叙，九叙惟歌。戒之用休，董之用威，勸之以九歌，俾勿壞。」益言儆戒之道，禹歎而美之，謂帝當深念益之所言也。且德非徒善而已，惟當有以善其政。政非徒法而已，在乎有以養其民。下文六府三事，即養民之政也。水、火、金、木、土、穀惟修者，水克火，火克金，金克木，木克土而生五穀。或相制以洩其過，或相助以補其不足，而六者無不修矣。正德者，父慈，子孝，兄友，弟恭，夫義，婦聽，所以正民之德也。利用者，工作什器，商通貨財之類，所以利民之用也。厚生者，衣帛食肉、不飢不寒之類，所以厚民之生也。六者既修，民生始遂，不可以逸居而無教，故爲之惇典敷教以正其德，通工易事以利其用，制節謹度以厚其生，使皆當其理而無所乖，則無不和矣。九功，合六與三也。敘者，言九者各順其理而不汨陳以亂其常也。歌者，以九功之敘而詠之歌也。言九者既已修和，各由其理，民享其利，莫不歌詠而樂其生也。然始勤終怠者，人情之常。恐安養既久，怠心必生，則已成之功，不能保其久而不廢，故當有以激勵之，如下文所云也。董，督也。威，古文作「畏」。其勤於是者，則戒喻而休美之。其怠於是者，則督責而懲戒之。然又以事之出於勉強者不能久，故復即其前日歌詠之言，協之律吕，播之聲音，用之鄉人，用之邦國，以勸相之。使其歡欣鼓舞，趨事赴功，不能自已，而前日之成功，得以久存而不壞。此周禮所謂「九德之歌，九韶之舞」；而太史公所謂「佚能思初，安能惟始，沐浴膏澤而歌詠勤苦」者也。葛氏曰：洪範五行，水、火、木、金、土而已。穀本在木行之數，禹以其爲民食之急，故別而附之也。帝曰：「俞！地平天成，六府三事允治，萬世永頼，時乃功。」水土治曰平。言水土既平，而萬物得以成遂也。六府，即水、火、金、木、土、穀也。六者財用之所自出，故曰府。三事，正德、利用、厚生也。三者人事之所當爲，故曰事。舜因禹言養民之政，而推其功以美之也。帝曰：「格汝禹。朕宅帝位，三十有三載，耄期倦于勤，汝惟不怠，總朕師。」九十曰耄，百年曰期。舜至是年已九十三矣。總，率也。舜自言既老，血氣已衰，故倦於勤勞之事。汝當勉力不怠，而總率我衆也。蓋命之攝位之事，堯命舜曰「陟帝位」，舜命禹曰「總朕師」者，蓋堯欲使舜真宅帝位，舜讓弗嗣，後惟居攝，亦若是而已。禹曰：「朕德罔克，民不依。皋陶邁種德，德乃降，黎民懷之。帝念哉，念茲在茲，釋茲在茲，名言茲在茲，允出茲在茲，惟帝念功。」邁，勇往力行之意。種，布。降，下也。禹自言其德不能勝任，民不依歸。惟臯陶勇往力行以布其德，德下及於民，而民懷服之，帝當思念之而不忘也。茲，指臯陶也。禹遂言念之而不忘，固在於臯陶。舍之而他求，亦惟在於臯陶。名言於口，固在於臯陶。誠發於心，亦惟在於臯陶也。蓋反覆思之而卒無有易於臯陶者，惟帝深念其功而使之攝位也。帝曰：「臯陶，惟茲臣庶，罔或干予正。汝作士，明于五刑，以弼五教，期于予治。刑期于無刑，民協于中。時乃功，懋哉！」干，犯。正，政。弼，輔也。聖人之治以德爲化民之本，而刑特以輔其所不及而已。期者，先事取必之謂。舜言惟此臣庶，無或有干犯我之政者，以爾爲士師之官，能明五刑，以輔五品之教，而期我以至於治。其始雖不免於用刑，而實所以期至於無刑之地。故民亦皆能協於中道，初無有過不及之差，則刑果無所施矣。凡此皆汝之功也。懋，勉也。蓋不聽禹之讓，而稱臯陶之美以勸勉之也。臯陶曰：「帝德罔愆。臨下以簡，御衆以寬。罰弗及嗣〔五〕，賞延于世。宥過無大，刑故無小。罪疑惟輕，功疑惟重。與其殺不辜，寧失不經。好生之德，洽于民心，茲用不犯于有司。」愆，過也。簡者，不煩之謂。上煩密，則下無所容。御者急促，則衆擾亂。嗣、世，皆謂子孫，然嗣親而世疏也。延，遠及也。父子罪不相及，而賞則遠延于世，其善善長而惡惡短如此。過者，不識而誤犯也。故者，知之而故犯也。過誤所犯，雖大必宥；不忌故犯，雖小必刑。即上篇所謂「眚災肆赦，怙終賊刑」者也。罪已定矣，而於法之中有疑其可重可輕者，則從輕以罰之。功已定矣，而於法之中有疑其可輕可重者，則從重以賞之。辜，罪。經，常也。謂法可以殺，可以無殺，殺之則恐陷於非辜，不殺之恐失於輕縱，二者皆非聖人至公至平之意，而殺不辜者，尤聖人之所不忍也。故與其殺之而害彼之生，寧姑全之而自受失刑之責。此其仁愛忠厚之至，皆所謂好生之德也。蓋聖人之法有盡，而心則無窮。故其用刑行賞，或有所疑，則常屈法以伸恩，而不使執法之意，有以勝其好生之德。此其本心所以無所壅遏，而得行於常法之外。及其流衍洋溢，漸涵浸漬，有以入于民心，則天下之人，無不愛慕感悦，興起於善，而自不犯于有司也。皋陶以舜美其功，故言此以歸功於其上，蓋不敢當其襃美之意而自謂己功也。帝曰：「俾予從欲以治，四方風動，惟乃之休。」民不犯法而上不用刑者，舜之所欲也。汝能使我如所願欲以治，教化四達，如風鼓動，莫不靡然，是乃汝之美也。舜又申言以重歎美之。帝曰：「來禹。降水儆予，成允成功，惟汝賢。克勤于邦，克儉于家，不自滿假，惟汝賢。汝惟不矜，天下莫與汝争能。汝惟不伐，天下莫與汝争功。予懋乃德，嘉乃丕績。天之曆數在汝躬，汝終陟元后。洚水，洪水也。古文作「降」。孟子曰：「水逆行謂之洚水。」蓋山崩水渾，下流淤塞，故其逝者輒復反流，而泛濫决溢，洚洞無涯也。其災所起，雖在堯時，然舜既攝位，害猶未息，故舜以爲天警懼於己，不敢以爲非己之責而自寬也。允，信也。禹奏言而能踐其言，試功而能有其功，所謂成允成功也。禹能如此，則既賢於人矣，而又能勤於王事，儉於私養，此又禹之賢也。有此二美，而又能不矜其能，不伐其功，然其功能之實，則自有不可掩者，故舜於此復申命之，必使攝位也。懋，楙，古通用。楙，盛大之意。丕，大。績，功也。懋乃德者，禹有是德，而我以爲盛大。嘉乃丕績者，禹有是功，而我以爲嘉美也。曆數者，帝王相繼之次第，猶歲時氣節之先後。汝有盛德大功，故知曆數當歸於汝，汝終當升此大君之位，不可辭也。是時舜方命禹以居攝，未即天位，故以終陟言也。「人心惟危，道心惟微，惟精惟一，允執厥中。」心者，人之知覺，主於中而應於外者也。指其發於形氣者而言，則謂之人心。指其發於義理者而言，則謂之道心。人心易私而難公，故危；道心難明而易昧，故微。惟能精以察之，而不雜形氣之私；一以守之，而純乎義理之正，道心常爲之主，而人心聽命焉。則危者安，微者著，動靜云爲，自無過不及之差，而信能執其中矣。堯之告舜，但曰「允執其中」。今舜命禹，又推其所以而詳言之。蓋古之聖人將以天下與人，未嘗不以其治之之法并而傳之，其見於經者如此。後之人君，其可不深思而敬守之哉。「無稽之言勿聽，弗詢之謀勿庸。」無稽者，不考於古。弗詢者，不咨於衆。言之無據，謀之自專，是皆一人之私心，必非天下之公論，皆妨政害治之大者也。言謂泛言，勿聽可矣。謀謂計事，故又戒其勿用也。上文既言存心出治之本，此又告之以聽言處事之要，内外相資，而治道備矣。「可愛非君，可畏非民。衆非元后何戴？后非衆罔與守邦？欽哉！慎乃有位，敬修其可願。四海困窮，天禄永終。惟口出好興戎，朕言不再。」可愛非君乎，可畏非民乎？衆非君，則何所奉戴；君非民，則誰與守邦？欽哉，言不可不敬也。可願，猶孟子所謂可欲。凡可願欲者，皆善也。人君當謹其所居之位，敬修其所可願欲者。苟有一毫之不善，生於心，害於政，則民不得其所者多矣。四海之民至於困窮，則君之天禄，一絶而不復續，豈不深可畏哉！此又極言安危存亡之戒，以深警之。雖知其功德之盛，必不至此。然猶欲其戰戰兢兢，無敢逸豫，而謹之於毫釐之間，此其所以爲聖人之心也。好，善也。戎，兵也。言發於口，則有二者之分。利害之幾，可畏如此。吾之命汝，蓋已審矣，豈復更有他説。蓋欲禹受命而不復辭避也。禹曰：「枚卜功臣，惟吉之從。」帝曰：「禹，官占，惟先蔽志，昆命于元龜。朕志先定，詢謀僉同，鬼神其依，龜筮協從。卜不習吉。」禹拜稽首固辭。帝曰：「毋惟汝諧。」枚卜，歷卜之也。帝之所言，人事已盡，禹不容復辭，但請歷卜有功之臣而從其吉，冀自有以當之者，而已得遂其辭也。官占，掌占卜之官也。蔽，斷。昆，後。龜，卜。筮，蓍。習，重也。帝言官占之法，先斷其志之所向，然後令之於龜。今我志既先定，而衆謀皆同，鬼神依順，而龜筮已協從矣，又何用更枚卜乎？況占卜之法，不待重吉也。固辭，再辭也。毋者，禁止之辭〔六〕。言惟汝可以諧此元后之位也。正月朔旦，受命于神宗，率百官若帝之初。神宗，堯廟也。蘇氏曰：「堯之所從受天下者曰文祖，舜之所從受天下者曰神宗。受天下於人，必告於其人之所從受者。禮曰：『有虞氏禘黄帝而郊嚳，祖顓頊而宗堯。』則神宗爲堯明矣。」正月朔旦，禹受攝帝之命于神宗之廟，總率百官，其禮一如帝舜受終之初等事也。帝曰：「咨，禹。惟時有苗弗率，汝徂征。」禹乃會羣后，誓于師曰：「濟濟有衆，咸聽朕命。蠢兹有苗，昏迷不恭，侮慢自賢，反道敗德，君子在野，小人在位，民棄不保，天降之咎。肆予以爾衆士，奉辭伐罪。爾尚一乃心力，其克有勳。」徂，往也。舜咨嗟言今天下，惟是有苗之君，不循教命，汝往征之。征，正也。往正其罪也。會，徵會也。誓，戒也。軍旅曰誓，有會有誓，自唐、虞時已然。禮言商作誓，周作會，非也。禹會諸侯之師，而戒誓以征討之意。濟濟，和整衆盛之貌。蠢，動也。蠢蠢然無知之貌。

昏，闇。迷，惑也。不恭，不敬也。言苗民昏迷不敬，侮慢於人，妄自尊大，反戾正道，敗壞常德，用舍顛倒，民怨天怒。故我以爾衆士，奉帝之辭，罰苗之罪。爾衆士庶幾同心同力，乃能有功。此上禹誓衆之辭也。林氏曰：「堯老而舜攝者二十有八年，舜老而禹攝者十有七年。其居攝也，代總萬幾之政，而堯、舜之爲天子，蓋自若也。故國有大事，猶禀命焉。禹征有苗，蓋在夫居攝之後，而禀命於舜，禹不敢專也。以征有苗推之，則知舜之誅四凶，亦必禀堯之命無疑。」三旬，苗民逆命。益贊于禹曰：「惟德動天，無遠弗届。滿招損，謙受益，時乃天道。帝初于歷山，往于田，日號泣于旻天，于父母，負罪引慝，祗載見瞽瞍，夔夔齋慄，瞽亦允若。至諴感神，矧兹有苗。」禹拜昌言曰：「俞。」班師振旅，帝乃誕敷文德，舞干羽于兩階。七旬，有苗格。三旬，三十日也。以師臨之閲月，苗頑猶不聽服也。贊，佐。届，至也。是時益蓋從禹出征，以苗負固恃強，未可威服，故贊佐於禹，以爲惟德可以動天，其感通之妙，無遠不至，蓋欲禹還兵而增修其德也。滿損謙益，即易所謂天道虧盈而益謙者。帝，舜也。歷山，在河中府河東縣。仁覆閔下謂之旻。日，非一日也。言舜耕歷山，往于田之時，以不獲順於父母之故，而日號呼于旻天，于其父母，蓋怨慕之深也。負罪，自負其罪，不敢以爲父母之罪。引慝，自引其慝，不敢以爲父母之慝也。祗，敬。載，事也。瞍，長老之稱。言舜敬其子職之事，以見瞽瞍也。齋，莊敬也。慄，戰慄也。夔夔，莊敬戰慄之容也。舜之敬畏小心，而盡於事親者如此。允，信。若，順也。言舜以誠孝感格，雖瞽瞍頑愚，亦且信順之，即孟子所謂「厎豫」也。誠感物曰誠。益又推極至誠之道，以爲神明亦且感格，而況於苗民乎？昌言，盛德之言。拜，所以敬其言也。班，還。

振，整也。謂整旅以歸也。或謂出曰班師，入曰振旅，謂班師於有苗之國，而振旅於京師也。誕，大也。文德，文命德教也。干，楯。羽，翳也。皆舞者所執也。兩階，賓主之階也。七旬，七十日也。格，至也。言班師七旬，而有苗來格也。舜之文德，非自禹班師而始敷；苗之來格，非以舞干羽而後至。史臣以禹班師而歸，弛其威武，專尚德教。干羽之舞，雍容不迫，有苗之至，適當其時。故作史者，因即其實以形容有虞之德，數千載之下，猶可以是而想其一時氣象也。

臯陶謨今文、古文皆有。

曰若稽古。臯陶曰：「允迪厥德，謨明弼諧。」禹曰：「俞！如何？」臯陶曰：「都！慎厥身，修思永。惇叙九族，庶明勵翼，邇可遠在兹。」禹拜昌言曰：「俞！」「稽古」之下即記臯陶之言者，謂考古臯陶之言如此也。臯陶言爲君而信蹈其德，則臣之所謀者無不明，所弼者無不諧也。俞如何者，禹然其言，而復問其詳也。都者，臯陶美其問也。慎者，言不可不致其謹也。身修，則無言行之失。思永，則非淺近之謀。厚叙九族，則親親恩篤而家齊矣。庶明勵翼，則羣哲勉輔而國治矣。邇，近。兹，此也。言近而可推之遠者，在此道也。蓋身修家齊國治而天下平矣。臯陶此言，所以推廣允迪謨明之義，故禹復俞而然之也。○又按典、謨皆稱稽古，而下文所記則異。典主記事，故堯、舜皆載其實。謨主記言，故禹、臯陶則載其謨。后克艱厥后，臣克艱厥臣，禹之謨也。「允迪厥德，謨明弼諧」，臯陶之謨也。然禹謨之上增「文命敷于四海，祗承于帝」者，禹受舜天下，非盡臯陶比例。立言輕重，於此可見。皋陶曰：「都！在知人，在安民。」禹曰：「吁！咸若時，惟帝其難之。知人則哲，能官人。安民則惠，黎民懷之。能哲而惠，何憂乎驩兜，何遷乎有苗，何畏乎巧言令色孔壬？」皋陶因禹之俞，而復推廣其未盡之旨，歎美其言，謂在於知人，在於安民二者而已。知人，智之事；安民，仁之事也。禹曰吁者，歎而未深然之辭也。時，是也。帝，謂堯也。言既在知人，又在安民，二者兼舉，雖帝堯亦難能之。哲，智之明也。惠，仁之愛也。能哲而惠，猶言能知人而安民也。遷，竄。巧，好。令，善。孔，大也。好其言，善其色，而大包藏凶惡之人也。言能哲而惠，則智仁兩盡，雖黨惡如驩兜者，不足憂；昏迷如有苗者，不足遷；與夫好言善色、大包藏姦惡者，不足畏。是三者舉不足害吾之治，極言仁智功用如此其大也。或曰巧言令色孔壬，共工也。禹言三凶而不及鯀者，爲親者諱也。○楊氏曰：「知人安民，此皋陶一篇之體要也。九德而下，知人之事也。天叙有典而下，安民之道也。非知人而能安民者，未之有也。」皋陶曰：「都！亦行有九德，亦言其人有德，乃言曰，載采采。」禹曰：「何？」皋陶曰：「寬而栗，柔而立，愿而恭，亂而敬，擾而毅，直而温，簡而廉，剛而塞，彊而義，彰厥有常，吉哉！」亦，總也。亦行有九德者，總言德之見於行者，其凡有九也。亦言其人有德者，總言其人之有德也。載，行。采，事也。總言其人有德，必言其行某事，某事爲可信驗也。禹曰何者，問其九德之目也。寬而栗者，寬弘而莊栗也。柔而立者，柔順而植立也。愿而恭者，謹愿而恭恪也。亂，治也。亂而敬者，有治才而敬畏也。擾，馴也。擾而毅者，馴擾而果毅也。直而温者，徑直而温和也。簡而廉者，簡易而廉隅也。剛而塞者，剛健而篤實也。彊而義者，彊勇而好義也。而，轉語辭也。

正言而反應者，所以明其德之不偏，皆指其成德之自然，非以彼濟此之謂也。彰，著也。成德著之於身，而又始終有常，其吉士矣哉。「日宣三德，夙夜浚明有家。日嚴祗敬六德，亮采有邦。翕受敷施，九德咸事，俊乂在官。百僚師師，百工惟時，撫于五辰，庶績其凝。」宣，明也。三德六德者，九德之中有其三，有其六也。浚，治也。亮，亦明也。有家，大夫也。有邦，諸侯也。浚明亮采，皆言家邦政事明治之義，氣象則有小大之不同。三德而爲大夫，六德而爲諸侯，以德之多寡，職之大小，槩言之也。夫九德有其三，必日宣而充廣之，而使之益以著。九德有其六，尤必日嚴而祗敬之，而使之益以謹也。翕，合也。德之多寡雖不同，人君惟能合而受之，布而用之，如此，則九德之人，咸事其事。大而千人之俊，小而百人之乂，皆在官使。以天下之才，任天下之治，唐、虞之朝，下無遺才，而上無廢事者，良以此也。師師，相師法也。言百僚皆相師法，而百工皆及時以趨事也。百僚百工，皆謂百官。言其人之相師，則曰百僚；言其人之趨事，則曰百工，其實一也。撫，順也。五辰，四時也。木、火、金、水，旺於四時，而土則寄旺於四季也。禮運曰「播五行於四時」者是也。凝，成也。言百工趨時，而衆功皆成也。「無教逸欲有邦，兢兢業業，一日二日萬幾。無曠庶官，天工，人其代之。」無，與毋通，禁止之辭。教，非必教令，謂上行而下效也。言天子當以勤儉率諸侯，不可以逸欲導之也。兢兢，戒謹也。業業，危懼也。幾，微也。易曰：「惟幾也，故能成天下之務。」蓋禍患之幾，藏於細微，而非常人之所豫見。及其著也，則雖智者不能善其後。故聖人於幾，則兢業以圖之，所謂圖難於其易，爲大於其細者，此也。一日二日者，言其日之至淺，萬幾者，言其幾事之至多也。蓋一日二日之間，事幾之來，且至萬焉，是可一日而縱欲乎？曠，廢也。言不可用非才，而使庶官曠廢厥職也。天工，天之工也。人君代天理物，庶官所治，無非天事。苟一職之或曠，則天工廢矣。可不深戒哉！「天叙有典，勑我五典五惇哉！天秩有禮，自我五禮有庸哉！同寅協恭，和衷哉！天命有德，五服五章哉！天討有罪，五刑五用哉！政事懋哉！懋哉！」叙者，君臣、父子、兄弟、夫婦、朋友之倫叙也。秩者，尊卑、貴賤等級隆殺之品秩也。勑，正。惇，厚。庸，常也。「有庸」，馬本作「五庸」。衷，降衷之衷。即所謂典禮也。典禮雖天所叙秩，然正之使叙倫而益厚，用之使品秩而有常，則在我而已。故君臣當同其寅畏，協其恭敬，誠一無間，融會流通，而民彝物則，各得其正，所謂和衷也。章，顯也。五服，五等之服。自九章以至一章是也。言天命有德之人，則五等之服以彰顯之。天討有罪之人，則五等之刑以懲戒之。蓋爵賞刑罰，乃人君之政事，君主之，臣用之，當勉勉而不可怠者也。○楊氏曰：「典禮自天子出，故言『勑我』『自我』。若夫爵人於朝，與衆共之；刑人於市，與衆棄之，天子不得而私焉。此其立言之異也。」「天聰明，自我民聰明。天明畏，自我民明威。達于上下，敬哉有土。」威，古文作「畏」，二字通用。明者，顯其善。畏者，威其惡。天之聰明，非有視聽也。因民之視聽以爲聰明。天之明畏，非有好惡也。因民之好惡以爲明畏。上下，上天下民也。敬，心無所慢也。有土，有民社也。言天人一理，通達無間，民心所存，即天理之所在，而吾心之敬，是又合天民而一之者也。有天下者，可不知所以敬之哉！皋陶曰：「朕言惠可厎行。」禹曰：「俞！乃言厎可績。」皋陶曰：「予未有知，思曰贊贊襄哉！」「思曰」之「曰」，當作「日」。襄，成也。皋陶謂我所言順於理，可致之於行。禹然其言，以爲致之於行，信可有功。

皋陶謙辭我未有所知，言不敢計功也。惟思日贊助於帝，以成其治而已。

益稷今文、古文皆有。但今文合於皋陶謨。「帝曰來禹汝亦昌言」，正與上篇末文勢接續。古者簡册以竹爲之，而所編之簡，不可以多，故釐而二之，非有意於其間也。以下文禹稱益、稷二人佐其成功，因以名篇。

帝曰：「來，禹！汝亦昌言。」禹拜曰：「都！帝，予何言？予思日孜孜。」皋陶曰：「吁！如何？」禹曰：「洪水滔天，浩浩懷山襄陵，下民昏墊。予乘四載，隨山刊木，暨益奏庶鮮食。予决九川，距四海，濬畎澮距川。暨稷播，奏庶艱食鮮食。懋遷有無化居，烝民乃粒，萬邦作乂。」皋陶曰：「俞！師汝昌言。」孜孜者，勉力不怠之謂。帝以皋陶既陳知人安民之謨，因呼禹使陳其言。禹拜而歎美，謂皋陶之謨至矣，我更何所言，惟思日勉勉以務事功而已。觀此，則上篇禹、皋陶答問者，蓋相與言於帝舜之前也。如何者，皋陶問其孜孜者何如也。禹言往者洪水泛溢，上漫于天，浩浩盛大，包山上陵，下民昏瞀墊溺，困於水災，如此之甚也。四載，水乘舟，陸乘車，泥乘輴，山乘樏也。輴，史記作「橇」，漢書作「毳」，以板爲之，其狀如箕，擿行泥上。樏，史記作「橋」，漢書作「梮」，以鐵爲之，其形似錐，長半寸，施之履下，以上山不蹉跌也。蓋禹治水之時，乘此四載，以跋履山川，踐行險阻者。隨，循。刊，除也。左傳云「井堙木刊」。刊，除木之義也。蓋水涌不洩，泛濫瀰漫，地之平者無非水也。其可見者山耳，故必循山伐木，通蔽障，開道路，而後水工可興也。奏，進也。血食曰鮮。水土未平，民未粒食，與益進衆鳥獸魚鼈之肉於民，使食以充飽也。九川，九州之川也。距，至。濬，深也。周禮：一畝之間，廣尺深尺曰畎。一同之間〔七〕，廣二尋，深二仞曰澮。畎澮之間，有遂有溝有洫，皆通田間水道，以小注大。言畎澮而不及遂溝洫者，舉小大以包其餘也。先決九川之水，使各通于海。次濬畎澮之水，使各通于川也。播，布也。謂布種五穀也。艱，難也。水平播種之初，民尚艱食也。懋，勉也。懋勉其民，徙有於無，交易變化其所居積之貨也。烝，衆也。米食曰粒。蓋水患悉平，民得播種之利，而山林川澤之貨，又有無相通，以濟匱乏，然後庶民粒食，萬邦興起治功也。禹因孜孜之義，述其治水本末先後之詳，而警戒之意，實存於其間。蓋欲君臣上下，相與勉力不怠，以保其治於無窮而已。師，法也。皋陶以其言爲可師法也。禹曰：「都！帝，慎乃在位。」帝曰：「俞！」禹曰：「安汝止，惟幾惟康。其弼直，惟動丕應。傒志以昭受上帝，天其申命用休。」禹既歎美，又特稱帝以告之，所以起其聽也。慎乃在位者，謹其在天子之位也。天位惟艱，一念不謹，或以貽四海之憂；一日不謹，或以致千百年之患。帝深然之，而禹又推其所以謹在位之意，如下文所云也。止者，心之所止也。人心之靈，事事物物，莫不各有至善之所而不可遷者。人惟私欲之念，動摇其中，始有昧於理而不得其所止者。安之云者，順適乎道心之正，而不陷於人欲之危，動静云爲，各得其當，而無有止而不得其止者。惟幾，所以審其事之發；惟康，所以省其事之安，即下文「庶事康哉」之義。至於左右輔弼之臣，又皆盡其繩愆糾繆之職，内外交修，無有不至。若是，則是惟無作，作則天下無不丕應。固有先意而傒我者，以是昭受于天。天豈不重命而用休美乎！帝曰：「吁！臣哉鄰哉，鄰哉臣哉！」禹曰：「俞！」鄰，左右輔弼也。臣以人言，鄰以職言。帝深感上文弼直之語，故曰：「吁！臣哉鄰哉，鄰哉臣哉！」反復嘆詠，以見弼直之義，如此其重而不可忽。禹即俞而然之也。帝曰：「臣作朕股肱耳目。予欲左右有民，汝翼。予欲宣力四方，汝爲。予欲觀古人之象，日、月、星辰、山、龍、華蟲作會，宗彝、藻、火、粉米、黼、黻、絺繡。以五采彰施于五色，作服，汝明。予欲聞六律、五聲、八音，在治忽，以出納五言，汝聽。」此言臣所以爲鄰之義也。君，元首也。君資臣以爲助，猶元首須股肱耳目以爲用也。下文「翼」「爲」「明」「聽」，即作「股肱耳目」之義。左右者，輔翼也。猶孟子所謂「輔之翼之，使自得之」也。宣力者，宣布其力也。言我欲左右有民，則資汝以爲助；欲宣力四方，則資汝以有爲也。象，像也。日月以下，物象是也。易曰：「黄帝、堯、舜垂衣裳而天下治。」蓋取諸乾坤，則上衣下裳之制創自黄帝，而成於堯、舜也。日、月、星辰，取其照臨也。山，取其鎮也。龍，取其變也。華蟲，雉，取其文也。會，繪也。宗彝，虎蜼，取其孝也。藻，水草，取其潔也。火，取其明也。粉米，白米，取其養也。黼，若斧形，取其斷也。黻，爲兩己相背，取其辨也。絺，鄭氏讀爲「黹」，紩也。紩，以爲繡也。日也，月也，星辰也，山也，龍也，華蟲也，六者繪之於衣。宗彝也，藻也，火也，粉米也，黼也，黻也，六者繡之於裳。所謂十二章也。衣之六章，其序自上而下；裳之六章，其序自下而上。采者，青、黄、赤、白、黑也。色者，言施之於繒帛也。繪於衣，繡於裳，皆雜施五采以爲五色也。汝明者，汝當明其小大尊卑之差等也。又按周制，以日月星辰畫於旂，冕服九章，登龍於山，登火於宗彝，以龍、山、華蟲、火、宗彝五者繪於衣，以藻、粉、黼、黻四者繡於裳。衮冕九章，以龍爲首。鷩冕七章，以華蟲爲首。毳冕五章，以虎蜼爲首。蓋亦增損有虞之制而爲之耳。六律，陽律也。不言六呂者，陽統陰也。有律而後有聲，有聲而後八音得以依據，故六律、五聲、八音，言之叙如此也。在，察也。忽，治之反也。聲音之道與政通，故審音以知樂，審樂以知政，而治之得失可知也。五言者，詩歌之協於五聲者也。自上達下謂之出，自下達上謂之納。汝聽者，言汝當審樂而察政治之得失者也。「予違汝弼，汝無面從，退有後言。欽四鄰。」違，戾也。言我有違戾於道，爾當弼正其失。爾毋面諛以爲是，而背毀以爲非。不可不敬爾鄰之職也。申結上文「弼直」、「鄰哉」之義，而深責之禹者如此。「庶頑讒説，若不在時，侯以明之，撻以記之，書用識哉，欲並生哉。工以納言，時而颺之，格則承之庸之，否則威之。」此因上文而慮庶頑讒説之不忠不直也。讒説，即舜所堲者。時，是也。在是，指忠直爲言。侯，射侯也。明者，欲明其果頑愚讒説與否也。蓋射所以觀德，頑愚讒説之人，其心不正，則形乎四體，布乎動静，其容體必不能比於禮，其節奏必不能比於樂，其中必不能多。審如是，則其爲頑愚讒説也必矣。周禮王大射，則供虎侯、熊侯、豹侯，諸侯供熊侯、豹侯，卿大夫供麋侯，皆設其鵠。又梓人爲侯，廣與崇方，三分其廣而鵠居一焉。應古制亦不相遠也。撻，扑也。即扑作教刑者，蓋懲之，使記而不忘也。識，誌也。録其過惡以識于册，如周制鄉黨之官，以時書民之孝悌睦婣有學者也。聖人不忍以頑愚讒説而遽棄之，用此三者之教，啓其憤，發其悱，使之遷善改過，欲其並生於天地之間也。工，掌樂之官也。格，「有恥且格」之格，謂改過也。承，薦也。聖人於庶頑讒説之人，既有以啓發其憤悱遷善之心，而又命掌樂之官，以其所納之言，時而颺之，以觀其改過與否。如其改也，則進之用之；如其不改，然後刑以威之，以見聖人之教，無所不極其至，必不得已焉而後威之，其不忍輕於棄人也如此。此即龍之所典，而此命伯禹總之也。禹曰：「俞哉！帝光天之下，至于海隅蒼生，萬邦黎獻，共惟帝臣，惟帝時舉。敷納以言，明庶以功，車服以庸，誰敢不讓，敢不敬應。帝不時，敷同日奏，罔功。」俞哉者，蘇氏曰：「與春秋傳『公曰諾哉』意同。口然而心不然之辭也。」隅，角也。蒼生者，蒼蒼然而生，視遠之義也。獻，賢也。黎獻者，黎民之賢者也。共，同。時，是也。敷納者，下陳而上納也。明庶者，明其衆庶也。禹雖俞帝之言，而有未盡然之意。謂庶頑讒説，加之以威，不若明之以德，使帝德光輝達於天下海隅蒼生之地，莫不昭灼，德之遠著如此，則萬邦黎民之賢，孰不感慕興起，而皆有帝臣之願，惟帝時舉而用之爾。敷納以言而觀其蘊，明庶以功而考其成，旌能命德以厚其報，如此，則誰敢不讓於善，敢不精白一心敬應其上，而庶頑讒説豈足慮乎？帝不如是，則今任用之臣，遠近敷同，率爲誕慢，日進於無功矣。豈特庶頑讒説爲可慮哉！「無若丹朱傲，惟慢遊是好，傲虐是作。罔晝夜頟頟，罔水行舟。朋淫于家，用殄厥世。予創若時，娶于塗山，辛壬癸甲。啓呱呱而泣，予弗子，惟荒度土功。弼成五服，至于五千。州十有二師，外薄四海，咸建五長，各迪有功。苗頑弗即工，帝其念哉。」帝曰：「迪朕德，時乃功惟叙。」皋陶方祗厥叙，方施象刑，惟明。漢志：堯處子朱於丹淵爲諸侯。丹，朱之國名也。頟頟，不休息之狀。罔水行舟，如奡盪舟之類。朋淫者，朋比小人而淫亂于家也。殄，絶也。世者，世堯之天下也。丹朱不肖，堯以天下與舜而不與朱，故曰殄世。程子曰：「夫聖莫聖於舜，而禹之戒舜，至曰無若丹朱好慢遊，作傲虐。且舜之不爲慢遊傲虐，雖愚者亦當知之，豈以禹而不知乎？蓋處崇高之位，所以儆戒者當如是也。」創，懲也。禹自言懲丹朱之惡而不敢以慢遊也。塗山，國名，在今壽春縣東北。禹娶塗山氏之女也。辛、壬、癸、甲，四日也。禹娶塗山，甫及四日，即往治水也。啓，禹之子。呱呱，泣聲。荒，大也。言娶妻生子，皆有所不暇顧念，惟以大相度平治水土之功爲急也。孟子言禹八年於外，三過其門而不入是也。五服，甸、侯、綏、要、荒也。言非特平治水土，又因地域之遠近，以輔成五服之制也。疆理宇内，乃人君之事，非人臣之所當專者，故曰弼成也。五千者，每服五百里，五服之地，東西南北相距五千里也。十二師者，每州立十二諸侯以爲之師，使之相牧以糾羣后也。薄，迫也。九州之外，迫於四海，每方各建五人以爲之長而統率之也。聖人經理之制，其詳内略外者如此。即，就也。謂十二師五長，内而侯牧，外而蕃夷，皆蹈行有功。惟三苗頑慢不率，不肯就工，帝當憂念之也。帝言四海之内，蹈行我之德教者，是汝功惟叙之故。其頑而弗率者，則皐陶方敬承汝之功叙，方施象刑惟明矣。曰明者，言其刑罰當罪，可以畏服乎人也。上文禹之意，欲舜弛其鞭扑之威，益廣其文教之及。而帝以禹之功叙，既已如此，而猶有頑不即功如苗民者，是豈刑法之所可廢哉！或者乃謂苗之凶頑，六師征之，猶且逆命，豈皐陶象刑之所能致，是未知聖人兵刑之叙，與帝舜治苗之本末也。帝之此言乃在禹未攝位之前，非徂征後事。蓋威以象刑，而苗猶不服，然後命禹征之。征之不服，以益之諫，而又增修德教，及其來格，然後分北之。舜之此言雖在三謨之末，而實則禹未攝位之前也。

夔曰：「戛擊鳴球，搏拊琴瑟，以詠。」祖考來格，虞賓在位，羣后德讓。下管鼗鼓，合止柷敔，笙鏞以間，鳥獸蹌蹌；簫韶九成，鳳凰來儀。戛擊，考擊也。鳴球，玉磬名也。搏，至。拊，循也。樂之始作，升歌於堂上，則堂上之樂惟取其聲之輕清者，與人聲相比，故曰以詠。蓋戛擊鳴球，搏拊琴瑟，以合詠歌之聲也。格，「神之格思」之格。虞賓，丹朱也。堯之後，爲賓於虞，猶微子作賓於周也。丹朱在位，與助祭羣后，以德相讓，則人無不和可知矣。下，堂下之樂也。管，猶周禮所謂「陰竹之管」、「孤竹之管」、「絲竹之管」也。鼗鼓，如鼓而小，有柄，持而摇之，則旁耳自擊。柷敔，郭璞云：柷如漆桶，方二尺四寸，深一尺八寸，中有椎柄，連底撞之，令左右擊。敔，狀如伏虎，背上有二十七鉏鋙刻，以籈櫟之。籈，長一尺，以木爲之。始作也，擊柷以合之。及其將終也，則櫟敔以止之。蓋節樂之器也。笙，以匏爲之，列管於匏中，又施簧於管端。鏞，大鍾也。葉氏曰：「鍾與笙相應者曰笙鍾，與歌相應者曰頌鍾。」頌，或謂之鏞。詩「賁鼓維鏞」是也。大射禮：「樂人宿縣于阼階東，笙磬西面，其南笙鍾。」「西階之西，頌磬東面，其南頌鍾。」頌鍾，即鏞鍾也。上言「以詠」，此言「以間」，相對而言，蓋與詠歌迭奏也。鄉飲酒禮云「歌鹿鳴」，「笙南陔」，「間歌魚麗，笙由庚」，或其遺制也。蹌蹌，行動之貌。言樂音不獨感神人，至於鳥獸無知，亦且相率而舞，蹌蹌然也。簫，古文作「箾」，舞者所執之物。説文云：樂名箾韶。「季札觀周樂，見舞韶箾者」。則箾韶蓋舜樂之總名也。今文作「簫」，故先儒誤以簫管釋之。九成者，樂之九成也。功以九叙，故樂以九成。九成，猶周禮所謂九變也。孔子曰：「樂者，象成者也，故曰成。」鳳凰，羽族之靈者，其雄爲鳳，其雌爲凰。來儀者，來舞而有容儀也。戛擊鳴球，搏拊琴瑟以詠，堂上之樂也。下管鼗鼓，合止柷敔，笙鏞以間，堂下之樂也。唐孔氏曰：樂之作也，依上下而遞奏，間合而後曲成。祖考尊神，故言於堂上之樂。鳥獸微物，故言於堂下之樂。九成致鳳，尊異靈瑞，故别言之。非堂上之樂，獨致神格；堂下之樂，偏能舞獸也。或曰笙之形如鳥翼，鏞之虡爲獸形，故於笙鏞以間言鳥獸蹌蹌。風俗通曰：舜作簫笙以象鳳。蓋因其形聲之似，以狀其聲樂之和，豈真有鳥獸鳳凰而蹌蹌來儀者乎？曰：是未知聲樂感通之妙也。瓠巴鼓瑟而游魚出聽，伯牙鼓琴而六馬仰秣，聲之致祥召物，見於傳者多矣。況舜之德致和於上，夔之樂召和於下。其格神人、舞獸鳳，豈足疑哉！今按季札觀周樂，見舞韶箾者，曰：「德至矣，盡矣！如天之無不覆，如地之無不載，雖甚盛德，蔑以加矣。」夫韶樂之奏，幽而感神，則祖考來格；明而感人，則羣后德讓；微而感物，則鳳儀獸舞。原其所以能感召如此者，皆由舜之德，如天地之無不覆燾也。其樂之傳，歷千餘載，孔子聞之於齊，尚且三月不知肉味，曰：「不圖爲樂之至於斯。」則當時感召，從可知矣。又按此章夔言作樂之效，其文自爲一段，不與上下文勢相屬。蓋舜之在位五十餘年，其與禹、皋陶、夔、益相與答問者多矣。史官取其尤彰明者以詔後世，則是其所言者自有先後，史官集而記之，非其一日之言也。諸儒之説，自皋陶謨至此篇末，皆謂文勢相屬，故其説牽合不通，今皆不取。夔曰：「於！予擊石拊石，百獸率舞。」庶尹允諧。重擊曰擊，輕擊曰拊。石，磬也。有大磬，有編磬，有歌磬。磬有小大，故擊有輕重。八音獨言石者，蓋石音屬角，最難諧和。記曰：磬以立辨。夫樂以合爲主，而石聲獨立辨者，以其難和也。石聲既和，則金、絲、竹、匏、土、革、木之聲無不和者矣。詩曰：「既和且平，依我磬聲。」則知言石者，總樂之和而言之也。或曰玉振之也者終條理之事，故舉磬以終焉。上言鳥獸，此言百獸者，考工記曰：「天下大獸五，脂者、膏者、臝者、羽者、鱗者，羽鱗總可謂之獸庶尹諧，允諧者，信皆和諧也。庶尹者，衆百官府之長也。尹，正也。也。」百獸舞，則物無不和可知矣。則人無不和可知矣。帝庸作歌曰：「勑天之命，惟時惟幾。」乃歌曰：「股肱喜哉！元首起哉！百工熙哉！」皋陶拜手稽首，颺言曰：「念哉！率作興事，慎乃憲，欽哉！屢省乃成，欽哉！」乃賡載歌曰：「元首明哉！股肱良哉！庶事康哉！」又歌曰：「元首叢脞哉！股肱惰哉！萬事墮哉！」帝拜曰：「俞，往，欽哉！」庸，用也。歌，詩歌也。勑，戒勑也。幾，事之微也。惟時者，無時而不戒勑也。惟幾者，無事而不戒勑也。蓋天命無常，理亂安危，相爲倚伏。今雖治定功成，禮備樂和，然頃刻謹畏之不存，則怠荒之所自起，毫髮幾微之不察，則禍患之所自生，不可不戒也。此舜將欲作歌，而先述其所以歌之意也。股肱，臣也。元首，君也。人臣樂於趨事赴功，則人君之治爲之興起，而百官之功皆廣也。拜手稽首者，首至手，又至地也。大言而疾曰颺。率，總率也。皋陶言人君當總率羣臣以起事功，又必謹其所守之法度。蓋樂於興事者，易至於紛更，故深戒之也。屢，數也。興事而數考其成，則有課功覈實之效，而無誕謾欺蔽之失。兩言欽哉者，興事考成，二者皆所當深敬而不可忽者也。此皋陶將欲賡歌，而先述其所以歌之意也。賡，續。載，成也。續帝歌以成其義也。皋陶言君明則臣良，而衆事皆安，所以勸之也。叢脞，煩碎也。惰，懈怠也。墮，傾圮也。言君行臣職，煩瑣細碎，則臣下懈怠，不肯任事，而萬事廢壞，所以戒之也。舜作歌而責難於臣，皋陶賡歌而責難於君，君臣之相責難者如此，有虞之治，兹所以爲不可及也歟。帝拜者，重其禮也。重其禮，然其言，而曰汝等往治其職，不可以不敬也。林氏曰：「舜、禹、皋陶之賡歌，三百篇之權輿也。學詩者當自此始。」

校勘記

〔一〕周禮所謂冬夏致日　「冬」原作「春」，據明内府本、清傳經堂本及周禮馮相氏改。

〔二〕宋錢樂之又鑄銅作渾天儀　「之」字原脱，據宋書卷十二律曆中、卷二十三天文補。

〔三〕大吕以下　「大」原作「夫」，據元刻本、明内府本、清傳經堂本改。

〔四〕所以備舜典之未備者　「舜」，明官刻本、清傳經堂本作「二」。

〔五〕罰弗及嗣　「弗及」原作「及弗」，據元刻本、明内府本、清傳經堂本乙正。

〔六〕禁止之辭　「之」原作「其」，據元刻本、明内府本、清傳經堂本改。

〔七〕一同之間　「一同之間」四字原脱，據元刻本、清傳經堂本補。

書集傳卷二

夏書

夏，禹有天下之號也。書凡四篇。禹貢作於虞時，而係之夏書者，禹之王以是功也。

禹貢

上之所取謂之賦，下之所供謂之貢。是篇有貢有賦，而獨以貢名篇者，孟子曰：「夏后氏五十而貢。」貢者較數歲之中以爲常，則貢又夏后氏田賦之總名。今文、古文皆有。

禹敷土，隨山刊木，奠高山大川。敷，分也。分別土地以爲九州也。奠，定也。定高山大川以別州境也。若兗之濟、河，青之海岱[一]，揚之淮海[二]，雍之黑水、西河，荆之荆、衡，徐之岱、淮，豫之荆、河，梁之華陽、黑水是也。方洪水横流，不辨區域。禹分九州之地，隨山之勢，相其便宜，斬木通道以治之。又定其山之高者，與其川之大者，以爲之紀綱。此三者，禹治水之要，故作書者首述之。○曾氏曰：「禹別九州，非用其私智。天文地理，區域各定。故星土之法，則有九野，而在地者，必有高山大川爲之限隔，風氣爲之不通。民生其間，亦各異俗。故禹因高山大川之所限者，別爲九州。又定其山之高峻，水之深大者，爲其州之鎮，秩其祭，而使其國主之也。」冀州：冀州，帝都之地。三面距河，兗河之西，雍河之東，豫河之北。周禮職方「河内曰冀州」是也。八州皆言疆界，而冀不言者，以餘州所至可見。晁氏曰：「亦所以尊京師，示王者無外之意。」既載壺口，經始治之謂之載。壺口，山名。漢地志：在河東郡北屈縣東南。今隰州吉鄉縣也。○今按「既載」云者，冀州，帝都之地。禹受命治水所始，在所當先，經始壺口等處，以殺河勢，故曰「既載」。然禹治水施功之序，則皆自下流始。故次兗、次青、次徐、次揚、次荆、次豫、次梁、次雍。兗最下，故所先；雍最高，故獨後。禹言：「予決九川，距四海，濬畎澮，距川。」即其用工之本末。先決九川之水以距海，則水之大者有所歸。又濬畎澮以距川，則水之小者有所泄。皆自下流以疏殺其勢。讀禹貢之書，求禹功之序，當於此詳之。治梁及岐。梁、岐皆冀州山。梁山，吕梁山也，在今石州離石縣東北。爾雅云：梁山晉望。即冀州吕梁也。吕不韋曰：「龍門未闢，吕梁未鑿，河出孟門之上。」又春秋「梁山崩」，左氏、穀梁皆以爲晉山，則亦指吕梁矣。酈道元謂吕梁之石崇竦，河流激盪，震動天地。此禹既事壺口，乃即治梁也。岐山在今汾州界休縣。狐岐之山，勝水所出，東北流注于汾。酈道元云：後魏於胡岐置六壁，防離石諸胡，因爲大鎮。今六壁城在勝水之側，實古河逕之險阨。二山，河水所經，治之所以開河道也。先儒以爲雍州、梁、岐者，非是。既修太原，至于岳陽。修，因鯀之功而修之也。廣平曰原，今河東路太原府也。岳，太岳也。周職方：冀州其山鎮曰霍山。地志謂霍太山即太岳，在河東郡彘縣東，今晉州霍邑也。山南曰陽，則今岳陽縣地也，堯之所都。揚子雲冀州箴曰「岳陽是都」是也。蓋汾水出於太原，經於太岳，東入于河。此則導汾水也。覃懷厎績，至于衡漳。覃懷，地名。地志：河内郡有懷縣。今懷州也。曾氏曰：覃懷，平地也。當在孟津之東，太行之西，淶水出乎其西，淇水出乎其東。方洪水懷山襄陵之時，而平地致功爲難，故曰「厎績」。衡漳，水名。衡，古横字。地志：漳水二，一出上黨沾縣大黽谷，今平定軍樂平縣少山也，名爲清漳；一出上黨長子縣鹿谷山，今潞州長子縣發鳩山也，名爲濁漳。酈道元謂之衡水，又謂之横水，東至鄴合清漳，東北至阜城入北河。鄴，今潞州涉縣也。阜城，今定遠軍東光縣也。○又按桑欽云：二漳異源，而下流相合，同歸于海。唐人亦言：漳水能獨達于海。請以爲瀆，而不云入河者。蓋禹之導河，自洚水大陸至碣石入于海，本隨西山下東北去。周定王五年，河徙砱礫，則漸遷而東。漢初漳猶入河。其後河徙日東，而取漳水益遠。至欽時，河自大伾而下，已非故道，而漳自入海矣。故欽與唐人所言者如此。厥土惟白壤。漢孔氏曰：無塊曰壤。顔氏曰：柔土曰壤。夏氏曰：周官大司徒：「辨十有二壤之物而知其種，以教稼穡樹藝。」以土均之法辨五物九等，制天下之地征，則夫教民樹藝，與因地制貢，固不可不先於辨土也。然辨土之宜有二：白以辨其色，壤以辨其性也。蓋草人糞壤之法，騂剛用牛，赤緹用羊，墳壤用麋，渴澤用鹿，糞治田疇，各因色性而辨其所當用也。曾氏曰：「冀州之土，豈皆白壤，云然者，土會之法，從其多者論也。」厥賦惟上上錯。厥田惟中中。賦，田所出穀米兵車之類。錯，雜也。賦第一等，而錯出第二等也。田第五等也。賦高於田四等者，地廣而人稠也。林氏曰：冀州先賦後田者，冀，王畿之地，天子所自治，併與場圃園田漆林之類而征之，如周官載師所載，賦非盡出於田也。故以賦屬于厥土之下。餘州皆田之賦也，故先田而後賦。又按九州九等之賦，皆每州歲入總數，以九州多寡相較而爲九等，非以是等田而責其出是等賦也。冀獨不言貢篚者。冀，天子封内之地，無所事於貢篚者。

恒、衛既從，大陸既作。恒、衛二水名。恒水，地志：出常山郡上曲陽縣恒山北谷，在今定州曲陽縣西北恒山也，東入滱水。薛氏曰：東流合滱水，至瀛州高陽縣入易水。晁氏曰：今之恒水，西南流至真定府行唐縣，東流入于滋水，又南流入于衡水，非古逕矣。衛水，地志：出常山郡靈壽縣東北，即今真定府靈壽縣也，東入滹沱河。薛氏曰：東北合滹沱河，過信安軍入易水。從，從其道也。大陸，孫炎曰：鉅鹿北廣阿澤〔二〕，河所經也。程氏曰：鉅鹿去古河絶遠，河未嘗逕邢以行鉅鹿之廣阿，非是。按爾雅：「高平曰陸。」大陸云者，四無山阜，曠然平地。蓋禹河自澶相以北，皆行西山之麓，故班、馬、王横皆謂載之高地。則古河之在貝、冀以及枯洚之南，率皆穿西山踵趾以行。及其已過信洚之北，則西山勢斷，曠然四平，蓋以此地謂之大陸，乃與下文「北至大陸」者合。故隋改趙之昭慶以爲大陸縣，唐又割鹿城置陸渾縣，皆疑鉅鹿之大陸不與河應，而亦求之向北之地。杜佑、李吉甫以爲邢、趙、深三州爲大陸者得之。作者，言可耕治。水患既息，而平地之廣衍者，亦可耕治也。恒、衛水小而地遠，大陸地平而近河，故其成功於田賦之後。島夷皮服。海曲曰島。海島之夷以皮服來貢也。夾右碣石，入于河。碣石，地志：在北平郡驪城縣西南河口之地，今平州之南也。冀州北方貢賦之來，自北海入河，南向西轉，而碣石在其右轉屈之間，故曰夾右也。程氏曰：冀爲帝都，東、西、南三面距河，他州貢賦皆以達河爲至，故北三方亦不必書。而其北境，則漢遼東，西右北平、漁陽、上谷之地，其水如遼、濡、滹、易，皆中高不與河通，故必自北海，然後能達河也。又按酈道元言：驪城枕海，有石如甬道數十里，當山頂有大石如柱形，韋昭以爲碣石。其山昔在河口海濱，故以誌其入貢河道。歷世既久，爲水所漸，淪入于海，已去岸五百餘里矣。戰國策以碣石在常山郡九門縣者，恐名偶同。而鄭氏以爲九門無此山也。**濟、河惟兖州。**兖州之域東南據濟，西北距河。濟、河見導水。蘇氏曰：「河、濟之間，相去不遠。兖州之境，東南跨濟，非止於濟也。」愚謂河昔北流兖州之境，北盡碣石河右之地。後碣石之地淪入於海，河益徙而南。濟、河之間〔四〕，始相去不遠。蘇氏之説，未必然也。○林氏曰：「濟，古文作『泲』。説文注云：此兖州之濟也。其從水從齊者，説文注云：出常山房子縣贊皇山。則此二字音同義異，當以古文爲正。」

九河既道。九河，爾雅：一曰徒駭、二曰太史、三曰馬頰、四曰覆鬴、五曰胡蘇、六曰簡潔、七曰鉤盤、八曰鬲津，其一則河之經流也。先儒不知河之經流，遂分簡潔爲二。既道者，既順其道也。○按徒駭河，地志云：滹沱河。寰宇記云：在滄州清池南。許商云：在平成。馬頰河，元和志：在德州安德平原南東。寰宇記云：在棣州滴河北。輿地記云：即篤馬河也。覆鬴河，通典云：在德州安德。胡蘇河，寰宇記云：在滄之饒安、無棣、臨津三縣。許商云：在東光。簡潔河，輿地記云：在臨津。鉤盤河，寰宇記云：在樂陵東南，從德州平昌來。輿地記云：在樂陵。鬲津河，寰宇記云：在樂陵東，西北流入饒安。許商云：在鬲縣。輿地記云：在無棣。太史河，不知所在。自漢以來，講求九河者甚詳，漢世近古，止得其三。唐人集累世積傳之語，遂得其六。歐陽忞輿地記又得其一。或新河而載以舊名，或一地而互爲兩説，要之皆似是而非，無所依據。至其顯然謬誤者，則班固以滹沱爲徒駭，而不知滹沱不與古河相涉。樂史馬頰乃以漢篤馬河當之。鄭氏求之不得，又以爲九河。齊威塞其八流以自廣〔五〕。夫曲防，齊之所禁，塞河宜非威公之所爲也。河水可塞，而河道果能盡平乎？皆無稽攷之言也。惟程氏以爲九河之地，已淪於海，引碣石爲九河之證，以謂今滄州之地，北與平州接境，相去五百餘里，禹之九河當在其地。後爲海水淪没，故其迹不存。方九河未没於海之時，從今海岸東北更五百里平地，河播爲九，在此五百里中。又上文言夾右碣石，則九河入海之處，有碣石在其西北岸。九河水道變遷，難於推考，而碣石通趾頂皆石，不應仆没。今兖、冀之地，既無此石，而平州正南有山而名碣石者，尚在海中，去岸五百餘里，卓立可見。則是古河自今已爲海處，向北斜行，始分爲九，其河道已淪入於海明矣。漢王横言昔天嘗連雨，東北風，海水溢，西南出浸數百里，九河之地已爲海水所漸。酈道元亦謂九河碣石苞淪於海。後世儒者知求九河於平地，而不知求碣石有無以爲之證，故前後異説，竟無歸宿。蓋非九河之地，而强鑿求之，宜其支離而不能的也。**雷夏既澤。**澤者，水之鍾也。雷夏，地志：在濟陰郡城陽縣西北。今濮州雷澤縣西北也。山海經云：澤中有雷神，龍身而人頰，鼓其腹則雷。然則本夏澤也，因其神，名之曰雷夏也。洪水横流而入于澤，澤不能受，則亦泛濫奔潰，故水治而後雷夏爲澤。**灉、沮會同。**灉、沮，二水名。灉水，曾氏曰：爾雅：「水自河出爲灉。」許慎云：河灉水在宋。又曰：汳水受陳留、浚儀、陰溝，至蒙爲灉水，東入于泗。水經：汳水出陰溝，東至蒙爲狚獾。則灉水即汳水也。灉之下流入于睢水。沮水，地志：睢水出沛國芒縣。睢水其沮水歟？晁氏曰：爾雅云：自河出爲灉，濟出爲濋。求之於韻，沮有楚音。二水，河、濟之别也。二説未詳孰是。會者，水之合也。同者，合而一也。**桑土既蠶，是降丘宅土。**桑土，宜桑之土。既蠶者，可以蠶桑也。蠶性惡濕，故水退而後可蠶。然九州皆賴其利，而獨於兖言之者，兖地宜桑，後世之濮上桑間，猶可驗也。地高曰丘。兖地多在卑下，水害尤甚，民皆依丘陵以居，至是始得下居平地也。厥土黑墳，厥草惟繇，厥木惟條。墳，土脉墳起也，如左氏所謂祭之地，地墳是也。繇，茂。條，長也。○林氏曰：九州之勢，西北多山，東南多水。多山則草木爲宜，不待書也。兖、徐、揚三州最居東南下流，其地卑濕沮洳，洪水爲患，草木不得其生。至是或繇、或條、或夭、或喬，而或漸苞，故於三州特言之，以見水土平，草木亦得遂其性也。厥田惟中下，厥賦貞，作十有三載，乃同。田第六等，賦第九等。貞，正也。兖賦最薄，言君天下者，以薄賦爲正也。作十有三載乃同者，兖當河下流之衝，水激而湍悍，地平而土疏，被害尤劇。今水患雖平，而卑濕沮洳，未必盡去。土曠人稀，生理鮮少，必作治十有三載，然後賦法同於他州。此爲田賦而言，故其文屬於厥賦之下。先儒以爲禹治水所歷之年，且謂此州治水最在後畢，州爲第九成功，因以上文「厥賦貞」者，謂賦亦第九，與州正爲相當。殊無意義，其説非是。厥貢漆絲，厥篚織文。貢者，下獻其土所有於上也。兖地宜漆、宜桑，故貢漆絲也。篚，竹器。筐，屬也。古者幣帛之屬，則盛之以筐篚而貢焉。經曰「篚厥玄黄」是也。織文者，織而有文，錦綺之屬也。以非一色，故以織文總之。林氏曰：「有貢又有篚者，所貢之物入於篚也。」浮于濟、漯，達于河。舟行水曰浮。漯者，河之枝流也。兖之貢賦，浮濟浮漯以達於河也。帝都冀州，三面距河，達河即達帝都矣。又按地志曰：漯水出東郡東武陽，至千乘入海。程氏以爲此乃漢河，與漯殊異。然亦不能明言漯河所在，未詳其地也。海岱惟青州。青州之域，東北至海，西南距岱。岱，泰山也，在今襲慶府奉符縣西北三十里。嵎夷既略，嵎夷，薛氏曰：今登州之地。略，經略，爲之封畛也。即堯典之嵎夷。濰、淄其道。濰、淄，二水名。濰水，地志云：出琅琊郡箕縣。今密州莒縣東北濰山也。北至都昌入海，今濰州昌邑也。淄水，地志云：出泰山郡萊蕪縣原山。今淄州淄川縣東南七十里原山也〔六〕。東至博昌縣入濟，今青州壽光縣也。其道者，水循其道也。上文言既道者，禹爲之道也。此言其道者，泛濫既去，水得其故道也。林氏曰：「河、濟下流，兗受之；淮下流，徐受之；江、漢下流，揚受之。青雖近海，然不當衆流之衝，但濰、淄二水順其故道，則其功畢矣。比之他州，用力最省者也。」厥土白墳，海濵廣斥。濵，涯也。海涯之地，廣漠而斥鹵。許慎曰：東方謂之斥，西方謂之鹵。斥鹵鹹地，可煮爲鹽者也。厥田惟上下，厥賦中上。田第三，賦第四也。

厥貢鹽絺，海物惟錯。岱畎絲、枲、鉛、松、怪石，萊夷作牧。厥篚檿絲。鹽，斥地所出。絺，細葛也。錯，雜也。海物非一種，故曰錯。林氏曰：既總謂之海物，則固非一物矣。此與揚州齒革、羽毛、惟木，文勢正同。錯蓋別爲一物，如錫貢磬錯之錯，理或然也。畎，谷也。岱山之谷也。枲，麻也。怪石，怪異之石也。林氏曰：怪石之貢，誠爲可疑，意其必須以爲器用之飾而有不可闕者，非特貢其怪異之石以爲玩好也。萊夷，顔師古曰：萊山之夷。齊有萊侯、萊人，即今萊州之地。作牧者，言可牧放，夷人以畜牧爲生也。檿，山桑也。山桑之絲，其韌中琴瑟之絃。蘇氏曰：「惟東萊爲有此絲，以之爲繒，其堅韌異常，萊人謂之山璽。」浮于汶，達于濟。汶水出泰山郡萊蕪縣原山，今襲慶府萊蕪縣也。西南入濟，在今鄆州中都縣也。蓋淄水出萊蕪原山之陰，東北而入海。汶水出萊蕪原山之陽，西南而入濟。不言達河者，因於兗也。海岱及淮惟徐州。徐州之域，東至海，南至淮，北至岱，而西不言濟者，岱之陽，濟東爲徐；岱之北，濟東爲青。言濟不足以辨，故略之也。爾雅「濟東曰徐州」者，商無青，并青於徐也。周禮「正東曰青州」者，周無徐，并徐於青也。林氏曰：一州之境，必有四至。七州皆止二至，蓋以鄰州互見。至此州獨載其三邊者，止言海岱，則嫌於青；止言淮海，則嫌於揚，故必曰海岱及淮，而後徐州之疆境始别也。淮、沂其乂。淮、沂，二水名。淮，見導水。曾氏曰：淮之源出于豫之境，至揚、徐之間始大，其泛溢爲患，尤在於徐，故淮之治，於徐言之也。沂水，地志云：出泰山郡蓋縣艾山，今沂州沂水縣也。南至于下邳，西南而入于泗。曾氏曰：徐州水以沂名者非一，酈道元謂水出尼丘山西北，徑魯之雩門，亦謂之沂水。水出太山武陽之冠石山，亦謂之沂水。而沂水之大，則出於泰山也。又按徐之水，有泗、有汶、有汴、有滌，而獨以淮、沂言者，周職方氏青州，其川淮、泗，其浸沂、沭。周無徐州，兼之於青。周之青，即禹之徐。則徐之川，莫大於淮。淮乂，則自泗而下，凡爲川者可知矣。徐之浸，莫大於沂。沂乂，則自沭而下，凡爲浸者可知矣。蒙、羽其藝。蒙、羽，二山名。蒙山，地志：在泰山郡蒙陰縣西南。今沂州費縣也。羽山，地志：在東海郡祝其縣南。今海州朐山縣也。藝者，言可種藝也。大野既豬，大野，澤名。地志：在山陽郡鉅野縣北，今濟州鉅野縣也。鉅，即大也。水蓄而復流者謂之豬。按水經，濟水至乘氏縣分爲二，南爲菏，北爲濟。酈道元謂一水東南流，一水東北流，入鉅野澤。則大野爲濟之所絶，其所聚也大矣。何承天曰：鉅野廣大，南導洙、泗，北連清、濟。徐之有濟，於是乎見。又鄆州中都西南，亦有大野陂，或皆大野之地也。東原厎平。東原，漢之東平國，今之鄆州也。晁氏曰：東平自古多水患，數徙其城。咸平中，又徙城於東南，則其下濕可知。厎平者，水患已去而厎於平也。後人以其地之平，故謂之東平。又按東原在徐之西北，而謂之東者，以在濟東故也。東平國在景帝亦謂濟東國云。益知大野東原，所以志濟也。厥土赤埴墳，草木漸包。土黏曰埴。埴，膩也。黏泥，如脂之膩也。周有摶埴之工。老氏言：埏埴以爲器。惟土性黏膩細密，故可摶可埏也。漸，進長也。如易所謂木漸，言其日進於茂而不已也。包，叢生也。如詩之所謂「如竹包矣」，言其叢生而稹也。厥田惟上中，厥賦中中。田第二等，賦第五等也。厥貢惟土五色，羽畎夏翟，嶧陽孤桐，泗濱浮磬，淮夷蠙珠暨魚，厥篚玄纖縞。徐州之土雖赤，而五色之土亦間有之，故制以爲貢。周書作雒曰：諸侯受命于周，乃建大社于國中。其壝東青土、南赤土、西白土、北驪土、中央釁以黄土。將建諸侯，鑿取其方面之土，苞以黄土，苴以白茅，以爲土封。故曰受削土于周室。此貢土五色，意亦爲是用也。羽畎，羽山之谷也。夏翟，雉具五色，其羽中旌旄者也。染人之職，秋染夏。鄭氏曰：「染夏者，染五色也。」林氏曰：「古之車服器用，以雉爲飾者多，不但旌旄也。」曾氏曰：「山雉具五色，出于羽山之畎，則其名山以羽者以此歟。」嶧，山名。地志云：東海郡下邳縣西有葛嶧山。古文以爲嶧山。下邳，今淮陽軍下邳縣也。陽者，山南也。孤桐，特生之桐，其材中琴瑟。詩曰：「梧桐生矣，于彼朝陽。」蓋草木之生，以向日者爲貴也。泗，水名。出魯國卞縣桃墟西北陪尾山。源有泉四，四泉俱導，因以爲名。西南過彭城，又東南過下邳入淮。卞縣，今襲慶府泗水縣也。濱，水旁也。浮磬，石露水濱，若浮於水然。或曰非也，泗濱非必水中。泗水之旁近浮者，石浮生土中，不根着者也。今下邳有石磬山，或以爲古取磬之地。曾氏曰：「不謂之石者，成磬而後貢也。」淮夷，淮之夷也。蠙，蚌之别名也。暨，及也。珠爲服飾，魚用祭祀，今濠、泗、楚皆貢淮白魚，亦古之遺制歟？夏翟之出于羽畎，孤桐之生於嶧陽，浮磬之出於泗濱，珠魚之出於淮夷，各有所産之地，非它處所有，故詳其地而使貢也。玄，赤黑色幣也。武成曰：「篚厥玄黄〔七〕。」纖、縞，皆繒也。禮曰：「又期而大祥〔八〕，素縞麻衣，中月而禫，禫而纖。」記曰：有虞氏縞衣而養老。則知纖、縞皆繒之名也。曾氏曰：玄，赤而有黑色，以之爲衮，所以祭也。以之爲端，所以齋也。以之爲冠，以爲首服也。黑經白緯曰纖。纖也，縞也，皆去凶即吉之所服也。**浮于淮、泗，達于河。**許慎曰：汳水受陳留、浚儀陰溝，至蒙爲灉水，東入于泗，則淮、泗之可以達于河者，以灉至于泗也。許慎又曰：泗受泲水東入淮。蓋泗水至大野而合泲。然則泗之上源自泲亦可以通河也。**淮海惟揚州。**揚州之域，北至淮，東南至于海。**彭蠡既豬，**彭蠡，地志：在豫章郡彭澤縣東，合江西、江東諸水，跨豫章、饒州、南康軍三州之地。所謂鄱陽湖者是也。詳見導水。**陽鳥攸居。**陽鳥，隨陽之鳥，謂鴈也。今惟彭蠡洲渚之間，千百爲羣。記陽鳥所居，猶夏小正記鴈北鄉也。言澤水既豬，州渚既平，而禽鳥亦得其居止而遂其性也。**三江既入，**唐仲初吴都賦注：松江下七十里分流，東北入海者爲婁江，東南流者爲東江，併松江爲三江。其地今亦名三江口。吴越春秋所謂范蠡乘舟出三江之口者是也。○又按蘇氏謂岷山之江爲中江，嶓冢之江爲北江，豫章之江爲南江，即導水所謂東爲北江，東爲中江者。既有中、北二江，則豫章之江爲南江可知。今按此爲三江若可依據，然江、漢會於漢陽，合流數百里至湖口而後與豫章江會，又合流千餘里而後入海，不復可指爲三矣。蘇氏知其説不通，遂有味别之説。禹之治水，本爲民去害，豈如陸羽輩辨味烹茶爲口腹計耶？亦可見其説之窮矣。以其説易以惑人，故并及之。或曰江、漢之水，揚州巨浸，何以不書？曰：禹貢書法，費疏鑿者，雖小必記。無施勞者，雖大亦略。

江、漢、荆州而下，安於故道，無俟濬治，故在不書。況朝宗于海，荆州固備言之，是亦可以互見矣。此正禹貢之書法也。

震澤厎定。

震澤，太湖也。周職方：揚州藪曰具區。地志：在吴縣之西南五十里。今蘇州吴縣也。曾氏曰：震如三川震之震，若今湖翻是也。具區之水，多震而難定，故謂之震澤。厎定者，言厎於定而不震蕩也。

篠簜既敷，厥草惟夭，厥木惟喬，厥土惟塗泥。

篠，箭竹。簜，大竹。郭璞曰：竹闊節曰簜。敷，布也。水去竹已布生也。少長曰夭。喬，高也。塗泥，水泉濕也。下地多水，其土淖。

厥田惟下下，厥賦下上上錯。

田第九等，賦第七等，雜出第六等也。言下上上錯者，以本設賦九等，分爲三品，下上與中下異品，故變文言下上上錯也。

厥貢惟金三品，瑶琨篠簜，齒革羽毛惟木，島夷卉服。厥篚織貝，厥包橘柚錫貢。

三品，金、銀、銅也。瑶琨，玉石名。詩曰：「何以舟之，惟玉及瑶。」琨，説文云：石之美似玉者，取之可以爲禮器。篠之材，中於矢之笴；簜之材，中於樂之管。簜亦可爲符節。周官：掌節有英簜。象有齒，犀兕有革，鳥有羽，獸有毛。木，楩、梓，豫章之屬。齒革可以成車甲，羽毛可以爲旌旄，木可以備棟宇器械之用也。島夷，東南海島之夷。卉，草也。葛，越木綿之屬。織貝，錦名。織爲貝文。詩曰貝錦是也。今南夷木綿之精好者，亦謂之吉貝。海島之夷以卉服來貢，而織貝之精者，則入篚焉。包，裹也。小曰橘，大曰柚。錫者，必待錫命而後貢，非歲貢之常也。張氏曰：「必錫命乃貢者，供祭祀。燕賓客，則詔之。口腹之欲，則難於出令也。」

沿于江海，達于淮、泗。

順流而下曰沿。沿江入海，自海而入淮、泗。不言達于河者，因於徐也。禹時江、淮未通，故沿於海。至吴始開邗溝，隋人廣之，而江、淮舟船始通也。孟子言排淮、泗而注之江，記者之誤也。

荆及

衡陽惟荆州。荆州之域，北距南條、荆山，南盡衡山之陽。荆、衡各見導山。唐孔氏曰：荆州以衡山之陽爲至者，蓋南方惟衡山爲大。以衡陽言之，見其地不止此山，而猶包其南也。**江、漢朝宗于海。**江、漢，見導水。春見曰朝，夏見曰宗。朝宗，諸侯見天子之名也。江、漢合流于荆，去海尚遠，然水道已安而無有壅塞横决之患，雖未至海，而其勢已奔趨於海，猶諸侯之朝宗于王也。**九江孔殷，**九江，即今之洞庭也。水經言：九江在長沙下雋西北。楚地記曰：巴陵、瀟湘之淵，在九江之間。今岳州巴陵縣即楚之巴陵，漢之下雋也。洞庭正在其西北，則洞庭之爲九江，審矣。今沅水、漸水、元水、辰水、叙水、酉水、澧水、資水、湘水皆合於洞庭，意以是名九江也。孔，甚。殷，正也。九江水道甚得其正也。○按漢志：九江在廬江郡之尋陽縣。尋陽記：九江之名：一曰烏江、二曰蚌江、三曰烏白江、四曰嘉靡江、五曰畎江、六曰源江、七曰廪江、八曰提江、九曰箘江。今詳漢九江郡之尋陽，乃禹貢揚州之境，而唐孔氏又以爲九江之名起於近代，未足爲據。且九江派别取之耶？亦必首尾短長、大略均布，然後可目之爲九。然其一水之間，當有一洲。九江之間，沙水相間，乃爲十有七道。而今尋陽之地，將無所容。況沙洲出没，其勢不常，果可以爲地理之定名乎？設使派别爲九，則當曰九江既道，不應曰孔殷，於導江當曰播九江，不應曰過九江。反復參攷，則九江非尋陽明甚。本朝胡氏以洞庭爲九江者，得之。曾氏亦謂導江曰過九江至于東陵。東陵，今之巴陵。今巴陵之上，即洞庭也。因九水所合，遂名九江。故下文導水曰過九江。經之例，大水合小水，謂之過。則洞庭之爲九江，益以明矣。**沱、潛既道，**爾雅曰：水自江出爲沱，自漢出爲潛。凡水之出於江、漢者，皆有此名。此則荆州江、漢之出者也。今按南郡枝江縣有沱水，然其流入江，而非出於江也。華容縣有夏水，首出于江，尾入于沔，亦謂之沱。若潛水，則未有見也。雲土夢作乂。雲夢，澤名。周官職方：荆州其澤藪曰雲夢，方八九百里，跨江南北，華容、枝江、江夏、安陸，皆其地也。左傳：楚子濟江入于雲中，又楚子以鄭伯田于江南之夢，合而言之，則爲一。別而言之，則二澤也。雲土者，雲之地土見而已。夢作乂者，夢之地已可耕治也。蓋雲夢之澤，地勢有高卑，故水落有先後，人工有早晚也。厥土惟塗泥，厥田惟下中，厥賦上下。荆州之土與揚州同，故田比揚只加一等。而賦爲第三等者，地闊而人工修也〔九〕。厥貢羽毛齒革，惟金三品，杶榦栝柏，礪砥砮丹，惟箘簵楛。三邦底貢厥名，包匭菁茅，厥篚玄纁璣組，九江納錫大龜。荆之貢，與揚州大抵多同。然荆先言羽毛者，漢孔氏所謂善者爲先也。按職方氏，揚州其利金錫，荆州其利丹銀齒革，則荆、揚所産，不無優劣矣。杶、栝、柏，三木名也。杶木，似樗而可爲弓幹。栝木，柏葉松身。礪、砥皆磨石，砥以細密爲名，礪以麤糲爲稱。砮者，中矢鏃之用，肅慎氏貢石砮者是也。丹，丹砂也。箘簵，竹名。楛，木名。皆可以爲矢。董安于之治晉陽也，公宫之垣，皆以荻蒿苫楚廧之，其高丈餘。趙襄子發而試之，其堅則箘簵不能過也。則箘簵蓋竹之堅者，其材中矢之笴。楛，肅慎氏貢楛矢者是也。三邦，未詳其地。底，致也。致貢箘簵楛之有名者也。匭，匣也。菁茅，有刺而三脊，所以供祭祀縮酒之用，既包而又匣之，所以示敬也。齊桓公責楚貢包茅不入，王祭不供，無以縮酒。又管子云：江、淮之間，一茅而三脊，名曰菁茅。菁茅，一物也。孔氏謂菁以爲葅者，非是。今辰州麻陽縣苞茅山出苞茅，有刺而三脊。纁，周禮染人：「夏纁玄纁。」絳色幣也。璣，珠不圓者。組，綬類。大龜，尺有二寸，所謂國之守龜，非可常得，故不爲常貢。若偶得之，則使之納錫於上。謂之納錫者，下與上之辭，重其事也。

浮于江、沱、潛、漢，逾于洛，至于南河。江、沱、潛、漢，其水道之出入不可詳，而大勢則自江、沱而入潛、漢也。逾，越也。漢與洛不通，故舍舟而陸，以達于洛，自洛而至于南河也。程氏曰：不徑浮江、漢，兼用沱、潛者，隨其貢物所出之便。或由經流，或循枝派，期於便事而已。

荆河惟豫州。豫州之域，西南至南條荆山，北距大河。

伊、洛、瀍、澗既入于河。伊水，山海經曰：熊耳之山，伊水出焉。東北至洛陽縣南，北入于洛。郭璞云：熊耳在上洛縣南。今商州上洛縣也。地志言：伊水出弘農盧氏之熊耳者，非是。洛水，地志云：出弘農郡上洛縣冢領山。水經謂之讙舉山，今商州洛南縣冢領山也。至鞏縣入河，今河南府鞏縣也。瀍水，地志云：出河南郡穀城縣替亭北。今河南府河南縣西北有古穀城縣，其北山實瀍水所出也。至偃師縣入洛，今河南府偃師縣也。澗水，地志云：出弘農郡新安縣東，南入于洛。新安在今河南府新安、澠池之間，今澠池縣東二十三里新安城是也。城東北有白石山，即澗水所出。酈道元云：世謂之廣陽山。然則澗水出今之澠池，至新安入洛也。伊、瀍、澗水入于洛，而洛水入于河。此言伊、洛、瀍、澗入于河，若四水不相合而各入河者，猶漢入江，江入海，而荆州言江、漢朝宗于海意同。蓋四水並流，小大相敵故也。詳見下文。

滎、波既豬。滎、波，二水名。濟水自今孟州温縣入河，潛行絶河，南溢爲滎，在今鄭州滎澤縣西五里敖倉東南。敖倉者，古之敖山也。按今濟水但入河，不復過河之南。滎瀆水受河水有石門，謂之滎口石門也。鄭康成謂滎今塞爲平地。滎陽民猶謂其處爲滎澤。酈道元曰：禹塞淫水於滎陽，下引河東南以通淮、泗、濟水，分河東南流。漢明帝使王景即滎水故瀆，東注浚儀，謂之浚儀渠。漢志謂滎陽縣有狼蕩渠，首受濟者是也。南曰狼蕩，北曰浚儀，其實一也。波水，周職方：豫州其川滎、雒，其浸波、溠。爾雅云：水自洛出爲波。山海經曰：婁涿之山，波水出其陰，北流注于穀。二説不同，未詳孰是。孔氏以滎、波爲一水者，非也。導菏澤，被孟豬。菏澤，地志在濟陰郡定陶縣東，今興仁府濟陰縣南三里，其地有菏山，故名其澤爲菏澤也。蓋濟水所經，水經謂南濟，東過宛句縣南，又東過定陶縣南，又東北菏水東出焉，是也。被，及也。孟豬，爾雅作「孟諸」。地志在梁國睢陽縣東北，今南京虞城縣西北孟諸澤是也。曾氏曰：被，覆也。菏水衍溢，導其餘波入于孟豬，不常入也，故曰被。厥土惟壤，下土墳壚。土不言色者，其色雜也。壚，疏也。顔氏曰：玄而疏者謂之壚。其土有高下之不同，故別言之。厥田惟中上，厥賦錯上中。田第四等，賦第二等，雜出第一等也。厥貢漆、枲、絺、紵，厥篚纖纊，錫貢磬錯。林氏曰：周官載師：漆林之征二十有五。周以爲征，而此乃貢者，蓋豫州在周爲畿内，故載師掌其征而不制貢。禹時豫在畿外，故有貢也。推此義，則冀不言貢者可知。顔師古曰：纖紵以爲布及練。然經但言貢枲與紵，成布與未成布，不可詳也。纊，細綿也。磬錯，治磬之錯也。非所常用之物，故非常貢，必待錫命而後納也〔一〇〕，與揚州橘柚同。然揚州先言橘柚，而此先言錫貢者，橘柚言包，則於厥篚之文無嫌，故言錫貢在後。磬錯，則與厥篚之文嫌於相屬，故言錫貢在先，蓋立言之法也。浮于洛，達于河。豫州去帝都最近，豫之東境，徑自入河；豫之西境，則浮于洛而後至河也。華陽、黑水惟梁州。梁州之境，東距華山之南，西據黑水。華山，即太華，見導山。黑水，見導水。岷、嶓既藝，岷、嶓，二山名。岷山，地志在蜀郡湔氐道西徼外，在今茂州汶山縣，江水所出也。晁氏曰：蜀以山近江源者，通爲岷山，連峯接岫，重疊險阻，不詳遠近。青城、天彭諸山之所環遶，皆古之岷山。青城迺其第一峯也。嶓冢山，地志云：在隴西郡氐道縣，漾水所出。又云在西縣，今興元府西縣、三泉縣也。蓋嶓冢一山跨于兩縣云。川原既滌，水去不滯，而無泛溢之患，其山已可種藝也。沱、潛既道，此江、漢別流之在梁州者。沱水，地志：蜀郡郫縣。江沱在東，西入大江。郫縣，今成都府郫縣也。又地志云：蜀郡汶江縣，江沱在西南，東入江。汶江縣，今永康軍導江縣也。潛水，地志云：巴郡宕渠縣。潛水西南入江。宕渠，今渠州流江縣也。酈道元謂宕渠縣有大穴，潛水入焉，通罡山下，西南潛出，南入于江。又地志：漢中郡安陽縣鬵谷水，出西南入漢。鬵音潛。安陽縣，今洋州真符縣也。○又按梁州迺江、漢之原，此不志者，岷之藝，導江也；嶓之藝，導漾也。道沱則江悉矣；道潛則漢悉矣。上志岷、嶓，下志沱、潛，江、漢原流於是而見。蔡、蒙旅平。蔡、蒙，二山名。蔡山，輿地記：在今雅州嚴道縣。蒙山，地志：蜀郡青衣縣，今雅州名山縣也。酈道元謂山上合下開，沫水逕其間，溷崖水脉漂疾，歷代爲患。蜀郡太守李冰發卒鑿平溷崖，則此二山在禹爲用功多也。祭山曰旅。旅平者，治功畢而旅祭也。和夷厎績。和夷，地名。嚴道以西有和川，有夷道，或其地也。又按晁氏曰：和、夷，二水名。和水，今雅州滎經縣北和川，水自蠻界羅嵒州東，西來逕蒙山，所謂青衣水而入岷江者也。夷水，出巴郡魚復縣東，南過佷山縣南，又東過夷道縣北，東入于江。今詳二說，皆未可必。但經言「厎績」者三：覃懷、原隰既皆地名，則此恐爲地名。或地名因水，亦不可知也。厥土青黎。黎，黑也。厥田惟下上，厥賦下中三錯。田第七等，賦第八等，雜出第七、第九等也。按賦雜出他等者，或以爲歲有豐凶，或以爲户有增減，皆非也。意者地力有上下年分不同，如周官田一易再易之類，故賦之等第，亦有上下年分。冀之正賦第一等，而間歲第二等也。揚之正賦第七等，而間歲第六等也。豫之正賦第二等，而間歲第一等也。梁之正賦第八等，而間歲出第七、第九等也。當時必有條目詳具，今不存矣。書之所載，特凡例也。若謂歲之豐凶、户之增減，則九州皆然，何獨於冀、揚、豫、梁四州言哉。**厥貢璆鐵銀鏤砮磬，熊羆狐狸織皮。**璆，玉磬。鐵，柔鐵也。鏤，剛鐵，可以刻鏤者也。磬，石磬也。言鐵而先於銀者，鐵之利多於銀也。後世蜀之卓氏、程氏以鐵冶富擬封君，則梁之利尤在於鐵也。織皮者，梁州之地，山林爲多，獸之所走，熊羆狐狸四獸之皮，製之可以爲裘，其毳毛織之可以爲罽也。○林氏曰：「徐州貢浮磬。此州既貢玉磬，又貢石磬。豫州又貢磬錯，以此觀之，則知當時樂器，磬最爲重。豈非以其聲角，而在清濁小大之間，最難得其和者哉！」**西傾因桓是來，浮于潛，逾于沔，入于渭，亂于河。**西傾，山名。地志：在隴西郡臨洮縣西。今洮州臨潭縣西南。桓，水名。水經曰：西傾之南，桓水出焉。蘇氏曰：漢始出爲漾，東南流爲沔，至漢中東行爲漢沔。酈道元曰：自西傾而至葭萌，浮于西漢，西漢即潛水也。自西漢遡流而届于晉壽界，阻漾枝津，南歷岡北，迤邐接漢沔，歷漢川，至于褒水。逾褒而暨于衙嶺之南溪，灌于斜川，届于武功，而北以入于渭。漢武帝時，人有上書欲通褒斜道及漕，事下張湯問之，云褒水通沔，斜水通渭，皆可以漕。從南陽上沔入褒，褒絶水至斜間百餘里，以車轉從斜下渭，如此，則漢中穀可致。經言沔渭而不言褒斜者，因大以見小也。褒斜之間絶水百餘里，故曰逾。然於經文，則當曰逾于渭。今曰逾于沔，此又未可曉也。絶河而渡曰亂。**黑水、西河惟**

雍州。雍州之域，西據黑水，東距西河。謂之西河者，主冀都而言也。**弱水既西，**柳宗元曰：西海之山有水焉，散渙無力，不能負芥，投之則委靡墊没，及厎而後止，故名曰弱。既西者，導之西流也。地志云：在張掖郡删丹縣。薛氏曰：弱水出吐谷渾界窮石山，自删丹西至合黎山，與張掖縣河合。又按通鑑，魏太武擊柔然至栗水西，行至菟園水，分軍收討。又循弱水西行至涿邪山，則弱水在菟園水之西，涿邪山之東矣。北史載太武至菟園水，分軍搜討，東至瀚海，西接張掖水，北度燕然山，與通鑑小異。豈瀚海、張掖水於弱水爲近乎？程氏據西域傳，以弱水爲在條支，援引甚悉。然長安西行一萬二千二百里，又百餘日，方至條支，其去雍州如此之遠，禹豈應窮荒而導其流也哉！其説非是。**涇屬渭、汭。**涇、渭、汭，三水名。涇水，地志：出安定郡涇陽縣西。今原州百泉縣岍頭山也。東南至馮翊陽陵縣入渭，今永興軍高陵縣也。渭水，地志：出隴西郡首陽縣西南。今渭州渭源縣鳥鼠山西北南谷山也。東至京兆舡司空縣入河，今華州華陰縣也。汭水，地志作「芮」，扶風汧縣弦蒲藪，芮水出其西北，東入涇。今隴州汧源縣弦蒲藪有汭水焉。周職方：雍州其川涇、汭。詩曰「汭鞫之即」，皆謂是也。屬，連屬也。涇水連屬渭、汭二水也。**漆、沮既從，**漆、沮，二水名。漆水，寰宇記：自耀州同官縣東北界來，經華原縣合沮水。沮水，地志：出北地郡直路縣東。今坊州宜君縣西北境也。寰宇記：沮水自坊州昇平縣北子午嶺出，俗號子午水。下合榆谷、慈馬等川，遂爲沮水。至耀州華原縣合漆水，至同州朝邑縣東南入渭。二水相敵，故並言之。既從者，從於渭也。又按地志謂漆水出扶風縣，晁氏曰：此豳之漆也。水經：漆水出扶風杜陽縣。程氏曰：杜陽，今岐山普潤縣之地，亦漢漆縣之境。其水入渭，在灃水之上，與經序渭水節次不合，非禹貢之漆水也。灃水攸同。灃水，地志作酆，出扶風鄠縣終南山，今永興軍鄠縣山也。東至咸陽縣入渭。同者，同於渭也。渭水自鳥鼠而東，灃水南注之，涇水北注之，漆、沮東北注之。曰屬，曰從，曰同，皆主渭而言也。荆、岐既旅，終南、惇物，至于鳥鼠。荆、岐，二山名。荆山，即北條之荆。地志：在馮翊懷德縣南。今耀州富平縣掘陵原也。岐山，地志：在扶風美陽縣西北。今鳳翔府岐山縣東北十里也。終南、惇物、鳥鼠，亦皆山名。終南，地志：古文以太一山爲終南山，在扶風武功縣。今永興軍萬年縣南五十里也。惇物，地志：古文以垂山爲惇物。在扶風武功縣。今永興軍武功縣也。鳥鼠，地志：在隴西郡首陽縣西南。今渭州渭源縣西也，俗呼爲青雀山。舉三山而不言所治者，蒙上既旅之文也。原隰底績，至于豬野。廣平曰原，下濕曰隰。詩曰「度其隰原」，即指此也。鄭氏曰：其地在豳。今邠州也。豬野，地志云：武威縣東北有休屠澤，古文以爲豬野〔一一〕，今涼州姑臧縣也。治水成功，自高而下，故先言山，次原隰，次陂澤也。三危既宅，三苗丕叙。三危，即舜竄三苗之地。或以爲燉煌，未詳其地。三苗之竄，在洪水未平之前。及是三危已既可居，三苗於是大有功叙。今按舜竄三苗，以其惡之尤甚者遷之，而立其次者於舊都。今既竄者已丕叙，而居於舊都者尚桀驁不服。蓋三苗舊都，山川險阻，氣習使然。今湖南傜洞時猶竊發，俘而詢之，多爲猫姓，豈其遺種歟？厥土惟黄壤。黄者，土之正色。林氏曰：物得其常性者最貴。雍州之土黄壤，故其田非他州所及。厥田惟上上，厥賦中下。田第一等，而賦第六等者，地狹而人功少也。厥貢惟球琳琅玕。球琳，美玉也。琅玕，石之似珠者。爾雅曰：「西北之美者，有昆侖虚之球琳琅玕。」今南海有青琅玕，珊瑚屬也。

浮于積石，至于龍門西河，會于渭汭。積石，地志：在金城郡河關縣西南羌中。今鄯州龍支縣界也。龍門山，地志：在馮翊夏陽縣。今河中府龍門縣也。西河，冀之西河也。雍之貢道有二：其東北境則自積石至于西河；其西南境則會于渭汭。言渭汭不言河者，蒙梁州之文也。他州貢賦亦當不止一道，發此例以互見耳。○按邢恕奏：「乞下熙河路打造船五百隻，於黄河順流放下，至會州西小河内藏放。」熙河路漕使李復奏：「竊知邢恕欲用此船載兵，順流而下，去取興州。契勘會州之西小河，鹹水，其闊不及一丈，深止於一二尺，豈能藏船？黄河過會州入韋精山，石峽險窄，自上垂流直下，高數十丈，船豈可過？至西安州之東，大河分爲六七道，散流渭之南山，逆流數十里，方再合。逆溜水淺灘磧，不勝舟載。此聲若出，必爲夏國侮笑。」事遂寢。邢恕之策如李復之言，可謂謬矣。然此言貢賦之路，亦曰浮于積石，至于龍門西河，則古來此處河道固通舟楫矣。而復之言乃如此，何也？姑録之以備參攷云。織皮崐崘、析支、渠搜，西戎即叙。崐崘即河源所出，在臨羌。析支，在河關西千餘里。渠搜，水經曰：河自朔方東轉，經渠搜縣故城北。蓋近朔方之地也。三國皆貢皮衣，故以織皮冠之。皆西方戎落，故以西戎總之。即，就也。雍州水土既平，而餘功及於西戎，故附于末。○蘇氏曰：青、徐、揚三州皆萊夷、淮夷、島夷所篚，此三國亦篚織皮，但古語有顛倒詳略爾。其文當在「厥貢惟球琳琅玕」之下，「浮于積石」之上。簡編脱誤，不可不正。愚謂梁州亦篚織皮，恐蘇氏之説爲然。導岍及岐，至于荆山，逾于河。壺口雷首至于太岳。厎柱、析城至于王屋。太行、恒山至于碣石，入于海。此下隨山也。岍、岐、荆三山皆雍州山。岍山，地志：扶風岍縣西吴山。古文以爲岍山，今隴州吴山縣吴嶽山也。周禮：雍州山鎮曰嶽山。又按寰宇記：隴州汧源有岍山，岍水所出。禹貢所謂岍山也。晁氏以爲今之隴山、天井、金門、秦嶺山者，皆古之岍也。岐、荆，見雍州。壺口、雷首、太岳、厎柱、析城、王屋、太行、恒山，皆冀州山。壺口、太岳、碣石，見冀州。雷首，地志：在河東郡蒲坂縣南。今河中府河東縣也。厎柱，石在大河中流，其形如柱。今陜州陜縣三門山是也。析城，地志：在河東郡濩澤縣西。今澤州陽城縣也。晁氏曰：山峯四面如城。王屋，地志：在河東郡垣縣東北。今絳州垣曲縣也。晁氏曰：山狀如屋。太行山，地志：在河内郡山陽縣西北。今懷州河内也。恒山，地志：在常山郡上曲陽縣西北。今定州曲陽也。逾者，禹自荆山而過于河也。孔氏以爲荆山之脉，逾河而爲壺口、雷首者，非是。蓋禹之治水，隨山刊木，其所表識諸山之名，必其高大可以辨疆域，廣博可以奠民居，故謹而書之，以見其施功之次第，初非有意推其脉絡之所自來，若今之葬法所言也。若必實以山脉言之，則尤見其説之謬妄。蓋河北諸山，根本脊脉，皆自代北、寰、武、嵐、憲諸州乘高而來，其脊以西之水，則西流以入龍門西河之上流。其脊以東之水，則東流而爲桑乾、幽、冀以入于海。其西一支爲壺口、太岳，次一支包汾晋之源，而南出以爲析城、王屋，而又西折以爲雷首，又次一支乃爲太行，又次一支乃爲恒山。其間各隔沁、潞諸川，不相連屬，豈自岍、岐跨河而爲是諸山哉！山之經理者已附于逐州之下，於此又條列而詳記之，而山之經緯皆可見矣。王、鄭有三條四列之名，皆爲未當。今據導字分之以爲南北二條，而江、河以爲之紀，於二之中又分爲二焉。此北條大河北境之山也。

西傾、朱圉、鳥鼠，至于太華，熊耳、外方、桐柏，至于陪尾。西傾、朱圉、鳥鼠、太華，雍州山也。熊耳、外方、桐柏、陪尾，豫州山也。西傾，見梁州。朱圉，地志：在天水郡冀縣南。今秦州大潭縣也。俗呼爲白巖山。鳥鼠，見雍州。太華，地志：在京兆華陰縣南。今華州華陰縣二十里也。熊耳在商州上洛縣，詳見豫州。外方，地志：潁川郡嵩高縣有嵩高山。古文以爲外方，在今西京登封縣也。桐柏，地志：在南陽郡平氏縣東南。今唐州桐柏縣也。陪尾，地志：江夏郡安陸縣東北有横尾山。古文以爲陪尾，今安州安陸也。西傾不言導者，蒙導岍之文也。此北條大河南境之山也。導嶓冢，至于荆山；内方至于大别。嶓冢，即梁州之嶓也。山形如冢，故謂之嶓冢。詳見梁州。荆山，南條荆山，地志：在南郡臨沮縣北。今襄陽府南章縣也。内方、大别，亦山名。内方，地志：章山。古文以爲内方山，在江夏郡竟陵縣東北。今荆門軍長林縣也。左傳：吴與楚戰，楚濟漢而陳，自小别至于大别。蓋近漢之山。今漢陽軍漢陽縣北大别山是也。地志、水經云在安豐者，非是。此南條江、漢北境之山也。岷山之陽，至于衡山，過九江，至于敷淺原。岷山見梁州。衡山，南嶽也。地志：在長沙國湘南縣。今潭州衡山縣也。九江見荆州。敷淺原，地志云：豫章郡歷陵縣南有傅易山。古文以爲敷淺原。今江州德安縣博陽山也。晁氏以爲在鄱陽者，非是。今按晁氏以鄱陽有博陽山，又有歷陵山，爲應地志歷陵縣之名。然鄱陽，漢舊縣地，不應又爲歷陵縣。山名偶同，不足據也。江州德安雖爲近之，然所謂敷淺原者，其山甚小而卑，亦未見其爲在所表見者。惟廬阜在大江彭蠡之交，最高且大，宜所當紀志者，而皆無攷據，恐山川之名，古今或異，而傳者未必得其真也，姑俟知者。過，經過也。與導岍逾于河之義同。孔氏以爲衡山之脉，連延而爲敷淺原者，亦非是。蓋岷山之脉，其北一支爲衡山，而盡於洞庭之西。其南一支，度桂嶺，北經袁、筠之地至德安，所謂敷淺原者。二支之間，湘水間斷。衡山在湘水西南，敷淺原在湘水東北，其非衡山之脉連延過九江而爲敷淺原者明甚。且其山川岡脊源流，具在眼前，而古今異説如此。況殘山斷港，歷數千百年者，尚何自取信哉？岷山不言導者，蒙導嶓冢之文也。此南條江、漢南境之山也。**導弱水，至于合黎，餘波入于流沙。**此下瀦川也。弱水見雍州。合黎，山名。隋地志在張掖縣西北，亦名羌谷。流沙，杜佑云：在沙州西八十里，其沙隨風流行，故曰流沙。水之疏導者已附于逐州之下，於此又派別而詳記之，而水之經緯皆可見矣。瀦川之功，自隨山始，故導水次於導山也。又按山水皆原於西北，故禹叙山叙水，皆自西北而東南。導山則先岍、岐，導水則先弱水也。**導黑水，至于三危，入于南海。**黑水，地志：出犍爲郡南廣縣汾關山。水經：出張掖雞山，南至燉煌，過三危山，南流入于南海。唐樊綽云：西夷之水，南流入于南海者凡四：曰區江，曰西珥河，曰麗水，曰瀰渃江，皆入于南海。其曰麗水者，即古之黑水也。三危山臨峙其上。按梁、雍二州西邊皆以黑水爲界，是黑水自雍之西北而直出梁之西南也。中國山勢岡脊，大抵皆自西北而來，積石、西傾、岷山岡脊以東之水，既入于河、漢、岷江。其岡脊以西之水，即爲黑水而入于南海。地志、水經、樊氏之説，雖未詳的實，要是其地也。程氏曰：樊綽以麗水爲黑水者，恐其狹小，不足爲界。其所稱西珥河者，却與漢志葉榆澤相貫，廣處可二十里。既足以界別二州，其流又正趨南海。又漢滇池，即葉榆之地。武帝初開滇、巂時，其地古有黑水舊祠，夷人不知載籍，必不能附會。而綽及道元皆謂此澤以榆葉所積得名，則其水之黑似榆葉積漬所成。且其地乃在蜀之正西，又東北距宕昌不遠。宕昌，即三苗種裔，與三苗之叙于三危者，又爲相應，其證驗莫此之明也。

導河積石，至于龍門，南至于華陰，東至于厎柱。又東至于孟津，東過洛汭，至于大伾。北過洚水，至于大陸，又北播爲九河，同爲逆河，入于海。積石、龍門，見雍州。華陰，華山之北也。厎柱，見導山。孟，地名。津，渡處也。杜預云：在河内郡河陽縣南。今孟州河陽縣也。武王師渡孟津者，即此。今亦名富平津。洛汭，洛水交流之内，在今河南府鞏縣之東。洛之入河，實在東南，河則自西而東過之，故曰「東過洛汭」。大伾，孔氏曰：山再成曰伾。張揖以爲在成皋，鄭玄以爲在修武、武德，臣瓚以爲修武、武德無此山。成皋山又不一成。今通利軍黎陽縣臨河有山，蓋大伾也。按黎陽山，在大河垂欲趨北之地，故禹記之。若成皋之山，既非從東折北之地，又無險礙如龍門、厎柱之須疏鑿，西去洛汭既已太近，東距洚水、大陸又爲絶遠，當以黎陽者爲是。洚水，地志：在信都縣。今冀州信都縣枯洚渠也。程氏曰：周時河徙砱礫，至漢又改向頓丘東南流，與禹河迹大相背戾。地志：魏郡鄴縣有故大河在東北，直達于海，疑即禹之故河。孟康以爲王莽河，非也。古洚瀆自唐貝州經城北入南宫，貫穿信都。大抵北向而入故河，於信都之北爲合。北過洚水之文，當以信都者爲是。大陸，見冀州。九河，見兖州。逆河，意以海水逆潮而得名。九河既淪于海，則逆河在其下流固不復有矣。河上播而爲九，下同而爲一，其分播合同，皆水勢之自然，禹特順而導之耳。今按漢西域傳：張騫所窮河源，云河有兩源，一出葱嶺，一出于闐。于闐，在南山下，其河北流，與葱嶺河合，東注蒲昌海。蒲昌海，一名鹽澤，去玉門、陽關三百餘里，其水停居，冬夏不增減，潛行地中，南出積石。又唐長慶中，劉元鼎使吐蕃〔一二〕，自隴西成紀縣西南出塞二千餘里，得河源於莫賀延積尾，曰悶磨黎山。其山中高四下，所謂崐崘也。東北流與積石河相連，河源澄瑩，冬春可涉。下稍合流，色赤，益遠，他水并注，遂濁。吐蕃亦自言崐崘在其國西南。二説恐劉氏爲是。河自積石三千里而後至于龍門，經但一書積石，不言方向，荒遠在所略也。龍門而下，因其所逕，記其自北而南，則曰南至華陰。記其自南而東，則曰東至底柱。又詳記其東向所經之地，則曰孟津，曰洛汭，曰大伾。又記其自東而北，則曰北過洚水。又詳記其北向所經之地，則曰大陸、曰九河。又記其入海之處，則曰逆河。自洛汭而上，河行於山，其地皆可考。自大伾而下，垠岸高於平地，故決齧流移，水陸變遷，而洚水、大陸、九河、逆河皆難指實。然上求大伾，下得碣石，因其方向，辨其故迹，則猶可考也。其詳悉見上文。○又按李復云：同州韓城北有安國嶺，東西四十餘里，東臨大河，瀕河有禹廟，在山斷河出處。禹鑿龍門，起於唐張仁愿所築東受降城之東，自北而南，至此山盡。兩岸石壁峭立，大河盤束於山峽間千數百里，至此山開岸闊，豁然奔放，怒氣噴風，聲如萬雷。今按舊説，禹鑿龍門，而不詳其所以鑿，誦説相傳，但謂因舊修闢，去其齟齬，以決水勢而已。今詳此説，則謂受降以東，至於龍門，皆是禹新開鑿。若果如此，則禹未鑿時，河之故道，不知却在何處。而李氏之學極博，不知此説又何所考也。

嶓冢道漾，東流爲漢，又東爲滄浪之水，過三澨，至于大别，南入于江。東匯澤爲彭蠡，東爲北江，入于海。漾，水名。水經曰：漾水出隴西郡氐道縣嶓冢山，東至武都。常璩曰：漢水有兩源，此東源也，即禹貢所謂「嶓冢導漾」者。其西源出隴西嶓冢山會泉，始源曰沔，逕葭萌入漢。東源在今西縣之西，西源在今三泉縣之東也。酈道元謂東西兩川俱出嶓冢，而同爲漢水者是也。水源發于嶓冢爲漾，至武都爲漢，又東流爲滄浪之水。酈道元云：武當縣北四十里，漢水中有洲曰滄浪洲，水曰滄浪水，是也。蓋水之經歷，隨地得名，謂之爲者，明非他水也。三澨，水名。今郢州長壽縣磨石山發源，東南流者名澨水，至復州景陵縣界來，又名汊水，疑即三澨之一。然據左傳漳澨薳澨〔一三〕，則爲水際，未可曉也。大別，見導山。入江，在今漢陽軍漢陽縣。匯，廻也。彭蠡，見揚州。北江，未詳。入海在今通州静海縣。○今按彭蠡，古今記載皆謂今之番陽。然其澤在江之南，去漢水入江之處已七百餘里。所蓄之水，則合饒、信、徽、撫、吉、贛、南安、建昌、臨江、袁、筠、隆興、南康數州之流，非自漢入而爲匯者。又其入江之處，西則廬阜，東則湖口，皆石山峙立，水道狹甚，不應漢水入江之後，七百餘里，乃横截而南入于番陽，又横截而北流爲北江。且番陽合數州之流，豬而爲澤，泛溢壅遏，初無仰於江、漢之匯而後成也。不惟無所仰於江、漢，而衆流之積，日遏月高，勢亦不復容江、漢之來入矣。今湖口横渡之處，其北則江、漢之濁流，其南則番陽之清漲，不見所謂漢水匯澤而爲彭蠡者。番陽之水，既出湖口，則依南岸與大江相持以東，又不見所謂横截而爲北江者。又以經文考之，則今之彭蠡，既在大江之南，於經則宜曰「南匯彭蠡」，不應曰「東匯」。於導江，則宜曰「南會于匯」，不應曰「北會于匯」。匯既在南，於經則宜曰「北爲北江」，不應曰「東爲北江」。以今地望參校，絶爲反戾。今廬江之北有所謂巢湖者，湖大而源淺，每歲四五月間，蜀嶺雪消，大江泛溢之時，水淤入湖。至七八月，大江水落，湖水方洩，隨江以東，爲合東匯、北會之文。然番陽之湖，方五六百里，不應舍此而録彼，記其小而遺其大也。蓋嘗以事理情勢考之，洪水之患，惟河爲甚。意當時龍門九河等處事急民困，勢重役煩，禹親涖而身督之。若江、淮，則地偏水急，不待疏鑿，固已通行，或分遣官屬往視亦可。況洞庭、彭蠡之間，乃三苗所居，水澤山林，深昧不測，彼方負其險阻，頑不即工，則官屬之往者，亦未必遽敢深入。是以但知彭蠡之爲澤，而不知其非漢水所匯。但意如巢湖江水之淤，而不知彭蠡之源爲甚衆也。以此致誤，謂之爲匯，謂之北江，無足怪者。然則番陽之爲彭蠡，信矣。

岷山導江，東別爲沱。又東至于澧，過九江，至于東陵。東迆北，會于匯，東爲中江，入于海。

沱，江之别流於梁者也。澧，水名。水經：出武陵充縣西，至長沙下雋縣西北入江。鄭氏云：經言過言會者〔一四〕，水也；言至者，或山或澤也。澧宜山澤之名。按下文九江，澧水既與其一，則非水明矣。九江，見荆州。東陵，巴陵也。今岳州巴陵縣也。地志：在廬江西北者。非是。會，匯。中江，見上章。

導沇水，東流爲濟。入于河，溢爲滎，東出于陶丘北，又東至于菏，又東北會于汶，又北東入于海。

沇水，濟水也。發源爲沇，既東爲濟。地志云：濟水出河東郡垣縣王屋山東南。今絳州垣曲縣山也。始發源王屋山頂崖下，曰沇水。既見而伏，東出於今孟州濟源縣。二源：東源周廻七百步，其深不測。西源周廻六百八十五步，其深一丈。合流至温縣，是爲濟水。歷虢公臺西南入于河。溢，滿也。復出河之南，溢而爲滎。滎，即滎波之滎，見豫州。又東出於陶丘北。陶丘，地名。再成曰陶，在今廣濟軍西。又東至于菏。菏，即菏澤，亦見豫州。謂之至者，濟陰縣自有菏泒，濟流至其地爾。汶，北汶也，見青州。又東北至于東平府壽張縣安民亭，合汶水，至今青州博興縣入海。唐李賢謂濟自鄭以東，貫滑、曹、鄆、濟、齊、青以入于海。本朝樂史謂今東平、濟南、淄川、北海界中有水流入海，謂之清河。酈道元謂濟水當王莽之世，川瀆枯竭，其後水流逕通津渠，勢改尋梁脉，水不與昔同。然則滎澤濟河雖枯，而濟水未嘗絶流也。程氏曰：滎水之爲濟，本無他義。濟之入河，適會河滿，溢出南岸。溢出者非濟水，因濟而溢，故禹還以元名命之。按程氏言「溢」之一字，固爲有理。然出於河南者，既非濟水，則禹不應以河枝流而冒稱爲濟。蓋溢者指滎而言，非指河也。且河濁而滎清，則滎之水非河之溢明矣。況經所書，單立導沇條例，若斷若續，而實有源流。或見或伏，而脉絡可考。先儒皆以濟水性下勁疾，故能入河穴地，流注顯伏。南豐曾氏齊州二堂記云〔一五〕：「泰山之北，與齊之東南諸谷之水，西北匯于黑水之灣，又西北匯于柏崖之灣，而至于濁馬之崖。蓋水之來也衆，其北折而西也悍疾尤甚，及至于崖下，則泊然而止。而自崖以北至于歷城之西，蓋五十里而有泉湧出，高或致數尺，其旁之人名之曰趵突之泉。齊人皆謂嘗有棄糠於黑水之灣者，而見之於此。蓋泉自濁馬之崖潛流地中，而至此復出也。其注而北，則謂之濼水，達于清河以入于海。舟之通於濟者，皆於是乎達也。齊多甘泉，其顯名者十數，而色味皆同。以余驗之，蓋皆濼水之旁出者也。」然則水之伏流地中，固多有之，奚獨於滎澤疑哉？吴興沈氏亦言古説濟水伏流地中，今歷下凡發地皆是流水，世謂濟水經過其下。東阿亦濟所經，取其井水煑膠，謂之阿膠。用攪濁水則清，人服之下膈疏痰，蓋其水性趨下，清而重故也。濟水伏流絶河，乃其物性之常，事理之著者。程氏非之，顧弗深考耳。導淮自桐柏，東會于泗、沂，東入于海。水經云：淮水出南陽平氏縣胎簪山。禹只自桐柏導之耳。桐柏，見導山。泗、沂，見徐州。沂入于泗，泗入于淮。此言會者，以二水相敵故也。入海，在今淮浦。導渭自鳥鼠同穴，東會于灃，又東會于涇，又東過漆、沮，入于河。同穴，山名。地志云：鳥鼠山者，同穴之枝山也。餘並見雍州。孔氏曰：鳥鼠共爲雌雄，同穴而處。其説怪誕不經，不足信也。酈道元云：渭水出南谷山，在鳥鼠山西北，禹只自鳥鼠同穴導之耳。導洛自熊耳，東北會于澗、瀍。又東會于伊，又東北入于河。熊耳，盧氏之熊耳也。餘並見豫州。洛水，出冢嶺山。禹只自熊耳導之耳。○按經言嶓冢導漾，岷山導江者，漾之源出於嶓，江之源出於岷，故先言山而後言水也。言導河積石，導淮自桐柏，導渭自鳥鼠同穴，導洛自熊耳，皆非出於其山，特自其山以導之耳。故先言水而後言山也。河不言自者，河源多伏流，積石其見處，故言積石而不言自也。沇水不言山者，沇水伏流，其出非一，故不誌其原也。弱水、黑水不言山者，九州之外，蓋略之也。小水合大水謂之入，大水合小水謂之過，二水勢均相入謂之會。天下之水莫大於河，故於河不言會。此禹貢立言之法也。九州攸同，四隩既宅。九山刊旅，九川滌源，九澤既陂，四海會同。隩，隈也。李氏曰：「涯內近水爲隩。」陂，障也。會同，與「灉沮會同」同義。四海之隩，水涯之地，已可奠居。九州之山，槎木通道，已可祭告。九州之川，濬滌泉源而無壅遏。九州之澤，已有陂障而無決潰。四海之水，無不會同而各有所歸。此蓋總結上文，言九州四海水土無不平治也。六府孔修，庶土交正，厎慎財賦。咸則三壤，成賦中邦。孔，大也。水、火、金、木、土、穀，皆大修治也。土者，財之自生，謂之庶土，則非特穀土也。庶土有等，當以肥瘠高下名物交相正焉，以任土事。厎，致也。因庶土所出之財，而致謹其財賦之入。如周大司徒以土宜之法，辨十有二土之名物，以任土事之類。咸，皆也。則，品節之也。九州穀土，又皆品節之以上、中、下三等。如周大司徒辨十有二壤之名物，以致稼穡之類。中邦，中國也。蓋土賦或及於四夷，而田賦則止於中國而已，故曰成賦中邦。錫土、姓。錫土、姓者，言錫之土以立國，錫之姓以立宗。左傳所謂天子建德，因生以賜姓，胙之土而命之氏者也。祗台德先，不距朕行。台，我。距，違也。禹平水土，定土賦，建諸侯，治已定，功已成矣。當此之時，惟敬德以先天下，則天下自不能違越我之所行也。五百里甸服。百里賦納總，二百里納銍，三百里納秸，服，四百里粟，五百里米。甸服，畿内之地也。甸，田。服，事也。以皆田賦之事，故謂之甸服。五百里者，王城之外，四面皆五百里也。禾本全曰總。刈禾曰銍，半藁也。半藁去皮曰秸。謂之服者，三百里内，去王城爲近，非惟納總銍秸，而又使之服輸將之事也。獨於秸言之者，總前二者而言也。粟，穀也。内百里爲最近，故并禾本總賦之。外百里次之，只刈禾半藁納也。外百里又次之，去藁麤皮納也。外百里爲遠，去其穗而納穀。外百里爲尤遠，去其穀而納米。蓋量其地之遠近，而爲納賦之輕重精麤也。此分甸服五百里而爲五等者也。五百里侯服。百里采，二百里男邦，三百里諸侯。侯服者，侯國之服。甸服外，四面又各五百里也。采者，卿大夫邑地。男邦，男爵，小國也。諸侯，諸侯之爵，大國、次國也。先小國而後大國者，大可以禦外侮，小得以安内附也。此分侯服五百里而爲三等也。五百里綏服。三百里揆文教，二百里奮武衛。綏，安也。謂之綏者，漸遠王畿而取撫安之義。侯服外，四面又各五百里也。揆，度也。綏服内取王城千里，外取荒服千里，介於内外之間，故以内三百里揆文教，外二百里奮武衛。文以治内，武以治外，聖人所以嚴華夏之辨者如此。此分綏服五百里而爲二等也。五百里要服。三百里夷，二百里蔡。要服，去王畿已遠，皆夷狄之地，其文法略於中國。謂之要者，取要約之義，特羈縻之而已。綏服外，四面又各五百里也。蔡，放也。左傳云：蔡，蔡叔是也。流放罪人於此也。此分要服五百里而爲二等也。**五百里荒服。三百里蠻，二百里流。**荒服，去王畿益遠，而經略之者，視要服爲尤略也。以其荒野，故謂之荒服。要服外，四面又各五百里也。流，流放罪人之地。蔡與流，皆所以處罪人，而罪有輕重，故地有遠近之別也。此分荒服五百里而爲二等也。○今按每服五百里，五服則二千五百里，南北東西相距五千里，故益稷篇言弼成五服，至于五千。然堯都冀州，冀之北境并雲中、涿、易，亦恐無二千五百里。藉使有之，亦皆沙漠不毛之地。而東南財賦所出，則反棄於要荒，以地勢考之，殊未可曉。但意古今土地盛衰不同，當舜之時，冀北之地未必荒落如後世耳。亦猶閩、浙之間，舊爲蠻夷淵藪，而今富庶繁衍，遂爲上國。土地興廢，不可以一時槩也。周制九畿，曰侯、甸、男、采、衛、蠻、夷、鎮、藩，每畿亦五百里，而王畿又不在其中，併之則一方五千里，四方相距爲萬里，蓋倍禹服之數也。漢地志亦言東西九千里，南北一萬二千里。先儒皆疑禹服之狹，而周、漢地廣，或以周服里數皆以方言，或以古今尺有長短，或以爲禹直方計，而後世以人迹屈曲取之。要之皆非的論。蓋禹聲教所及，則地盡四海，而其疆理，則止以五服爲制。至荒服之外，又別爲區畫，如所謂咸建五長是已。若周、漢，則盡其地之所至而疆畫之也。**東漸于海，西被于流沙，朔南暨聲教訖于四海。禹錫玄圭，告厥成功。**漸，漬。被，覆。暨，及也。地有遠近，故言有淺深也。聲，謂風聲。教，謂教化。林氏曰：「振舉於此而遠者聞焉，故謂之聲。軌範於此而遠者效焉，故謂之教。上言五服之制，此言聲教所及，蓋法制有限，而教化無窮也。錫，與師錫之錫同。水土既平，禹以玄圭爲贄，而告成功于舜也。水色黑，故圭以玄云。」

甘誓甘，地名。有扈氏國之南郊也。在扶風鄠縣。誓，與禹征苗之誓同義，言其討叛伐罪之意，嚴其坐作進退之節，所以一衆志而起其怠也。誓師于甘，故以「甘誓」名篇。書有六體，誓其一也。今文、古文皆有。○按有扈，夏同姓之國。史記曰：啓立，有扈不服，遂滅之。唐孔氏因謂堯、舜受禪，啓獨繼父，以是不服，亦臆度之耳。左傳昭公元年，趙孟曰：虞有三苗，夏有觀扈，商有姺邳，周有徐奄。則有扈亦三苗、徐奄之類也。

大戰于甘，乃召六卿。六卿，六鄉之卿也。按周禮鄉大夫：每鄉卿一人，六鄉六卿。平居無事，則各掌其鄉之政教禁令，而屬於大司徒。有事出征，則各率其鄉之一萬二千五百人，而屬於大司馬，所謂軍將皆卿者是也。意夏制亦如此。古者四方有變，專責之方伯。方伯不能討，然後天子親征之。天子之兵，有征無戰。今啓既親率六軍以出，而又書大戰于甘，則有扈之怙強稔惡，敢與天子抗衡，豈特孟子所謂六師移之者。書曰「大戰」，蓋所以深著有扈不臣之罪，而爲天下後世諸侯之戒也。**王曰：「嗟！六事之人，予誓告汝：**重其事，故嗟嘆而告之。六事者，非但六卿，有事於六軍者皆是也。**有扈氏威侮五行，怠棄三正，天用勦絶其命。今予惟恭行天之罰。**威，暴殄之也。侮，輕忽之也。鯀汩五行而殛死，況於威侮之者乎！三正，子、丑、寅之正也。夏正建寅。怠棄者，不用正朔也。有扈氏暴殄天物，輕忽不敬，廢棄正朔，虐下背上，獲罪于天，天用勦絶其命。今我伐之，惟敬行天之罰而已。

今按此章，則三正迭建，其來久矣。舜協時月正日，亦所以一正朔也。子丑之建，唐、虞之前當已有之。

「左不攻于左，汝不恭命。右不攻于右，汝不恭命。御非其馬之正，汝不恭命。」左，車左。右，車右也。攻，治也。古者車戰之法，甲士三人，一居左以主射，一居右以主擊刺，御者居中以主馬之馳驅也。左傳宣公十二年：楚許伯御，樂伯、攝叔爲右，以致晉師。樂伯曰：「吾聞致師者，左射以菆。」是車左主射也。攝叔曰：「吾聞致師者，右入壘折馘執俘而還。」是車右主擊刺也。御非其馬之正，猶王良所謂詭御也。蓋左右不治其事，與御非其馬之正，皆足以致敗。故各指其人以責其事，而欲各盡其職而不敢忽也。用命，賞于祖。不用命，戮于社。予則孥戮汝。」戮，殺也。禮曰：天子巡狩，以遷廟主行。左傳：軍行祓社釁鼓。然則天子親征，必載其遷廟之主與其社主以行，以示賞戮之不敢專也。祖左，陽也，故賞于祖。社右，陰也，故戮于社。孥，子也。孥戮，與上戮字同義，言若不用命，不但戮及汝身，將併汝妻子而戮之。戰，危事也。不重其法，則無以整肅其衆而使赴功也。或曰：戮，辱也。孥戮，猶秋官司厲孥男子以爲罪隸之孥。古人以辱爲戮，謂戮辱之以爲孥耳。古者罰弗及嗣，孥戮之刑，非三代之所宜有也。按此説固爲有理，然以上句考之，不應一戮而二義。蓋罰弗及嗣者，常刑也。「予則孥戮」者，非常刑也。常刑，則愛克厥威；非常刑，則威克厥愛。盤庚遷都，尚有「劓殄滅之無遺育」之語，則啓之誓師，豈爲過哉！

五子之歌

五子，太康之弟也。歌，與帝舜作歌之歌同義。今文無，古文有。

太康尸位，以逸豫滅厥德。黎民咸貳，乃盤遊無度，畋于有洛之表，十旬弗反。太康，啓之子。尸，如祭祀之尸，謂居其位而不爲其事，如古人所謂尸禄尸官者也。豫，樂也。夏諺曰：「吾王不遊，吾何以休。吾王不豫，吾何以助。一遊一豫，爲諸侯度。」夏之先王，非不遊豫，蓋有其節，皆所以爲民，非若太康以逸豫而滅其德也。民咸貳心，而太康猶不知悔，乃安於遊畋之無度。言其遠，則至于洛水之南；言其久，則十旬而弗反。是則太康自棄其國矣。有窮后羿，因民弗忍，距于河。窮，國名。羿，窮國君之名也。或曰：羿，善射者之名。賈逵説文：羿，帝嚳射官，故其後善射者皆謂之羿。有窮之君亦善射，故以羿目之也。羿因民不堪命，距太康于河北，使不得返，遂廢之。厥弟五人，御其母以從，徯于洛之汭。五子咸怨。述大禹之戒以作歌。御，侍也。怨，如孟子所謂小弁之怨，親親也。小弁之詩，父子之怨；五子之歌，兄弟之怨。親之過大而不怨，是愈疏也。五子知宗廟社稷危亡之不可救，母子兄弟離散之不可保，憂愁鬱悒，慷慨感厲，情不自已，發爲詩歌。推其亡國敗家之由，皆原於荒棄皇祖之訓。雖其五章之間，非盡述皇祖之戒。然其先後終始，互相發明。史臣以其作歌之意，序於五章之首。後世序詩者，每篇皆有小序，以言其作詩之義，其原蓋出諸此。其一曰：「皇祖有訓：

民可近，不可下。民惟邦本，本固邦寧。此禹之訓也。皇，大也。君之與民，以勢而言，則尊卑之分，如霄壤之不侔。以情而言，則相須以安，猶身體之相資以生也。故勢踈則離，情親則合。以其親，故謂之近；以其踈，故謂之下，言其可親而不可踈之也。且民者國之本，本固而後國安。本既不固，則雖強如秦，富如隋，終亦滅亡而已矣。其一、其二，或長幼之序，或作歌之序，不可知也。予視天下，愚夫愚婦，一能勝予。一人三失，怨豈在明，不見是圖。予臨兆民，凛乎若朽索之馭六馬。爲人上者，奈何不敬？」予，五子自稱也。君失人心，則爲獨夫。獨夫，則愚夫愚婦，一能勝我矣。三失者，言所失衆也。民心怨背，豈待其彰著而後知之，當於事幾未形之時而圖之也。朽，腐也。朽索易絶，六馬易驚。朽索固非可以馭馬也，以喻其危懼可畏之甚，爲人上者，奈何而不敬乎？前既引禹之訓言，此則以己之不足恃，民之可畏者，申結其義也。其二曰：「訓有之，内作色荒，外作禽荒，甘酒，嗜音，峻宇，雕墻，有一於此，未或不亡。」此亦禹之訓也。色荒，惑嬖寵也。禽荒，耽遊畋也。荒者，迷亂之謂。酣、嗜，皆無厭也。峻，高大也。宇，棟宇也。雕，繪飾也。言六者有其一，皆足以致滅亡也。禹之訓昭明如此，而太康獨不念之乎？此章首尾意義已明，故不復申結之也。其三曰：「惟彼陶唐，有此冀方。今失厥道，亂其紀綱，乃厎滅亡。」堯初爲唐侯，後爲天子都陶，故曰陶唐。堯授舜，舜授禹，皆都冀州，言冀方者，舉中以包外也。大者爲綱，小者爲紀。厎，致也。堯、舜、禹相授一道以有天下，今太康失其道而紊亂其紀綱，以致滅亡也。○又按左氏所引「惟彼陶唐」之下，有「帥彼天常」一語。

「厥道」，作「其行」。「乃底滅亡」，作「乃滅而亡」。其四曰：「明明我祖，萬邦之君。有典有則，貽厥子孫。關石和鈞，王府則有。荒墜厥緒，覆宗絶祀。」明明，明而又明也。我祖，禹也。典，猶周之六典；則，猶周之八則，所以治天下之典章法度也。貽，遺。關，通。和，平也。百二十斤爲石，三十斤爲鈞，鈞與石，五權之最重者也。關通，以見彼此通同，無折閲之意。和平，以見人情兩平，無乖争之意。言禹以明明之德，君臨天下，典則法度，所以貽後世者如此。至於鈞石之設，所以一天下之輕重而立民信者，王府亦有之，其爲子孫後世慮，可謂詳且遠矣。奈何太康荒墜其緒，覆其宗而絶其祀乎！○又按法度之制，始於權。權與物鈞而生衡，衡運生規，規圓生矩，矩方生繩，繩直生準。是權衡者，又法度之所自出也，故以鈞石言之。其五曰：「嗚呼曷歸？予懷之悲。萬姓仇予，予將疇依？鬱陶乎予心，顔厚有忸怩。弗慎厥德，雖悔可追？」曷，何也。嗚呼曷歸，歎息無地之可歸也。予將疇依，彷徨無人之可依也。爲君至此，亦可哀矣。仇予之予，指太康也。指太康而謂之予者，不忍斥言，忠厚之至也。鬱陶，哀思也。顔厚，愧之見於色也。忸怩，愧之發於心也。可追，言不可追也。

胤征

胤，國名。孟子曰：「征者，上伐下也。」此以征名，實即誓也。仲康丁有夏中衰之運，羿執國政，社稷安危，在其掌握。而仲康能命胤侯以掌六師，胤侯能承仲康以討有罪。是雖未能行羿不道之誅，明羲和黨惡之罪。猶爲禮樂征伐之自天子出也，夫子所以録其書者以是歟？今文無，古文有。○或曰：蘇氏以爲羲和貳於羿，忠於夏者，故羿假仲康之命，命胤侯征之。今按篇首言「仲康肇位四海，胤侯命掌六師」，又曰「胤侯承王命徂征」，詳其文意，蓋史臣善仲康能命將遣師，胤侯能承命致討。未見貶仲康不能制命，而罪胤侯之爲專征也。若果爲篡羿之書，而亂臣賊子所爲，孔子亦取之爲後世法乎？

惟仲康肇位四海，胤侯命掌六師。羲和廢厥職，酒荒于厥邑，胤后承王命徂征。

仲康，太康之弟。胤侯，胤國之侯。命掌六師，命爲大司馬也。仲康始即位，即命胤侯以掌六師，次年方有征羲和之命。必本始而言者，蓋史臣善仲康肇位之時，已能收其兵權，故羲和之征，猶能自天子出也。林氏曰：羿廢太康而立仲康，然其篡也，乃在相之世。仲康不爲羿所篡，至其子相，然後見篡，是則仲康猶有以制之也。羿之立仲康也，方將執其禮樂征伐之權以號令天下。而仲康即位之始，即能命胤侯掌六師，以收其兵權。如漢文帝入自代邸，即皇帝位，夜拜宋昌爲衛將軍，鎮撫南、北軍之類。羲和之罪，雖曰沈亂于酒，然黨惡於羿，同惡相濟，故胤侯承王命往征之，以翦羿羽翼。故終仲康之世，羿不得以逞。使仲康盡失其權，則羿之篡夏，豈待相而後敢耶？羲氏、和氏，夏合爲一官。曰胤后者，諸侯入爲王朝公卿，如禹、稷、伯夷謂之后也。告于衆曰：「嗟予有衆，聖有謨訓，明徵定保。先王克謹天戒，臣人克有常憲，百官修輔，厥后惟明明。徵，驗。保，安也。聖人謨訓，明有徵驗，可以定安邦國也。下文即謨訓之語。天戒，日蝕之類。謹者，恐懼修省以消變異也。常憲者，奉法修職以供乃事也。君能謹天戒於上，臣能有常憲於下，百官之衆，各修其職以輔其君，故君内無失德，外無失政，此其所以爲明明后也。又按日蝕者，君弱臣強之象。后羿專政之戒也。羲和掌日月之官，黨羿而不言，是可赦乎！「每歲孟春，遒人以木鐸徇于路。官師相規，工執藝事以諫。其或不恭，邦有常刑。遒人，宣令之官。木鐸，金口木舌，施政教時振以警衆也。周禮小宰之職，正歲帥治官之屬，徇以木鐸曰：不用法者，國有常刑。亦此意也。官以職言，師以道言。規，正也。相規云者，胥教誨也。工，百工也。百工技藝之事，至理存焉。理無往而不在，故言無微而可畧也。孟子曰：「責難於君謂之恭。」官師百工，不能規諫，是謂不恭。不恭之罪，猶有常刑，而況於畔官離次，俶擾天紀者乎？「惟時羲和，顛覆厥德。沈亂于酒，畔官離次，俶擾天紀，遐棄厥司。乃季秋月朔，辰弗集于房。瞽奏鼓，嗇夫馳，庶人走。羲和尸厥官，罔聞知，昏迷于天象，以干先王之誅。政典曰：先時者殺無赦，不及時者殺無赦。次，位也。官以職言，次以位言。畔官，則亂其所治之職。離次，則舍其所居之位。俶，始。擾，亂也。天紀，則洪範所謂歲月日星辰曆數是也。蓋自堯、舜命羲和曆象日月星辰之後，爲羲和者，世守其職，未嘗紊亂。至是始亂其天紀焉。遐，遠也。遠棄其所司之事也。辰，日月會次之名。房，所次之宿也。集，漢書作輯。集、輯通用。言日月會次，不相和輯，而掩蝕於房宿也。按唐志日蝕在仲康即位之五年。瞽，樂官，以其無目而審於音也。奏，進也。古者日蝕，則伐鼓用幣以救之。春秋傳曰：惟正陽之月則然，餘則否。今季秋而行此禮，夏禮與周異也。嗇夫，小臣也。漢有上林嗇夫。庶人，庶人之在官者。周禮庭氏救日之弓矢，嗇夫庶人，蓋供救日之百役者。曰馳曰走者，以見日蝕之變。天子恐懼于上，嗇夫庶人奔走于下，以助救日如此其急。羲和爲曆象之官，尸居其位，若無聞知。則其昏迷天象，以干先王之誅，豈特不恭之刑而已哉！政典，先王政治之典籍也。先時後時，皆違制失時，當誅而不赦者也。今日蝕之變如此，而羲和罔聞知，是固干先王後時之誅矣〔一六〕。「今予以爾有衆，奉將天罰。爾衆士同力王室，尚弼予欽承天子威命。將，行也。我以爾衆士奉行天罰，爾其同力王室，庶幾輔我以敬承天子之威命也。蓋天子討而不伐，諸侯伐而不討。仲康之命胤侯，得天子討伐之權。胤侯之征羲和，得諸侯敵愾之義。其辭直，其義明，非若五霸摟諸侯以伐諸侯，其辭曲，其義迂也。火炎崐岡，玉石俱焚。天吏逸德，烈于猛火。殲厥渠魁，脅從罔治。舊染汙俗，咸與惟新。崐，出玉山名。岡，山脊也。逸，過。渠，大也。言火炎崐岡，不辨玉石之美惡而焚之。苟爲天吏而有過逸之德，不擇人之善惡而戮之，其害有甚於猛火不辨玉石也。今我但誅首惡之魁而已，脅從之黨則罔治之。舊染污習之人，亦皆赦而新之。其誅惡宥善，是猶王者之師也。今按胤征始稱羲和之罪，止以其畔官離次，俶擾天紀，至是有脅從舊染之語，則知羲和之罪，當不止於廢時亂日。是必聚不逞之人，崇飲私邑，以爲亂黨，助羿爲惡者也。胤后徂征，隱其畔逆而不言者，蓋正名其罪。則必鋤根除源，而仲康之勢，有未足以制后羿者。故止責其曠職之罪，而實誅其不臣之心也。嗚呼！威克厥愛，允濟；愛克厥威！允罔功。其爾衆士懋戒哉！」威者，嚴明之謂。愛者，姑息之謂。記曰：軍旅主威。蓋軍法不可以不嚴。嚴明勝，則信其事之必濟；姑息勝，則信其功之無成。誓師之末，而復嗟歎，以是深警之，欲其勉力戒懼而用命也！

校勘記

〔一〕青之海岱　「青之海岱」四字原脱，據元至正本、明内府本、明官刻本及清傳經堂本補。

〔二〕揚之淮海　「海」字原脱，據明内府本、明官刻本、清傳經堂本補。

〔三〕鉅鹿北廣阿澤　「阿」字原作「河」，據元至正本、明内府本、清傳經堂本改。

〔四〕濟河之間　「濟」原作「兖」，據上文及清傳經堂本改。

〔五〕齊威塞其八流以自廣　「威」，明内府本、明官刻本、清傳經堂本作「桓」。下同。

〔六〕今淄州淄川縣東南七十里原山也　「川」字原作「州」，據元刻本、明内府本、清傳經堂本改。

〔七〕篚厥玄黄　「篚厥」原作「厥篚」，據明内府本、明官刻本、清傳經堂本及本書武成篇乙正。

〔八〕又期而大祥　「又」原作「及」，據元刻本、清傳經堂本及儀禮士虞禮改。

〔九〕地闊而人工修也　「而」字原脱，據明官刻本、清傳經堂本補。

〔一〇〕必待錫命而後納也　「錫」原作「錯」，據元刻本、元至正本、明内府本、清傳經堂本改。

〔一一〕古文以爲豬野　「文」原作「今」，據元刻本、元至正本、明内府本、清傳經堂本改。

〔一二〕劉元鼎使吐蕃　「劉」原作「薛」，據各本及舊唐書卷一百九十六吐蕃下改。下徑改。

〔一三〕左傳漳澨蘧澨　「蘧」原作「蓬」，據各本及左傳昭公二十三年改。

〔一四〕經言過言會者　「過」原作「道」，據元刻本、元至正本、明内府本、清傳經堂本改。

〔一五〕南豐曾氏齊州二堂記云　「州」字原脱，據明官刻本、清傳經堂本補。

〔一六〕是固干先王後時之誅矣　「干」原作「于」，據明内府本、明官刻本、清傳經堂本改。

書集傳卷三

商書

契始封商，湯因以爲有天下之號。書凡十七篇。

湯誓

湯，號也。或曰謚。湯名履，姓子氏。夏桀暴虐，湯往征之，亳衆憚於征役，故湯諭以弔伐之意。蓋師興之時而誓于亳都者也。今文、古文皆有。

王曰：「格爾衆，庶悉聽朕言。非台小子，敢行稱亂。有夏多罪，天命殛之。王曰者，史臣追述之稱也。格，至。台，我。稱，舉也。以人事言之，則臣伐君可謂亂矣。以天命言之，則所謂天吏，非稱亂也。今爾有衆，汝曰：『我后不恤我衆，舍我穡事而割正夏。』予惟聞汝衆言，夏氏有罪。予畏上帝，不敢不正。穡，刈穫也。割，斷也。亳邑之民，安於湯之德政，桀之虐焰所不及。故不知夏氏之罪，而憚伐桀之勞，反謂湯不恤亳邑之衆，舍我刈穫之事，而斷正有夏。湯言我亦聞汝衆論如此。然夏桀暴虐，天命殛之。我畏上帝，不敢不往正其罪也。今汝其曰：『夏罪其如台？』夏王率遏衆力，率割夏邑。有衆率怠弗協。曰：『時日曷喪？予及汝皆亡。』夏德若兹，今朕必往。遏，絶也。割，剿割夏邑之割。時，是也。湯又舉商衆言桀雖暴虐，其如我何？湯又應之曰夏王率爲重役以窮民力，嚴刑以殘民生。民厭夏德，亦率皆怠於奉上，不和於國。疾視其君，指日而曰：「是日何時而亡乎！若亡，則吾寧與之俱亡！」蓋苦桀之虐，而欲其亡之甚也。桀之惡德如此，今我之所以必往也。桀嘗自言：「吾有天下，如天之有日。日亡，吾乃亡耳。」故民因以日目之。爾尚輔予一人，致天之罰，予其大賚汝。爾無不信，朕不食言。爾不從誓言，予則孥戮汝，罔有攸赦。」賚，與也。食言，言已出而反呑之也。禹之征苗，止曰：「爾尚一乃心力，其克有勳。」至啓，則曰：「用命賞于祖，不用命戮于社，予則孥戮汝。」此又益以「朕不食言，罔有攸赦」，亦可以觀世變矣。

仲虺之誥

仲虺，臣名。奚仲之後，爲湯左相。誥，告也。周禮：出師以立先後刑罰〔一〕：一曰誓，用之於軍旅。二曰誥，用之於會同，以喻衆也。此但告湯而亦謂之誥者，唐孔氏謂仲虺亦必對衆而言，蓋非特釋湯之慙，而且以曉其臣民衆庶也。古文有，今文無。

成湯放桀于南巢，惟有慙德。曰：「予恐來世以台爲口實。」武功成，故曰成湯。南巢，地名。廬江六縣有居巢城，桀奔于此，因以放之也。湯之伐桀，雖順天應人，然承堯、舜、禹授受之後，於心終有所不安，故愧其德之不古若，而又恐天下後世藉以爲口實也。○陳氏曰：堯、舜以天下讓，後世好名之士，猶有不知而慕之者。湯、武征伐而得天下，後世嗜利之人，安得不以爲口實哉？此湯之所以恐也歟？仲虺乃作誥曰：「嗚呼！惟天生民有欲，無主乃亂。惟天生聰明時乂。有夏昏德，民墜塗炭。天乃錫王勇智，表正萬邦，纘禹舊服。兹率厥典，奉若天命。仲虺恐湯憂愧不已，乃作誥以解釋其意。歎息言民生有耳目口鼻愛惡之欲，無主則爭且亂矣。天生聰明，所以爲之主而治其爭亂者也。墜，陷也。塗，泥。炭，火也。桀爲民主，而反行昏亂，陷民於塗炭，既失其所以爲主矣。然民不可以無主也。故天錫湯以勇智之德，勇足以有爲，智足以有謀，非勇智則不能成天下之大業也。表正者，表正於此而影直於彼也。天錫湯以勇智者，所以使其表正萬邦，而繼禹舊所服行也。此但率循其典常，以奉順乎天而已。天者，典常之理所自出。而典常者，禹之所服行者也。湯革夏而纘舊服，武革商而政由舊，孔子所謂百世可知者，正以是也。林氏曰：梁惠王問孟子曰〔二〕：湯放桀，武王伐紂，有諸？孟子曰：「賊仁者謂之賊，賊義者謂之殘。殘賊之人，謂之一夫。聞誅一夫紂矣，未聞弒君也。」夫立之君者，懼民之殘賊而無以主之。爲之主而自殘賊焉，則君之實喪矣，非一夫而何？孟子之言，則仲虺之意也。夏王有罪，矯誣上天，以布命于下。帝用不臧，式商受命，用爽厥師。矯，與矯制之矯同。誣，罔。臧，善。式，用。爽，明。師，衆也。天以形體言，帝以主宰言。桀知民心不從，矯詐誣罔，託天以惑其衆。天用不善其所爲，用使有商受命，用使昭明其衆庶也。○王氏曰：夏有昏德，則衆從而昏。商有明德，則衆從而明。○吴氏曰：用爽厥師，續下文「簡賢附勢」，意不相貫，疑有脱誤。簡賢附勢，寔繁有徒。肇我邦于有夏，若苗之有莠，若粟之有秕。小大戰戰，罔不懼于非辜。矧予之德，言足聽聞。簡，略。繁，多。肇，始也。戰戰，恐懼貌。言簡賢附勢之人，同惡相濟，寔多徒衆。肇我邦於有夏，爲桀所惡，欲見翦除，如苗之有莠，如粟之有秕，鋤治簸揚，有必不相容之勢。商衆小大震恐，無不懼陷于非罪。况湯之德，言則足人之聽聞，尤桀所忌疾者乎？以苗粟喻桀，以莠秕喻湯，特言其不容於桀，而迹之危如此。史記言桀囚湯於夏臺，湯之危屢矣。無道而惡有道，勢之必至也。

惟王不邇聲色，不殖貨利。德懋懋官，功懋懋賞。用人惟己，改過不吝。克寬克仁，彰信兆民。邇，近。殖，聚也。不近聲色，不聚貨利，若未足以盡湯之德。然此本原之地，非純乎天德，而無一毫人欲之私者，不能也。本原澄澈，然後用人處己，而莫不各得其當。懋，茂也。繁多之意，與時乃功懋哉之義同。言人之懋於德者，則懋之以官；人之懋於功者，則懋之以賞。用人惟己，而人之有善者，無不容。改過不吝，而己之不善者，無不改。不忌能於人，不吝過於己，合併爲公，私意不立，非聖人其孰能之？湯之用人處己者如此，而於臨民之際，是以能寬能仁。謂之能者，寬而不失於縱，仁而不失於柔。易曰：「寬以居之，仁以行之，君德也。」君德昭著，而孚信於天下矣。湯之德足人聽聞者如此。

乃葛伯仇餉，初征自葛。東征西夷怨，南征北狄怨，曰：『奚獨後予？』攸徂之民，室家相慶，曰：『徯予后，后來其蘇。』民之戴商，厥惟舊哉！葛，國名。伯，爵也。餉，饋也。仇餉，與餉者爲仇也。葛伯不祀，湯使問之，曰：「無以供粢盛。」湯使亳衆往耕，老弱饋餉，葛伯殺其童子，湯遂征之。湯征自葛始也。奚，何。徯，待也。蘇，復生也。西夷北狄，言遠者如此，則近者可知也。湯師之未加者，則怨望其來，曰「何獨後予」。其所往伐者，則妻孥相慶，曰「待我后久矣，后來我其復生乎」。他國之民，皆以湯爲我君，而望其來者如此。天下之愛戴歸往於商者，非一日矣。商業之興，蓋不在於鳴條之役也。○呂氏曰：「夏、商之際，君臣易位，天下之大變。然觀其征伐之時，唐虞都俞揖遜氣象，依然若存。蓋堯、舜、禹、湯以道相傳，世雖降而道不降也。」佑賢輔德，顯忠遂良。兼弱攻昧，取亂侮亡。推亡固存，邦乃其昌。前既釋湯之慙，此下因以勸勉之也。諸侯之賢德者，佑之輔之；忠良者，顯之遂之，所以善善也。侮，說文曰：傷也。諸侯之弱者兼之，昧者攻之，亂者取之，亡者傷之，所以惡惡也。言善則由大以及小，言惡則由小以及大。推亡者，兼攻取侮也。固存者，佑輔顯遂也。推彼之所以亡，固我之所以存，邦國乃其昌矣。德日新，萬邦惟懷。志自滿，九族乃離。王懋昭大德，建中于民。以義制事，以禮制心，垂裕後昆。予聞曰：能自得師者王。謂人莫己若者亡。好問則裕，自用則小。德日新者，日新其德而不自已也。志自滿者反是。湯之盤銘曰：「苟日新〔三〕，日日新，又日新。」其廣日新之義歟。德日新，則萬邦雖廣而無不懷；志自滿，則九族雖親而亦離。萬邦，舉遠以見近也。九族，舉親以見疎也。王其勉明大德，立中道於天下。中者，天下之所同有也。然非君建之，則民不能以自中。而禮義者，所以建中者也。義者，心之裁制。禮者，理之節文。以義制事，則事得其宜。以禮制心，則心得其正。内外合德，而中道立矣。如此，則非特有以建中於民，而垂諸後世者，亦綽乎有餘裕矣。然是道也，必學焉而後至，故又舉古人之言，以爲隆師好問，則德尊而業廣，自賢自用者反是。謂之自得師者，真知己之不足。人之有餘，委心聽順，而無拂逆之謂也。孟子曰：「湯之於伊尹，學焉而後臣之，故不勞而王，其湯之所以自得者歟？」仲虺言懷諸侯之道，推而至於修德檢身，又推而至於能自得師。夫自天子至于庶人，未有舍師而能成者。雖生知之聖，亦必有師焉。後世之不如古，非特世道之降，抑亦師道之不明也。仲虺之論，遡流而源，要其極而歸諸能自得師之一語，其可爲帝王之大法也歟？嗚呼！慎厥終，惟其始。殖有禮，覆昏暴。欽崇天道，永保天命。」上文既勸勉之，於是歎息言謹其終之道，惟於其始圖之。始之不謹，而能謹終者，未之有也。伊尹亦言謹終于始。事雖不同，而理則一也。欽崇者，敬畏尊奉之意。有禮者封殖之，昏暴者覆亡之，天之道也。欽崇乎天道，則永保其天命矣。按仲虺之誥，其大意有三，先言天立君之意，桀逆天命，而天之命湯者不可辭。次言湯德足以得民，而民之歸湯者非一日。末言爲君艱難之道，人心離合之機，天道福善禍淫之可畏，以明今之受夏，非以利己，乃有無窮之恤，以深慰湯而釋其慙。仲虺之忠愛，可謂至矣。然湯之所慙，恐來世以爲口實者，仲虺終不敢謂無也。君臣之分，其可畏如此哉！

湯誥

湯伐夏歸亳，諸侯率職來朝，湯作誥以與天下更始。今文無，古文有。

王歸自克夏，至于亳，誕告萬方。誕，大也。亳，湯所都，在宋州穀熟縣。王曰：「嗟爾萬方有衆，明聽予一人誥。惟皇上帝，降衷于下民，若有恒性。克綏厥猷惟后。皇，大。衷，中。若，順也。天之降命，而具仁義禮智信之理，無所偏倚，所謂衷也。人之稟命，而得仁義禮智信之理，與心俱生，所謂性也。猷，道也。由其理之自然，而有仁義禮智信之行，所謂道也。以降衷而言，則無有偏倚，順其自然，固有常性矣。以稟受而言，則不無清濁純雜之異，故必待君師之職，而後能使之安於其道也。故曰「克綏厥猷惟后」。夫天生民有欲，以情言也；上帝降衷于下民，以性言也。仲虺即情以言人之欲，成湯原性以明人之善，聖賢之論，互相發明。然其意則皆言君道之係於天下者，如此之重也。夏王滅德作威，以敷虐于爾萬方百姓。爾萬方百姓，罹其凶害，弗忍荼毒，並告無辜于上下神祇。天道福善禍淫，降灾于夏，以彰厥罪。言桀無有仁愛，但爲殺戮，天下被其凶害，如荼之苦，如毒之螫，不可堪忍。稱冤於天地鬼神，以冀其拯己。屈原曰：「人窮則反本。」故勞苦倦極，未嘗不呼天也。天之道，善者福之，淫者禍之。桀既淫虐，故天降災以明其罪。意當時必有災異之事，如周語所謂「伊洛竭而夏亡」之類。肆台小子，將天命明威，不敢赦。敢用玄牡，敢昭告于上天神后，請罪有夏。聿求元聖，與之戮力，以與爾有衆請命。肆，故也。故我小子，奉將天命明威，不敢赦桀之罪也。玄牡，夏尚黑，未變其禮也。神后，后土也。聿，遂也。元聖，伊尹也。上天孚佑下民，罪人黜伏。天命弗僭，賁若草木，兆民允殖。孚，允，皆信也。僭，差也。賁，文之著也。殖，生也。上天信佑下民，故夏桀竄亡而屈服。天命無所僭差，燦然若草木之敷榮，兆民信乎其生殖矣。俾予一人，輯寧爾邦家。茲朕未知獲戾于上下，慄慄危懼，若將隕于深淵。輯，和。戾，罪。隕，墜也。天使我輯寧爾邦家，其付予之重，恐不足以當之，未知已得罪於天地與否，驚恐憂畏，若將墜于深淵。蓋責愈重，則憂愈大也。凡我造邦，無從匪彝，無即慆淫。各守爾典，以承天休。夏命已黜，湯命惟新，侯邦雖舊，悉與更始，故曰造邦。彝，法。即，就。慆，慢也。非彝，指法度言。慆淫，指逸樂言。典，常也。各守其典常之道，以承天之休命也。爾有善，朕弗敢蔽；罪當朕躬，弗敢自赦，惟簡在上帝之心。其爾萬方有罪，在予一人；予一人有罪，無以爾萬方。簡，閱也。人有善，不敢以不達；己有罪，不敢以自恕，簡閱一聽於天。然天以天下付之我，則民之有罪，實君所爲。君之有罪，非民所致。非特聖人厚於責己而薄於責人，是乃理之所在，君道當然也。嗚呼！尚克時忱，乃亦有終。」忱，信也。歎息言庶幾能於是而忱信焉，乃亦有終也。吴氏曰：「此兼人己而言。」

伊訓

訓，導也。太甲嗣位，伊尹作書訓導之，史録爲篇。今文無，古文有。

惟元祀十有二月乙丑，伊尹祠于先王，奉嗣王祗見厥祖。侯甸羣后咸在，百官總己以聽冢宰。伊尹乃明言烈祖之成德，以訓于王。夏曰歲，商曰祀，周曰年，一也。元祀者，太甲即位之元年。十二月者，商以建丑爲正，故以十二月爲正也。乙丑，日也。不繫以朔者，非朔日也。三代雖正朔不同，然皆以寅月起數。蓋朝覲會同，班曆授時，則以正朔行事。至於紀月之數，則皆以寅爲首也。伊，姓。尹，字也。伊尹名摯。祠者，告祭於廟也。先王，湯也。冢，長也。禮有冢子冢婦之名。周人亦謂之冢宰。古者王宅憂，祠祭則冢宰攝而告廟，又攝而臨羣臣。太甲服仲壬之喪，伊尹祠于先王，奉太甲以即位改元之事。祗見厥祖，則攝而告廟也。侯服、甸服之羣后咸在，百官總己之職以聽冢宰，則攝而臨羣臣也。烈，功也。商頌曰「衎我烈祖」。太甲即位改元，伊尹於祠告先王之際，明言湯之成德，以訓太甲，此史官叙事之始辭也。○或曰：孔氏言湯崩踰月，太甲即位，則十二月者，湯崩之年，建子之月也，豈改正朔而不改月數乎？曰：此孔氏惑於序書之文也。太甲繼仲壬之後，服仲壬之喪，而孔氏曰湯崩，奠殯而告，固已誤矣。至於改正朔而不改月數，則於經史尤可攷。周建子矣，而詩言「四月維夏」，「六月徂暑」，則寅月起數，周未嘗改也。秦建亥矣，而史記始皇三十一年十二月更名臘曰嘉平。夫臘必建丑月也，秦以亥正，則臘爲三月。云十二月者，則寅月起數，秦未嘗改也。至三十七年，書十月癸丑始皇出游，十一月行至雲夢，繼書七月丙寅始皇崩，九月葬酈山。先書十月、十一月，而繼書七月、九月者，知其以十月爲正朔，而寅月起數，未嘗改也。且秦史制書謂改年始朝賀，皆自十月朔。夫秦繼周者也。若改月數，則周之十月爲建酉月矣，安在其爲建亥乎？漢初史氏所書，舊例也。漢仍秦正，亦書曰元年冬十月，則正朔改而月數不改，亦已明矣。且經曰元祀十有二月乙丑，則以十二月爲正朔而改元何疑乎？惟其以正朔行事也，故後乎此者，復政厥辟，亦以十二月朔奉嗣王歸于亳。蓋祠告復政，皆重事也，故皆以正朔行之。孔氏不得其説，而意湯崩踰月，太甲即位，奠殯而告，是以崩年改元矣。蘇氏曰：「崩年改元，亂世事也，不容在伊尹而有之，不可以不辨。」又按孔氏以爲湯崩，吴氏曰：殯有朝夕之奠，何爲而致祠主喪者不離於殯側，何待於祗見，蓋太甲之爲嗣王，嗣仲壬而王也。太甲，太丁之子。仲壬，其叔父也。嗣叔父而王，而爲之服三年之喪，爲之後者爲之子也。太甲既即位於仲壬之柩前，方居憂於仲壬之殯，則伊尹乃至商之祖廟，徧祠商之先王，而以立太甲告之。不言太甲祠而言伊尹，喪三年不祭也。奉太甲徧見商之先王，而獨言祗見厥祖者，雖徧見先王，而尤致意於湯也。亦猶周公金縢之册，雖徧告三王，而獨眷眷於文王也。湯既已祔于廟，則是此書初不廢外丙、仲壬之事。但此書本爲伊尹稱湯以訓太甲，故不及外丙、仲壬之事爾。餘見書序。

曰：「嗚呼！古有夏先后方懋厥德，罔有天災。山川鬼神，亦莫不寧。暨鳥獸魚鱉咸若。于其子孫弗率，皇天降災，假手于我有命。造攻自鳴條，朕哉自亳。詩曰：「殷監不遠，在夏后之世。」商之所宜監者，莫近於夏，故首以夏事告之也。率，循。假，借也。有命，有天命者，謂湯也。桀不率循先王之道，故天降災，借手于我成湯以誅之。夏之先后，方其懋德，則天之眷命如此。及其子孫弗率，而覆亡之禍又如此。太甲不知率循成湯之德，則夏桀覆亡之禍，亦可監矣。哉，始也。鳴條，夏所宅也。亳，湯所宅也。言造可攻之釁者，由桀積惡於鳴條，而湯德之修，則始於亳都也。惟我商王，布昭聖武，代虐以寬，兆民允懷。布昭，敷著也。聖武，猶易所謂神武而不殺者。湯之德威敷著于天下，代桀之虐以吾之寬，故天下之民信而懷之也。今王嗣厥德，罔不在初。立愛惟親，立敬惟長。始于家邦，終于四海。初，即位之初。言始不可以不謹也。謹始之道，孝悌而已。孝悌者，人心之所同，非必人人教詔之。立，植也。立愛敬於此，而形愛敬於彼。親吾親以及人之親，長吾長以及人之長，始于家，達于國，終而措之天下矣。孔子曰：「立愛自親始，教民睦也。立敬自長始，教民順也。」嗚呼！先王肇修人紀，從諫弗咈，先民時若。居上克明，爲下克忠。與人不求備，檢身若不及。以至于有萬邦，兹惟艱哉。人紀，三綱五常，孝敬之實也。上文欲太甲立其愛敬，故此言成湯之所修人紀者，如下文所云也。綱常之理，未嘗泯没，桀廢棄之，而湯始修復之也。咈，逆也。先民，猶前輩舊德也。從諫不逆，先民是順，非誠於樂善者不能也。居上克明，言能盡臨下之道；爲下克忠，言能盡事上之忠。吕氏曰：湯之克忠，最爲難看。湯放桀，以臣易君，豈可爲忠。不知湯之心最忠者也。天命未去，人心未離，事桀之心，曷嘗斯須替哉！與人之善，不求其備，檢身之誠，有若不及，其處上下人己之間又如此。是以德日以盛，業日以廣，天命歸之，人心戴之，由七十里而至于有萬邦也。積累之勤，玆亦難矣。伊尹前既言夏失天下之易，此又言湯得天下之難，太甲可不思所以繼之哉！敷求哲人，俾輔于爾後嗣。敷，廣也。廣求賢哲，使輔爾後嗣也。制官刑，儆于有位。曰：『敢有恒舞于宮，酣歌于室，時謂巫風。敢有殉于貨色，恒于遊畋，時謂淫風。敢有侮聖言，逆忠直，遠耆德，比頑童，時謂亂風。惟玆三風十愆，卿士有一于身，家必喪；邦君有一於身，國必亡。臣下不匡，其刑墨，具訓于蒙士。』官刑，官府之刑也。巫風者，常歌常舞，若巫覡然也。淫，過也。過而無度也。比，昵也。倒置悖理曰亂，好人之所惡，惡人之所好也。風，風化也。三風，愆之綱也；十愆，風之目也。卿士諸侯十有其一，已喪其家，亡其國矣。墨，墨刑也。臣下而不能匡正其君，則以墨刑加之。具，詳悉也。童蒙始學之士，則詳悉以是訓之，欲其入官而知所以正諫也。異時太甲欲敗度，縱敗禮，伊尹先見其微，故拳拳及此。劉侍講曰：墨，即叔向所謂夏書昏墨賊殺，皋陶之刑，貪以敗官爲墨。嗚呼！嗣王祇厥身，念哉！聖謨洋洋，嘉言孔彰。惟上帝不常，作善，降之百祥；作不善，降之百殃。爾惟德罔小，萬邦惟慶；爾惟不德罔大，墜厥宗。」歎息言太甲當以三風十愆之訓，敬之於身，念而勿忘也。謨，謂其謀。言，謂其訓。洋，大。孔，甚也。言其謀訓大明，不可忽也。不常者，去就無定也。爲善則降之百祥，爲惡則降之百殃，各以類應也。勿以小善而不爲，萬邦之慶積於小。勿以小惡而爲之，厥宗之墜不在大。蓋善必積而後成，惡雖小而可懼。此總結上文，而又以天命人事禍福申戒之也。

太甲上

商史録伊尹告戒節次，及太甲往復之辭，故三篇相屬成文。其間或附史臣之語以貫篇意，若史家紀傳之所載也。唐孔氏曰：伊訓、肆命、徂后、太甲、咸有一德，皆是告戒太甲，不可皆名伊訓，故隨事立稱也。林氏曰：此篇亦訓體。今文無，古文有。

惟嗣王不惠于阿衡。惠，順也。阿，倚。衡，平也。阿衡，商之官名，言天下之所倚平也，亦曰保衡。或曰伊尹之號。史氏録伊尹之書，先此以發之。伊尹作書曰：「先王顧諟天之明命，以承上下神祇，社稷宗廟，罔不祗肅。天監厥德，用集大命，撫綏萬方。惟尹躬克左右，厥辟宅師。肆嗣王丕承基緒。顧，常目在之也。諟，古是字。明命者，上天顯然之理，而命之我者。在天爲明命，在人爲明德。伊尹言成湯常目在是天之明命，以奉天地神祇、社稷宗廟，無不敬肅。故天視其德，用集大命，以有天下，撫安萬邦。我又身能左右成湯以居民衆，故嗣王得以大承其基業也。惟尹躬先見于西邑夏，自周有終，相亦惟終。其後嗣王，罔克有終，相亦罔終。嗣王戒哉，祗爾厥辟。辟不辟，忝厥祖。」夏都安邑，在亳之西，故曰西邑夏。周，忠信也。國語曰：「忠信爲周。」施氏曰：作僞心勞日拙，則缺露而不周；忠信則無僞，故能周而無缺。夏之先王以忠信有終，故其輔相者，亦能有終。其後夏桀不能有終，故其輔相者，亦不能有終。嗣王其以夏桀爲戒哉！當敬爾所以爲君之道，君而不君，則忝辱成湯矣。太甲之意，必謂伊尹足以任天下之重，我雖縱欲，未必遽至危亡。故伊尹以相亦罔終之言，深折其私，而破其所恃也。王惟庸罔念聞。庸，常也。太甲惟若尋常於伊尹之言，無所念聽。此史氏之言。伊尹乃言曰：「先王昧爽丕顯，坐以待旦。旁求俊彥，啓迪後人。無越厥命以自覆。」昧，晦。爽，明也。昧爽云者，欲明未明之時也。丕，大也。顯，亦明也。先王於昧爽之時，洗濯澡雪，大明其德，坐以待旦而行之也。旁求者，求之非一方也。彥，美士也。言湯孜孜爲善，不遑寧處如此。而又旁求俊彥之士，以開導子孫。太甲毋顛越其命，以自取覆亡也。慎乃儉德，惟懷永圖。太甲欲敗度，縱敗禮，蓋奢侈失之，而無長遠之慮者。伊尹言當謹其儉約之德，惟懷永久之謀，以約失之者鮮矣。此太甲受病之處，故伊尹特言之。若虞機張，往省括于度則釋，欽厥止，率乃祖攸行。惟朕以懌，萬世有辭。」虞，虞人也。機，弩牙也。括，矢括也。度，法度，射者之所準望者也。釋，發也。言若虞人之射，弩機既張，必往察其括之合於法度，然後發之，則發無不中矣。欽者，肅恭收斂。止，見虞書。率，循也。欽厥止者，所以立本。率乃祖者，所以致用。所謂省括于度則釋也。王能如是，則動無過舉，近可以慰悅尹心，遠可以有譽於後世矣。安汝止者，聖君之事，生而知者也。欽厥止者，賢君之事，學而知者也。王未克變。不能變其舊習也。此亦史氏之言。伊尹曰：「茲乃不義，習與性成，予弗狎于弗順。營于桐宮，密邇先王其訓，無俾世迷。」狎，習也。弗順者，不順義理之人也。桐，成湯墓陵之地。伊尹指太甲所爲，迺不義之事，習惡而性成者也，我不可使其狎習不順義理之人。於是營宮于桐，使親近成湯之墓，朝夕哀思，興起其善，以是訓之，無使終身迷惑而不悟也。王徂桐宮居憂，克終允德。徂，往。允，信也。有諸己之謂信，實有其德於身也。凡人之不善，必有從臾以導其爲非者。太甲桐宮之居，伊尹既使其密邇先王陵墓，以興發其善心。又絶其比昵之黨，而革其污染，此其所以克終允德也。次篇伊尹言「嗣王克終厥德」，又曰「允德協于下」，故史氏言「克終允德」結此篇，以發次篇之義。

太甲中

惟三祀十有二月朔，伊尹以冕服奉嗣王歸于亳。太甲終喪明年之正朔也。冕，冠也。唐孔氏曰：周禮：天子六冕，備物盡文，惟衮冕耳。此蓋衮冕之服，義或然也。奉，迎也。喪既除，以衮冕吉服奉迎以歸也。作書曰：「民非后，罔克胥匡以生；后非民，罔以辟四方。皇天眷佑有商，俾嗣王克終厥德，實萬世無疆之休。」民非君，則不能相正以生；君非民，則誰與爲君者。言民固不可無君，而君尤不可失民也。太甲改過之初，伊尹首發此義，其喜懼之意深矣。夫太甲不義，有若性成，一旦翻然改悟，是豈人力所至。蓋天命眷商，陰誘其衷，故嗣王能終其德也。向也湯緒幾墜，今其自是有永，豈不爲萬世無疆之休乎！王拜手稽首曰：「予小子不明于德，自底不類。欲敗度，縱敗禮，以速戾于厥躬。天作孼，猶可違。自作孼，不可逭。既往皆師保之訓，弗克于厥初，尚賴匡救之德，圖惟厥終。」拜手，首至手也。稽首，首至地也。太甲致敬於師保，其禮如此不類，猶不肖也。多欲，則興作而亂法度，縱肆，則放蕩而隳禮儀。度，就事言之也。禮，就身言之也。速，召之急也。戾，罪。孽，災。逭，逃也。既，往，已往也。已往既不信伊尹之言，不能謹之于始，庶幾正救之力，以圖惟其終也。當太甲不惠阿衡之時，伊尹之言，惟恐太甲不聽。及太甲改過之後，太甲之心，惟恐伊尹不言。夫太甲固困而知之者，然昔之迷，今之復；昔之晦，今之明。如日月昏蝕，一復其舊，而光采炫耀，萬景俱新。湯武不可及已，豈居成王之下乎！伊尹拜手稽首曰：「修厥身，允德協于下，惟明后。伊尹致敬以復太甲也。修身，則無敗度敗禮之事。允德，則有誠身誠意之實。德誠於上，協和于下，惟明后然也。先王子惠困窮，民服厥命，罔有不悅，並其有邦厥鄰，乃曰：『徯我后，后來無罰。』此言湯德所以協下者，困窮之民，若己子而惠愛之。惠之若子，則心之愛者誠矣，未有誠而不動者也。故民服其命，無有不得其懽心。當時諸侯並湯而有國者，其鄰國之民乃以湯爲我君，曰：待我君，我君來其無罰乎？言除其邪虐。湯之得民心也如此，即仲虺后來其蘇之事。王懋乃德，視乃厥祖〔四〕，無時豫怠。湯之盤銘曰：「苟日新，日日新，又日新。」湯之所以懋其德者如此，太甲亦當勉於其德，視烈祖之所爲，不可頃刻而逸豫怠惰也。奉先思孝，接下思恭，視遠惟明，聽德惟聰。朕承王之休無斁。」思孝，則不敢違其祖。思恭，則不敢忽其臣。惟，亦思也。思明，則所視者遠，而不蔽於淺近。思聰，則所聽者德，而不惑於憸邪。此懋德之所從事者，太甲能是，則我承王之美而無所厭斁也。

太甲下

伊尹申誥于王曰："嗚呼！惟天無親，克敬惟親。民罔常懷，懷于有仁。鬼神無常享，享于克誠。天位艱哉！申誥，重告也。天之所親，民之所懷，鬼神之所享，皆不常也。惟克敬有仁克誠，而後天親之，民懷之，鬼神享之也。曰敬、曰仁、曰誠者，各因所主而言。天謂之敬者，天者，理之所在，動静語默，不可有一毫之慢。民謂之仁者，民非元后何戴，鰥寡孤獨，皆人君所當恤。鬼神謂之誠者，不誠無物，誠立於此，而後神格於彼。三者所當盡如此，人君居天之位，其可易而爲之哉！分而言之則三，合而言之，一德而已。太甲遷善未幾，而伊尹以是告之，其才固有大過人者歟？德惟治，否德亂。與治同道，罔不興；與亂同事，罔不亡。終始慎厥與，惟明明后。德者，合敬仁誠之稱也。有是德則治，無是德則亂。治固古人有行之者矣，亂亦古人有行之者也，與古之治者同道，則無不興；與古之亂者同事，則無不亡。治而謂之道者，蓋治因時制宜，或損或益，事未必同，而道則同也。亂而謂之事者，亡國喪家，不過貨色、遊畋、作威、殺戮等事。事同，道無不同也。治亂之分，顧所與如何耳。始而與治，固可以興；終而與亂，則亡亦至矣。謹其所與，終始如一，惟明明之君爲然也。上篇言"惟明后"，此篇言"惟明明后"，蓋明其所已明，而進乎前者矣。先王惟時懋敬厥德，克配上帝。今王嗣有令緒，尚監兹哉。敬，即克敬惟親之敬，舉其一以包其二也。成湯勉敬其德，德與天合，故克配上帝。今王嗣有令緒，庶幾其監視此也。若升高，必自下。若陟遐，必自邇。此告以進德之序也。中庸論君子之道，亦謂譬如行遠必自邇，譬如登高必自卑。進德脩業之喻，未有如此之切者。呂氏曰：自此乃伊尹畫一以告太甲也。無輕民事，惟難。無安厥位，惟危。無，毋通。毋輕民事而思其難，毋安君位而思其危。慎終于始。人情孰不欲善終者，特安於縱欲，以爲今日姑若是，而他日固改之也。然始而不善，而能善其終者寡矣。桐宮之事往已，今其即政臨民，亦事之一初也。有言逆于汝心，必求諸道；有言遜于汝志，必求諸非道。鯁直之言，人所難受。巽順之言，人所易從。於其所難受者，必求諸道，不可遽以逆于心而拒之。於其所易從者，必求諸非道，不可遽以遜于志而聽之。以上五事，蓋欲太甲矯乎情之偏也。嗚呼！弗慮胡獲，弗爲胡成？一人元良，萬邦以貞。胡，何也。弗慮何得，欲其謹思之也。弗爲何成，欲其篤行之也。元，大。良，善。貞，正也。一人者，萬邦之儀表。一人元良，則萬邦以正矣。君罔以辯言亂舊政，臣罔以寵利居成功，邦其求乎于休。」弗思弗爲，安於縱弛，先王之法廢矣。能思能爲，作其聰明，先王之法亂矣。亂之爲害，甚於廢也。成功非寵利之所可居者。至是太甲德已進，伊尹有退休之志矣。此咸有一德之所以繼作也。君臣各盡其道，邦國永信其休美也。〇吴氏曰：上篇稱嗣王不惠于阿衡〔五〕，必其言有與伊尹背違者，辯言亂政，或太甲所失在此。罔以寵利居成功，己之所自處者已素定矣。下語既非泛論，則上語必有爲而發也。

咸有一德

伊尹致仕而去，恐太甲德不純一，及任用非人，故作此篇。亦訓體也。史氏取其篇中「咸有一德」四字以爲篇目。今文無，古文有。

伊尹既復政厥辟，將告歸，乃陳戒于德。伊尹已還政太甲，將告老而歸私邑，以一德陳戒其君，此史氏本序。曰：「嗚呼！天難諶，命靡常。常厥德，保厥位。厥德靡常，九有以亡。諶，信也。天之難信，以其命之不常也。然天命雖不常，而常於有德者。君德有常，則天命亦常而保厥位矣。君德不常，則天命亦不常而九有以亡矣。九有，九州也。夏王弗克庸德，慢神虐民，皇天弗保。監于萬方，啓迪有命，眷求一德，俾作神主。惟尹躬暨湯，咸有一德，克享天心，受天明命。以有九有之師，爰革夏正。上文言天命無常，惟有德則可常。於是引桀之所以失天命，湯之所以得天命者證之。一德，純一之德，不雜不息之義，即上文所謂常德也。神主，百神之主。享，當也。湯之君臣，皆有一德，故能上當天心，受天明命，而有天下。於是改夏建寅之正，而爲建丑正也。非天私我有商，惟天佑于一德。非商求于下民，惟民歸于一德。上言一德，故得天得民。此言天佑民歸，皆以一德之故，蓋反復言之。德惟一，動罔不吉。德二三，動罔不凶。惟吉凶不僭在人，惟天降災祥在德。二三，則雜矣。德之純，則無往而不吉。德而雜，則無往而不凶。僭，差也。惟吉凶不差在人者，惟天之降災祥在德故也。今嗣王新服厥命，惟新厥德。終始惟一，時乃日新。太甲新服天子之命，德亦當新。然新德之要，在於有常而已。終始有常而無間斷，是乃所以日新也。任官惟賢才，左右惟其人。臣爲上爲德，爲下爲民，其難其慎，惟和惟一。賢者，有德之稱。才者，能也。左右者，輔弼大臣，非賢才之稱可盡，故曰惟其人。夫人臣之職，爲上爲德，左右厥辟也。爲下爲民，所以宅師也。不曰君而曰德者，兼君道而言也。臣職所係，其重如此，是必其難其慎。難者，難於任用；慎者，慎於聽察，所以防小人也。惟和惟一，和者，可否相濟；一者，終始如一，所以任君子也。德無常師，主善爲師。善無常主，協于克一。上文言用人，因推取人爲善之要。無常者，不可執一之謂師法。協，合也。德者，善之總稱。善者，德之實行。一者，其本原統會者也。德兼衆善，不主於善，則無以得一本萬殊之理。善原於一，不協于一，則無以達萬殊一本之妙。謂之克一者，能一之謂也。博而求之於不一之善，約而會之於至一之理。此聖學始終條理之序，與夫子所謂一貫者幾矣。太甲至是而得與聞焉，亦異乎常人之改過者歟？張氏曰：虞書精一數語之外，惟此爲精密。俾萬姓咸曰：『大哉王言。』又曰：『一哉王心。』克綏先王之禄，永底烝民之生。人君惟其心之一，故其發諸言也大。萬姓見其言之大，故能知其心之一。感應之理，自然而然，以見人心之不可欺，而誠之不可掩也。禄者，先王所守之天禄也。烝，衆也。天禄安，民生厚，一德之效驗也。嗚呼！七世之廟，可以觀德。萬夫之長，可以觀政。天子七廟，三昭三穆，與太祖之廟七。七廟親盡則遷。必有德之主，則不祧毁，故曰「七世之廟，可以觀德」。天子居萬民之上，必政教有以深服乎人，而後萬民悦服，故曰「萬夫之長，可以觀政」。伊尹歎息言德政修否，見於後世，服乎當時，有不可掩者如此。后非民罔使，民非后罔事。無自廣以狹人，匹夫匹婦，不獲自盡，民主罔與成厥功。」罔使、罔事，即上篇「民非后罔克胥匡以生，后非民罔以辟四方」之意。中言君民之相須者如此，欲太甲不敢忽也。無，毋同。伊尹又言君民之使事，雖有貴賤不同，至於取人爲善，則初無貴賤之間。蓋天以一理賦之於人，散爲萬善，人君合天下之萬善而後理之一者可全也。苟自大而狹人，匹夫匹婦有一不得自盡於上，則一善不備，而民主亦無與成厥功矣。伊尹於篇終致其警戒之意，而言外之旨，則又推廣其所謂一者如此。蓋道體之純全，聖功之極致也。嘗因是言之，以爲精粹無雜者一也，終始無間者一也，該括萬善者一也。一者，通古今，達上下，萬化之原，萬事之幹。語其理則無二，語其運則無息，語其體則并包而無所遺也。咸有一德之書，而三者之義悉備。前乎伏犧、堯、舜、禹、湯，後乎文、武、周公、孔子，同一揆也。

盤庚上

盤庚，陽甲之弟。自祖乙都耿，圮于河水。盤庚欲遷于殷，而大家世族安土重遷，胥動浮言。小民雖蕩析離居，亦惑於利害，不適有居。盤庚喻以遷都之利，不遷之害。上、中二篇〔六〕，未遷時言。下篇，既遷後言。王氏曰：上篇告羣臣，中篇告庶民，下篇告百官族姓。左傳爲盤庚之誥，實誥體也。三篇，今文、古文皆有，但今文三篇合爲一。

盤庚遷于殷，民不適有居，率籲衆慼，出矢言。殷在河南偃師。適，往。籲，呼。矢，誓也。史臣言盤庚欲遷于殷，民不肯往適有居，盤庚率呼衆憂之人，出誓言以喻之，如下文所云也。周氏曰：商人稱殷自盤庚始，自此以前惟稱商。自盤庚遷都之後，於是殷商兼稱，或只稱殷也。曰：「我王來，既爰宅于茲。重我民，無盡劉。不能胥匡以生，卜稽曰：其如台？曰，盤庚之言也。劉，殺也。盤庚言我先王祖乙來都于耿，固重我民之生，非欲盡致之死也。民適不幸，蕩析離居，不能相救以生。稽之於卜，亦曰此地無若我何，言耿不可居，决當遷也。先王有服，恪謹天命。茲猶不常寧，不常厥邑，于今五邦。今不承于古，罔知天之斷命，矧曰其克從先王之烈？服，事也。先王有事，恪謹天命，不敢違越。先王猶不敢常安，不常其邑，于今五遷厥邦矣。今不承先王而遷，且不知上天之斷絶我命，况謂其能從先王之大烈乎？詳此言，則先王遷徙，亦必有稽卜之事。仲丁、河亶甲篇，逸不可攷矣。五邦，漢孔氏謂湯遷亳，仲丁遷囂，河亶甲居相，祖乙居耿，并盤庚遷殷爲五邦。然以下文「今不承于古」文勢攷之，則盤庚之前，當自有五遷。史記言祖乙遷邢，或祖乙兩遷也。若顛木之有由蘖，天其永我命于茲新邑，紹復先王之大業，底綏四方。」顛，仆也。由，古文作甹，木生條也。顛木譬耿，由蘖譬殷也。言今自耿遷殷，若已仆之木而復生也。天其將永我國家之命於殷，以繼復先王之大業而致安四方乎！盤庚斆于民，由乃在位，以常舊服，正法度。曰：「無或敢伏小人之攸箴。」王命衆，悉至于庭。斆，教。服，事。箴，規也。耿地瀉鹵墊隘，而有沃饒之利，故小民苦於蕩析離居，而巨室則總于貨寶，惟不利於小民，而利於巨室，故巨室不悦，而胥動浮言，小民眩於利害，亦相與咨怨。間有能審利害之實而欲遷者，則又往往爲在位者之所排擊阻難，不能自達於上。盤庚知其然，故其教民必自在位始。而其所以教在位者，亦非作爲一切之法以整齊之，惟舉先王舊常遷都之事〔七〕，以正其法度而已。然所以正法度者，亦非有他焉，惟曰使在位之臣，無或敢伏小人之所箴規焉耳。蓋小民患瀉鹵墊隘，有欲遷而以言箴規其上者，汝毋得遏絶，而使不得自達也。衆者，臣民咸在也。史氏將述下文盤庚之訓語，故先發此。王若曰：「格汝衆，予告汝訓，汝猷黜乃心，無傲從康。若曰者，非盡當時之言，大意若此也。汝猷黜乃心者，謀去汝之私心也。無，與毋同。毋得傲上之命，從己之安。蓋傲上則不肯遷，從康則不能遷，二者所當黜之私心也。此雖盤庚對衆之辭，實爲羣臣而發，以斅民由在位故也。古我先王，亦惟圖任舊人共政。王播告之修，不匿厥指，王用丕欽。罔有逸言，民用丕變。今汝聒聒，起信險膚，予弗知乃所訟。逸，過也。盤庚言先王亦惟謀任舊人共政。王播告之修，則奉承于內，而能不隱匿其指意，故王用大敬之。宣化于外，又無過言以惑衆聽，故民用大變。今爾在內，則伏小人之攸箴，在外則不和吉言于百姓。譊譊多言，凡起信於民者，皆險陂膚淺之説，我不曉汝所言果何謂也。詳此所謂舊人者，世臣舊家之人，非謂老成人也。蓋沮遷都者，皆世臣舊家之人，下文「人惟求舊」一章可見。非予自荒茲德，惟汝含德，不惕予一人。予若觀火，予亦拙謀作乃逸。荒，廢也。逸，過失也。盤庚言非我輕易遷徙，自荒廢此德，惟汝不宣布德意，不畏懼於我。我視汝情，明若觀火。我亦拙謀，不能制命，而成汝過失也。若網在綱，有條而不紊。若農服田，力穡乃亦有秋。紊，亂也。綱舉則目張，喻下從上，小從大，申前無傲之戒。勤於田畝，則有秋成之望，喻今雖遷徙勞苦，而有永建乃家之利，申前從康之戒。汝克黜乃心，施實德于民，至于婚友，丕乃敢大言汝有積德。蘇氏曰：商之世家大族，造言以害遷者，欲以苟悅小民爲德也。故告之曰：「是何德之有，汝曷不去汝私心，施實德于民，與汝婚姻僚友乎？」勞而有功，此實德也。汝能勞而有功，則汝乃敢大言曰：「我有積德。」曰積德云者，亦指世家大族而言，申前「汝猷黜乃心」之戒。乃不畏戎毒于遠邇，惰農自安，不昬作勞，不服田畝，越其罔有黍稷。戎，大。昬，強也。汝不畏沈溺大害於遠近，而憚勞不遷，如怠惰之農，不強力爲勞苦之事，不事田畝，安有黍稷之可望乎？此章再以農喻，申言從康之害。汝不和吉言于百姓，惟汝自生毒，乃敗禍姦宄，以自災于厥身。乃既先惡于民，乃奉其恫，汝悔身何及！相時憸民，猶胥顧于箴言，其發有逸口，矧予制乃短長之命？汝曷弗告朕，而胥動以浮言，恐沈于衆？若火之燎于原，不可嚮邇，其猶可撲滅？則惟汝衆，自作弗靖，非予有咎。吉，好也。先惡，爲惡之先也。奉，承。恫，痛。相，視也。憸民，小民也。逸口，過言也。逸口尚可畏，況我制爾生殺之命，可不畏乎？恐，謂恐動之以禍患。沈，謂沈陷之於罪惡。不可嚮邇，其猶可撲滅者，言其勢焰雖盛，而殄滅之不難也。靖，安。咎，過也。則惟爾衆自爲不安，非我有過也。此章反復辯論，申言傲上之害。遲任有言曰：『人惟求舊，器非求舊，惟新。』遲任，古之賢人。蘇氏曰：人舊則習，器舊則敝，當常使舊人，用新器也。今按盤庚所引，其意在「人惟求舊」一句。而所謂求舊者，非謂老人，但謂求人於世臣舊家云爾，詳下文意可見。若以舊人爲老人，又何侮老成人之有？古我先王，暨乃祖乃父，胥及逸勤，予敢動用非罰？世選爾勞，予不掩爾善。茲予大享于先王，爾祖其從與享之。作福作災，予亦不敢動用非德。胥，相也。敢，不敢也。非罰，非所當罰也。世，非一世也。勞，勞于王家也。掩，蔽也。言先王及乃祖乃父，相與同其勞逸，我豈敢動用非罰以加汝乎？世簡爾勞，不蔽爾善。兹我大享于先王，爾祖亦以功而配食於廟。先王與爾祖父臨之在上，質之在旁，作福作災，皆簡在先王與爾祖父之心，我亦豈敢動用非德以加汝乎？予告汝于難，若射之有志。汝無侮老成人，無弱孤有幼。各長于厥居，勉出乃力，聽予一人之作猷。難，言謀遷徙之難也。蓋遷都固非易事，而又當時臣民傲上從康，不肯遷徙。然我志決遷，若射者之必於中，有不容但已者。弱，少之也。意當時老成孤幼，皆有言當遷者，故戒其老成者不可侮，孤幼者不可少之也。爾臣各謀長遠其居，勉出汝力，以聽我一人遷徙之謀也。無有遠邇，用罪伐厥死，用德彰厥善。邦之臧，惟汝衆；邦之不臧，惟予一人有佚罰。用罪，猶言爲惡。用德，猶言爲善也。伐，猶誅也。言無有遠近親疏，凡伐死彰善，惟視汝爲惡爲善如何爾。邦之善，惟汝衆用德之故；邦之不善，惟我一人失罰其所當罰也。凡爾衆，其惟致告：自今至于後日，各恭爾事，齊乃位，度乃口，罰及爾身，弗可悔。」致告者，使各相告戒也。自今以往，各敬汝事，整齊汝位，法度汝言。不然，罰及汝身，不可悔也。

盤庚中

盤庚作，惟涉河以民遷。乃話民之弗率，誕告用亶，其有衆咸造，勿褻在王庭。盤庚乃登進厥民。作，起而將遷之辭。殷在河南，故涉河。誕，大。亶，誠也。咸造，皆至也。勿褻，戒其毋得褻慢也。此史氏之言。蘇氏曰：民之弗率，不以政令齊之，而以話言曉之，盤庚之仁也。曰：「明聽朕言，無荒失朕命。荒，廢也。嗚呼！古我前后，罔不惟民之承。保后胥感，鮮以不浮于天時。承，敬也。蘇氏曰：古謂過爲浮〔八〕，浮之言勝也。后既無不惟民之敬，故民亦保后，相與憂其憂，雖有天時之災，鮮不以人力勝之也。林氏曰：憂民之憂者，民亦憂其憂。罔不惟民之承，憂民之憂也，保后胥感，民亦憂其憂也。殷降大虐，先王不懷，厥攸作，視民利用遷。汝曷弗念我古后之聞？承汝俾汝，惟喜康共。非汝有咎，比于罰。先王以天降大虐，不敢安居。其所興作，視民利當遷而已。爾民何不念我以所聞先王之事，凡我所以敬汝使汝者，惟喜與汝同安爾。非爲汝有罪，比于罰而謫遷汝也。予若籲懷茲新邑，亦惟汝故，以丕從厥志。我所以招呼懷來于此新邑者，亦惟以爾民蕩析離居之故，欲承汝俾汝康共，以大從爾志也。或曰：盤庚遷都，民咨胥怨，而此以爲「丕從厥志」，何也？蘇氏曰：古之所謂從衆者，非從其口之所不樂，而從其心之所不言而同然者。夫趨利而避害，捨危而就安，民心同然也。殷亳之遷，實斯民所利，特其一時爲浮言摇動，怨咨不樂。使其即安危利害之實，而反求其心，則固其所大欲者矣。今予將試以汝遷，安定厥邦，汝不憂朕心之攸困，乃咸大不宣乃心，欽念以忱，動予一人。爾惟自鞠自苦，若乘舟，汝弗濟，臭厥載。爾忱不屬，惟胥以沈。不其或稽，自怒曷瘳？上文言先王惟民之承，而民亦保后胥感。今我亦惟汝故，安定厥邦，而汝乃不憂我心之所困，乃皆不宣布腹心，欽念以誠，感動於我。爾徒爲此紛紛，自取窮苦，譬乘舟不以時濟，必敗壞其所資。今汝從上之誠，間斷不屬，安能有濟，惟相與以及沈溺而已。詩曰：「其何能淑，載胥及溺。」正此意也。利害若此，爾民而罔或稽察爲。是雖怨疾忿怒，何損於困苦乎？汝不謀長，以思乃災，汝誕勸憂。今其有今罔後，汝何生在上？汝不爲長久之謀，以思其不遷之災，是汝大以憂而自勸也。孟子曰：「安其危而利其菑，樂其所以亡。」勸憂之謂也。有今，猶言有今日也。罔後，猶言無後日也。上，天也。「今其有今罔後」，是天斷棄汝命，汝有何生理於天乎？下文言「迓續乃命于天」，蓋相首尾之辭。今予命汝一，無起穢以自臭。恐人倚乃身，迂乃心。爾民當一心以聽上，無起穢惡以自臭敗。恐浮言之人，倚汝之身，迂汝之心，使汝邪僻而無中正之見也。予迓續乃命于天，予豈汝威，用奉畜汝衆。我之所以遷都者，正以迎續汝命于天。予豈以威脅汝哉，用以奉養汝衆而已。予念我先神后之勞爾先，予丕克羞爾，用懷爾然。神后，先王也。羞，養也，即上文畜養之意。言我思念我先神后之勞爾先人，我大克羞養爾者，用懷念爾故也。失于政，陳于茲。高后丕乃崇降罪疾，曰：『曷虐朕民！』陳，久。崇，大也。耿圮而不遷，以病我民，是失政而久于此也。高后，湯也。湯必大降罪疾于我，曰何爲而虐害我民。蓋人君不能爲民圖安，是亦虐之也。汝萬民乃不生生，暨予一人猷同心。先后丕降與汝罪疾，曰：『曷不暨朕幼孫有比？』故有爽德，自上其罰汝，汝罔能迪。樂生興事，則其生也厚，是謂生生。先后，泛言商之先王也。幼孫，盤庚自稱之辭。比，同事也。爽，失也。言汝民不能樂生興事，與我同心以遷，我先后大降罪疾於汝，曰汝何不與朕幼小之孫同遷乎！故汝有失德，自上其罰汝，汝無道以自免也。古我先后，既勞乃祖乃父，汝共作我畜民。汝有戕，則在乃心，我先后綏乃祖乃父。乃祖乃父乃斷棄汝，不救乃死。既勞乃祖乃父者，申言勞爾先也。汝共作我畜民者，汝皆爲我所畜之民也。戕，害也。綏，懷來之意。謂汝有戕害在汝之心，我先后固已知之，懷來汝祖汝父，汝祖汝父亦斷棄汝，不救汝死也。茲予有亂政同位，具乃貝玉。乃祖先父丕乃告我高后曰：『作丕刑于朕孫！』迪高后，丕乃崇降弗祥。亂，治也。具，多取而兼有之謂。言若我治政之臣，所與共天位者，不以民生爲念，而務富貝玉者。其祖父亦告我成湯，作丕刑于其子孫。啓成湯丕乃崇降弗祥而不赦也。此章先儒皆以爲責臣之辭，然詳其文勢，曰「茲予有亂政同位」，則亦對民庶責臣之辭，非直爲羣臣言也。按上四章，言君有罪，民有罪，臣有罪，我高后與爾民臣祖父，一以義斷之，無所赦也。王氏曰：先王設教，因俗之善而導之，反俗之惡而禁之。方盤庚時，商俗衰，士大夫棄義即利。故盤庚以具貝玉爲戒，此反其俗之惡而禁之者也。自成周以上，莫不事死如事生，事亡如事存，故其俗皆嚴鬼神。以經考知，商俗爲甚。故盤庚特稱先后與臣民之祖父崇降罪疾爲告，此因其俗之善而導之者也。嗚呼！今予告汝不易，永敬大恤，無胥絶遠。汝分猷念以相從，各設中于乃心。告汝不易，即上篇「告汝于難」之意。大恤，大憂也。今我告汝以遷都之難，汝當永敬我之所大憂念者。君民一心，然後可以有濟。苟相絶遠而誠不屬，則殆矣。分猷者，分君之所圖而共圖之。分念者，分君之所念而共念之。相從，相與也。中者，極至之理。

各以極至之理存于心，則知遷徙之議爲不可易，而不爲浮言横議之所動揺也。乃有不吉不迪，顛越不恭，暫遇姦宄。我乃劓殄滅之，無遺育，無俾易種于兹新邑。乃有不善不道之人，顛隕踰越，不恭上命者；及暫時所遇爲姦爲宄，劫掠行道者，我小則加以劓，大則殄滅之，無有遺育，毋使移其種于此新邑也。遷徙道路艱關，恐姦人乘隙生變，故嚴明號令以告勑之。往哉生生。今予將試以汝遷，永建乃家。」往哉，往新邑也。方遷徙之時，人懷舊土之念，而未見新居之樂，故再以生生勉之。扼起其怠惰，而作其趨事也。試，用也。今我將用汝遷，永立乃家，爲子孫無窮之業也。

盤庚下

盤庚既遷，奠厥攸居，乃正厥位，綏爰有衆。盤庚既遷新邑，定其所居，正君臣上下之位，慰勞臣民遷徙之勞，以安有衆之情也。此史氏之言。曰：「無戲怠，懋建大命。曰，盤庚之言也。大命，非常之命也。遷國之初，臣民上下，正當勤勞盡瘁，趨事赴功，以爲國家無窮之計。故盤庚以無戲怠戒之，以建大命勉之。今予其敷心腹腎腸，歷告爾百姓于朕志。罔罪爾衆，爾無共怒，協比讒言予一人〔九〕。歷，盡也。百姓，畿内民庶，百官族姓，亦在其中。古我先王，將多于前功，適于山，用降我凶德，嘉績于朕邦。古我先王，湯也。適于山，往于亳也。契始居亳，其後屢遷，成湯欲多於前人之功，故復往居亳。按立政三亳，鄭氏曰：東成皋，南轘轅，西降谷。以亳依山，故曰適于山也。降，下也。依山地高水下而無河圮之患，故曰「用下我凶德」。嘉績，美功也。今我民用蕩析離居，罔有定極，爾謂朕『曷震動萬民以遷』？今耿爲河水圮壞，沈溺墊隘，民用蕩析離居，無有定止，將陷於凶德而莫之救，爾謂我何故震動萬民以遷也。肆上帝將復我高祖之德，亂越我家。朕及篤敬，恭承民命，用永地于新邑。乃上天將復我成湯之德，而治及我國家。我與一二篤敬之臣，敬承民命，用長居于此新邑也。肆予沖人，非廢厥謀，弔由靈。各非敢違卜，用宏兹賁。沖，童。弔，至。由，用。靈，善也。宏、賁，皆大也。言我非廢爾衆謀，乃至用爾衆謀之善者。指當時臣民有審利害之實以爲當遷者言也。爾衆亦非敢固違我卜，亦惟欲宏大此大業爾。言爾衆亦非有他意也，盖盤庚於既遷之後，申彼此之情，釋疑懼之意，明吾前日之用謀，略彼既往之傲惰。委曲忠厚之意，藹然於言辭之表。大事以定，大業以興，成湯之澤，於是而益永，盤庚其賢矣哉！嗚呼！邦伯、師長、百執事之人，尚皆隱哉。隱，痛也。盤庚復歎息言爾諸侯公卿百執事之人，庶幾皆有所隱痛於心哉。予其懋簡相爾，念敬我衆。相，爾雅：導也。我懋勉簡擇導汝，以念敬我之民衆也。朕不肩好貨，敢恭生生。鞠人謀人之保居，叙欽。肩，任。敢，勇也。鞠人謀人，未詳。或曰：鞠，養也。我不任好賄之人，惟勇於敬民，以其生生爲念。使鞠人謀人之保居者，吾則叙而用之，欽而禮之也。今我既羞告爾于朕志，若否，罔有弗欽。羞，進也。若者，如我之意，即敢恭生生之謂。否者，非我之意，即不肩好貨之謂。二者爾當深念，無有不敬我所言也。無總于貨寶，生生自庸。無，毋同。總，聚也。庸，民功也。此則直戒其所不可爲，勉其所當爲也。式敷民德，永肩一心。」式，敬也。敬布爲民之德，永任一心，欲其久而不替也。盤庚篇終戒勉之意，一節嚴於一節，而終以無窮期之，盤庚其賢矣哉！蘇氏曰：民不悦而猶爲之，先王未之有也。祖乙圮于耿，盤庚不得不遷。然使先王處之，則動民而民不懼，勞民而民不怨。盤庚德之衰也，其所以信於民者未至，故紛紛如此。然民怨誹逆命，而盤庚終不怒，引咎自責，蓋聞衆言，反復告諭，以口舌代斧鉞，忠厚之至，此殷之所以不亡而復興也。後之君子，厲民以自用者，皆以盤庚藉口，予不可以不論。

説命上

説命，記高宗命傅説之言，「命之曰」以下是也。猶蔡仲之命、微子之命，後世命官制詞，其原蓋出於此。上篇記得説命相之辭，中篇記説爲相進戒之辭，下篇記説論學之辭。總謂之命者，高宗命説，實三篇之綱領，故總稱之。今文無，古文有。

王宅憂亮陰三祀，既免喪，其惟弗言。羣臣咸諫于王曰：「嗚呼！知之曰明哲，明哲實作則。天子惟君萬邦，百官承式。王言惟作命，不言臣下罔攸稟令。」亮，一作諒。陰，古作闇。按喪服四制，高宗諒闇三年，鄭氏注云：諒，古作梁。楣謂之梁。闇，讀如鶉鵪之鵪。闇，謂廬也，即倚廬之廬。儀禮「翦屏柱楣」，鄭氏謂柱楣，所謂梁闇是也。宅憂亮陰，言居喪於梁闇也。先儒以亮陰爲信默不言，則於諒陰三年不言，爲語複而不可解矣。君薨，百官總己聽於冢宰，居憂亮陰不言，禮之常也。高宗喪父小乙，惟既免喪而猶弗言，羣臣以其過於禮也，故咸諫之。歎息言有先知之德者，謂之明哲，明哲實爲法於天下。今天子君臨萬邦，百官皆奉承法令，王言則爲命，不言則臣下無所稟令矣。王庸作書以誥曰：「以台正于四方。台恐德弗類，兹故弗言。恭默思道，夢帝賚予良弼，其代予言。」庸，用也。高宗用作書告喻羣臣以不言之意。言以我表正四方，任大責重，恐德不類于前人，故不敢輕易發言。而恭敬淵默以思治道，夢帝與我賢輔，其將代我言矣。蓋高宗恭默思道之心，純一不二，與天無間，故夢寐之間，帝賚良弼。其念慮所孚，精神所格，非偶然而得者也。乃審厥象，俾以形旁求于天下，説築傅巖之野，惟肖。審，詳也。詳所夢之人，繪其形象，旁求于天下。旁求者，求之非一方也。築，居也。今言所居，猶謂之卜築。傅巖，在虞、虢之間。肖，似也，與所夢之形相似。爰立作相，王置諸其左右。於是立以爲相。按史記，高宗得説，與之語，果聖人，乃舉以爲相。書不言，省文也。未接語而遽命相，亦無此理。置諸左右，蓋以冢宰兼師保也。荀卿曰：學莫便乎近其人。置諸左右者，近其人以學也。史臣將記高宗命説之辭，先叙事始如此。命之曰：「朝夕納誨，以輔台德。此下命説之辭。朝夕納誨者，無時不進善言也。孟子曰：「仁不足與適也，政不足與間也，惟大人爲能格君心之非。」高宗既相説，處之以師傅之職，而又命之朝夕納誨，以輔台德，可謂知所本矣。呂氏曰：高宗見道明，故知頃刻不可無賢人之言。若金，用汝作礪；若濟巨川，用汝作舟楫；若歲大旱，用汝作霖雨。三日雨爲霖。高宗託物以喻，望説納誨之切。三語雖若一意，然一節深一節也。啓乃心，沃朕心。啓，開也。沃，灌溉也。啓乃心者，開其心而無隱。沃朕心者，溉我心而厭飫也。若藥弗瞑眩，厥疾弗瘳；若跣弗視地，厥足用傷。方言曰：「飲藥而毒，海岱之間，謂之瞑眩。」瘳，愈也。弗瞑眩，喻臣之言不苦口也。弗視地，喻我之行無所見也。惟暨乃僚，罔不同心，以匡乃辟。俾率先王，迪我高后，以康兆民。匡，正。率，循也。先王，商先哲王也。説既作相總百官，則卿士而下，皆其僚屬。高宗欲傅説暨其僚屬，同心正救，使循先王之道，蹈成湯之迹，以安天下之民也。嗚呼！欽予時命，其惟有終。」敬我是命，其思有終也。是命，上文所命者。説復于王曰：「惟木從繩則正，后從諫則聖。后克聖，臣不命其承，疇敢不祗若王之休命。」荅「欽予時命」之語。木從繩，喻后從諫，明諫之決不可不受也。然高宗當求受言於己，不必責進言於臣。君果從諫，臣雖不命，猶且承之，况命之如此，誰敢不敬順其美命乎！

説命中

惟説命總百官。説受命總百官，冢宰之職也。乃進于王曰：「嗚呼！明王奉若天道，建邦設都，樹后王君公，承以大夫師長。不惟逸豫，惟以亂民。后王，天子也。君公，諸侯也。治亂曰亂。明王奉順天道，建邦設都，立天子諸侯，承以大夫師長。制爲君臣上下之禮，以尊臨卑，以下奉上，非爲一人逸豫之計而已也。惟欲以治民焉耳。惟天聰明，惟聖時憲，惟臣欽若，惟民從乂。天之聰明，無所不聞，無所不見，無他，公而已矣。人君法天之聰明，一出於公，則臣敬順，而民亦從治矣。惟口起羞，惟甲胄起戎，惟衣裳在笥，惟干戈省厥躬。王惟戒茲，允茲克明，乃罔不休。言語，所以文身也。輕出則有起羞之患。甲胄，所以衛身也。輕動則有起戎之憂。二者所以爲己，當慮其患於人也。衣裳，所以命有德，必謹於在笥者，戒其有所輕予。干戈，所以討有罪，必嚴於省躬者，戒其有所輕動。二者所以加人，當審其用於己也。王惟戒此四者，信此而能明焉，則政治無不休美矣。惟治亂在庶官。官不及私昵，惟其能，爵罔及惡德，惟其賢。庶官，治亂之原也。庶官得其人則治，不得其人則亂。王制曰：「論定而後官之，任官而後爵之。」六卿百執事，所謂官也。公卿大夫士，所謂爵也。官以任事，故曰能。爵以命德，故曰賢。惟賢惟能，所以治也。私昵惡德，所以亂也。○按古者公、侯、伯、子、男，爵之於侯國；公卿、大夫、士，爵之於朝廷，此言庶官，則爵爲公卿、大夫、士也。○吴氏曰：惡德，猶凶德也。人君當用吉士。凶德之人，雖有過人之才，爵亦不可及。慮善以動，動惟厥時。善，當乎理也。時措之宜也。慮固欲其當乎理，然動非其時，猶無益也。聖人酬酢斯世，亦其時而已。有其善，喪厥善。矜其能，喪厥功。自有其善，則已不加勉而德虧矣。自矜其能，則人不效力而功隳矣。惟事事，乃其有備，有備無患。惟事其事，乃其有備，有備故無患也。張氏曰：修車馬，備器械，事乎兵事，則兵有其備，故外侮不能爲之憂。簡稼器，修稼政，事乎農事，則農有其備，故水旱不能爲之害。所謂事事有備無患者如此。無啓寵納侮，無恥過作非。毋開寵幸而納人之侮，毋恥過誤而遂己之非。過誤出於偶然，作非出於有意。惟厥攸居，政事惟醇。居，止而安之義，安於義理之所止也。義理出於勉強，則猶二也；義理安於自然，則一矣。一，故政事醇而不雜也。黷于祭祀，時謂弗欽，禮煩則亂，事神則難。」祭不欲黷，黷則不敬；禮不欲煩，煩則擾亂，皆非所以交鬼神之道也。商俗尚鬼，高宗或未能脱於流俗，事神之禮，必有過焉。祖己戒其祀無豐昵，傅説蓋因其失而正之也。王曰：「旨哉！説乃言惟服，乃不良于言，予罔聞于行。」旨，美也。古人於飲食之美者，必以旨言之，蓋有味其言也。服，行也。高宗贊美説之所言，謂可服行，使汝不善於言，則我無所聞而行之也。蘇氏曰：説之言，譬如藥石，雖散而不一，然一言一藥，皆足以治天下之公患，所謂古之立言者。説拜稽首曰：「非知之艱，行之惟艱。王忱不艱，允協于先王成德。惟説不言有厥咎。」高宗方味説之所言，而説以爲得於耳者非難，行於身者爲難。王忱信之，亦不爲難，信可合成湯之成德。説於是而猶有所不言，則有其罪矣。上篇言后克聖，臣不命其承，所以廣其從諫之量，而將告以爲治之要也。此篇言允協先王成德，惟説不言有厥咎，所以責其躬行之實，將進其爲學之説也。皆引而不發之義。

説命下

王曰：「來，汝説。台小子舊學于甘盤，既乃遯于荒野，入宅于河，自河徂亳，暨厥終罔顯。甘盤，臣名。君奭言：「在武丁，時則有若甘盤。」遯，退也。高宗言我小子舊學於甘盤，已而退于荒野，後又入居于河，自河往亳，遷徙不常。歷叙其廢學之因，而嘆其學終無所顯明也。無逸言高宗舊勞于外，爰暨小人，與此相應。國語亦謂武丁入于河，自河徂亳。唐孔氏曰：高宗爲王子時，其父小乙欲其知民之艱苦，故使居民間也。蘇氏謂甘盤遯于荒野。以「台小子」語脉推之，非是。爾惟訓于朕志，若作酒醴，爾惟麴糵；若作和羹，爾惟鹽梅。爾交修予，罔予棄，予惟克邁乃訓。」心之所之謂之志。邁，行也。范氏曰：酒非麴糵不成，羹非鹽梅不和，人君雖有美質，必得賢人輔導，乃能成德。作酒者，麴多則太苦，糵多則太甘，麴糵得中，然後成酒。作羹者，鹽過則鹹，梅過則酸，鹽梅得中，然後成羹。臣之於君，當以柔濟剛，可濟否，左右規正以成其德。故曰爾交修予，爾無我棄，我能行爾之言也。孔氏曰：交者，非一之義。説曰：「王，人求多聞，時惟建事。學于古訓，乃有獲。事不師古，以克永世，匪説攸聞。求多聞者，資之人。學古訓者，反之己。古訓者，古先聖王之訓，載修身治天下之道。二典、三謨之類是也。説稱王而告之曰「人求多聞」者，是惟立事。然必學古訓，深識義理，然後有得。不師古訓，而能長治久安者，非説所聞，甚言無此理也。○林氏曰：傅説稱王而告之，與禹稱舜曰帝光天之下，文勢正同。惟學遜志，務時敏，厥修乃來。允懷于茲，道積于厥躬。遜，謙抑也。務，專力也。時敏者，無時而不敏也。遜其志，如有所不能；敏於學，如有所不及。虛以受人，勤以勵己，則其所修，如泉始達，源源乎其來矣。茲，此也。篤信而深念乎此，則道積於身，不可以一二計矣。夫修之來，來之積，其學之得於己者如此。惟斅學半，念終始典于學，厥德修罔覺。斅，教也，言教人居學之半。蓋道積厥躬者，體之立；斆學于人者，用之行。兼體用，合内外，而後聖學可全也。始之自學，學也；終之教人，亦學也。一念終始，常在於學，無少間斷，則德之所修，有不知其然而然者矣。或曰：受教亦曰斆，斆於爲學之道半之，半須自得。此説極爲新巧，但古人論學，語皆平正的實，此章句數非一，不應中間一語獨爾險巧。此蓋後世釋教機權，而誤以論聖賢之學也。監于先王成憲，其永無愆。憲，法。愆，過也。言德雖造於罔覺，而法必監于先王。先王成法者，子孫之所當守者也。孟子言「遵先王之法而有過者，未之有也」，亦此意。惟説式克欽承，旁招俊乂，列于庶位。」式，用也。言高宗之德，苟至於無愆，則説用能敬承其意，廣求俊乂，列於衆職。蓋進賢雖大臣之責，然高宗之德未至，則雖欲進賢，有不可得者。王曰：「嗚呼！説，四海之内，咸仰朕德，時乃風。風，教也。天下皆仰我德，是汝之教也。股肱惟人，良臣惟聖。手足備而成人，良臣輔而君聖。高宗初以舟楫霖雨爲喻，繼以麴櫱鹽梅爲喻，至此又以股肱惟人爲喻，其所造益深，所望益切矣。昔先正保衡，作我先王，乃曰：『予弗克俾厥后惟堯舜。』其心愧耻，若撻于市。一夫不獲，則曰：『時予之辜。』佑我烈祖，格于皇天。爾尚明保予，罔俾阿衡專美有商。先正，先世長官之臣。保，安也。保衡，猶阿衡。作，興起也。撻于市，耻之甚也。不獲，不得其所也。高宗舉伊尹之言，謂其自任如此，故能輔我成湯，功格于皇天。爾庶幾明以輔我，無使伊尹專美於我商家也。傅説以成湯望高宗，故曰「協于先王成德，監于先王成憲」。高宗以伊尹望傅説，故曰「罔俾阿衡，專美有商」。惟后非賢不乂，惟賢非后不食。其爾克紹乃辟于先王，永綏民。」説拜稽首曰：「敢對揚天子之休命。」君非賢臣，不與共治；賢非其君，不與共食。言君臣相遇之難如此。克者，責望必能之辭。敢者，自信無慊之辭。對者，對以己。揚者，揚于衆。休命，上文高宗所命也。至是高宗以成湯自期，傅説以伊尹自任，君臣相勉勵如此。異時高宗爲商令王，傅説爲商賢佐，果無愧於成湯、伊尹也，宜哉！

高宗肜日高宗肜祭，有雊雉之異，祖己訓王，史氏以爲篇，亦訓體也。不言訓者，以既有高宗之訓，故只以篇首四字爲題。今文、古文皆有。

高宗肜日，越有雊雉。肜，祭明日又祭之名。殷曰肜，周曰繹。雊，鳴也。於肜日有雊雉之異，蓋祭禰廟也。序言湯廟者，非是。祖己曰：「惟先格王，正厥事。」格，正也，猶格其非心之格。詳下文高宗祀豐于昵。昵者，禰廟也。豐於昵，失禮之正，故有雊雉之異。祖己自言當先格王之非心，然後正其所失之事。「惟天監民」以下，格王之言。「王司敬民」以下，正事之言也。乃訓于王曰：「惟天監下民，典厥義。降年有永有不永，非天夭民，民中絶命。典，主也。義者，理之當然，行而宜之之謂。言天監視下民，其禍福予奪，惟主義如何爾。降年有永有下永者，義則永，不義則不永，非天夭折其民，民自以非義而中絶其命也。意高宗之祀，必有祈年請命之事，如漢武帝五時祀之類。祖己言永年之道，不在禱祠，在於所行義與不義而已，禱祠非永年之道也。言民而不言君者，不敢斥也。民有不若德、不聽罪，天既孚命正厥德，乃曰其如台。不若德，不順於德；不聽罪，不服其罪，謂不改過也。孚命者，以妖孽爲符信而譴告之也。言民不順德、不服罪，天既以妖孽爲符信而譴告之，欲其恐懼修省以正德。民乃曰：「孽祥其如我何？」則天必誅絶之矣。祖己意謂高宗當因雊雉以自省，不可謂適然而自恕。夫數祭豐昵，徼福於神，不若德也。瀆於祭祀，傳説嘗以進戒，意或吝改，不聽罪也。雊雉之異，是天既孚命正厥德矣，其可謂妖孽其如我何耶！嗚呼！王司敬民，罔非天胤，典祀無豐于昵。」司，主。胤，嗣也。王之職，主於敬民而已。徼福於神，非王之事也。況祖宗莫非天之嗣，主祀其可獨豐於昵廟乎？

西伯戡黎

西伯，文王也，名昌，姓姬氏。戡，勝也。黎，國名，在上黨壺關之地。按史記，文王脱羑里之囚，獻洛西之地，紂賜弓矢鈇鉞，使得專征伐爲西伯。文王既受命，黎爲不道，於是舉兵伐而勝之。祖伊知周德日盛，既已戡黎，紂惡不悛，勢必及殷，故恐懼奔告于王，庶幾王之改之也。史録其言，以爲此篇，誥體也。今文、古文皆有。○或曰：西伯，武王也。史記嘗載紂使膠鬲觀兵，膠鬲問之曰：「西伯曷爲而來？」則武王亦繼文王爲西伯矣。

西伯既戡黎，祖伊恐，奔告于王，下文無及戡黎之事，史氏特標此篇首，以見祖伊告王之因也。祖，姓。伊，名。祖己後也。奔告，自其邑奔走來告紂也。曰：「天子，天既訖我殷命，格人元龜，罔敢知吉。非先王不相我後人，惟王淫戲用自絕。祖伊將言天訖殷命，故特呼天子以感動之。訖，絕也。格人，猶言至人也。格人元龜，皆能先知吉凶者。言天既已絕我殷命，格人元龜，皆無敢知其吉者，甚言凶禍之必至也。非先王在天之靈不佑我後人，我後人淫戲用自絕於天耳。故天棄我，不有康食，不虞天性，不迪率典。康，安。虞，度也。典，常法也。紂自絕於天，故天棄殷。不有康食，饑饉荐臻也。不虞天性，民失常心也。不迪率典，廢壞常法也。今我民罔弗欲喪，曰：『天曷不降威？大命不摯。』今王其如台？」大命，非常之命。摯，至也。史記云：大命胡不至？民苦紂虐，無不欲殷之亡，曰：天何不降威於殷，而受大命者何不至乎？今王其無如我何，言紂不復能君長我也。上章言天棄殷，此章言民棄殷，祖伊之言，可謂痛切明著矣。王曰：「嗚呼！我生不有命在天。」紂歎息，謂民雖欲亡我，我之生，獨不有命在天乎！祖伊反，曰：「嗚呼！乃罪多參在上，乃能責命于天？紂既無改過之意，祖伊退而言曰：爾罪衆多參列在上，乃能責其命於天耶？呂氏曰：責命於天，惟與天同德者方可。殷之即喪，指乃功，不無戮于爾邦。」功，事也。言殷即喪亡矣，指汝所爲之事，其能免戮於商邦乎？蘇氏曰：祖伊之諫，盡言不諱，漢、唐中主所不能容者。紂雖不改而終不怒，祖伊得全，則後世人主有不如紂者多矣。愚讀是篇而知周德之至也。祖伊以西伯戡黎不利於殷，故奔告於紂，意必及西伯戡黎不利於殷之語。而入以告后，出以語人，未嘗有一毫及周者，是知周家初無利天下之心。其戡黎也，義之所當伐也，使紂遷善改過，則周將終守臣節矣。祖伊，殷之賢臣也。知周之興，必不利於殷。又知殷之亡，初無與於周。故因戡黎告紂，反覆乎天命民情之可畏，而略無及周者。文、武公天下之心，於是可見。

微子

微，國名。子，爵也。微子名啓，帝乙長子，紂之庶母兄也。微子痛殷之將亡，謀於箕子、比干。史録其問答之語，亦誥體也。以篇首有「微子」二字，因以名篇。今文、古文皆有。

微子若曰：「父師、少師，殷其弗或亂正四方。我祖底遂陳于上。我用沈酗于酒，用亂敗厥德于下。父師，太師，三公，箕子也。少師，孤卿，比干也。弗或者，不能或如此也。亂，治也。言紂無道，無望其能治正天下也。底，致。陳，列也。我祖成湯致功陳列於上，而子孫沈酗于酒，敗亂其德於下。沈酗言我而不言紂者，過則歸己，猶不忍斥言之也。殷罔不小大，好草竊姦宄，卿士師師非度。凡有辜罪，乃罔恒獲。小民方興，相爲敵讎。今殷其淪喪，若涉大水，其無津涯。殷遂喪，越至于今。」殷之人民，無小無大，皆好草竊姦宄。上而卿士，亦皆相師非法。上下容隱，凡有冒法之人，無有得其罪者。小民無所畏懼，强陵弱，衆暴寡，方起讎怨，爭鬬侵奪。綱紀蕩然，淪喪之形，茫無畔岸，若涉大水，無有津涯。殷之喪亡，乃至於今日乎！微子上陳祖烈，下述喪亂，哀怨痛切，言有盡而意無窮。數千載之下，猶使人傷感悲憤，後世人主觀此，亦可深監矣。曰：「父師、少師，我其發出狂，吾家耄遜于荒。今爾無指告予，顛隮，若之何其？」曰者，微子更端之辭也。何其，語辭。言紂發出顛狂，暴虐無道，我家老成之人，皆逃遁于荒野。危亡之勢如此，今爾無所指示，告我以顛隕隮墜之事，將若之何哉？蓋微子憂危之甚，特更端以問救亂之策，言我而不言紂者，亦上章「我用沈酗」之義。

父師若曰：「王子，天毒降災荒殷邦，方興沈酗于酒。此下箕子之答也。王子，微子也。自紂言之，則紂無道，故天降災。自天下言之，則紂之無道，亦天之數。箕子歸之天者，以見其忠厚敬君之意，與小旻詩言「旻天疾威，敷于下土」意同。方興者，言其方興而未艾也。此答微子「沈酗于酒」之語，而有甚之之意。下同。乃罔畏畏，咈其耇長，舊有位人。乃罔畏畏者，不畏其所當畏也。孔子曰：「君子有三畏：畏天命，畏大人，畏聖人之言。」咈，逆也。耇長，老成之人也。紂惟不畏其所當畏，故老成舊有位者，紂皆咈逆而棄逐之，即武王所謂播棄黎老者。此答微子發狂耄遜之語，以上文特發問端，故此先答之。今殷民乃攘竊神祇之犧牷牲，用以容，將食無災。色純曰犧，體完曰牷，牛羊豕曰牲。犧牷牲，祭祀天地之物，禮之最重者，猶爲商民攘竊而去。有司用相容隱，將而食之，且無災禍，豈特草竊姦宄而已哉！此答微子「草竊姦宄」之語。降監殷民，用乂讎斂，召敵讎不怠，罪合于一，多瘠罔詔。讎斂，若仇敵掊斂之也。不怠，力行而不息也。詔，告也。下視殷民，凡上所用以治之者，無非讎斂之事。夫上以讎而斂下，則下必爲敵以讎上，下之敵讎，實上之讎斂以召之。而紂方且召敵讎不怠，君臣上下，同惡相濟，合而爲一，故民多飢殍而無所告也。此答微子「小民相爲敵讎」之語。商今其有災，我興受其敗。商其淪喪，我罔爲臣僕。詔王子出迪。我舊云刻子。王子弗出，我乃顛隮。商今其有災，我出當其禍敗。商若淪喪，我斷無臣僕他人之理。詔，告也。告微子以去爲道。

蓋商祀不可無人，微子去，則可以存商祀也。刻，害也。箕子舊以微子長且賢，勸帝乙立之。帝乙不從，卒立紂，紂必忌之。是我前日所言，適以害子。子若不去，則禍必不免，我商家宗祀，始隕墜而無所託矣。箕子自言其義，決不可去；而微子之義，決不可不去也。此答微子「淪喪顛隮」之語。自靖！人自獻于先王，我不顧行遯。」上文既答微子所言，至此則告以彼此去就之義。靖，安也。各安其義之所當盡，以自達其志於先王，使無愧於神明而已。如我則不復顧行遯也。按此篇，微子謀於箕子、比干，箕子答如上文，而比干獨無所言者，得非比干安於義之當死而無復言歟？孔子曰：「殷有三仁焉！」三人之行雖不同，而皆出乎天理之正，各得其心之所安，故孔子皆許之以仁，而所謂「自靖」者即此也。○又按左傳：楚克許，許公面縛銜璧衰絰輿櫬以見楚子。楚子問諸逢伯，逢伯曰：「昔武王克商，微子啓如是，武王親釋其縛，受其璧而祓之，焚其櫬，禮而命之。」然則微子適周，乃在克商之後，而此所謂去者，特去其位而逃遯於外耳。論微子之去者，當詳於是。

校勘記

〔一〕周禮出師以立先後刑罰 「出」，明官刻本、清傳經堂本作「士」，「立」，明官刻本、清傳經堂本作「五戒」。

〔二〕梁惠王問孟子曰 「梁惠」，明官刻本、清傳經堂本作「齊宣」。孟子梁惠王下亦作「齊宣」，原文偶誤。

〔三〕苟日新　「苟」原作「德」，據元至正本、明内府本、明官刻本、清傳經堂本改。

〔四〕視乃厥祖　「厥」，明内府本、明官刻本、清傳經堂本作「烈」。

〔五〕上篇稱嗣王不惠于阿衡　「不」，原作「下」，據明官刻本、明内府本、清傳經堂本及上文改。

〔六〕上中二篇　「二」原作「一」，據本文及明内府本、清傳經堂本改。

〔七〕惟舉先正舊常遷都之事　「正」，清傳經堂本作「王」。

〔八〕古謂過爲浮　「古」字下原有「者」字，「過」字下原無「爲」字，據元刻本、元至正本、明内府本、明官刻本、清傳經堂本删補。

〔九〕協比讒言予一人　「予」原作「于」，據元刻本、明内府本、明官刻本、清傳經堂本改。

書集傳卷四

周書

周，文王國號，後武王因以爲有天下之號。書凡三十二篇。

泰誓上

泰，大同，國語作大。武王伐殷，史録其誓師之言，以其大會孟津，編書者因以「泰誓」名之。上篇未渡河作，後二篇既渡河作。今文無，古文有。○按伏生二十八篇，本無泰誓。武帝時，僞泰誓出，與伏生今文書合爲二十九篇。孔壁書雖出，而未傳於世，故漢儒所引皆用僞泰誓。如曰白魚入于王舟，有火覆于王屋，流爲烏，太史公記周本紀亦載其語。然僞泰誓雖知剽竊經傳所引，而古書亦不能書見，故後漢馬融得疑其僞，謂泰誓按其文若淺露。吾又見書傳多矣，所引泰誓而不在泰誓者甚多。至晉，孔壁古文書行，而僞泰誓始廢。○吴氏曰：湯、武皆以兵受命。然湯之辭裕，武王之辭迫。湯之數桀也恭，武之數紂也傲。學者不能無憾，疑其書之晚出，或非盡當時之本文也。

惟十有三年春，大會于孟津。十三年者，武王即位之十三年也。春者，孟春建寅之月也。孟津，見禹貢。○按漢孔氏言虞芮質成，爲文王受命改元之年。凡九年而文王崩，武王立，二年而觀兵，三年而伐紂,合爲十有三年。此皆惑於僞書泰誓之文,而誤解「九年大統未集」與夫「觀政于商」之語也。古者人君即位,則稱元年,以計其在位之久近,常事也。自秦惠文始改十四年爲後元年,漢文帝亦改十七年爲後元年。自後説春秋因以改元爲重。歐陽氏曰:果重事歟?西伯即位,已改元年,中間不宜改元而又改元。至武王即位,宜改元而反不改元。乃上冒先君之元年,并其居喪稱十一年。及其滅商而得天下,其事大於聽訟遠矣,而又不改元。由是言之,謂文王受命改元,武王冒文王之元年者,皆妄也。歐陽氏之辨,極爲明著。但其曰十一年者,亦惑於書序十一年之誤也。詳見序篇。又按漢孔氏以春爲建子之月,蓋謂三代改正朔,必改月數。改月數,必以其正爲四時之首。序言一月戊午,既以一月爲建子之月,而經又係之以春,故遂以建子之月爲春。夫改正朔,不改月數,於太甲辯之詳矣。而四時改易,尤爲無藝。冬不可以爲春,寒不可以爲暖,固不待辯而明也。或曰:鄭氏箋詩「維暮之春」,亦言周之季春,於夏爲孟春。曰:此漢儒承襲之誤耳。且臣工詩言「維暮之春,亦又何求?如何新畬?於皇來牟,將受厥明」。蓋言暮春,則當治其新畬矣。今如何哉!然牟麥將熟,可以受上帝之明賜。夫牟麥將熟,則建辰之月,夏正季春審矣。鄭氏於詩且不得其義,則其攷之固不審也。不然,則商以季冬爲春,周以仲冬爲春,四時反逆,皆不得其正,豈三代聖人奉天之政乎?王曰:「嗟我友邦冢君,越我御事庶士,明聽誓。」王曰者,史臣追稱之也。友邦,親之也。冢君,尊之也。越,及也。御事,治事者。庶士,衆士也。告以伐商之意,且欲其聽之審也。惟天地萬物父母,惟人萬物之靈,亶聰明作元后,元后作民父母。亶,誠實無妄之謂。言聰明出於天性然也。大哉乾元,萬物資始;至哉坤元,萬物資生。天地者，萬物之父母也。萬物之生，惟人得其秀而靈，具四端，備萬善，知覺獨異於物，而聖人又得其最秀而最靈者。天性聰明，無待勉強，其知先知，其覺先覺，首出庶物，故能爲大君於天下。而天下之疲癃殘疾得其生，鰥寡孤獨得其養，舉萬民之衆，無一而不得其所焉。則元后者，又所以爲民之父母也。夫天地生物而厚於人，天地生人而厚於聖人，其所以厚於聖人者，亦惟欲其君長乎民，而推天地父母斯民之心而已。天之爲民如此，則任元后之責者，可不知所以作民父母之義乎？商紂失君民之道，故武王發此，是雖一時誓師之言，而實萬世人君之所當體念也。今商王受弗敬上天，降災下民。受，紂名也。言紂慢天虐民，不知所以作民父母也。慢天虐民之實，即下文所云也。沈湎冒色，敢行暴虐，罪人以族，官人以世，惟宫室臺榭陂池侈服，以殘害于爾萬姓。焚炙忠良，刳剔孕婦。皇天震怒，命我文考，肅將天威，大勳未集。沉湎，溺於酒也。冒色，冒亂女色也。族，親族也。一人有罪，刑及親族也。世，子弟也。官使不擇賢才，惟因父兄而寵任子弟也。土高曰臺，有木曰榭，澤障曰陂，停水曰池。侈，奢也。焚炙，炮烙刑之類。刳剔，割剥也。皇甫謐云：紂剖比干妻以視其胎。未知何據。紂虐害無道如此，故皇天震怒，命我文王敬將天威，以除邪虐。大功未集，而文王崩。愚謂大勳在文王時，未嘗有意。至紂惡貫盈，武王伐之。叙文王之辭，不得不爾。學者當言外得之。肆予小子發，以爾友邦冢君，觀政于商。惟受罔有悛心，乃夷居，弗事上帝神祇，遺厥先宗廟弗祀。犧牲粢盛，既于凶盜。乃曰：『吾有民有命。』罔懲其侮。肆，故也。觀政，猶伊尹所謂萬夫之長，可以觀政。八百諸侯，背商歸周，則商政可知也。先儒以觀政爲觀兵，誤矣。悛，改也。夷，蹲踞也。

武王言故我小子，以爾諸侯之向背，觀政之失得於商。今諸侯背叛，既已如此，而紂無有悔悟改過之心，夷踞而居，廢上帝百神宗廟之祀，犧牲粢盛以爲祭祀之備者，皆盡于凶惡盜賊之人，即箕子所謂攘竊神祇之犧牷牲者也。受之慢神如此，乃謂我有民社，我有天命，而無有懲戒其侮慢之意。天佑下民，作之君，作之師，惟其克相上帝，寵綏四方。有罪無罪，予曷敢有越厥志。佑，助。寵，愛也。天助下民，爲之君以長之，爲之師以教之。君師者，惟其能左右上帝，以寵安天下。則夫有罪之當討，無罪之當赦，我何敢有過用其心乎！言一聽於天而已。同力度德，同德度義。受有臣億萬，惟億萬心；予有臣三千，惟一心。度，量度也。德，得也。行道有得於身也。義，宜也。制事達時之宜也。同力度德，同德度義，意古者兵志之詞，武王舉以明伐商之必克也。林氏曰：左氏襄三十一年，魯穆叔曰：「年鈞擇賢，義鈞以卜。」昭二十六年，王子朝曰：「年鈞以德，德鈞以卜。」蓋亦舉古人之語，文勢正與此同。百萬曰億。紂雖有億萬臣，而有億萬心。衆叛親離，寡助之至。力且不同，況德與義乎？商罪貫盈，天命誅之。予弗順天，厥罪惟鈞。貫，通。盈，滿也。言紂積惡如此，天命誅之。今不誅紂，是長惡也。其罪豈不與紂鈞乎？如律故縱者，與同罪也。予小子夙夜祇懼，受命文考，類于上帝，宜于冢土，以爾有衆，厎天之罰。厎，致也。冢土，大社也。祭社曰宜。上文言縱紂不誅，則罪與紂鈞。故此言予小子畏天之威，早夜敬懼，不敢自寧。受命于文王之廟，告于天神地祇，以爾有衆，致天之罰於商也。王制曰：「天子將出，類乎上帝〔一〕，宜乎社，造乎禰。」受命文考，即造乎禰也。王制以神尊卑爲序，此先言受命文考者，以伐紂之舉，天本命之文王。武王特禀文王之命，以卒其伐功而已。天矜于民，民之所欲，天必從之。爾尚弼予一人，永清四海，時哉弗可失。」天矜憐於民，民有所欲，天必從之。今民欲亡紂如此，則天意可知。爾庶幾輔我一人，除其邪穢，永清四海，是乃天人合應之時，不可失也。

泰誓中

惟戊午，王次于河朔，羣后以師畢會，王乃徇師而誓。次，止。徇，循也。河朔，河北也。戊午，以武成考之，是一月二十八日。曰：「嗚呼！西土有衆，咸聽朕言。周都豐、鎬，其地在西，從武王渡河者，皆西方諸侯，故曰「西土有衆」。我聞吉人爲善，惟日不足；凶人爲不善，亦惟日不足。今商王受力行無度，播棄犂老，昵比罪人，淫酗肆虐。臣下化之，朋家作仇，脅權相滅。無辜籲天，穢德彰聞。惟日不足者，言終日爲之而猶爲不足也。將言紂力行無度，故以古人語發之。無度者，無法度之事。播，放也。犂，黧通，黑而黄也。微子所謂「耇遜于荒」是也。老成之臣，所當親近者，紂乃放棄之。罪惡之人，所當斥逐者，紂乃親比之。酗，醉怒也。肆，縱也。臣下亦化紂惡，各立朋黨，相爲仇讎，脅上權命，以相誅滅。流毒天下，無辜之人，呼天告寃，腥穢之德，顯聞于上。呂氏曰：「爲善至極，則至治馨香；爲惡至極，則穢德彰聞。」惟天惠民，惟辟奉天。有夏桀，弗克若天，流毒下國。天乃佑命成湯，降黜夏命。言天惠愛斯民，君當奉承天意。昔桀不能順天，流毒下國，故天命成湯降黜夏命。惟受罪浮于桀，剝喪元良，賊虐諫輔，謂己有天命，謂敬不足行，謂祭無益，謂暴無傷。厥鑒惟不遠，在彼夏王。天其以予乂民，朕夢協朕卜，襲于休祥，戎商必克。浮，過。剝，落。喪，去也。古者去國爲喪。元良，微子也。諫輔，比干也。謂己有天命，如荅祖伊「我生不有命在天」之類。下三句亦紂所嘗言者。鑒，視也。其所鑒視，初不在遠，有夏多罪，天既命湯黜其命矣。今紂多罪，天其以我乂民乎？襲，重也。言我之夢，協我之卜，重有休祥之應，知伐商而必勝之也。此言天意有必克之理。受有億兆夷人，離心離德；予有亂臣十人，同心同德。雖有周親，不如仁人。夷，平也。夷人，言其智識不相上下也。治亂曰亂。十人，周公旦、召公奭、太公望、畢公、榮公、太顛、閎夭、散宜生、南宮适，其一文母。孔子曰：「有婦人焉，九人而已。」劉侍讀以爲子無臣母之義，蓋邑姜也。九臣治外，邑姜治內。言紂雖有夷人之多，不如周治臣之少而盡忠也。周，至也。紂雖有至親之臣，不如周仁人之賢而可恃也。此言人事有必克之理。天視自我民視，天聽自我民聽，百姓有過，在予一人。今朕必往。過，廣韻：責也。武王言天之視聽，皆自乎民。今民皆有責于我，謂我不正商罪。以民心而察天意，則我之伐商，斷必往矣。蓋百姓畏紂之虐，望周之深，而責武王不即拯己於水火也。如湯東面而征西夷怨，南面而征北狄怨之意。我武惟揚，侵于之疆，取彼凶殘。我伐用張，于湯有光。揚，舉。侵，入也。凶殘，紂也。猶孟子謂之殘賊。武王弔民伐罪，於湯之心，爲益明白於天下也。自世俗觀之，武王伐湯之子孫，覆湯之宗社，謂之湯讎可也。然湯放桀，武王伐紂，皆公天下爲心，非有私於己者。武之事，質之湯而無愧；湯之心，驗之武而益顯。是則伐商之舉，豈不於湯爲有光也哉！勗哉夫子！罔或無畏，寧執非敵。百姓懍懍，若崩厥角。嗚呼！乃一德一心，立定厥功，惟克永世。」勗，勉也。夫子，將士也。勉哉將士，無或以紂爲不足畏，寧執心以爲非我所敵也。商民畏紂之虐，懍懍若崩摧其頭角然。言人心危懼如此，汝當一德一心，立定厥功，以克永世也。

泰誓下

時厥明，王乃大巡六師，明誓衆士。厥明，戊午之明日也。古者天子六軍，大國三軍。是時武王未備六軍，牧誓叙三卿可見。此曰六師者，史臣之詞也。王曰：「嗚呼！我西土君子，天有顯道，厥類惟彰。今商王受狎侮五常，荒怠弗敬，自絶于天，結怨于民。天有至顯之理，其義類甚明。至顯之理，即典常之理也。紂於君臣、父子、兄弟、夫婦典常之道，褻狎侮慢，荒棄怠惰，無所敬畏，上自絶于天，下結怨于民。結怨者，非一之謂，下文「自絶」、「結怨」之實也。斮朝涉之脛，剖賢人之心，作威殺戮，毒痡四海。崇信姦回，放黜師保，屏棄典刑，囚奴正士，郊社不修，宗廟不享，作奇技淫巧以悦婦人。上帝弗順，祝降時喪。爾其孜孜，奉予一人，恭行天罰。斮，斫也。孔氏曰：冬月見朝涉水者，謂其脛耐寒，斫而視之。史記云：比干强諫，紂怒曰：「吾聞聖人心有七竅。」遂剖比干，觀其心。痡，病也。作刑威以殺戮爲事，毒病四海之人，言其禍之所及者遠也。回，邪也。正士，箕子也。郊，所以祭天；社，所以祭地。奇技，謂奇異技能。淫巧，爲過度之巧。列女傳：紂膏銅柱，下加炭，令有罪者行，輒墮炭中，妲己乃笑。夫欲妲己之笑，至爲炮烙之刑，則其奇技淫巧以悦之者，宜無所不至矣。祝，斷也。言紂於姦邪則尊信之，師保則放逐之，屏棄先王之法，囚奴忠正之士，輕廢奉祀之禮，專意污褻之行，悖亂天常，故天弗順而斷然降是喪亡也。爾衆士其勉力不怠，奉我一人，而敬行天罰乎？古人有言曰：『撫我則后，虐我則讎。』獨夫受，洪惟作威，乃汝世讎。樹德務滋，除惡務本。肆予小子，誕以爾衆士，殄殲乃讎。爾衆士其尚迪果毅，以登乃辟。功多有厚賞，不迪有顯戮。洪，大也。獨夫，言天命已絶，人心已去，但一獨夫耳。孟子曰：「殘賊之人，謂之一夫。」武王引古人之言，謂撫我則我之君也，虐我則我之讎也。今獨夫受大作威虐，以殘害于爾百姓，是乃爾之世讎也。務，專力也。植德則務其滋長，去惡則務絶根本，兩句意亦古語，喻紂爲衆惡之本，在所當去。故我小子大以爾衆士，而殄絶殲滅汝之世讎也。迪，蹈。登，成也。殺敵爲果，致果爲毅。爾衆士其庶幾蹈行果毅，以成汝君。若功多則有厚賞，非特一爵一級而已。不迪果毅，則有顯戮。謂之顯戮，則必肆諸市朝以示衆庶。嗚呼！惟我文考，若日月之照臨，光于四方，顯于西土。惟我有周，誕受多方。若日月照臨，言其德之輝光也。光于四方，言其德之遠被也。顯于西土，言其德尤著於所發之地也。文王之地，止於百里；文王之德，達于天下。多方之受，非周其誰受之。文王之德，實天命人心之所歸，故武王於誓師之末，歎息而言之。予克受，非予武，惟朕文考無罪。受克予，非朕文考有罪，惟予小子無良。」無罪，猶言無過也。無良，猶言無善也。商、周之不敵久矣，武王猶有勝負之慮，恐爲文王羞者。聖人臨事而懼也如此。

牧誓 牧，地名，在朝歌南，即今衛州治之南也。武王軍於牧野，臨戰誓衆。前既有泰誓三篇，因以地名別之。

今文、古文皆有。

時甲子昧爽，王朝至于商郊牧野，乃誓。王左杖黃鉞，右秉白旄以麾，曰：「逖矣，西土之人。」甲子，二月四日也。昧，冥。爽，明也。昧爽，將明未明之時也。鉞，斧也，以黃金爲飾。王無自用鉞之理，左杖以爲儀耳。旄，軍中指麾，白則見遠。麾非右手不能，故右秉白旄也。按武成言「癸亥陳于商郊」，則癸亥之日，周師已陳牧野矣。甲子昧爽，武王始至而誓師焉。曰者，武王之言也。逖，遠也。以其行役之遠，而慰勞之也。王曰：「嗟我友邦冢君，御事：司徒、司馬、司空、亞旅、師氏、千夫長、百夫長，司徒、司馬、司空，三卿也。武王是時尚爲諸侯，故未備六卿。唐孔氏曰：司徒主民，治徒庶之政令。司馬主兵，治軍旅之誓戒。司空主土，治壘壁以營軍。亞，次。旅，衆也。大國三卿，下大夫五人，士二十七人。亞者，卿之貳，大夫是也。旅者，卿之屬，士是也。師氏，以兵守門者，猶周禮師氏王舉則從者也。千夫長，統千人之帥。百夫長，統百人之帥也。及庸、蜀、羌、髳、微、盧、彭、濮人，左傳：庸與百濮伐楚。庸、濮在江漢之南。羌在西蜀，髳、微在巴蜀，盧、彭在西北。武王伐紂，不期會者八百國。今誓師獨稱八國者，蓋八國近周西都，素所服役，乃受約束以戰者。若上文所言友邦冢君，則泛指諸侯而誓者也。稱爾戈，比爾干，立爾矛，予其誓。」稱，舉。戈，戟。干，楯。矛，亦戟之屬，長二丈。唐孔氏曰：戈短，人執以舉之，故言稱。楯則並以扞敵，故言比。矛長，立之於地，故言立。器械嚴整，則士氣精明，然後能聽誓命。王曰：「古人有言曰：『牝雞無晨。牝雞之晨，惟家之索。』索，蕭索也。牝雞而晨，則陰陽反常，是爲妖孽，而家道索矣。將言紂惟婦言是用，故先發此。今商王受惟婦言是用，昬棄厥肆祀弗答，昬棄厥遺王父母弟不迪。乃惟四方之多罪逋逃，是崇是長，是信是使，是以爲大夫卿士，俾暴虐于百姓，以姦宄于商邑。肆，陳。答，報也。婦，妲己也。列女傳云：紂好酒淫樂，不離妲己。妲己所舉者貴之，所憎者誅之，惟妲己之言是用，故顛倒昬亂。祭，所以報本也。紂以昬亂，棄其所當陳之祭祀而不報。昆弟，先王之胤也。紂以昬亂，棄其王父母弟而不以道遇之。廢宗廟之禮，無宗族之義，乃惟四方多罪逃亡之人，尊崇而信使之，以爲大夫卿士，使暴虐于百姓，姦宄于商邑。蓋紂惑於妲己之嬖，背常亂理，遂至流毒如此也。今予發惟恭行天之罰。今日之事，不愆于六步七步，乃止，齊焉。夫子勗哉！愆，過。勗，勉也。步，進趨也。齊，齊整也。今日之戰，不過六步七步，乃止而齊。此告之以坐作進退之法，所以戒其輕進也。不愆于四伐五伐六伐七伐，乃止，齊焉。勗哉夫子！伐，擊刺也。少不下四五，多不過六七而齊。此告之以攻殺擊刺之法，所以戒其貪殺也。上言「夫子勖哉」，此言「勖哉夫子」者，反覆成文，以致其丁寧勸勉之意。下倣此。尚桓桓，如虎如貔，如熊如羆，于商郊。弗迓克奔，以役西土。勖哉夫子！桓桓，威武貌。貔，執夷也，虎屬。欲將士如四獸之猛，而奮擊于商郊也。迓，迎也。能奔來降者，勿迎擊之，以勞役我西土之人。此勉其武勇，而戒其殺降也。爾所弗勖，其于爾躬有戮！」弗勖，謂不勉於前三者。愚謂此篇嚴肅而温厚，與湯誓、誥相表裏，真聖人之言也。泰誓、武成，一篇之中，似非盡出於一人之口，豈獨此爲全書乎？讀者其味之。

武成

史氏記武王往伐，歸獸，祀羣神，告羣后與其政事，共爲一書。篇中有「武成」二字，遂以名篇。今文無，古文有。

惟一月壬辰旁死魄。越翼日癸巳，王朝步自周，于征伐商。一月，建寅之月。不曰正而曰一者，商建丑，以十二月爲正朔，故曰一月也。詳見太甲、泰誓篇。壬辰，以泰誓戊午推之，當是一月二日。死魄，朔也。二日，故曰旁死魄。翼，明也。先記壬辰旁死魄，然後言癸巳伐商者，猶後世言某日必先言某朔也。周，鎬京也。在京兆鄠縣上林，即今長安縣昆明池北鎬陂是也。厥四月哉生明，王來自商，至于豐。乃偃武修文，歸馬于華山之陽，放牛於桃林之野，示天下弗服。哉，始也。始生明，月三日也。豐，文王舊都也。在京兆鄠縣，即今長安縣西北靈臺。豐水之上，周先王廟在焉。山南曰陽。桃林，今華陰縣潼關也。樂記曰：武王勝商，渡河而西，馬散之華山之陽而弗復乘，牛放之桃林之野而弗復服，車甲衅而藏之府庫，倒載干戈，包以虎皮，天下知武王之不復用兵也。○此當在「萬姓悦服」之下。丁未，祀于周廟，邦甸侯衛，駿奔走，執豆籩。越三日庚戌，柴望，大告武成。駿，爾雅曰：速也。周廟，周祖廟也。武王以克商之事祭告祖廟，近而邦甸，遠而侯衛，皆駿奔走執事以助祭祀。豆，木豆；籩，竹豆，祭器也。既告祖廟，燔柴祭天，望祀山川，以告武功之成。由近而遠，由親而尊也。○此當在「百工受命于周」之下。既生魄，庶邦冢君暨百工，受命于周。生魄，望後也。四方諸侯及百官皆於周受命。蓋武王新即位，諸侯百官皆朝見新君，所以正始也。○此當在「示天下弗服」之下。王若曰：「嗚呼！羣后，惟先王建邦啓土，公劉克篤前烈。至于太王，肇基王迹。王季其勤王家。我文考文王，克成厥勳，誕膺天命，以撫方夏。大邦畏其力，小邦懷其德。惟九年，大統未集，予小子其承厥志。」羣后，諸侯也。先王，后稷，武王追尊之也。后稷始封於邰，故曰「建邦啓土」。公劉，后稷之曾孫。史記云：能脩后稷之業。太王，古公亶父也。避狄去邠，居岐，邠人仁之，從之者如歸市。詩曰：「居岐之陽，實始翦商。」太王雖未始有翦商之志，然太王始得民心，王業之成，實基於此。王季能勤以繼其業。至於文王，克成厥功，大受天命，以撫安方夏，大邦畏其威而不敢肆，小邦懷其德而得自立，自爲西伯專征，而威德益著於天下。凡九年崩，大統未集者，非文王之德不足以受天下，是時紂之惡未至於亡天下也。文王以安天下爲心，故予小子亦以安天下爲心。○此當在「大告武成」之下。厎商之罪，告于皇天后土，所過名山大川，曰：「惟有道曾孫周王發，將有大正于商。今商王受無道，暴殄天物，害虐烝民，爲天下逋逃主，萃淵藪。予小子既獲仁人，敢祇承上帝，以遏亂略，華夏蠻貊，罔不率俾。厎，致也。后土，社也。勾龍爲后土。周禮太祝云：王過大山川，則用事焉。孔氏曰：名山謂華，大川謂河。蓋自豐鎬往朝歌，必道華涉河也。曰者，舉武王告神之語。有道，指其父祖而言。周王二字，史臣追增之也。正，即湯誓「不敢不正」之正。萃，聚也。紂殄物害民，爲天下逋逃罪人之主，如魚之聚淵，如獸之聚藪也。仁人，孔氏曰：太公、周、召之徒。略，謀略也。俾，廣韻曰：從也。仁人既得，則可以敬承上帝，而遏絶亂謀。内而華夏，外而蠻貊，無不率從矣。或曰：太公歸周，在文王之世。周、召，周之懿親，不可謂之獲。此蓋仁人自商而來者，愚謂獲者，得之云爾，即泰誓之所謂仁人，非必自外來也。不然，經傳豈無傳乎？○此當在「于征伐商」之下。恭天成命，肆予東征，綏厥士女。惟其士女，篚厥玄黄，昭我周王。天休震動，用附我大邑周。成命，黜商之定命也。篚，竹器也。玄黄，色幣也。敬奉天之定命，故我東征安其士女。士女喜周之來，筐篚盛其玄黄之幣，明我周王之德者，是蓋天休之所震動，故民用歸附我大邑周也。或曰：玄黄，天地之色。篚厥玄黄者，明我周王有天地之德也。○此當在「其承厥志」之下。惟爾有神，尚克相予，以濟兆民，無作神羞。」既戊午，師渡孟津。癸亥，陳于商郊，俟天休命。甲子昧爽，受率其旅若林，會于牧野，罔有敵于我師，前徒倒戈，攻于後以北，血流漂杵。一戎衣，天下大定。乃反商政，政由舊。釋箕子囚，封比干墓，式商容閭。散鹿臺之財，發鉅橋之粟，大賚于四海，而萬姓悦服。休命，勝商之命也。武王頓兵商郊，雍容不迫，以待紂師之至而克之。史臣謂之「俟天休命」，可謂善形容者矣。若林，即詩所謂「其會如林」者。紂衆雖有如林之盛，然皆無有肯敵我師之志。紂之前徒倒戈，反攻其在後之衆以走。自相屠戮，遂至血流漂杵。史臣指其實而言之。蓋紂衆離心離德，特劫於勢而未敢動耳。一旦因武王弔伐之師，始乘機投隙，奮其怨怒，反戈相戮，其酷烈遂至如此。亦足以見紂積怨于民，若是其甚。而武王之兵，則蓋不待血刃也。此所以一被兵甲，而天下遂大定乎。乃者，繼事之辭。反紂之虐政，由商先王之舊政也。式，車前横木。有所敬，則俯而憑之。商容，商之賢人。閭，族居里門也。賚，予也。武王除殘去暴，顯忠遂良，賑窮賙乏，澤及天下。天下之人，皆心悦而誠服之。帝王世紀云：殷民言王之於仁人也，死者猶封其墓，況生者乎？王之於賢人也，亡者猶表其閭，況存者乎？王之於財也，聚者猶散之，況其復藉之乎？唐孔氏曰：「是爲悦服之事。」○此當在「罔不率俾」之下。列爵惟五，分土惟三，建官惟賢，位事惟能。重民五教，惟食喪祭。惇信明義，崇德報功，垂拱而天下治。列爵惟五，公、侯、伯、子、男也。分土惟三，公、侯百里，伯七十里，子男五十里之三等也。建官惟賢，不肖者不得進。位事惟能，不才者不得任。五教，君臣、父子、夫婦、兄弟、長幼五典之教也。食以養生，喪以送死，祭以追遠，五教三事，所以立人紀而厚風俗，聖人之所甚重焉者。惇，厚也。厚其信，明其義，信義立而天下無不勵之俗。有德者尊之以官，有功者報之以賞，官賞行而天下無不勸之善。夫分封有法，官使有要，五教修而三事舉，信義立而官賞行。武王於此復何爲哉？垂衣拱手而天下自治矣！史臣述武王政治之本末，言約而事博也如此哉！○此當在「大邑周」之下，而上猶有闕文。按此篇簡編錯亂，先後失序，今考正其文于後。

今考定武成

惟一月壬辰旁死魄。越翼日，癸巳，王朝步自周，于征伐商。厎商之罪，告于皇天后土，所過名山大川，曰：「惟有道曾孫周王發，將有大正于商。今商王受無道，暴殄天物，害虐烝民，爲天下逋逃主，萃淵藪。予小子既獲仁人，敢祇承上帝，以遏亂略。華夏蠻貊，罔不率俾。惟爾有神，尚克相予，以濟兆民，無作神羞。」既戊午，師逾孟津。癸亥，陳于商郊，俟天休命。甲子昧爽，受率其旅若林，會于牧野，罔有敵于我師，前徒倒戈，攻于後以北，血流漂杵。一戎衣，天下大定。乃反商政，政由舊。釋箕子囚，封比干墓，式商容閭。散鹿臺之財，發鉅橋之粟，大賚于四海，而萬姓悦服。厥四月哉生明，王來自商，至于豐，乃偃武修文，歸馬于華山之陽，放牛於桃林之野，示天下弗服。既生魄，庶邦冢君暨百工，受命于周。丁未，祀于周廟，邦甸侯衛，駿奔走，執豆籩。越三日庚戌，柴望，大告武成。王若曰：「嗚呼！羣后，惟先王建邦啓土，公劉克篤前烈。至于太王，肇基王迹，王季其勤王家。我文考文王，克成厥勳，誕膺天命，以撫方夏。

大邦畏其力，小邦懷其德。惟九年，大統未集，予小子其承厥志。恭天成命，肆于東征，綏厥士女。惟其士女，篚厥玄黄，昭我周王。天休震動，用附我大邑周。列爵惟五，分土惟三，建官惟賢，位事惟能。重民五教，惟食喪祭，惇信明義。崇德報功，垂拱而天下治。」按劉氏、王氏、程子皆有改正次序，今參考定讀如此，大略集諸家所長。獨四月、生魄、丁未、庚戌一節，今以上文及漢志日辰推之，其序當如此耳。疑先儒以「王若曰」宜繫「受命于周」之下，故以生魄在丁未、庚戌之後。蓋不知生魄之日，諸侯百工雖來請命，而武王以未祭祖宗，未告天地，未敢發命，故且命以助祭。乃以丁未、庚戌祀于郊廟，大告武功之成，而後始告諸侯。上下之交，人神之序，固如此也。劉氏謂：「予小子其承厥志」之下當有闕文。以今考之，固所宜有。而程子徙「恭天成命」以下三十四字屬于其下〔二〕，則已得其一節。而「用附我大邑周」之下，劉氏所謂闕文，猶當有十數語也。蓋武王革命之初，撫有區夏，宜有退託之詞，以示不敢遽當天命，而求助於諸侯，且以致其交相警勑之意，略如湯誥之文，不應但止自序其功而已也。「列爵惟五」以下，又史官之詞，非武王之語，讀者詳之。

洪範漢志曰：禹治洪水，錫洛書，法而陳之，洪範是也。史記：武王克殷，訪問箕子以天道，箕子以洪範陳之。

按篇内曰、而曰、汝者，箕子告武王之辭，意洪範發之於禹，箕子推衍增益以成篇歟。今文、古文皆有。

惟十有三祀，王訪于箕子。商曰祀，周曰年，此曰祀者，因箕子之辭也。箕子嘗言商其淪喪，我罔爲臣僕。史記亦載箕子陳洪範之後，武王封于朝鮮而不臣也。蓋箕子不可臣，武王亦遂其志而不臣之也。訪，就而問之也。箕，國名。子，爵也。○蘇氏曰：箕子之不臣周也，而曷爲爲武王陳洪範也。天以是道畀之禹，傳至於我，不可使自我而絶。以武王而不傳，則天下無可傳者矣。故爲箕子之道者，傳道則可，仕則不可。

王乃言曰：「嗚呼！箕子，惟天陰騭下民，相協厥居，我不知其彝倫攸敘。」乃言者，難辭，重其問也。箕子稱舊邑爵者，方歸自商，未新封爵也。騭，定。協，合。彝，常。倫，理也。所謂秉彝人倫也。武王之問，蓋曰：「天於冥冥之中，默有以安定其民，輔相保合其居止。而我不知其彝倫之所以敘者如何也。」

箕子乃言曰：「我聞在昔，鯀陻洪水，汨陳其五行。帝乃震怒，不畀洪範九疇，彝倫攸斁。鯀則殛死，禹乃嗣興。天乃錫禹洪範九疇，彝倫攸敘。乃言者〔二〕，重其答也。陻，塞。汨，亂。陳，列。畀，與。洪，大。範，法。疇，類。斁，敗。錫，賜也。帝，以主宰言；天，以理言也。洪範九疇，治天下之大法，其類有九，即下文初一至次九者。箕子之答，蓋曰：「洪範九疇，原出於天。鯀逆水性，汨陳五行，故帝震怒，不以與之，此彝倫之所以敗也。禹順水之性，地平天成，故天出書于洛，禹別之以爲洪範九疇，此彝倫之所以敘也。」彝倫之敘，即九疇之所敘者也。○按孔氏曰：天與禹神龜，負文而出，列於背，有數至九。禹遂因而第之，以成九類。易言河出圖，洛出書，聖人則之。蓋治水功成，洛龜呈瑞，如簫韶奏而鳳儀，春秋作而麟至，亦其理也。世傳戴九履一，左三右七，二四爲肩，六八爲足，即洛書之數也。

初一曰五行，次二曰敬用五事，次三曰農用八政，次四曰協用五紀，次五曰建用皇極，次六曰乂用三德，次七曰明用稽疑，次八曰念用庶徵，次九曰嚮用五福、威用六極。此九疇之綱也。在天惟五行，在人惟五事，以五事參五行，天人合矣。八政者，人之所以因乎天；五紀者，天之所以示乎人。皇極者，君之所以建極也。三德者，治之所以應變也。稽疑者，以人而聽於天也。庶徵者，推天而徵之人也。福極者，人感而天應也。五事曰敬，所以誠身也。八政曰農，所以厚生也。五紀曰協，所以合天也。皇極曰建，所以立極也。三德曰乂，所以治民也。稽疑曰明，所以辨惑也。庶徵曰念，所以省驗也。五福曰嚮，所以勸也。六極曰威，所以懲也。五行不言用，無適而非用也。皇極不言數，非可以數明也。本之以五行，敬之以五事，厚之以八政，協之以五紀，皇極之所以建也。乂之以三德，明之以稽疑，驗之以庶徵，勸懲之以福極，皇極之所以行也。人君治天下之法，是孰有加於此哉！

一，五行：一曰水，二曰火，三曰木，四曰金，五曰土。水曰潤下，火曰炎上，木曰曲直，金曰從革，土爰稼穡。潤下作鹹，炎上作苦，曲直作酸，從革作辛，稼穡作甘。此下九疇之目也。水、火、木、金、土者，五行之生序也。天一生水，地二生火，天三生木，地四生金，天五生土。唐孔氏曰：萬物成形，以微著爲漸，五行先後，亦以微著爲次。五行之體，水最微爲一，火漸著爲二，木形實爲三，金體固爲四，土質大爲五。潤下，炎上，曲直，從革，以性言也。稼穡，以德言也。潤下者，潤而又下也。炎上者，炎而又上也。曲直者，曲而又直也。從革者，從而又革也。稼穡者，稼而又穡也。稼穡獨以德言者，土兼四行〔四〕，無正位，無成性，而其生之德，莫盛於稼穡，故以稼穡言也。稼穡不可以爲性也，故不曰曰而曰爰。爰，於也。於是稼穡而已，非所以名也。作，爲也。鹹、苦、酸、辛、甘者，五行之味也。五行有聲色氣味，而獨言味者，以其功於民用也。

二，五事：

一曰貌，二曰言，三曰視，四曰聽，五曰思。貌曰恭，言曰從，視曰明，聽曰聰，思曰睿。恭作肅，從作乂，明作哲，聰作謀，睿作聖。貌、言、視、聽、思者，五事之叙也。貌澤，水也。言揚，火也。視散，木也。聽收，金也。思通，土也。亦人事發見先後之叙。人始生，則形色具矣。既生，則聲音發矣。既發而後能視〔五〕，而後能聽，而後能思也。恭、從、明、聰、睿者，五事之德也。恭者，敬也。從者，順也。明者，無不見也。聰者，無不聞也。睿者，通乎微也。肅、乂、哲、謀、聖者，五德之用也。肅者，嚴整也。乂者，條理也。哲者，知也。謀者，度也。聖者，無不通也。三，八政：一曰食，二曰貨，三曰祀，四曰司空，五曰司徒，六曰司寇，七曰賓，八曰師。食者，民之所急。貨者，民之所資。故食爲首，而貨次之。食貨，所以養生也。祭祀，所以報本也〔六〕。司空掌土，所以安其居也。司徒掌教，所以成其性也。司寇掌禁，所以治其姦也。賓者，禮諸侯遠人，所以往來交際也。師者，除殘禁暴也。兵非聖人之得已，故居末也。四，五紀：一曰歲，二曰月，三曰日，四曰星辰，五曰曆數。歲者，序四時也。月者，定晦朔也。日者，正躔度也。星，經星緯星也。辰，日月所會十二次也。曆數者，步占之法，所以紀歲月日星辰也。五，皇極：皇建其有極。斂時五福，用敷錫厥庶民。惟時厥庶民于汝極，錫汝保極。皇，君。建，立也。極，猶北極之極，至極之義，標準之名，中立而四方之所取正焉者也。言人君當盡人倫之至。語父子，則極其親，而天下之爲父子者於此取則焉。語夫婦，則極其別，而天下之爲夫婦者於此取則焉。語兄弟，則極其愛，而天下之爲兄弟者於此取則焉。以至一事一物之接，一言一動之發，無不極其義理之當然，而無一毫過不及之差，則極建矣。極者，福之本。福者，極之效。極之所建，福之所集也。人君集福於上，非厚其身而已，用敷其福以與庶民，使人人觀感而化，所謂敷錫也。當時之民，亦皆於君之極，與之保守，不敢失墜，所謂錫保也。言皇極君民，所以相與者如此也。凡厥庶民，無有淫朋，人無有比德，惟皇作極。淫朋，邪黨也。人，有位之人。比德，私相比附也。言庶民與有位之人，而無淫朋比德者，惟君爲之極，而使之有所取正耳。重言君不可以不建極也。凡厥庶民，有猷有爲有守，汝則念之。不協于極，不罹于咎，皇則受之。而康而色，曰：『予攸好德。』汝則錫之福。時人斯其惟皇之極。此言庶民也。有猷，有謀慮者。有爲，有施設者。有守，有操守者。是三者，君之所當念也。念之者，不忘之也。帝念哉之念，不協于極，未合於善也。不罹於咎，不陷於惡也。未合於善，不陷於惡，所謂中人也。進之則可與爲善，棄之則流於惡，君之所當受也。受之者，不拒之也。歸斯受之之受，念之受之，隨其才而輕重以成就之也。見於外而有安和之色，發於中而有好德之言，汝於是則錫之以福，而是人斯其惟皇之極矣。福者，爵禄之謂。或曰：錫福，即上文斂福錫民之福，非自外來也。曰禄，亦福也。上文指福之全體而言，此則爲福之一端而發。苟謂非禄之福，則於下文于其無好德，汝雖錫之福，其作汝用咎，爲不通矣。無虐煢獨，而畏高明。煢獨，庶民之至微者也。高明，有位之尊顯者也。各指其甚者而言。庶民之至微者，有善則當勸勉之；有位之尊顯者，有不善則當懲戒之。此結上章而起下章之義。人之有能有爲，使羞其行，而邦其昌。凡厥正人，既富方穀。汝弗能使有好于而家，時人斯其辜。于其無好德，汝雖錫之福，其作汝用咎。此言有位者也。有能，有材智者。羞，進也。使進其行，則官使者皆賢才，而邦國昌盛矣。正人者，在官之人，如康誥所謂「惟厥正人」者。富，禄之也。穀，善也。在官之人，有禄可仰，然後可責其爲善。廪禄不繼，衣食不給，不能使其和好于而家，則是人將陷於罪戾矣。於其不好德之人，而與之以禄，則爲汝用咎惡之人也。此言禄以與賢，不可及惡德也。必富之而後責其善者，聖人設教，欲中人以上，皆可能也。

無偏無陂，遵王之義；無有作好，遵王之道；無有作惡，遵王之路。無偏無黨，王道蕩蕩；無黨無偏，王道平平；無反無側，王道正直。會其有極，歸其有極。

偏，不中也。陂，不平也。作好作惡，好惡加之意也。黨，不公也。反，倍常也。側，不正也。偏陂好惡，己私之生於心也。偏黨反側，己私之見於事也。王之義，王之道，王之路，皇極之所由行也。蕩蕩，廣遠也。平平，平易也。正直，不偏邪也。皇極，正大之體也。遵義、遵道、遵路，會其極也。蕩蕩、平平、正直，歸其極也。會者，合而來也。歸者，來而至也。此章蓋詩之體，所以使人吟詠而得其性情者也。夫歌詠以叶其音，反復以致其意，戒之以私，而懲創其邪思；訓之以極，而感發其善性。諷詠之間，恍然而悟，悠然而得，忘其傾斜狹小之念，達乎公平廣大之理，人欲消熄，天理流行，會極歸極，有不知其所以然而然者。其功用深切，與周禮太師教以六詩者，同一機而尤要者也。後世此意不傳，皇極之道，其不明於天下也宜哉！

曰皇極之敷言，是彝是訓，于帝其訓。

曰，起語辭。敷言，上文敷衍之言也。言人君以極之理，而反復推衍爲言者，是天下之常理，是天下之大訓，非君之訓也，天之訓也。蓋理出乎天，言純乎天，則天之言矣。此贊敷言之妙如此。

凡厥庶民，極之敷言，是訓是行，以近天子之光。曰：天子作民父母，以爲天下王。

光者，道德之光華也。天子之於庶民，性一而已。庶民於極之敷言，是訓是行，則可以近天子道德之光華也。曰者，民之辭也。謂之父母者，指其恩育而言，親之之意。謂之王者，指其君長而言，尊之之意。言天子恩育君長乎我者，如此其至也。言民而不言人者，舉小以見大也。

六，三德：一曰正直，二曰剛克，三曰柔克。平康正直，強弗友剛克，燮友柔克。沈潛剛克，高明柔克。克，治。友，順。燮，和也。正直、剛、柔，三德也。正者，無邪。直者，無曲。剛克柔克者，威福予奪，抑揚進退之用也。強弗友者，強梗弗順者也。燮友者，和柔委順者也。沈潛者，沈深潛退，不及中者也。高明者，高亢明爽，過乎中者也。蓋習俗之偏，氣禀之過者也。故平康正直，無所事乎矯拂，無爲而治是也。強弗友剛克，以剛克剛也；燮友柔克，以柔克柔也。沈潛剛克，以剛克柔也。高明柔克，以柔克剛也。正直之用一，而剛柔之用四也。聖人撫世酬物，因時制宜，三德乂用，陽以舒之，陰以斂之，執其兩端，用其中于民，所以納天下民俗於皇極者蓋如此。惟辟作福，惟辟作威，惟辟玉食。臣無有作福、作威、玉食。福威者，上之所以御下。玉食者，下之所以奉上也。曰惟辟者，戒其權不可下移。曰無有者，戒其臣不可上僭也。臣之有作福、作威、玉食，其害于而家，凶于而國。人用側頗僻，民用僭忒。頗，不平也。僻，不公也。僭，踰。忒，過也。臣而僭上之權，則大夫必害于而家，諸侯必凶于而國。有位者，固側頗僻而不安其分；小民者，亦僭忒而踰越其常。甚言人臣僭上之患如此。

七，稽疑：擇建立卜筮人，乃命卜筮。稽，考也。有所疑，則卜筮以考之。龜曰卜，蓍曰筮。蓍龜者，至公無私，故能紹天之明。卜筮者，亦必至公無私，而後能傳蓍龜之意。必擇是人而建立之，然後使之卜筮也。曰雨，曰霽，曰蒙，曰驛，曰克，此卜兆也。雨者，如雨，其兆爲水。霽者，開霽，其兆爲火。蒙者，蒙昧，其兆爲木。繹者，絡繹不屬，其兆爲金。克者，交錯，有相勝之意，其兆爲土。曰貞，曰悔，此占卦也。內卦爲貞，外卦爲悔。左傳「蠱之貞風」，「其悔山」是也。又有以遇卦爲貞，之卦爲悔。國語貞、屯、悔、豫皆八，是也。凡七。卜五，占用二，衍忒。凡七，雨、霽、蒙、驛、克、貞、悔也。卜五，雨、霽、蒙、驛、克也，占二，貞、悔也。衍，推。忒，過也。所以推人事之過差也。立時人作卜筮，三人占，則從二人之言。凡卜筮，必立三人以相參考。舊說卜有玉兆、瓦兆、原兆，筮有連山、歸藏、周易者，非是。謂之三人，非三卜筮也。汝則有大疑，謀及乃心，謀及卿士，謀及庶人，謀及卜筮。汝則從，龜從，筮從，卿士從，庶民從，是之謂大同。身其康彊，子孫其逢吉。汝則從，龜從，筮從，卿士逆，庶民逆，吉。卿士從，龜從，筮從，汝則逆，庶民逆，吉。庶民從，龜從，筮從，汝則逆，卿士逆，吉。汝則從，龜從，筮逆，卿士逆，庶民逆，作內吉，作外凶。龜筮共違于人，用靜吉，用作凶。稽疑以龜筮爲重，人與龜筮皆從，是之謂大同，固吉也。人一從而龜筮不違者亦吉，龜從筮逆，則可作內，不可作外。內，謂祭祀等事。外，謂征伐等事。龜筮共違，則可靜，不可作。靜，謂守常。作，謂動作也。然有龜從筮逆，而無筮從龜逆者，龜尤聖人所重也。故禮記大事卜，小事筮，傳謂筮短龜長是也。自夫子贊易，極著蓍卦之德，蓍重而龜書不傳云。八，庶徵：曰雨，曰暘，曰燠，曰寒，曰風，曰時。五者來備，各以其叙，庶草蕃廡。徵，驗也。廡，豐茂。所驗者非一，故謂之庶徵。雨、暘、燠、寒、風，各以時至，故曰時也。備者，無闕少也。序者，應節候也。五者備而不失其序，庶草且蕃廡矣，則其他可知也。雨屬水，暘屬火，燠屬木，寒屬金，風屬土。吴仁傑曰：易以坎爲水，北方之卦也。又曰：雨以潤之，則雨爲水矣。離爲火，南方之卦也。又曰：日以烜之，則暘爲火矣。小明之詩首章云：「我征徂西，二月初吉。」三章云：「昔我往矣，日月方燠。」夫以二月爲燠，則燠之爲春爲木，明矣。漢志引狐突金寒之言，顏師古謂金行在西，故謂之寒。則寒之爲秋爲金，明矣。又按稽疑以雨屬水，以霽屬火。霽，暘也。則庶徵雨之爲水，暘之爲火，類例抑又甚明。蓋五行乃生數自然之叙，五事則本於五行，庶徵則本於五事，其條理次第，相爲貫通，有秩然而不可紊亂者也。

一極備，凶；一極無，凶。極備，過多也。極無，過少也。唐孔氏曰：雨多則澇，雨少則旱，是極備亦凶，極無亦凶。餘準是。

曰休徵：曰肅，時雨若；曰乂，時暘若；曰晢，時燠若；曰謀，時寒若；曰聖，時風若。曰咎徵：曰狂，恒雨若；曰僭，恒暘若；曰豫，恒燠若；曰急，恒寒若；曰蒙，恒風若。狂，妄。僭，差。豫，怠。急，迫。蒙，昧也。在天爲五行，在人爲五事。五事修，則休徵各以類應之；五事失，則咎徵各以類應之，自然之理也。然必曰某事得，則某休證應；某事失，則某咎證應，則亦膠固不通，而不足與語造化之妙矣。天人之際，未易言也。失得之幾，應感之微，非知道者孰能識之哉！

曰王省惟歲，卿士惟月，師尹惟日。歲，月，日，以尊卑爲徵也。王者之失得，其徵以歲。卿士之失得，其徵以月。師尹之失得，其徵以日。蓋雨、暘、燠、寒、風，五者之休咎，有係一歲之利害，有係一月之利害，有係一日之利害，各以其大小言也。

歲、月、日時無易，百穀用成，乂用明，俊民用章，家用平康。歲、月、日三者，雨、暘、燠、寒、風不失其時，則其效如此，休徵所感也。

日、月、歲時

既易，百穀用不成，乂用昏不明，俊民用微，家用不寧。日、月、歲三者，雨、暘、燠、寒、風既失其時，則其害如此，咎徵所致也。休徵言歲、月、日者，總於大也。咎徵言日、月、歲者，著其小也。庶民惟星，星有好風，星有好雨。日月之行，則有冬有夏。月之從星，則以風雨。民之麗乎土，猶星之麗乎天也。好風者箕星，好雨者畢星。漢志言軫星亦好雨，意者星宿皆有所好也。日有中道，月有九行。中道者，黄道也。北至東井，去極近；南至牽牛，去極遠；東至角，西至婁，去極中，是也。九行者，黑道二，出黄道北；赤道二，出黄道南；白道二，出黄道西；青道二，出黄道東，并黄道爲九行也。日極南至于牽牛，則爲冬至；極北至于東井，則爲夏至；南北中，東至角，西至婁，則爲春、秋分。月立春、春分從青道；立秋，秋分從白道；立冬，冬至從黑道；立夏，夏至從赤道，所謂日月之行，則有冬有夏也。月行東北入于箕〔七〕，則多風；月行西南入于畢，則多雨，所謂月之從星，則以風雨也。民不言省者，庶民之休咎，係乎上人之失得。故但以月之從星，以見所以從民之欲者如何爾。夫民生之衆，寒者欲衣，飢者欲食，鰥寡孤獨者之欲得其所，此王政之所先，而卿士師尹近民者之責也。然星雖有好風好雨之異，而日月之行，則有冬有夏之常。以月之常行，而從星之異好，以卿士師尹之常職，而從民之異欲，則其從民者，非所以徇民矣。言日月而不言歲者，有冬有夏，所以成歲功也。言月而不言日者，從星惟月爲可見耳。九，五福：一曰壽，二曰富，三曰康寧，四曰攸好德，五曰考終命。人有壽而後能享諸福，故壽先之。富者，有廩禄也。康寧者，無患難也。攸好德者，樂其道也。考終命者，順受其正也。以福之急緩爲先後。六極：一曰凶短折，二曰疾，三曰憂，四曰貧，五曰惡，六曰弱。」凶者，不得其死也。短折者，横夭也。禍莫大於凶短折，故先言之。疾者，身不安也。憂者，心不寧也。貧者，用不足也。惡者，剛之過也。弱者，柔之過也。以極之重輕爲先後，五福六極，在君則係於極之建不建，在民人則由於訓之行不行，感應之理微矣。

旅獒

西旅貢獒，召公以爲非所當受，作書以戒武王，亦訓體也。因以「旅獒」名篇。今文無，古文有。

惟克商，遂通道于九夷八蠻。西旅底貢厥獒，太保乃作旅獒，用訓于王。九夷八蠻，多之稱也。職方言四夷八蠻，爾雅言九夷八蠻，但言其非一而已。武王克商之後，威德廣被，九州之外，蠻夷戎狄，莫不梯山航海而至。曰通道云者，蓋蠻夷來王，則道路自通，非武王有意於開四夷，而斥大境土也。西旅，西方蠻夷國名。犬高四尺曰獒。按説文曰：犬知人心可使者〔八〕。公羊傳曰：晉靈公欲殺趙盾，盾躇階而走，靈公呼獒而屬之，獒亦躇階而從之。則獒能曉解人意，猛而善搏人者，異於常犬，非特以其高大也。太保，召公奭也。史記云：與周同姓，姬氏。此旅獒之本序。曰：「嗚呼！明王慎德，四夷咸賓，無有遠邇，畢獻方物，惟服食器用。慎德，蓋一篇之綱領也。方物，方土所生之物。明王慎德，四夷咸賓，其所貢獻，惟服食器用而已。言無異物也。王乃昭德之致于異姓之邦，無替厥服。分寶玉于伯叔之國，時庸展親。人不易物，惟德其物。昭，示也。德之致，謂上文所貢方物也。昭示方物于異姓之諸侯，使之無廢其職。分寶玉于同姓之諸侯，使之益厚其親。如分陳以肅慎氏之矢〔九〕，分魯以夏后氏之璜之類。王者以其德所致方物，分賜諸侯。故諸侯亦不敢輕易其物，而以德視其物也。德盛不狎侮。狎侮君子，罔以盡人心。狎侮小人，罔以盡其力。德盛，則動容周旋皆中禮，然後能無狎侮之心。言慎德不可不極其至也。德而未至，則未免有狎侮之心。狎侮君子，則色斯舉矣，彼必高蹈遠引，望望然而去，安能盡其心。狎侮小人，雖其微賤畏威易役，然至愚而神，亦安能盡其力哉！不役耳目，百度惟貞。貞，正也。不役於耳目之所好，百爲之度，惟其正而已。玩人喪德，玩物喪志。玩人，即上文「狎侮君子」之事。玩物，即上文「不役耳目」之事。德者，己之所得；志者，心之所之。志以道寧，言以道接。道者，所當由之理也。己之志，以道而寧，則不至於妄發。人之言，以道而接，則不至於妄受。存乎中者，所以應乎外；制其外者，所以養其中，古昔聖賢相授心法也。不作無益害有益，功乃成。不貴異物賤用物，民乃足。犬馬非其土性不畜，珍禽奇獸，不育于國。不寶遠物，則遠人格。所寶惟賢，則邇人安。孔氏曰：遊觀爲無益，奇巧爲異物。蘇氏曰：周穆王得白狐白鹿，而荒服因以不至。此章凡三節，至「所寶惟賢」，則益切至矣。嗚呼！夙夜罔或不勤。不矜細行，終累大德。爲山九仞，功虧一簣。或，猶言萬一也。呂氏曰：此即慎德工夫。或之一字，最有意味。一暫止息，則非慎德矣。矜，矜持之矜。八尺曰仞。細行一簣，指受獒而言也。允迪茲，生民保厥居，惟乃世王。信能行此，則生民保其居，而王業可永也。蓋人主一身實萬化之原，苟於理有毫髮之不盡，即遺生民無窮之害，而非創業垂統可繼之道矣。以武王之聖，召公所以警戒之者如此。後之人君，可不深思而加念之哉！

金縢武王有疾，周公以王室未安，殷民未服，根本易揺，故請命三王，欲以身代武王之死。史録其册祝之文，并叙其事之始末，合爲一篇，以其藏於金縢之匱，編書者因以「金縢」名篇。今文、古文皆有。○唐孔氏曰：發首至王季、文王，史叙將告神之事也。「史乃册祝」至「屏璧與珪」，記告神之辭也。自「乃卜」至「乃瘳」，記卜吉及王病瘳之事也。自「武王既喪」以下，記周公流言居東，及成王迎歸之事也。

既克商二年，王有疾，弗豫。記年，見其克商之未久也。弗豫，不悦豫也。二公曰：「我其爲王穆卜。」二公，太公、召公也。李氏曰：穆者，敬而有和意。穆卜，猶言共卜也。愚謂古者國有大事卜，則公卿百執事皆在，誠一而和同，以聽卜筮，故名其卜曰穆卜。下文成王因風雷之變，王與大夫盡弁，啓金縢之書以卜者，是也。先儒專以穆爲敬，而於所謂其勿穆卜，則義不通矣。周公曰：「未可以戚我先王。」戚，憂惱之意。未可以武王之疾而憂惱我先王也，蓋卻二公之卜。公乃自以爲功，爲三壇，同墠。爲壇於南方，北面，周公立焉。植璧秉珪，乃告大王、王季、文王。功，事也。築土曰壇，除地曰墠。三壇，三王之位，皆南向。三壇之南，别爲一壇，北向，周公所立之地也。植，置也。珪璧，所以禮神。詩言「珪璧既卒」，周禮「裸圭以祀先王」。周公卻二公之卜，而乃自以爲功者，蓋二公不過卜武王之安否耳，而周公愛兄之切，危國之至，忠誠懇懇於祖父之前，如下文所云者，有不得盡焉，此其所以自以爲功也。又二公穆卜，則必禱於宗廟，用朝廷卜筮之禮，如此則上下喧騰，而人心揺動。故周公不於宗廟，而特爲壇墠以自禱也。史乃册祝，曰：「惟爾元孫某，遘厲虐疾。若爾三王，是有丕子之責于天，以旦代某之身。史，太史也。册祝，如今祝版之類。元孫某，武王也。遘，遇。厲，惡。虐，暴也。丕子，元子也。旦，周公名也。言武王遇惡暴之疾，若爾三王，是有元子之責于天。蓋武王爲天元子，三王當任其保護之責于天，不可令其死也。如欲其死，則請以旦代武王之身。「于天」之下，疑有闕文。舊説謂天責取武王者，非是。詳下文「予仁若考能事鬼神」等語，皆主祖父人鬼爲言。至於乃命帝庭，無墜天之降寶命，則言天命武王如此之大，而三王不可墜天之寶命，文意可見。又按死生有命，周公乃欲以身代武王之死，或者疑之。蓋方是時，天下未安，王業未固，使武王死，則宗社傾危，生民塗炭，變故有不可勝言者。周公忠誠切至，欲代其死，以輸危急，其精神感動，故卒得命於三王。今世之匹夫匹婦，一念誠孝，猶足以感格鬼神，顯有應驗，而況於周公之元聖乎？是固不可謂無此理也。

予仁若考，能多材多藝，能事鬼神。乃元孫不若旦多材多藝，不能事鬼神。周公言我仁順祖考，多材幹，多藝能，可任役使，能事鬼神。武王不如旦多材多藝，不任役使，不能事鬼神。材藝，但指服事役使而言。乃命于帝庭，敷佑四方，用能定爾子孫于下地。四方之民，罔不祗畏。嗚呼！無墜天之降寶命，我先王亦永有依歸。言武王乃受命於上帝之庭，布文德以佑助四方，用能定爾子孫於下地，使四方之民無不敬畏。其任大，其責重，未可以死。故又歎息申言三王不可墜失天降之寶命，庶先王之祀，亦永有所賴以存也。寶命，即帝庭之命也。謂之寶者，重其事也。今我即命于元龜，爾之許我，我其以璧與珪歸俟爾命。爾不許我，我乃屏璧與珪。」即，就也。歸俟爾命，俟武王之安也。屏，藏也。屏璧與珪，言不得事神也。蓋武王喪，則周之基業必墜，雖欲事神，不可得也。其稱爾稱我，無異人子之在膝下以語其親者。此亦終身慕父母，與不死其親之意，以見公之達孝也。乃卜三龜，一習吉。啓籥見書，乃并是吉。卜筮，必立三人，以相參考。三龜者，三人所卜之龜也。習，重也。謂三龜之兆一同。開籥見卜兆之書，乃并是吉。公曰：「體，王其罔害。予小子新命于三王，惟永終是圖。兹攸俟，能念予一人。」體，兆之體也。言視其卜兆之吉，王疾其無所害。我新受三王之命，而永終是圖矣。兹攸俟者，即上文所謂歸俟也。一人，武王也。言三王能念我武王使之安也。詳此言新命于三王，不言新命于天，以見果非謂天責取武王也。公歸，乃納册于金縢之匱中，王翼日乃瘳。册，祝册也。匱，藏卜書之匱。金縢，以金緘之也。翼日，公歸之明日也。瘳，愈也。按金縢之匱，乃周家藏卜筮書之物。每卜，則以告神之詞書於册；既卜，則納册於匱而藏之。前後卜皆如此，故前周公乃卜三龜，一習吉，啓籥見書者，啓此匱也。後成王遇風雷之變，欲卜啓金縢者，亦啓此匱也。蓋卜筮之物，先王不敢褻，故金縢其匱而藏之。非周公始爲此匱，藏此册祝，爲後來自解計也。武王既喪，管叔及其羣弟，乃流言於國，曰：「公將不利於孺子。」管叔，名鮮，武王弟，周公兄也。羣弟，蔡叔度、霍叔處也。流言，無根之言，如水之流，自彼而至此也。孺子，成王也。商人兄死弟立者多，武王崩，成王幼，周公攝政，商人固已疑之。又管叔於周公爲兄，尤所覬覦，故武庚、管、蔡流言於國，以危懼成王而動摇周公也。史氏言管叔及其羣弟而不及武庚者，所以深著三叔之罪也。周公乃告二公曰：「我之弗辟，我無以告我先王。」辟，讀爲避。鄭氏詩傳言周公以管、蔡流言辟居東都，是也。

漢孔氏以爲致辟于管叔之辟，謂誅殺之也。夫三叔流言，以公將不利於成王，周公豈容遽興兵以誅之耶？且是時，王方疑公，公將請王而誅之耶〔一〇〕？將自誅之也。請之固未必從，不請自誅之，亦非所以爲周公矣。我之弗辟，我無以告我先王，言我不避，則於義有所不盡，無以告先王於地下也。公豈自爲身計哉，亦盡其忠誠而已矣。周公居東二年，則罪人斯得。居東，居國之東也。鄭氏謂避居東都，未知何據。孔氏以居東爲東征，非也。方流言之起，成王未知罪人爲誰，二年之後，王始知流言之爲管、蔡。斯得者，遲之之辭也。于後，公乃爲詩以貽王，名之曰鴟鴞，王亦未敢誚公。鴟鴞，惡鳥也。以其破巢取卵，比武庚之敗管、蔡及王室也。誚，讓也。上文言「罪人斯得」，則是時成王之疑，十已去其四五矣。

秋，大熟，未穫。天大雷電以風，禾盡偃，大木斯拔，邦人大恐。王與大夫盡弁，以啓金縢之書，乃得周公所自以爲功代武王之説。王與大夫盡弁，以發金縢之書，將卜天變，而偶得周公册祝請命之説也。孔氏謂二公倡王啓之者，非是。按秋大熟，係于二年之後，則成王迎周公之歸，蓋二年秋也。東山之詩，言「自我不見，于今三年」，則居東之非東征明矣。蓋周公居東二年，成王因風雷之變，既親迎以歸。三叔懷流言之罪，遂脅武庚以叛，成王命周公征之。其東征往反，首尾又自三年也。二公及王，乃問諸史與百執事，對曰：「信。噫！公命。句。我勿敢言。」周公卜武王之疾，二公未必不知之。周公册祝之文，二公蓋不知也。諸史百執事，蓋卜筮執事之人，成王使卜天變者，即前日周公使卜武王疾之人也。二公及成王得周公自以爲功之説，因以問之，故皆謂信有此事。已而歎息，言此實周公之命，而我勿敢言爾。孔氏謂周公使之勿道者，非是。王執書以泣，曰：「其勿穆卜。昔公勤勞王家，惟予冲人弗及知。今天動威，以彰周公之德。惟朕小子其新逆，我國家禮亦宜之。」新，當作親。成王啓金縢之書，欲卜天變。既得公册祝之文，遂感悟執書以泣，言不必更卜。昔周公勤勞王室，我幼不及知。今天動威以明周公之德，我小子其親迎公以歸，於國家禮亦宜也。按鄭氏詩傳：成王既得金縢之書，親迎周公。鄭氏學出於伏生，而此篇則伏生所傳，當以「親」爲正。「親」誤作「新」，正猶大學「新」誤作「親」也。王出郊，天乃雨，反風，禾則盡起。二公命邦人，凡大木所偃，盡起而築之，歲則大熟。國外曰郊。王出郊者，成王自往迎公，即上文所謂親逆者也。天乃反風，感應如此之速。洪範庶證，孰謂其不可信哉！又按武王疾瘳，四年而崩。羣叔流言，周公居東二年。罪人既得，成王迎周公以歸，凡六年事也。編書者附于金縢之末，以見請命事之首末，金縢書之顯晦也。

大誥武王克殷，以殷餘民封受子武庚，命三叔監殷。武王崩，成王立，周公相之。三叔流言「公將不利於孺子」，周公避位居東。後成王悟，迎周公歸，三叔懼，遂與武庚叛。成王命周公東征以討之，大誥天下。書言武庚而不言管叔者，爲親者諱也。篇首有「大誥」二字，編書者因以名篇。今文、古文皆有。○按此篇誥語，多主卜言，如曰「寧王遺我大寶龜」，曰「朕卜并吉」，曰「予得吉卜」，曰「王害不違卜」，曰「寧王惟卜用」，曰「矧亦惟卜用」，曰「予曷其極卜」，曰「矧今卜并吉」，至於篇終。又曰「卜陳其若兹」，意邦君御事。有曰「艱大不可征」，欲王違卜。故周公以討叛卜吉之義，與天命人事之不可違者，反復誥諭之也。

王若曰：「猷！大誥爾多邦，越爾御事。弗弔！天降割于我家，不少延。洪惟我幼冲人，嗣無疆大歷服，弗造哲，迪民康，矧曰其有能格知天命？猷，發語辭也。猶虞書咨嗟之例。按爾雅猷訓最多：曰謀，曰言，曰已，曰圖，未知此何訓也。弔，恤也。猶詩言「不弔昊天」之弔，言我不爲天所恤，降害於我周家，武王遂喪而不少待也。冲人，成王也。歷，歷數也。服，五服也。哲，明哲也。格，格物之格，言大思我幼冲之君，嗣于無疆之大業，弗能造明哲以導民於安康，是人事且有所未至，而況言其能格知天命乎？已！予惟小子，若涉淵水，予惟往求朕攸濟。敷賁，敷前人受命，茲不忘大功，予不敢閉于天降威用。已，承上語詞，已而有不能已之意。若涉淵水者，喻其心之憂懼。求朕攸濟者，冀其事之必成。敷，布。賁，飾也。敷賁者，修明其典章法度。敷前人受命者，增益開大前王之基業。若此者，所以不忘武王安天下之大功也。今武庚不靖，天固誅之，予豈敢閉抑天之威用而不行討乎！寧王遺我大寶龜，紹天明，即命曰：『有大艱于西土，西土人亦不靜，越茲蠢。』寧王，武王也。下文又曰寧考，蘇氏曰：當時謂武王爲寧王，以其克殷而安天下也。蠢，動而無知之貌。寧王遺我大寶龜者，以其可以紹介天明，以定吉凶。曩嘗即龜所命，而其兆謂將有大艱難之事于西土，西土之人，亦不安靜。是武庚未叛之時，而龜之兆蓋已預告矣。及此果蠢蠢然而動，其卜可驗如此。將言下文伐殷卜吉之事，故先發此，以見卜之不可違也。殷小腆，誕敢紀其叙。天降威，知我國有疵，民不康。曰：『予復。』反鄙我周邦。腆，厚。誕，大。叙，緒。疵，病也。言武庚以小厚之國，乃敢大紀其既亡之緒，是雖天降威于殷，然亦武庚知我國有三叔疵隙，民心不安，故敢言我將復殷業，而欲反鄙邑我周邦也。今蠢。今翼日，民獻有十夫，予翼以于，敉寧武圖功。我有大事，休？

朕卜并吉。于，往。敉，撫。武，繼也。謂今武庚蠢動，今之明日，民之賢者十夫，輔我以往，撫定商邦，而繼嗣武王所圖之功也。大事，戎事。左傳云：國之大事，在祀與戎。休，美也。言知我有戎事休美者，以朕卜三龜而并吉也。按上文「即命曰有大艱于西土」，蓋卜於武王方崩之時。此云「朕卜并吉」，乃卜於將伐武庚之日。先儒合以爲一，誤矣。肆予告我友邦君，越尹氏、庶士、御事，曰：『予得吉卜，予惟以爾庶邦，于伐殷逋播臣。』此舉嘗以卜吉之故，告邦君御事往伐武庚之詞也。肆，故也。尹氏，庶官之正也。殷逋播臣者，謂武庚及其羣臣，本逋亡播遷之臣也。爾庶邦君，越庶士、御事，罔不反，曰：『艱大，民不靜，亦惟在王宫邦君室。越予小子考翼不可征，王害不違卜？』此舉邦君御事不欲征，欲王違卜之言也。邦君御事無不反曰：艱難重大，不可輕舉。且民不靜，雖由武庚，然亦在於王之宫、邦君之室。謂三叔不睦之故，實兆釁端，不可不自反。害，曷也。越我小子與父老敬事者，皆謂不可征，王曷不違卜而勿征乎？肆予沖人，永思艱，曰：『嗚呼！允蠢鰥寡，哀哉！』予造天役，遺大投艱于朕身。越予沖人，不卬自恤。義爾邦君，越爾多士、尹氏、御事，綏予曰：『無毖于恤，不可不成乃寧考圖功。』造，爲。卬，我也。故我沖人，亦永思其事之艱大，歎息言信四國蠢動，害及鰥寡，深可哀也。然我之所爲，皆天之所役使；今日之事，天實以其甚大者，遺於我之身；以其甚艱者，投於我之身。於我沖人，固不暇自恤矣。然以義言之，於爾邦君，於爾多士，及官正治事之臣，當安我曰，無勞於憂，誠不可不成武王所圖之功，相與戮力致討可也。此章深責邦君、御事之避事。已！予惟小子，不敢替上帝命。天休于寧王，興我小邦周，寧王惟卜用，克綏受茲命。今天其相民，矧亦惟卜用。嗚呼！天明畏，弼我丕丕基。」卜伐武庚而吉，是上帝命伐之也。上帝之命，其敢廢乎！昔天眷武王，由百里而有天下，亦惟卜用，所謂「朕夢協朕卜，襲于休祥」是也。今天相佑斯民，避凶趨吉，況亦惟卜是用。是上而先王，下而小民，莫不用卜，而我獨可廢卜乎？故又歎息言天之明命可畏如此，是蓋輔成我丕丕基業，其可違也。天明，即上文所謂「紹天明」者。王曰：「爾惟舊人，爾丕克遠省，爾知寧王若勤哉！天閟毖我成功所，予不敢不極卒寧王圖事。肆予大化誘我友邦君，天棐忱辭，其考我民，予曷其不于前寧人圖功攸終？天亦惟用勤毖我民，若有疾，予曷不于前寧人攸受休畢！」當時邦君御事有武王之舊臣者，亦憚征役，上文「考翼不可征」，是也。故周公專呼舊臣而告之曰：爾惟武王之舊人，爾大能遠省前日之事，爾豈不知武王若此之勤勞哉！閟者，否閉而不通。毖者，艱難而不易。言天之所以否閉艱難，國家多難者，乃我成功之所在，我不敢不極卒武王所圖之事也。化者，化其固滯。誘者，誘其順從。棐，輔也。寧人，武王之大臣。當時謂武王爲寧王，因謂武王之大臣爲寧人也。民獻十夫以爲可伐，是天輔以誠信之辭考之民而可見矣。我曷其不於前寧人而圖功所終乎？勤毖我民若有疾者，四國勤毖我民，如人有疾，必速攻治之，我曷其不於前寧人所受休美而畢之乎？按此三節，謂不可不卒終畢寧王寧人事功休美之意。言寧人，則舊人之不欲征者，亦可愧矣。王曰：「若昔朕其逝，朕言艱日思。若考作室，既厎法，厥子乃弗肯堂，矧肯構？厥父菑，厥子乃弗肯播，矧肯穫？厥考翼其肯，曰：『予有後，弗棄基。』肆予曷敢不越卬敉寧王大命？昔，前日也。猶孟子「昔者」之昔。若昔我之欲往，我亦謂其事之難，而日思之矣，非輕舉也。以作室喻之，父既底定廣狹高下，其子不肯爲之堂基，况肯爲之造屋乎？以耕田喻之，父既反土而菑矣，其子乃不肯爲之播種，况肯俟其成而刈穫之乎？考翼，父敬事者也。爲其子者如此，則考翼其肯曰：「我有後嗣，弗棄我之基業乎？」蓋武王定天下，立經陳紀，如作室之底法，如治田之既菑。今三監叛亂，不能討平以終武王之業，則是不肯堂，不肯播，况望其肯構肯穫，而延綿國祚於無窮乎？武王在天之靈，亦必不肯自謂其有後嗣，而不棄墜其基業矣。故我何敢不及我身之存，以撫循武王之大命乎？按此三節，由喻不可不終武功之意。若兄考，乃有友伐厥子，民養其勸弗救？」民養，未詳。蘇氏曰：養，厮養也。謂人之臣僕。大意言若父兄有友攻伐其子，爲之臣僕者，其可勸其攻伐而不救乎？父兄以喻武王，友以喻四國，子以喻百姓，民養以喻邦君御事。今王之四國毒害百姓，而邦君臣僕乃憚於征役，是長其患而不救，其可哉？此言民被四國之害，不可不救援之意。王曰：「嗚呼！肆哉，爾庶邦君，越爾御事。爽邦由哲，亦惟十人，迪知上帝命。越天棐忱，爾時罔敢易法。矧今天降戾于周邦，惟大艱人，誕鄰胥伐于厥室，爾亦不知天命不易！肆，放也，欲其舒放而不畏縮也。爽，明也。爽厥師之爽。桀昏德，湯伐之，故言爽師。受昏德，武王伐之，故言爽邦。言昔武王之明大命於邦，皆由明智之士，亦惟亂臣十人，蹈知天命。及天輔武王之誠，以克商受。爾於是時，不敢違越武王法制，憚於征役。矧今武王死，天降禍於周，首大難之四國，大近相攻於其室。事危勢迫如此，爾乃以爲不可征，爾亦不知天命之不可違越矣。此以今昔互言，責邦君御事之不知天命。按先儒皆以十人爲十夫。然十夫民之賢者爾，恐未可以爲迪知帝命，未可以爲越天棐忱。所謂迪知者，蹈行真知之詞也。越天棐忱，天命已歸之詞也。非亂臣昭武王以受天命者，不足以當之。況君奭之書，周公歷舉虢叔、閎夭之徒，亦曰「迪知天威，於受殷命」，亦曰「若天棐忱」。詳周公前後所言，則十人之爲亂臣，又何疑哉！予永念曰：天惟喪殷，若穡夫，予曷敢不終朕畝？天亦惟休于前寧人。天之喪殷，若農夫之去草，必絶其根本，我何敢不終我之田畝乎？我之所以終畝者，是天亦惟欲休美於前寧人也。予曷其極卜，敢弗于從？率寧人有指疆土，矧今卜并吉。肆朕誕以爾東征，天命不僭，卜陳惟若兹。」我何敢盡欲用卜，敢不從爾勿征。蓋率循寧人之功，當有指定先王疆土之理。卜而不吉，固將伐之，況今卜而并吉乎！故我大以爾東征，天命斷不僭差，卜之所陳蓋如此。按此篇專主卜言。然其上原天命，下述得人，往推寧王寧人不可不成之功，近指成王邦君御事不可不終之責。諄諄乎民生之休戚，家國之興喪，懷惻切至〔一一〕，不能自已。而反復終始乎卜之一説，以通天下之志，以斷天下之疑，以定天下之業。非聰明睿知、神武而不殺者，孰能與此哉！

微子之命

微，國名。子，爵也。成王既殺武庚，封微子於宋，以奉湯祀。史録其誥命，以爲此篇。今文無，古文有。

王若曰：「猷！殷王元子，惟稽古崇德象賢，統承先王。修其禮物，作賓于王家。與國咸休，永世無窮。元子，長子也。微子，帝乙之長子，紂之庶兄也。崇德，謂先聖王之有德者，則尊崇而奉祀之也。象賢，謂其後嗣子孫，有象先聖王之賢者，則命之以主祀也。言考古制，尊崇成湯之德，以微子象賢而奉其祀也。禮，典禮。物，文物也。修其典禮文物，不使廢壞，以備一王之法也。孔子曰：「夏禮吾能言之，杞不足徵也。殷禮吾能言之，宋不足徵也。文獻不足故也。」殷之典禮，微子修之，至孔子時，已不足徵矣。故夫子惜之。賓，以客禮遇之也。振鷺言「我客戾止」。左氏謂「宋先代之後，天子有事膰焉，有喪拜焉」者也。呂氏曰：先王之心，公平廣大，非若後世滅人之國，惟恐苗裔之存，爲子孫害。成王命微子，方且撫助愛養，欲其與國咸休，永世無窮。公平廣大氣象，於此可見。嗚呼！乃祖成湯，克齊聖廣淵，皇天眷佑，誕受厥命。撫民以寬，除其邪虐。功加于時，德垂後裔。齊，肅也。齊，則無不敬。聖，則無不通。廣，言其大。淵，言其深也。誕，大也。皇天眷佑，誕受厥命，即伊尹所謂天監厥德，用集大命者。撫民以寬，除其邪虐，即伊尹所謂代虐以寬，兆民允懷者。功加于時，言其所及者衆；德垂後裔，言其所傳者遠也。後裔，即微子也。此崇德之意。爾惟踐修厥猷，舊有令聞。恪慎克孝，肅恭神人。予嘉乃德，曰：『篤不忘上帝時歆，下民祗協，庸建爾于上公，尹茲東夏。』猷，道。令，善。聞，譽也。微子踐履修舉成湯之道，舊有善譽，非一日也。恪，敬也。恪慎克孝，肅恭神人，指微子實德而言。抱祭器歸周，亦其一也。篤，厚也。我善汝德，曰厚而不忘也。歆，饗。庸，用也。王者之後稱公，故曰上公。尹，治也。宋亳在東，故曰東夏。此象賢之意。欽哉！往敷乃訓，慎乃服命，率由典常，以蕃王室。弘乃烈祖，律乃有民，求綏厥位。毗予一人，世世享德。萬邦作式，俾我有周無斁。此因戒勉之也。服命，上公服命也。宋，王者之後，成湯之廟，當有天子禮樂。慮有僭擬之失，故曰慎其服命，率由典常，以戒之也。弘，大。律，範。毗，輔。式，法。斁，厭也。即詩言「在此無斁」之意。○林氏曰：偪生於僭，僭生於儗。非儗無僭，非僭無偪。慎其服命，遵守典常，安有偪僭之過哉！魯實侯爵，乃以天子禮樂祀周公，亦既不謹矣。其後遂用於羣公之廟，甚至季氏僭八佾，三家僭雍徹，其原一開，末流無所不至。成王於宋謹慎如此，必無賜周公以天子禮樂之事。豈周室既衰，魯竊僭用，託爲成王之賜，伯禽之受乎？嗚呼！往哉惟休，無替朕命。」歎息言汝往之國，當休美其政，而無廢棄我所命汝之言也。

康誥 康叔，文王之子，武王之弟，武王誥命爲衛侯。今文、古文皆有。○按書序以康誥爲成王之書，今詳本篇，康叔於成王爲叔父，成王不應以弟稱之。說者謂周公以成王命誥，故曰弟。然既謂之「王若曰」，則爲成王之言，周公何遽自以弟稱之也。且康誥、酒誥、梓材三篇，言文王者非一，而略無一語以及武王，何耶？說者又謂寡兄勗爲稱武王，尤爲非義。寡兄云者，自謙之辭，寡德之稱，苟語他人，猶云可也。武王，康叔之兄，家人相語，周公安得以武王爲寡兄而告其弟乎？或又謂康叔在武王時尚幼，故不得封。然康叔，武王同母弟。武王分封之時，年已九十，安有九十之兄，同母弟尚幼不可封乎？且康叔，文王之子；叔虞，成王之弟。周公東征，叔虞已封於唐，豈有康叔得封，反在叔虞之後，必無是理也。又按汲冢周書克殷篇，言王即位于社南，羣臣畢從。毛叔鄭奉明水，衛叔封傳禮，召公奭贊采，師尚父牽牲。史記亦言衛康叔封布兹，與汲書大同小異。康叔在武王時非幼，亦明矣。特序書者，不知康誥篇首四十八字，爲洛誥脫簡，遂因誤爲成王之書。是知書序果非孔子所作也。康誥、酒誥、梓材篇次當在金縢之前。

惟三月哉生魄，周公初基，作新大邑于東國洛。四方民大和會。侯甸男邦采衛，百工播民和，見士于周。周公咸勤，乃洪大誥治。三月，周公攝政七年之三月也。始生魄，十六日也。百工，百官也。士，説文曰：事也。詩曰「勿士行枚」。呂氏曰：斧斤版築之事，亦甚勞矣。而民大和會，悉來赴役。即文王作靈臺，庶民子來之意。蘇氏曰：此洛誥之文，當在「周公拜手稽首」之上。王若曰：「孟侯，朕其弟，小子封。王，武王也。孟，長也。言爲諸侯之長也。封，康叔名。舊説周公以成王命誥康叔者，非是。惟乃丕顯考文王，克明德慎罰。左氏曰：明德慎罰，文王所以造周也。明德，務崇之之謂。慎罰，務去之之謂。明德慎罰，一篇之綱領。「不敢侮鰥寡」以下，文王明德慎罰也。「汝念哉」以下，欲康叔明德也。「敬明乃罰」以下，欲康叔謹罰也。「爽惟民」以下，欲其以德行罰也。「封敬哉」以下，欲其不用罰而用德也。終則以天命殷民結之。不敢侮鰥寡，庸庸，祗祗，威威，顯民。用肇造我區夏，越我一二邦，以修我西土。惟時怙冒，聞于上帝，帝休。天乃大命文王，殪戎殷，誕受厥命，越厥邦厥民惟時叙。乃寡兄勗，肆汝小子封，在兹東土。」鰥寡，人所易忽也。於人易忽者而不忽焉，以見聖人無所不敬畏也。即堯不虐無告之意。論文王之德而首發此，非聖人不能也。庸，用也。用其所當用，敬其所當敬，威其所當威，言文王用能敬賢討罪，一聽於理，而己無與焉。故德著於民，用始造我區夏，乃我一二友邦，漸以修治。至罄西土之人，怙之如父，冒之如天，明德昭升，聞于上帝。帝用休美，乃大命文王，殪滅大殷，大受其命。萬邦萬民，各得其理，莫不時叙，汝寡德之兄，亦勉力不怠。故爾小子封，得以在此東土也。吴氏曰：殪戎殷，武王之事也。此稱文王者，武王不敢以爲己之功也。○又按東土云者，武王克商，分紂城朝歌以北爲邶，南爲鄘，東爲衛，意邶、鄘爲武庚之封，而衛即康叔也。漢書言周公善康叔不從管、蔡之亂，似地相比近之辭，然不可攷矣。

王曰：「嗚呼！封，汝念哉！今民將在祗遹乃文考，紹聞衣德言。往敷求于殷先哲王，用保乂民。汝丕遠惟商耇成人，宅心知訓。別求聞由古先哲王，用康保民。弘于天，若德裕乃身，不廢在王命。」此下明德也。遹，述。衣，服也。今治民將在敬述文考之事。繼其所聞，而服行文王之德言也。往，之國也。宅心，處心也，安汝止之意。知訓，知所以訓民也。由，行也。曰保乂，曰知訓，曰康保，經緯以成文爾。武王既欲康叔祗遹文考，又欲敷求商先哲王，又丕遠惟商耇成人，又別聞由古先哲王，近述諸今，遠稽諸古，不一而足，以見義理之無盡。易曰：君子多識前言往行以蓄其德。弘者，廓而大之也。天者，理之所從出也。康叔博學以聚之，集義以生之，真積力久，衆理該通，此心之天理之所從出者，始恢廓而有餘用矣。若是，則心廣體胖，動無違禮，斯能不廢在王之命也。○吕氏曰：康叔歷求聖賢問學，至於弘于天，德裕身，可謂盛矣。止能不廢王命，才可免過而已。此見人臣職分之難盡，若欲爲子，必須如舜與曾閔，方能不廢父命。若欲爲臣，必須如舜與周公，方能不廢君命。

王曰：「嗚呼！小子封，恫瘝乃身，敬哉！天畏棐忱。民情大可見，小人難保。往盡乃心，無康好逸豫，乃其乂民。我聞曰：『怨不在大，亦不在小，惠不惠，懋不懋。』恫，痛。瘝，病也。視民之不安，如疾痛之在乃身，不可不敬之也。天命不常，雖甚可畏，然誠則輔之。民情好惡，雖大可見，而小民至爲難保。汝往之國，所以治之者非他，惟盡汝心，無自安而好逸豫，乃其所以乂民也。古人言怨不在大，亦不在小，惟在順不順、勉不勉耳。順者，順於理，勉者，勉於行。即上文所謂「往盡乃心，無康好逸豫」者。已！汝惟小子，乃服惟弘王，應保殷民，亦惟助王宅天命，作新民。」服，事。應，和也。汝之事，惟在廣上德意，和保殷民，使之不失其所，以助王安定天命，而作新斯民也。此言明德之終也。大學言明德，亦舉新民終之。王曰：「嗚呼！封，敬明乃罰。人有小罪，非眚，乃惟終，自作不典，式爾。有厥罪小，乃不可不殺。乃有大罪，非終，乃惟眚災，適爾。既道極厥辜，時乃不可殺。」此下謹罰也。式，用。適，偶也。人有小罪，非過誤，乃其固爲亂常之事，用意如此，其罪雖小，乃不可不殺。即舜典所謂「刑故無小」也。人有大罪，非是故犯，乃其過誤，出於不幸，偶爾如此，既自稱道盡輸其情，不敢隱匿，罪雖大，時乃不可殺。即舜典所謂「宥過無大」也。諸葛孔明治蜀，服罪輸情者，雖重必釋，其「既道極厥辜，時乃不可殺」之意歟。王曰：「嗚呼！封，有叙。時乃大明服，惟民其勑懋和。若有疾，惟民其畢棄咎。若保赤子，惟民其康乂。有叙者，刑罰有次序也。明者，明其罰。服者，服其民也。左氏曰：乃大明服，己則不明，而殺人以逞，不亦難乎？勑，戒勑也。民其戒勑而勉於和順也。若有疾者，以去疾之心去惡也，故民皆棄咎。若保赤子者，以保子之心保善也，故民其安治。非汝封刑人殺人，無或刑人殺人。非汝封又曰劓刵人，無或劓刵人。」刑殺者，天之所以討有罪，非汝封得以刑之殺之也。汝無或以己而刑殺之。刵，截耳也。刑殺，刑之大者。劓刵，刑之小者。兼舉小大以申戒之也。「又曰」當在「無或刑人殺人」之下。又按刵，周官五刑所無，吕刑以爲苗民所制。王曰：「外事，汝陳時臬，司師兹殷罰有倫。」外事，未詳。陳氏曰：外事，有司之事也。

臬，法也。爲準限之義。言汝於外事，但陳列是法，使有司師此殷罰之有叙者用之爾。○呂氏曰：外事，衛國事也。史記言康叔爲周司寇。司寇，王朝之官，職任内事。故以衛國對言爲外事。今按篇中言「往敷求」、「往盡乃心」，篇終曰「往哉封」，皆令其之國之辭，而未見其留王朝之意。但詳此篇，康叔蓋深於法者，異時成王或舉以任司寇之職，而此則未必然也。又曰：「要囚，服念五六日，至于旬時，丕蔽要囚。」要囚，獄辭之要者也。服念，服膺而念之。旬，十日。時，三月。爲囚求生道也。蔽，斷也。

王曰：「汝陳時臬，事罰蔽殷彝。用其義刑義殺，勿庸以次汝封。乃汝盡遜，曰時叙，惟曰未有遜事。義，宜也。次，次舍之次。遜，順也。申言敷陳是法與事，罰斷以殷之常法矣。又慮其泥古而不通，又謂其刑其殺，必察其宜於時者而後用之。既又慮其趨時而徇己，又謂刑殺不可以就汝封之意。既又慮其刑殺雖已當罪，而矜喜之心乘之，又謂使汝刑殺盡順於義，雖曰是有次叙，汝當惟謂未有順義之事。蓋矜喜之心生，乃怠惰之心起，刑殺之所由不中也，可不戒哉！已！汝惟小子，未其有若汝封之心。朕心朕德，惟乃知。已者，語辭之不能已也。小子，幼小之稱，言年雖少而心獨善也。爾心之善，固朕知之，朕心朕德，亦惟爾知之。將言用罰之事，故先發其良心焉。凡民自得罪，寇攘姦宄，殺越人于貨，暋不畏死，罔弗憝。」越，顛越也。盤庚云：「顛越不恭。」暋，強。憝，惡也。自得罪，非爲人誘陷以得罪也。凡民自犯罪，爲盜賊姦宄、殺人顛越人以取財貨，強很亡命者，人無不憎惡之也。用罰而加是人，則人無不服。以其出乎人之同惡，而非即乎吾之私心也。特舉此以明用罰之當罪。王曰：「封，元惡大憝，矧惟不孝不友。子弗祗服厥父事，大傷厥考心。于父不能字厥子，乃疾厥子。于弟弗念天顯，乃弗克恭厥兄。兄亦不念鞠子哀，大不友于弟。惟弔茲，不于我政人得罪，天惟與我民彝大泯亂。曰：乃其速由文王作罰，刑茲無赦。大憝，即上文之「罔弗憝」，言寇攘姦宄，固爲大惡而大可惡矣。況不孝之人〔一二〕，而尤爲可惡者。當商之季，禮義不明，人紀廢壞，子不敬事其父，大傷父心；父不能愛子，乃疾惡其子，是父子相夷也。天顯，猶孝經所謂天明，尊卑顯然之序也。弟不念尊卑之序，而不能敬其兄；兄亦不念父母鞠養之勞，而大不友其弟，是兄弟相賊也。父子兄弟，至於如此，苟不於我爲政之人而得罪焉，則天之與我民彝，必大泯滅而紊亂矣。曰者，言如此，則汝其速由文王作罰，刑此無赦，而懲戒之不可緩也。不率大戛。矧惟外庶子訓人，惟厥正人，越小臣諸節，乃別播敷，造民大譽。弗念弗庸，瘝厥君。時乃引惡，惟朕憝。已！汝乃其速由茲義率殺。戛，法也。言民之不率教者，固可大寘之法矣。況外庶子以訓人爲職，與庶官之長，及小臣之有符節者，乃別布條教，違道干譽，弗念其君，弗用其法，以病君上。是乃長惡於下，我之所深惡也。臣之不忠如此，刑其可已乎。汝其速由此義，而率以誅戮之，可也。○按上言民不孝不友，則速由文王作罰，刑茲無赦。此言外庶子正人小臣，背上立私，則速由茲率殺。其曰刑曰殺，若用法峻急者。蓋殷之臣民，化紂之惡，父子兄弟之無其親，君臣上下之無其義，非繩之以法，示之以威，殷人孰知不孝不義之不可干哉！周禮所謂刑亂國用重典者，是也。然曰速由文王，曰速由茲義，則其刑其罰，亦仁厚而已矣。亦惟君惟長，不能厥家人，越厥小臣、外正。惟威惟虐，大放王命，乃非德用乂。君長，指康叔而言也。康叔而不能齊其家，不能訓其臣，惟威惟虐，大廢棄天子之命，乃欲以非德用治。是康叔且不能用上命矣，亦何以責其臣之瘝厥君也哉。汝亦罔不克敬典，乃由裕民，惟文王之敬忌。乃裕民，曰：我惟有及。則予一人以懌。」汝罔不能敬守國之常法，由是而求裕民之道，惟文王之敬忌。敬則有所不忽，忌則有所不敢。期裕其民，曰我惟有及於文王，則予一人以悦懌矣。此言謹罰之終也。穆王訓刑，亦曰敬忌云。王曰：「封，爽惟民迪吉康。我時其惟殷先哲王德，用康乂民，作求。矧今民罔迪不適，不迪，則罔政在厥邦。」此下欲其以德用罰也。求，等也。詩曰：「世德作求。」言明思夫民，當開導之以吉康。我亦時其惟殷先哲王之德，用以安治其民，爲等匹於商先王也。迪，即迪吉康之迪。況今民無導之而不從者，苟不有以導之，則爲無政於國矣。迪言德而政言刑也。前既嚴之民，又嚴之臣，又嚴之康叔，此則武王之自嚴畏也。王曰：「封，予惟不可不監，告汝德之説于罰之行。今惟民不静，未戾厥心，迪屢未同。爽惟天其罰殛我，我其不怨。惟厥罪，無在大，亦無在多。矧曰其尚顯聞于天。」戾，止也。又言民不安静，未能止其心之狠疾，迪之者雖屢，而未能使之上同于治。明思天其殛罰我，我何敢怨乎！惟民之罪不在大，亦不在多。苟爲有罪，即在朕躬。況曰今庶羣腥穢之德，其尚顯聞于天乎！王曰：「嗚呼！封，敬哉！無作怨，勿用非謀非彝，蔽時忱。丕則敏德，用康乃心，顧乃德，遠乃猷，裕乃以民寧，不汝瑕殄。」此欲其不用罰而用德也。歎息言汝敬哉，毋作可怨之事，勿用非善之謀、非常之法，惟斷以是誠。大法古人之敏德，用以安汝之心，省汝之德，遠汝之謀，寬裕不迫，以待民之自安。若是，則不汝瑕疵而棄絶矣。

王曰：「嗚呼！肆汝小子封，惟命不于常，汝念哉，無我殄享。明乃服命，高乃聽，用康乂民。」肆，未詳。惟命不于常，善則得之，不善則失之。汝其念哉，毋我殄絶所享之國也。明汝侯國服命，高其聽，不可卑忽我言，用安治爾民也。王若曰：「往哉，封！勿替敬典，聽朕告汝，乃以殷民世享。」勿廢其所敬之常法，聽我所命而服行之，乃能以殷民而世享其國也。世享，對上文殄享爲言。

酒誥商受酗酒，天下化之。妹土，商之都邑，其染惡尤甚。武王以其地封康叔，故作書誥教之云。今文、古文皆有。○按吴氏曰：酒誥一書，本是兩書，以其皆爲酒而誥，故誤合而爲一。自「王若曰明大命于妹邦」以下，武王誥受故都之書也。自「王曰封我西土棐徂邦君」以下，武王誥康叔之書也。書之體，爲一人而作，則首稱其人；爲衆人而作，則首稱其衆；爲一方而作，則首稱一方；爲天下而作，則首稱天下。君奭書首稱「君奭」，君陳書首稱「君陳」，爲一人而作也。甘誓首稱「六事之人」，湯誓首稱「格汝衆」，此爲衆人而作也。湯誥首稱「萬方有衆」，大誥首稱「大誥多邦」〔一三〕，此爲天下而作也。多方書爲四國而作，則首稱「四國」。多士書爲多士而作，則首稱「多士」。今酒誥爲妹邦而作，故首言「明大命于妹邦」，其自爲一書無疑。按吴氏分篇引證，固爲明甚。但既謂專誥毖妹邦，不應有「乃穆考文王」之語。意酒誥專爲妹邦而作，而妹邦在康叔封圻之内，則明大命之責，康叔實任之。故篇首專以妹邦爲稱，至中篇始名康叔以致誥，其曰「尚克用文王教」者，亦申言首章文王誥毖之意。其事則主於妹邦，其書則付之康叔，雖若二篇，而實爲一書。雖若二事，而實相首尾。反復參究，蓋自爲書之一體也。

王若曰：「明大命于妹邦。妹邦，即詩所謂沬鄉。篇首稱妹邦者，誥命專爲妹邦發也。乃穆考文王，肇國在西土。厥誥毖庶邦庶士，越少正、御事，朝夕曰：『祀茲酒，惟天降命肇我民，惟元祀。』穆，敬也。詩曰「穆穆文王」是也。上篇言文王明德，則曰顯考；此篇言文王誥毖，則曰穆考，言各有當也。或曰文王世次爲穆，亦通。毖，戒謹也。少正，官之副貳也。文王朝夕勑戒之曰：惟祭祀則用此酒。天始令民作酒者，爲大祭祀而已。西土庶邦，遠去商邑，文王誥毖亦諄諄以酒爲戒，則商邑可知矣。文王爲西伯，故得誥毖庶邦云。天降威，我民用大亂喪德，亦罔非酒惟行。越小大邦用喪，亦罔非酒惟辜。酒之禍人也，而以爲天降威者，禍亂之成，是亦天爾。箕子言受酗酒，亦曰天毒降災，正此意也。民之喪德，君之喪邦，皆由於酒。喪德故言行，喪邦故言辜。文王誥教小子、有正、有事，無彝酒。越庶國飲惟祀。德將無醉。小子，少子之稱，以其血氣未定，尤易縱酒喪德，故文王專誥教之。有正，有官守者。有事，有職業者。無，毋同。彝，常也。毋常於酒，其飲惟於祭祀之時。然亦必以德將之，毋至於醉也。惟曰：我民迪小子，惟土物愛，厥心臧。聰聽祖考之彝訓，越小大德，小子惟一。文王言我民亦常訓導其子孫，惟土物之愛，勤稼穡，服田畝，無外慕。則心之所守者正，而善日生。爲子孫者，亦當聰聽其祖父之常訓，不可以謹酒爲小德。小德大德，小子爲一視之可也。妹土，嗣爾股肱，純其藝黍稷，奔走事厥考厥長。肇牽車牛，遠服賈，用孝養厥父母。厥父母慶，自洗腆致用酒。此武王教妹土之民也。嗣，續。純，大。肇，敏。服，事也。言妹土民當嗣續汝四肢之力，無有怠惰，大修農功，服勞田畝，奔走以事其父兄。或敏於貿易，牽車牛，遠事賈，以孝養其父母。父母喜慶，然後可自洗腆致用酒。洗以致其潔，腆以致其厚也。薛氏曰：或大修農功，或遠服商賈，以養父母。父母慶，則汝可以用酒也。庶士有正，越庶伯君子，其爾典聽朕教。爾大克羞耇惟君，爾乃飲食醉飽。丕惟曰：爾克永觀省，作稽中德，爾尚克羞饋祀，爾乃自介用逸。茲乃允惟王正事之臣，茲亦惟天若元德，永不忘在王家。」此武王教妹土之臣也。伯，長也。曰君子者，賢之也。典，常也。羞，養也。言其大能養老也。惟君，未詳。丕惟曰者，大言也。介，助也。用逸者，用以宴樂也。言爾能常常反觀内省，使念慮之發，營爲之際，悉稽乎中正之德，而無過不及之差，則德全於身，而可以交於神明矣。如是，則庶幾能進饋祀，爾亦可自副而用宴樂也。如此，則信爲王治事之臣；如此，亦惟天順元德，而永不忘在王家矣。按上文父母慶則可飲酒，克羞耇則可飲酒，羞饋祀則可飲酒，本欲禁絶其飲，今乃反開其端者，不禁之禁也。聖人之教，不迫而民從者，此也。孝養、羞耇、饋祀，皆因其良心之發而利導之。人果能盡此三者，且爲成德之士矣，而何憂其湎酒也哉！

王曰：「封，我西土棐徂邦君御事小子，尚克用文王教，不腆于酒。故我至于今，克受殷之命。」徂，往也。輔佐文王往日之邦君御事小子也，言文王毖酒之教，其大如此。王曰：「封，我聞惟曰：『在昔殷先哲王，迪畏天顯小民，經德秉哲。自成湯咸至于帝乙，成王畏相。惟御事厥棐有恭，不敢自暇自逸，矧曰其敢崇飲？以商君臣之不暇逸者告康叔也。殷先哲王，湯也。迪畏者，畏之而見於行也。畏天之明命，畏小民之難保，經其德而不變，所以處己也。秉其哲而不惑，所以用人也。湯之垂統如此，故自湯至于帝乙，賢聖之君六七作，雖世代不同，而皆能成就君德，敬畏輔相。故當時御事大臣，亦皆盡忠輔翼，而有責難之恭。自暇自逸，猶且不敢，況曰其敢尚飲乎。

越在外服，侯、甸、男、衛、邦伯；越在内服，百僚、庶尹、惟亞、惟服、宗工，越百姓里居，罔敢湎于酒。不惟不敢，亦不暇，惟助成王德顯，越尹人祗辟。』

自御事而下在外服，則有侯、甸、男、衛諸侯，與其長伯。在内服，則有百僚、庶尹、惟亞、惟服、宗工、國中百姓，與夫里居者，亦皆不敢沈湎于酒。不惟不敢，亦不暇。不敢者，有所畏。不暇者，有所勉。惟欲上以助成君德，而使之昭著。下以助尹人祗辟，而使之益不怠耳。成王，顧上文成王而言。祗辟，顧上文有恭而言。吕氏曰：尹人者，百官諸侯之長也。指上文御事而言。

我聞亦惟曰：『在今後嗣王酣身，厥命罔顯于民。祗保越怨不易，誕惟厥縱淫泆于非彝，用燕喪威儀，民罔不衋傷心。惟荒腆于酒，不惟自息乃逸。厥心疾很，不克畏死。辜在商邑，越殷國滅無罹。弗惟德馨香祀登聞于天。誕惟民怨，庶羣自酒，腥聞在上。故天降喪于殷，罔愛于殷，惟逸。天非虐，惟民自速辜。』

以商受荒腆于酒者告康叔也。後嗣王，受也。受沈酣其身，昏迷於政，命令不著於民。其所祗保者，惟在於作怨之事。不肯悛改，大惟縱淫泆于非彝，泰誓所謂奇技淫巧也。燕，安也。用安逸而喪其威儀。史記受爲酒池肉林〔一四〕，使男女裸而相逐。其威儀之喪如此。此民所以無不痛傷其心，悼國之將亡也。而受方且荒怠，益厚于酒，不思自息其逸，力行無度，其心疾很，雖殺身而不畏也。辜萃商邑，雖滅國而不憂也。弗事上帝，無馨香之德以格天。大惟民怨，惟羣酗腥穢之德以聞于上。故上天降喪于殷，無有眷愛之意者，亦惟受縱逸故也。天豈虐殷，惟殷人酗酒，自速其辜爾。曰民者，猶曰先民，君臣之通稱也。王曰：「封，予不惟若茲多誥，古人有言曰：『人無於水監，當於民監。』今惟殷墜厥命，我其可不大監撫于時！我不惟如此多言，所以言湯言受如此其詳者，古人謂人無於水監，水能見人之妍醜而已。當於民監，則其得失可知。今殷民自速辜，既墜厥命矣，我其可不以殷民之失爲大監戒，以撫安斯時乎！予惟曰：『汝劼毖殷獻臣，侯、甸、男、衛，矧太史友、内史友，越獻臣、百宗工，矧惟爾事，服休、服采，矧惟若疇，圻父薄違，農父若保，宏父定辟，矧汝剛制于酒。』劼，用力也。汝當用力戒謹殷之賢臣，與鄰國之侯、甸、男、衛，使之不湎于酒也。毖殷獻臣，侯、甸、男、衛，與文王毖庶邦庶士同義。殷之賢臣諸侯，固欲知所謹矣。況太史掌六典八法八則，内史掌八柄之法，汝之所友者，及其賢臣百寮大臣，可不謹於酒乎！太史、内史、獻臣、百宗工，固欲知所謹矣。況爾之所事，服休坐而論道之臣，服采起而作事之臣，可不謹於酒乎！曰友曰事者，國君有所友，有所事也。然盛德有不可友者，故孟子曰古之人、曰事之云乎？豈曰友之云乎？服休服采，固欲知所謹矣。況爾之疇匹而位三卿者，若圻父迫逐違命者乎？若農父之順保萬民者乎？若宏父之制其經界以定法者乎？皆不可不謹于酒也。圻父，政官，司馬也，主封圻。農父，教官，司徒也，主農。宏父，事官，司空也，主廓地居民。謂之父者，尊之也。先言圻父者，制殷人湎酒，以政爲急也。圻父、農父、宏父，固欲知所謹矣。況汝之身，所以爲一國之視傚者，可不謹於酒乎？故曰「矧汝剛制于酒」。剛制，亦劼毖之意，剛果用力以制之也。此章自遠而近，自卑而尊，等而上之，則欲其自康叔之身始。以是爲治，孰能禦之，而况毖於酒德也哉！厥或誥曰：『羣飲。』汝勿佚，盡執拘以歸于周，予其殺。羣飲者，商民羣聚而飲，爲姦惡者也。佚，失也。其者，未定辭也。蘇氏曰：予其殺者，未必殺也。猶今法曰當斬者，皆具獄以待命，不必死也。然必立法者，欲人畏而不敢犯也。羣飲，蓋亦當時之法。有羣聚飲酒，謀爲大姦者，其詳不可得而聞矣。如今之法，有曰夜聚曉散者皆死罪，蓋聚而爲妖逆者也。使後世不知其詳而徒聞其名，凡民夜相過者，輒殺之，可乎？又惟殷之迪諸臣惟工，乃湎于酒，勿庸殺之，姑惟教之。殷受導迪爲惡之諸臣百工，雖湎于酒，未能遽革，而非羣聚爲姦惡者，無庸殺之，且惟教之。有斯，明享。乃不用我教辭，惟我一人弗恤，弗蠲乃事，時同于殺。」有者，不忘之也。斯，此也。指教辭而言。享，上享下之享，言殷諸臣百工，不忘教辭，不湎于酒，我則明享之。其不用我教辭，惟我一人不恤於汝，弗潔汝事，時則同汝于羣飲誅殺之罪矣。王曰：「封，汝典聽朕毖，勿辯乃司，民湎于酒。」辯，治也。乃司，有司也。即上文諸臣百工之類。言康叔不治其諸臣百工之湎酒，則民之湎酒者，不可禁矣。

梓材亦武王誥康叔之書，諭以治國之理，欲其通上下之情，寬刑辟之用。而篇中有「梓材」二字，比稽田作室爲雅，故以爲簡編之别，非有它義也。今文、古文皆有。○按此篇文多不類，自「今王惟曰」以下，若人臣進戒之辭。以書例推之，曰「今王惟曰」者，猶洛誥之「今王即命曰」也。「肆王惟德用」者，猶召誥之「肆惟王其疾敬德，王其德之用」也。「已若兹監」者，猶無逸「嗣王其監于兹」也。「惟王子子孫孫永保民」者，猶召誥「惟王受命無疆惟休」也。反覆參考，與周公、召公進戒之言，若出一口。意者此篇得於簡編斷爛之中，文既不全，而進戒爛簡，有用明德之語，編書者以與罔厲殺人等意合。又武王之誥，有曰王曰監云者；而進戒之書，亦有曰王曰監云者，遂以爲文意相屬，編次其後，而不知前之所謂王者，指先王而言，非若今王之爲自稱也。後之所謂監者，乃監視之監，而非啓監之監也。其非命康叔之書，亦明矣。讀書者，優游涵泳，沈潛反覆，繹其文義，審其語脉，一篇之中，前則尊諭卑之辭，後則臣告君之語，蓋有不可得而强合者矣。

王曰：「封，以厥庶民，暨厥臣達大家，以厥臣達王，惟邦君。大家，巨室也。孟子曰：爲政不難，不得罪於巨室。孔氏曰：卿大夫及都家也。以厥庶民暨厥臣達大家，則下之情無不通矣。以厥臣達王，則上之情無不通矣。王言臣而不言民者，率土之濱莫非王臣也。邦君上有天子，下有大家，能通上下之情，而使之無間者，惟邦君也。汝若恒越曰：『我有師師、司徒、司馬、司空、尹旅。』曰：『予罔厲殺人，亦厥君先敬勞。』肆徂厥敬勞。肆往姦宄，殺人歷人宥。肆亦見厥君事，戕敗人宥。恒，常也。師師，以官師爲師也。尹，正官之長。旅，衆大夫也。敬勞，恭敬勞來也。徂，往也。歷人者，罪人所過，律所謂知情藏匿資給也。戕敗者，毁傷四肢面目，漢律所謂疻也。此章文多未詳。王啓監，厥亂爲民，曰：『無胥戕，無胥虐，至于敬寡，至于屬婦，合由以容。』王其效邦君越御事，厥命曷以？引養引恬。自古王若茲，監罔攸辟。監，三監之監。康叔所封，亦受畿内之民，當時亦謂之監，故武王以先王啓監意而告之也。言王者所以開置監國者，其治本爲民而已。其命監之辭蓋曰：無相與戕殺其民，無相與虐害其民。人之寡弱者，則哀敬之，使不失其所。婦之窮獨者，則聯屬之，使有所歸。保合其民，率由是而容蓄之也。且王所以責效邦君御事者，其命何以哉？亦惟欲其引掖斯民於生養安全之地而已。自古王者之命監若此，汝今爲監，其無所用乎刑辟以戕虐人，可也。惟曰：『若稽田，既勤敷菑，惟其陳修爲厥疆畎。若作室家，既勤垣墉，惟其塗塈茨。若作梓材，既勤樸斲，惟其塗丹雘。』稽，治也。敷菑，廣去草棘也。疆，畔也。畎，通水渠也。塗塈，泥飾也。茨，蓋也。梓，良材，可爲器者。雘，采色之名。敷菑以喻除惡，垣墉以喻立國，樸斲以喻制度。武王之所已爲也。疆畎塈茨丹雘，則望康叔以成終云爾。今王惟曰：先王既勤用明德，懷爲夾，庶邦享作，兄弟方來，亦既用明德。后式典集，庶邦丕享。先王，文王、武王也。夾，近也。懷遠爲近也。兄弟，言友愛也。泰誓曰：「友邦冢君。」方來者，方方而來也。既，盡也。先王盡勤用明德，而懷來于上。諸侯亦盡用明德，而視效於下也。后，後王也。式，用也。典，舊典也。集，和輯也。此章以後，若臣下進戒之辭。疑簡脱誤於此。皇天既付中國民，越厥疆土于先王。越，及也。皇天既付中國民及其疆土于先王也。肆王惟德用，和懌先後迷民，用懌先王受命。肆，今也。德用，用明德也。和懌，和悦之也。先後，勞來之也。迷民，迷惑染惡之民也。命，天命也。用慰悦先王之克受天命者也。已！若茲監。惟曰：『欲至于萬年，惟王子子孫孫永保民。』已，語辭。監，視也。非人臣祈君永命之辭也〔一五〕。按梓材有「自古王若茲，監罔攸辟」之言，而編書者誤以監爲句讀，而爛簡適有「已若茲監」之語，以爲語意相類，合爲一篇。而不知其句讀之本不同，文義之本不類也。孔氏依阿其説，於篇意無所發明。王氏謂成王自言必稱王者，以覲禮考之，天子以正遏諸侯則稱王，亦强釋難通。獨吴氏以爲誤簡者，爲得之。但謂「王啓監」以下即非武王之誥，則未必然也。

校勘記

〔一〕類乎上帝　「乎」原作「于」，據明内府本、明官刻本、清傳經堂本及禮記王制改。以下逕改。

〔二〕程子徙恭天成命以下三十四字屬于其下　「徙」原作「從」，據明内府本、明官刻本、清傳經堂本改。

〔三〕乃言者　「者」字原脱，據明内府本、清傳經堂本補。

〔四〕土兼四行　「四」，明内府本、明官刻本、清傳經堂本作「五」。

〔五〕既發而後能視　「發」字原作墨釘，據明内府本、明官刻本、清傳經堂本補。

〔六〕所以報本也　「也」原作「出」，據明内府本、明官刻本、清傳經堂本改。

〔七〕月行東北入于箕　「東」原作「冬」，據明内府本、明官刻本、清傳經堂本改。

〔八〕犬知人心可使者　「知」原作「如」，據明内府本、明官刻本、清傳經堂本改。

〔九〕如分陳以肅慎氏之矢　「慎」原作「謹」，避宋孝宗諱，據明内府本、明官刻本、清傳經堂本改。

〔一〇〕公將請王而誅之耶　「耶」原作「也」，據明内府本、明官刻本、清傳經堂本改。

〔一一〕懇惻切至　「切」原作「到」，據明内府本、明官刻本、清傳經堂本改。

〔一二〕况不孝之人　明内府本、明官刻本、清傳經堂本「孝」字下有「不友」二字。

〔一三〕大誥首稱大誥多邦　「邦」原作「方」，據明内府本、明官刻本、清傳經堂本改。

〔一四〕史記受爲酒池肉林　「受」原作「友」，據各本及史記殷本記改。

〔一五〕非人臣祈君永命之辭也　「非」，明内府本、明官刻本、清傳經堂本作「此」。

書集傳卷五

召誥左傳曰：「武王克商，遷九鼎于洛邑。」史記載武王言：「我南望三途，北望嶽鄙，顧詹有河，粵詹洛、伊，毋遠天室。」營周居于洛邑而後去。則宅洛者，武王之志，周公、成王成之，召公實先經理之。洛邑既成，成王始政，召公因周公之歸，作書致告，達之於王。其書拳拳於歷年之久近，反復乎夏商之廢興。究其歸，則以諴小民爲祈天命之本，以疾敬德爲諴小民之本。一篇之中，屢致意焉。古之大臣，其爲國家長遠慮蓋如此。以召公之書，因以「召誥」名篇。今文、古文皆有。

惟二月既望，越六日乙未，王朝步自周，則至于豐。日月相望謂之望。既望，十六日也。乙未，二十一日也。周，鎬京也，去豐二十五里，文武廟在焉。成王至豐，以宅洛之事告廟也。惟太保先周公相宅。越若來。三月惟丙午朏，越三日戊申，太保朝至于洛，卜宅。厥既得卜，則經營。成王在豐，使召公先周公行，相視洛邑。「越若來」，古語辭，言召公於豐迤邐而來也。朏，孟康曰：月出也。三日，明生之名。戊申，三月五日也。卜宅者，用龜卜宅都之地。既得吉卜，則經營規度其城郭、宗廟、郊社、朝市之位。越三日庚戌，太保乃以庶殷攻位于洛汭。越五日甲寅，位成。

庶殷，殷之衆庶也。用庶殷者，意是時殷民已遷于洛，故就役之也。位成者，左祖右社、前朝後市之位成也。若翼日乙卯，周公朝至于洛，則達觀于新邑營。周公至，則徧觀新邑所經營之位。越三日丁巳，用牲于郊，牛二。越翼日戊午，乃社于新邑，牛一、羊一、豕一。郊，祭天地也，故用二牛。社祭用太牢，禮也。皆告以營洛之事。越七日甲子，周公乃朝用書，命庶殷侯、甸、男、邦伯。書，役書也。春秋傳曰：「士彌牟營成周。計丈數，揣高低，度厚薄，仞溝洫，物土方，議遠邇，量事期，計徒庸，慮材用，書糇糧，以令役於諸侯。」亦此意。王氏曰：邦伯者，侯、甸、男服之邦伯也。庶邦冢君咸在，而獨命邦伯者，公以書命邦伯，而邦伯以公命命諸侯也。厥既命殷庶，庶殷丕作。丕作者，言皆趨事赴功也。殷之頑民，若未易役使者。然召公率以攻位而位成，周公用以書命而丕作。殷民之難化者猶且如此，則其悦以使民可知也。太保乃以庶邦冢君出取幣，乃復入錫周公，曰：「拜手稽首，旅王若公。誥告庶殷，越自乃御事。呂氏曰：洛邑事畢，周公將歸宗周，召公因陳戒成王，乃取諸侯贄見幣物以與周公，且言其拜手稽首，所以陳王及公之意。蓋召公雖與周公言，乃欲周公聯諸侯之幣，與召公之誥，併達之王。謂洛邑已定，欲誥告殷民，其根本乃自爾御事。不敢指言成王，謂之御事，猶今稱人爲執事也。嗚呼！皇天上帝，改厥元子，兹大國殷之命。惟王受命，無疆惟休，亦無疆惟恤。嗚呼！曷其柰何弗敬！此下皆告成王之辭，託周公達之王也。曷，何也。其，語辭。商受嗣天位爲元子矣。元子不可改而天改之，大國未易亡而天亡之。皇天上帝，其命之不可恃如此。

今王受命，固有無窮之美，然亦有無窮之憂。於是歎息言王曷其柰何弗敬乎？蓋深言不可以弗敬也。又按此篇專主敬言，敬則誠實無妄，視聽言動一循乎理，好惡用捨不違乎天。與天同德，固能受天明命也。人君保有天命，其有要於此哉。伊尹亦言「皇天無親，克敬惟親」。敬則天與我一矣，尚何疎之有。

天既遐終大邦殷之命，兹殷多先哲王在天。越厥後王後民，兹服厥命，厥終智藏瘝在。夫知保抱攜持厥婦子，以哀籲天，徂厥亡，出執。嗚呼！天亦哀于四方民，其眷命用懋，王其疾敬德。後王後民，指受也。此章語多難解，大意謂天既欲遠絶大邦殷之命矣。而此殷先哲王，其精爽在天，宜若可恃者。而商紂受命，卒致賢智者退藏，病民者在位。民困虐政，保抱攜持其妻子，哀號呼天，往而逃亡，出見拘執，無地自容。故天亦哀民，而眷命用歸於勉德者。天命不常如此，今王其可不疾敬德乎！

相古先民有夏，天迪從子保，面稽天若，今時既墜厥命。今相有殷，天迪格保，面稽天若，今時既墜厥命。從子保者，從其子而保之，謂禹傳之子也。面，鄉也。視古先民有夏，天固啓迪之，又從其子而保佑之，禹亦面考天心，敬順無違，宜若可爲後世憑藉者，今時已墜厥命矣。今視有殷，天固啓迪之，又使其格正夏命而保佑之，湯亦面考天心，敬順無違，宜亦可爲後世憑藉者，今時已墜厥命矣。以此知天命誠不可恃以爲安也。

今冲子嗣，則無遺壽耇。曰：其稽我古人之德，矧曰其有能稽謀自天。稽，考。矧，况也。幼冲之主於老成之臣，尤易疎遠。故召公言今王以童子嗣位，不可遺棄老成。言其能稽古人之德，是固不可遺也。况言其能稽謀自天，是尤不可遺也。稽古人之德，則於事有所證；稽謀自天，則於理無所遺。無遺壽耇，蓋君天下者之要務，故召公特首言之。

嗚呼！

有王雖小，元子哉！其丕能諴于小民，今休。王不敢後，用顧畏于民碞。召公嘆息言王雖幼冲，乃天之元子哉，謂其年雖小，其任則大也。其者，期之辭也。諴，和。碞，險也。王其大能諴和小民，爲今之休美乎。小民雖至微，而至爲可畏，王當不敢緩於敬德，用顧畏于民之碞險可也。王來紹上帝，自服于土中。旦曰：『其作大邑，其自時配皇天，毖祀于上下。其自時中乂，王厥有成命，治民今休。』洛邑天地之中，故謂之土中。王來洛邑，繼天出治，當自服行於土中。是時洛邑告成，成王始政，故召公以自服土中爲言。又舉周公嘗言作此大邑，自是可以對越上天，可以饗答神祇，自是可以宅中圖治。成命者，天之成命也。成王而能紹上帝，服土中，則庶幾天有成命，治民今即休美矣。○王氏曰：成王欲宅洛邑者，以天事言，則日東景朝多陽，日西景夕多陰[一]，日南景短多暑，日北景長多寒，洛天地之中，風雨之所會，陰陽之所和也。以人事言，則四方朝聘貢賦，道里均焉，故謂之土中。王先服殷御事，比介于我有周御事。節性，惟日其邁。言治民當先服乎臣也。王先服殷之御事，以親近副貳我周之御事，使其漸染陶成，相觀爲善，以節其驕淫之性，則日進於善而不已矣。王敬作所，不可不敬德。言化臣必謹乎身也。所，處所也。猶所其無逸之所。王能以敬爲所，則動静語默，出入起居，無往而不居敬矣。不可不敬德者，甚言德之不可不敬也。我不可不監于有夏，亦不可不監于有殷。我不敢知曰，有夏服天命，惟有歷年。我不敢知曰，不其延。惟不敬厥德，乃早墜厥命。我不敢知曰，有殷受天命，惟有歷年。我不敢知曰，不其延。惟不敬厥德，乃早墜厥命。夏商歷年長短，所不敢知。我所知者，惟不敬厥德即墜其命也。與上章相古先民之意，相爲出入。但上章主言天眷之不足恃，此則直言不敬德則墜厥命爾。今王嗣受厥命，我亦惟茲二國命，嗣若功。王乃初服。今王繼受天命，我謂亦惟此夏商之命，當嗣其有功者。謂繼其能敬德而歷年者也。況王乃新邑初政，服行教化之始乎。嗚呼！若生子，罔不在厥初生，自貽哲命。今天其命哲、命吉凶、命歷年。知今我初服。歎息言王之初服，若生子，無不在於初生，習爲善則善矣，自貽其哲命。爲政之道亦猶是也。今天其命王以哲乎？命以吉凶乎？命以歷年乎？皆不可知。所可知者，今我初服如何爾。初服而敬德，則亦自貽哲命，而吉與歷年矣。宅新邑。肆惟王其疾敬德。王其德之用，祈天永命。宅新邑，所謂初服也。王其疾敬德，容可緩乎？王其德之用，而祈天以歷年也。其惟王勿以小民淫用非彝，亦敢殄戮用乂。民若有功。刑者，德之反。疾於敬德，則當緩於用刑。勿以小民過用非法之故，亦敢於殄戮用治之也。惟順導民，則可有功。民猶水也，水泛濫橫流，失其性矣。然壅而遏之，則害愈甚。惟順而導之，則可以成功。其惟王位在德元，小民乃惟刑用于天下，越王顯。元，首也。居天下之上，必有首天下之德。王位在德元，則小民皆儀刑用德于下。於王之德益以顯矣。上下勤恤。其曰：『我受天命，丕若有夏歷年，式勿替有殷歷年。欲王以小民受天永命。』其，亦期之辭也。君臣勤勞，期曰我受天命，大如有夏歷年，用勿替有殷歷年，欲兼夏商歷年之永也。召公又繼以欲王以小民受天永命。蓋以小民者，勤恤之實。受天永命者，歷年之實也。蘇氏曰：君臣一心以勤恤民，庶幾王受命歷年如夏商。且以民心爲天命也。拜手稽首，曰：「予小臣，敢以王之讎民、百君子，越友民，保受王威命明德。王末有成命，王亦顯。我非敢勤，惟恭奉幣，用供王能祈天永命。」讎民，殷之頑民，與三監叛者。百君子，殷之御事、庶士也。友民，周之友順民也。保者，保而不失。受者，受而無拒。威命明德者，德威德明也。末，終也。召公於篇終致敬言予小臣，敢以殷周臣民，保受王威命明德。王當終有天之成命，以顯于後世。我非敢以此爲勤，惟恭奉幣帛，用供王能祈天永命而已。蓋奉幣之禮，臣職之所當恭。而祈天之實，則在王之所自盡也。又按恭奉幣意，即上文取幣以錫周公而旅王者。蓋當時成王將舉新邑之祀，故召公奉以助祭云。

洛誥

洛邑既定，周公遣使告卜，史氏録之以爲洛誥，又并記其君臣答問及成王命周公留治洛之事。今文、古文皆有。○按「周公拜手稽首」以下，周公授使者告卜之辭也。「王拜手稽首」以下，成王授使者復公之辭也。「王肇稱殷禮」以下，周公教成王宅洛之事也。「公明保予沖子」以下，成王命公留後治洛之事也。「王命予來」以下，周公許成王留洛，君臣各盡其責難之辭也。「伻來」以下，成王錫命毖殷命寧之事也。「戊辰」以下，史又記其祭祀册誥等事，及周公居洛歲月久近以附之，以見周公作洛之始終。而成王舉祀發政之後，即歸于周，而未嘗都洛也。

周公拜手稽首曰：「朕復子明辟。此下周公授使者告卜之辭也。拜手稽首者，史記：周公遣使之禮也。復，如逆復之復。成王命周公往營成周，周公得卜，復命于王也。謂成王爲子者，親之也。謂成王爲明辟者，尊之也。周公相成王，尊則君，親則兄之子也。明辟者，明君之謂，先儒謂成王幼，周公代王爲辟，至是反政成王，故曰「復子明辟」。夫有失，然後有復。武王崩，成王立，未嘗一日不居君位，何復之有哉？蔡仲之命言周公位冢宰，正百工。則周公以冢宰總百工而已，豈不彰彰明甚矣乎！王莽居攝，幾傾漢鼎，皆儒者有以啓之，是不可以不辨。○蘇氏曰：此上有脱簡在康誥，自「惟三月哉生魄」至「洪大誥治」四十八字。王如弗敢及天基命定命，予乃胤保，大相東土，其基作民明辟。凡有造，基之而後成，成之而後定。基命，所以成始也。定命，所以成終也。言成王幼沖退託，如不敢及知天之基命定命。予乃繼太保而往，大相洛邑，其庶幾爲王始作民明辟之地也。洛邑在鎬京東，故曰東土。予惟乙卯，朝至于洛師。我卜河朔黎水，我乃卜澗水東、瀍水西，惟洛食。我又卜瀍水東，亦惟洛食。伻來以圖及獻卜。」乙卯，即召誥之乙卯也。洛師，猶言京師也。河朔黎水，河北黎水交流之内也。澗水東、瀍水西，王城也，朝會之地。瀍水東，下都也，處商民之地。王城在澗、瀍之間，下都在瀍水之外，其地皆近洛水，故兩云「惟洛食」也。食者，史先定墨，而灼龜之兆，正食其墨也。伻，使也。圖，洛之地圖也。獻卜，獻其卜之兆辭也。王拜手稽首曰：「公不敢不敬天之休，來相宅，其作周匹休。公既定宅，伻來，來視予卜休恒吉。我二人共貞。公其以予萬億年敬天之休，拜手稽首誨言。」此王授使者復公之辭也。王拜手稽首者，成王尊異周公而重其禮也。匹，配也。公不敢不敬天之休命，來相宅，爲周匹休之地，言卜洛以配周命於無窮也。視，示也。示我以卜之休美而常吉者也。二人，成王、周公也。貞，猶當也。十萬曰億。言周公宅洛，規模宏遠，以我萬億年敬天休命，故又拜手稽首，以謝周公告卜之誨言。周公曰：「王肇稱殷禮，祀于新邑，咸秩無文。此下周公告成王宅洛之事也。殷，盛也。與五年再殷祭之殷同。秩，序也。無文，祀典不載也。言王始舉盛禮祀于洛邑，皆序其所當祭者，雖祀典不載，而義當祀者，亦序而祭之也。呂氏曰：定都之初，肇舉盛禮，大饗羣祀。雖祀典不載者，咸秩序而祭之。有告焉，有報焉，有祈焉，始建新都，昭假上下，告成事也。雨暘時若，大役以成，報神賜也。自今以始，永奠中土，祈鴻休也。後世不知祭祀之義，鬼神之德，觀周公首以祀于新邑爲言，若闊於事情者。抑不知人主臨鎮新都之始，齊祓一心，對越天地，達此精明之德，放諸四海，無所不準。而助祭諸侯，下逮胞翟之賤，亦皆有孚顒若，收其放而合其離。蓋格君心，萃天下之道，莫要於此，宜周公以爲首務也。予齊百工，伻從王于周。予惟曰：『庶有事。』周公言予整齊百官，使從成王于周，謂將適洛時也。予惟謂之曰，庶幾其有所事乎？公但微示其意，以待成王自教詔之也。今王即命曰：『記功宗，以功作元祀。』惟命曰：『汝受命篤弼。』功宗，功之尊顯者。祭法曰：聖王之制祭祀也，法施於民則祀之，以死勤事則祀之，以勞定國則祀之，能禦大災則祀之，能捍大患則祀之。蓋功臣皆祭於大烝，而勳勞之最尊顯者，則爲之冠，故謂之元祀。周公發成王即命曰，記功之尊顯者，以功作元祀矣。又惟命之曰：汝功臣受此褒賞之命，當益厚輔王室。蓋作元祀，既以慰答功臣，而又勉其左右王室，益圖久大之業也。丕視功載，乃汝其悉自教工。』丕，大。視，示也。功載者，記功之載籍也。大示功載而無不公，則百工效之，亦皆公也。大示功載而或出於私，則百工效之，亦皆私也。其公其私，悉自汝教之。所謂「乃汝其悉自教工」也。上章告以褒賞功臣，故戒其大示功載者如此。孺子其朋，孺子其朋，其往，無若火，始餤餤，厥攸灼，叙弗其絶。孺子，稚子也。朋，比也。上文百工之視傚如此，則論功行賞，孺子其可少徇比黨之私乎。孺子其少徇比黨之私，則自是而往，有若火然。始雖餤餤尚微，而其灼爍，將次第延爇，不可得而撲滅矣。言論功行賞，徇私之害，其初甚微，其終至於不可遏絶。所以嚴其辭而禁之於未然也。厥若彝，及撫事，如予。惟以在周工往新邑。伻嚮，即有僚，明作有功，惇大成裕，汝永有辭。」其順常道及撫國事，常如我爲政之時。惟用見在周官，勿參以私人往新邑。使百工知上意嚮，各就有僚，明白奮揚而赴功，惇厚博大以裕俗。則王之休聞，亦永有辭于後世矣。公曰：「已！汝惟冲子，惟終。」周之王業，文武始之，成王當終之也。此上詳於記功、教工、内治之事。此下則統御諸侯、教養萬民之道也。汝其敬，識百辟享，亦識其有不享。享多儀，儀不及物，惟曰不享。惟不役志于享，凡民惟曰不享，惟事其爽侮。此御諸侯之道也。百辟，諸侯也。享，朝享也。儀，禮。物，幣也。諸侯享上，有誠有僞，惟人君克敬者能識之。識其誠於享者，亦識其不誠於享者。享不在幣而在於禮，幣有餘而禮不足，亦所謂不享也。諸侯惟不用志於享，則國人化之，亦皆謂上不必享矣。舉國無享上之誠，則政事安得不至於差爽僭侮，隳王度而爲叛亂哉！人君可不以敬存心，辨之於早，察之於微乎！乃惟孺子，頒朕不暇，聽朕教汝，于棐民彝。汝乃是不蘉，乃時惟不永哉！篤叙乃正父，罔不若予，不敢廢乃命。汝往敬哉，兹予其明農哉！彼裕我民，無遠用戾。」此教養萬民之道也。「頒朕不暇」，未詳。或曰：成王當頒布我汲汲不暇者，聽我教汝所以輔民常性之道。汝於是而不勉焉，則民彝泯亂，而非所以長久之道矣。正父，武王也。猶今稱先正云者。篤者，篤厚而不忘。叙者，先後之不紊。言篤叙武王之道，無不如我，則人不敢廢汝之命矣。呂氏曰：武王没，周公如武王，故天下不廢周公之命。周公去，成王如周公，則天下不廢成王之命。戾，至也。王往洛邑，其敬之哉！我其退休田野，惟明農事。蓋公有歸老之志矣。彼謂洛邑也。王於洛邑和裕其民，則民將無遠而至焉。王若曰：「公明保予沖子，公稱丕顯德。以予小子揚文武烈，奉答天命，和恒四方民，居師。此下成王答周公及留公也。大抵與上章參錯相應。明，顯明之也。保，保佑之也。稱，舉也。和者，使不乖也。恒者，使可久也。居師者，宅其衆也。言周公明保成王，舉大明德，使其上之不忝於文武，仰不愧天，俯不怍人也。惇宗將禮，稱秩元祀，咸秩無文。宗，功宗之宗也。下文宗禮同。將，大也。惟公德，明光于上下，勤施于四方，旁作穆穆迓衡，不迷文武勤教，予沖子夙夜毖祀。」旁，無方所也。因上下四方爲言。穆穆，和敬也。迓，仰也。言周公之德，昭著於上下，勤施於四方。旁作穆穆以迎治平，不迷失文武所勤之教於天下。公之德教加於時者如此，予沖子夫何爲哉？惟蚤夜以謹祭祀而已。蓋成王知周公有退休之志，故示其所以留之之意也。王曰：「公功棐迪篤，罔不若時。」言周公之功，所以輔我啓我者厚矣。當常如是，未可以言去也。王曰：「公，予小子其退，即辟于周，命公後。此下成王留周公治洛也。成王言我退即居于周，命公留後治洛。蓋洛邑之作，周公本欲成王遷都，以宅天下之中。而成王之意，則未欲捨鎬京而廢祖宗之舊。故於洛邑舉祀發政之後，即欲歸居于周，而留周公治洛。謂之後者，先成王之辭，猶後世留守、留後之義。先儒謂封伯禽以爲魯後者，非是。考之費誓，東郊不開，乃在周公東征之時。則伯禽就國，蓋已久矣。下文惟告周公其後，其字之義，益可見其爲周公，不爲伯禽也。四方迪亂，未定于宗禮，亦未克敉公功。宗禮，即功宗之禮也。亂，治也。四方開治，公之功也。未定功宗之禮，故未能敉公功也。敉功者，安定其功之謂，即下文命寧者也。迪將其後，監我士師工，誕保文武受民，亂爲四輔。」將，大也。周公居洛，啓大其後，使我士師工有所監視，大保文武所受於天之民，而治爲宗周之四輔也。漢三輔蓋本諸此。今按先言啓大其後，而繼以亂爲四輔，則命周公留後於洛明矣。王曰：「公定，予往已。公功肅將祗歡，公無困哉。我惟無斁其康事，公勿替刑，四方其世享。」定，爾雅曰止也。成王欲周公止洛，而自歸往宗周，言周公之功，人皆肅而將之，欽而悅之，宜鎮撫洛邑以慰懌人心，毋求去以困我也。我惟無厭其安民之事，公勿替所以監我士師工者，四方得以世世享公之德也。吴氏曰：前漢書兩引「公無困哉」，皆以「哉」作「我」，當以我爲正。周公拜手稽首曰：「王命予來，承保乃文祖受命民，越乃光烈考武王，弘朕恭。此下周公許成王留等事也。來者，來洛邑也。承保乃文祖受命民及光烈考武王者，答誕保文武受民之言也。責難於君謂之恭。弘朕恭者，大其責難之義也。孺子來相宅，其大惇典殷獻民。亂爲四方新辟，作周恭先。曰：其自時中乂，萬邦咸休，惟王有成績。典，典章也。殷獻民，殷之賢者也。言當大厚其典章及殷之獻民，蓋文獻者，爲治之大要也。亂，治也。言成王於新邑致治，爲四方新主也。作周恭先者，人君恭以接下，以恭而倡後王也。公又言其自是宅中圖治，萬邦咸底休美，則王其有成績矣。此周公以治洛之效望之成王也。予旦以多子越御事，篤前人成烈，答其師，作周孚先。考朕昭子刑，乃單文祖德。多子者，衆卿大夫也。唐孔氏曰：子者，有德之稱。大夫皆稱子。師，衆也。周公言我以衆卿大夫及治事之臣，篤厚文武成功，以答天下之衆也。孚，信也。作周孚先者，人臣信以事上，以信而倡後人也。考，成也。昭子，猶所謂明辟也。親之故曰子。刑，儀刑也。單，殫也。言成我明子儀刑，而殫盡文王之德。蓋周公與羣臣篤前人成烈者，所以成成王之刑，乃單文祖德也。此周公以治洛之事自效也。伻來毖殷，乃命寧予。以秬鬯二卣，曰明禋，拜手稽首休享。此謹毖殷民，而命寧周公也。秬，黑黍也。一稃二米，和氣所生。鬯，鬱金香草也。卣，中尊也。明，潔。禋，敬也。以事神之禮事公也。蘇氏曰：以黑黍爲酒，合以鬱鬯，所以祼也。宗廟之禮，莫盛於祼。王使人來戒敕庶殷，且以秬鬯二卣，綏寧周公。曰明禋、曰休享者，何也？事周公如事神明也。古者有大賓客，以享禮禮之。酒清人渴而不飲，肉乾人飢而不食也。故享有體薦，豈非敬之至者，則其禮如祭也歟。予不敢宿，則禋于文王、武王。宿，與《顧命》「三宿」之宿同。禋，祭名。周公不敢受此禮，而祭於文武也。惠篤叙，無有遘自疾，萬年厭于乃德，殷乃引考。此祭之祝辭。周公爲成王禱也。惠，順也。篤叙，與篤叙乃正父同。順篤叙文武之道，身其康強，無有遘遇自罹疾害者，子孫萬年厭飽乃德，殷人亦永壽考也。王伻殷，乃承敍萬年，其永觀朕子懷德。」承，聽受也。敍，教條次第也。王使殷人承敍萬年，其永觀法我孺子而懷其德也。蓋周公雖許成王留洛，然且謂王伻殷者，若曰遷洛之民，我固任之。至於使其承敍萬年，則實繫于王也。亦責難之意，與召誥末「用供王能祈天命」語脉相類。戊辰，王在新邑烝祭歲。文王騂牛一，武王騂牛一。王命作册，逸祝册，惟告周公其後。王賓殺禋咸格，王入太室裸。此下史官記祭祀册誥等事，以附篇末也。戊辰，十二月之戊辰日也。是日，成王在洛，舉烝祭之禮。曰歲云者，歲舉之祭也。周尚赤，故用騂。宗廟禮太牢，此用特牛者，命周公留後於洛，故舉盛禮也。逸，史佚也。作册者，册書也。逸祝册者，史逸爲祝册以告神也。惟告周公其後者，祝册所載，更不他及，惟告周公留守其後之意，重其事也。王賓，猶虞賓、杞宋之屬，助祭諸侯也。諸侯以王殺牲，禋祭助廟，故咸至也。太室，清廟中央室也。裸，灌也。以圭瓚酌秬鬯，灌地以降神也。王命周公後，作册，逸誥，在十有二月。逸誥者，史逸誥周公治洛留後也。在十有二月者，明戊辰爲十二月日也。惟周公誕保文武受命，惟七年。吴氏曰：周公自留洛之後，凡七年而薨也。成王之留公也，言誕保文武受民。公之復成王也，亦言承保乃文祖受命民，越乃光烈考武王，故史臣於其終，計其年曰「惟周公誕保文武受命惟七年」，蓋終始公之辭云。

多士 商民遷洛者，亦有有位之士，故周公洛邑初政，以王命總呼多士而告之。編書者因以名篇。亦誥體也。今文、古文皆有。○吴氏曰：方遷商民于洛之時，成周未作。其後王與周公患四方之遠，鑒三監之叛，於是始作洛邑，欲徙周而居之〔一〕。其曰「昔朕來自奄，大降爾四國民命，我乃明致天罰，移爾遐逖，比事臣我宗多遜」者，述遷民之初也。曰「今朕作大邑于茲洛，予惟四方罔攸賓，亦惟爾多士，攸服奔走臣我多遜」者，言遷民而後作洛也。故洛誥一篇，終始皆無欲遷商民之意。惟周公既諾成王留治于洛之後，乃曰「伻來毖殷」，又曰「王伻殷乃承叙」，當時商民已遷于洛，故其言如此。愚謂武王已有都洛之志，故周公黜殷之後，以殷民反覆難制，即遷于洛。至是建成周，造廬舍，定疆埸，乃告命與之更始焉爾。此多士之所以作也。由是而推，則召誥攻位之庶殷，其已遷洛之民歟。不然，則受都，今衛州也。洛邑，今西京也。相去四百餘里，召公安得舍近之友民，而役遠之讎民哉！書序以爲成周既成，遷殷頑民者，謬矣。吾固以爲非孔子所作也。

惟三月，周公初于新邑洛，用告商王士。此多士之本序也。三月，成王祀洛次年之三月也。周公至洛久矣，此言初者，成王既不果遷，留公治洛。至是公始行治洛之事，故謂之初也。曰商王士者，貴之也。王若曰：「爾殷遺多士，弗弔。旻天大降喪于殷。我有周佑命，將天明威，致王罰，勑殷命終于帝。弗弔，未詳。意其爲歎憫之辭，當時方言爾也。旻天，秋天也，主肅殺而言。歎憫言旻天大降災害而喪殷，我周受眷佑之命，奉將天之明威，致王罰之公，勑正殷命而革之，以終上帝之事。

蓋推革命之公以開諭之也。肆爾多士，非我小國，敢弋殷命。惟天不畀，允罔固亂。弼我，我其敢求位。肆，與康誥「肆汝小子封」同。弋，取也。弋鳥之弋，言有心於取之也。呼多士告之，謂以勢而言，我小國亦豈敢弋取殷命。蓋栽者培之，傾者覆之，固其治而不固其亂者，天之道也。惟天不與殷，信其不固殷之亂矣。惟天不固殷之亂，故輔我周之治，而天位自有所不容辭者，我其敢有求位之心哉！惟帝不畀，惟我下民秉爲，惟天明畏。秉，持也。言天命之所不與，即民心之所秉爲。民心之所秉爲，即天威之所明畏者也。反覆天民相因之理，以見天之果不外乎民，民之果不外乎天也。詩言「秉彝」，此言「秉爲」者，「彝」以理言，「爲」以用言也。我聞曰：『上帝引逸。』有夏不適逸，則惟帝降格，嚮于時夏。弗克庸帝，大淫泆有辭。惟時天罔念聞，厥惟廢元命，降致罰。引，導。逸，安也。降格，與呂刑降格同。呂氏曰：上帝引逸者，非有形聲之接也。人心得其安，則亹亹而不能已。斯則上帝引之也。是理坦然，亦何間於桀。第桀喪其良心，自不適於安爾。帝實引之，桀實避之。帝猶未遽絶也，乃降格災異以示意嚮於桀。桀猶不知警懼，不能敬用帝命，乃大肆淫泆，雖有矯誣之辭，而天罔念聞之。仲虺所謂「帝用不臧」，是也。廢其大命，降致其罰，而夏祚終矣。乃命爾先祖成湯革夏，俊民甸四方。甸，治也。伊尹稱湯旁求俊彥。孟子稱湯立賢無方，蓋明揚俊民，分布遠邇，甸治區畫，成湯立政之大經也。周公反復以夏商爲言者，蓋夏之亡，即殷之亡；湯之興，即武王之興也。商民觀是，亦可以自反矣。自成湯至于帝乙，罔不明德恤祀。明德者，所以修其身。恤祀者，所以敬乎神也。亦惟天丕建，保乂有殷。殷王亦罔敢失帝，罔不配天其澤。亦惟天大建立，保治有殷。殷之先王，亦皆操存此心，無敢失帝之則，無不配天以澤民也。在今後嗣王，誕罔顯于天，矧曰其有聽念于先王勤家。誕淫厥泆，罔顧于天顯民祗。後嗣王，紂也。紂大不明於天道，況曰能聽念商先王之勤勞於邦家者乎？大肆淫泆，無復顧念天之顯道、民之敬畏者也。惟時上帝不保，降若茲大喪。大喪者，國亡而身戮也。惟天不畀，不明厥德。商先王以明德而天丕建，則商後王不明德而天不畀矣。凡四方小大邦喪，罔非有辭于罰。」凡四方小大邦國喪亡，其致罰皆有可言者，況商罪貫盈，而周奉辭以伐之者乎？王若曰：「爾殷多士，今惟我周王，丕靈承帝事。靈，善也。大善承天之所爲也。武成言「祗承上帝，以遏亂略」是也。有命曰：『割殷。』告勑于帝。帝有命曰割殷，則不得不戡定翦除。告其勑正之事于帝也。武成言「告于皇天后土，將有大正于商」者是也。惟我事不貳適，惟爾王家我適。上帝臨汝，毋貳爾心，惟我事不貳適之謂。上帝既命，侯于周服，惟爾王家我適之謂。言割殷之事，非有私心，一於從帝而無貳適。則爾殷王家，自不容不我適矣。周不貳于帝，殷其能貳於周乎？蓋示以確然不可動摇之意，而潛消頑民反側之情爾。然聖賢事不貳適，日用飲食，莫不皆然。蓋所以事天也，豈特割殷之事而已哉！予其曰：『惟爾洪無度，我不爾動，自乃邑。』三監倡亂，予其曰，乃汝大爲非法。非我爾動，變自爾邑。猶伊訓所謂「造攻自鳴條」也。予亦念天即于殷大戾，肆不正。」予亦念天，就殷邦屢降大戾，紂既死，武庚又死，故邪慝不正，言當遷徙也。王曰：

「猷！告爾多士：予惟時其遷居西爾。非我一人奉德不康寧，時惟天命，無違。朕不敢有後，無我怨。時，是也。指上文殷大戾而言。謂惟是之故，所以遷居西爾。非我一人樂如是之遷徙震動也，是惟天命如此。汝毋違越，我不敢有後命，謂有他罰，爾無我怨也。惟爾知，惟殷先人，有冊有典，殷革夏命。即其舊聞以開諭之也。殷之先世，有冊書典籍，載殷改夏命之事。正如是耳，爾何獨疑於今乎？今爾又曰：『夏迪簡在王庭，有服在百僚。』予一人惟聽用德。肆予敢求爾于天邑商，予惟率肆矜爾。非予罪，時惟天命。」周公既舉商革夏事以諭頑民。頑民復以商革夏事責周，謂商革夏命之初，凡夏之士，皆啓迪簡拔在商王之庭，有服列于百僚之間。今周於商士，未聞有所簡拔也。周公舉其言以大義折之，言爾頑民雖有是言，然予一人所聽用者，惟以德而已。故予敢求爾於天邑商，而遷之於洛者，以冀率德改行焉。予惟循商故事，矜恤於爾而已。其不爾用者，非我之罪也，是惟天命如此。蓋章德者，天之命。今頑民滅德，而欲求用得乎！王曰：「多士！昔朕來自奄，予大降爾四國民命。我乃明致天罰，移爾遐逖，比事臣我宗多遜。」降，猶今法降等云者。言昔我來自商奄之時，汝四國之民，罪皆應死，我大降爾命，不忍誅戮，乃止明致天罰，移爾遠居于洛，以親比臣我宗周有多遜之美。其罰蓋亦甚輕，其恩固已甚厚。今乃猶有所怨望乎。詳此章，則商民之遷，固已久矣。

王曰：「告爾殷多士！今予惟不爾殺，予惟時命有申。今朕作大邑于茲洛，予惟四方罔攸賓，亦惟爾多士，攸服奔走臣我多遜。以自奄之命爲初命，則此命爲申命也。言我惟不忍爾殺，故申明此命。且我所以營洛者，以四方諸侯無所賓禮之地，亦惟爾等服事奔走臣我多遜，而無所處故也。詳此章，則遷民在營洛之先矣。吳氏曰：來自奄稱昔者，遠日之辭也。作大邑稱今者，近日之辭也。「移爾遐逖比事臣我宗多遜」者，期之之辭也。「攸伏奔走臣我多遜」者，果能之辭也。以此又知遷民在前，而作洛在後也。爾乃尚有爾土，爾乃尚寧幹止。幹，事。止，居也。爾乃庶幾有爾田業，庶幾安爾所事，安爾所居也。詳此章所言，皆仍舊有土田居止之辭，信商民之遷舊矣。孔氏不得其說，而以得反所生釋之，於文義似矣，而事則非也。爾克敬，天惟畀矜爾。爾不克敬，爾不啻不有爾土，予亦致天之罰于爾躬。敬，則言動無不循理，天之所福，吉祥所集也。不敬，則言動莫不違悖，天之所禍，刑戮所加也。豈特竄徙不有爾土而已哉，身亦有所不能保矣。今爾惟時宅爾邑，繼爾居，爾厥有幹有年于茲洛，爾小子乃興從爾遷。」邑，四井爲邑之邑。繼者，承續安居之謂。有營爲，有壽考，皆于茲洛焉。爾之子孫乃興，自爾遷始也。夫自亡國之末裔，爲起家之始祖，頑民雖愚，亦知所擇矣。王曰，又曰：「時予乃或言，爾攸居！」「王曰」之下，當有闕文。以多方篇末「王曰又曰」推之可見。時我或有所言，皆以爾之所居止爲念也。申結上文「爾居」之意。

無逸

逸者，人君之大戒。自古有國家者，未有不以勤而興，以逸而廢也。益戒舜曰：「罔遊于逸，罔淫于樂。」舜，大聖也。益猶以是戒之，則時君世主其可忽哉！成王初政，周公懼其知逸而不知無逸也，故作是書以訓之。言則古昔，必稱商王者，時之近也。必稱先王者，王之親也。舉三宗者，繼世之君也。詳文祖者，耳目之所逮也。上自天命精微，下至畎畝艱難，閭里怨詛，無不具載。豈獨成王之所當知哉，實天下萬世人主之龜鑑也。是篇凡七更端，周公皆以「嗚呼」發之，深嗟永嘆，其意深遠矣。亦訓體也。今文、古文皆有。

周公曰：「嗚呼！君子所其無逸。所，猶處所也。君子以無逸爲所，動静食息，無不在是焉。作輟，則非所謂所矣。先知稼穡之艱難，乃逸。則知小人之依。先知稼穡之艱難乃逸者，以勤居逸也。依者，指稼穡而言，小民所恃以爲生者也。農之依田，猶魚之依水，木之依土。魚無水則死，木無土則枯，民非稼穡則無以生也。故舜自耕稼以至爲帝，禹稷躬稼以有天下。文武之基，起於后稷。四民之事，莫勞於稼穡。生人之功，莫盛於稼穡。周公發無逸之訓，而首及乎此，有以哉！相小人，厥父母勤勞稼穡，厥子乃不知稼穡之艱難，乃逸，乃諺，既誕。否則侮厥父母，曰：『昔之人無聞知。』」不知稼穡之艱難乃逸者，以逸爲逸也。俚語曰諺。言視小民，其父母勤勞稼穡，其子乃生於豢養，不知稼穡之艱難，乃縱逸自恣，乃習俚巷鄙語，既又誕妄無所不至。不然，則又訕侮其父母，曰：「古老之人，無聞無知，徒自勞苦，而不知所以自逸也。」昔劉裕奮農畝而取江左，一再傳後，子孫見其服用，反笑曰：「田舍翁得此亦過矣！」此正所謂昔之人無聞知也。使成王非周公之訓，安知其不以公劉、后稷爲田舍翁乎？周公曰：「嗚呼！我聞曰：昔在殷王中宗，嚴恭寅畏，天命自度。治民祗懼，不敢荒寧。肆中宗之享國，七十有五年。中宗，太戊也。嚴則莊重，恭則謙抑，寅則欽肅，畏則戒懼。天命，即天理也。中宗嚴恭寅畏，以天理而自檢律其身。至於治民之際，亦祗敬恐懼，而不敢怠荒安寧。中宗無逸之實如此，故能有享國永年之效也。按書序，太戊有原命、咸乂等篇，意述其當時敬天治民之事。今無所考矣。其在高宗時，舊勞于外，爰暨小人。作其即位，乃或亮陰，三年不言。其惟不言，言乃雍。不敢荒寧，嘉靖殷邦。至于小大，無時或怨。肆高宗之享國，五十有九年。高宗，武丁也。未即位之時，其父小乙使久居民間，與小民出入同事，故於小民稼穡艱難，備嘗知之也。雍，和也。發言和順，當於理也。嘉，美。靖，安也。嘉靖者，禮樂教化，蔚然於安居樂業之中也。漢文帝與民休息，謂之靖則可，謂之嘉則不可。小大無時或怨者，萬民咸和也。乃雍者，和之發於身。嘉靖者，和之達於政。無怨者，和之著於民也。餘見說命。高宗無逸之實如此，故亦有享國永年之效也。其在祖甲，不義惟王，舊爲小人。作其即位，爰知小人之依，能保惠于庶民，不敢侮鰥寡。肆祖甲之享國，三十有三年。史記：高宗崩，子祖庚立。祖庚崩，弟祖甲立。則祖甲，高宗之子，祖庚之弟也。鄭玄曰：高宗欲廢祖庚，立祖甲。祖甲以爲不義，逃於民間。故云「不義惟王」。

○按漢孔氏以祖甲爲太甲，蓋以國語稱帝甲亂之七世而殞。孔氏見此等記載，意爲帝甲必非周公所稱者。又以「不義惟王」，與太甲茲乃不義文似，遂以此稱祖甲者爲太甲。然詳此章「舊爲小人，作其即位」，與上章「爰暨小人，作其即位」，文勢正類，所謂小人者，皆指微賤而言，非謂憸小之人也。「作其即位」，亦不見太甲復政思庸之意。又按邵子經世書，高宗五十九年，祖庚七年，祖甲三十三年，世次歷年皆與書合。亦不以太甲爲祖甲。況殷世二十有九，以甲名者五帝，以太、以小、以沃、以陽、以祖別之，不應二人俱稱祖甲。國語傳訛承謬，旁記曲説，不足盡信。要以周公之言爲正。又下文周公言自殷王中宗、及高宗、及祖甲、及我周文王及云者，因其先後次第而枚舉之辭也。則祖甲之爲祖甲而非太甲，明矣。

自時厥後立王，生則逸。生則逸，不知稼穡之艱難，不聞小人之勞，惟耽樂之從。自時厥後，亦罔或克壽。或十年，或七八年，或五六年，或四三年。」過樂謂之耽，泛言自三宗之後即君位者，生則逸豫，不知稼穡之艱難，不聞小人之勞，惟耽樂之從，伐性喪生。故自三宗之後，亦無能壽考。遠者不過十年，七八年，近者五六年，三四年爾。耽樂愈甚，則享年愈促也。凡人莫不欲壽而惡夭。此篇專以享年永不永爲言，所以開其所欲而禁其所當戒也。

周公曰：「嗚呼！厥亦惟我周太王、王季，克自抑畏。商猶異世也，故又即我周先王告之。言太王、王季能自謙抑謹畏者，蓋將論文王之無逸，故先述其源流之深長也。大抵抑畏者，無逸之本；縱肆怠荒，皆矜誇無忌憚者之爲。故下文言文王，曰柔，曰恭，曰不敢，皆原太王、王季抑畏之心發之耳。

文王卑服，即康功田功。卑服，猶禹所謂惡衣服也。康功，安民之功。田功，養民之功。言文王於衣服之奉，所性不存，而專意於安養斯民也。卑服，蓋舉一端而言。宮室飲食自奉之薄，皆可類推。

徽柔懿恭，懷保小民，惠鮮鰥寡。自朝至

于日中昃，不遑暇食，用咸和萬民。徽、懿，皆美也。昃，日昳也。柔謂之徽，則非柔懦之柔；恭謂之懿，則非足恭之恭。文王有柔恭之德，而極其徽懿之盛，和易近民，於小民則懷保之，於鰥寡則惠鮮之。惠鮮云者，鰥寡之人，垂首喪氣，賚予賙給之。使之有生意也。自朝至于日之中，自中至于日之昃，一食之頃，有不遑暇。欲咸和萬民，使無一不得其所也。文王心在乎民，自不知其勤勞如此。豈秦始皇衡石程書，隋文帝衛士傳餐，代有司之任者之爲哉！立政言「罔攸兼于庶言，庶獄庶慎〔三〕，」則文王又若無所事事者。不讀無逸，則無以知文王之勤。不讀立政，則無以知文王之逸。合二書觀之，則文王之所從事可知矣。文王不敢盤于遊田，以庶邦惟正之供。文王受命惟中身，厥享國五十年。」遊田，國有常制。文王不敢盤遊無度，上不濫費，故下無過取。而能以庶邦惟正之供，於常貢正數之外，無横斂也。言庶邦，則民可知。文王爲西伯，所統庶邦，皆有常供。春秋貢於霸主者，班班可見。至唐，猶有送使之制。則諸侯之供方伯舊矣。受命，言爲諸侯也。中身者，漢孔氏曰：文王九十七而終。即位時年四十七，言中身，舉全數也。上文崇素儉，恤孤獨，勤政事，戒遊佚，皆文王無逸之實。故其享國有歷年之永。周公曰：「嗚呼！繼自今嗣王，則其無淫于觀、于逸、于遊、于田，以萬民惟正之供。則，法也。其指文王而言。淫，過也。言自今日以往，嗣王其法文王，無過于觀逸遊田，以萬民惟正賦之供。上文言遊田而不言觀逸，以大而包小也。言庶邦而不言萬民，以遠而見近也。無皇曰：『今日耽樂。』乃非民攸訓，非天攸若。時人丕則有愆，無若殷王受之迷亂，酗于酒德哉！」無，與毋通。皇，與遑通。訓，法。若，順。則，法也。毋自寬假曰：「今日姑爲是耽樂也。」一日耽樂，固若未害。然下非民之所法，上非天之所順，時人大法其過逸之行，猶商人化受而崇飲之類。故繼之曰「毋若商王受之沈迷，酗于酒德哉」。酗酒謂之德者，德有凶有吉。韓子所謂道與德爲虚位是也。周公曰：「嗚呼！我聞曰：古之人，猶胥訓告，胥保惠，胥教誨。民無或胥譸張爲幻。」胥，相。訓，誡。惠，順。譸，誑。張，誕也。變名易實以眩觀者曰幻。歎息言古人德業已盛，其臣猶且相與誡告之，相與保惠之，相與教誨之。保惠者，保養而將順之，非特誡告而已也。教誨，則有規正成就之意，又非特保惠而已也。惟其若是，是以視聽思慮，無所蔽塞，好惡取予，明而不悖。故當時之民，無或敢誑誕爲幻也。此厥不聽，人乃訓之，乃變亂先王之正刑，至于小大。民否則厥心違怨，否則厥口詛祝。」正刑，正法也。言成王於上文古人胥訓告保惠教誨之事而不聽信，則人乃法則之，君臣上下，師師非度，必變亂先王之正法。無小無大，莫不盡取而紛更之。蓋先王之法，甚便於民，甚不便於縱侈之君。如省刑罰以重民命，民之所便也；而君之殘酷者，則必變亂之。如薄賦歛以厚民生，民之所便也；而君之貪侈者，則必變亂之。厥心違怨者，怨之蓄于中也。厥口詛祝者，怨之形於外也。爲人上而使民心口交惡，其國不危者，未之有也。此蓋治亂存亡之機，故周公懔懔言之。周公曰：「嗚呼！自殷王中宗，及高宗，及祖甲，及我周文王，兹四人迪哲。」迪，蹈。哲，智也。孟子以知而弗去爲智之實。迪云者，所謂弗去是也。人主知小人之依，而或忿戾之者，是不能蹈其知者也。惟中宗、高宗、祖甲、文王允蹈其知，故周公以迪哲稱之。厥或告之曰：『小人怨汝詈汝！』則皇自敬德。厥愆，曰：『朕之愆。』允若時，不啻不敢含怒。詈，駡言也。其或有告之曰：小人怨汝詈汝。汝則皇自敬德，反諸其身，不尤其人。其所誣毁之愆，安而受之，曰是我之愆。允若時者，誠實若是，非止隱忍不敢藏怒也。蓋三宗、文王於小民之依，心誠知之，故不暇責小人之過言，且因以察吾身之未至。怨詈之語，乃所樂聞。是豈特止於隱忍含怒不發而已哉！此厥不聽，人乃或譸張爲幻，曰：『小人怨汝詈汝！』則信之。則若時，不永念厥辟，不寬綽厥心，亂罰無罪，殺無辜，怨有同，是叢于厥身。」綽，大。叢，聚也。言成王於上文三宗、文王迪哲之事，不肯聽信，則小人乃或誑誕變置虚實，曰：「小民怨汝詈汝。」汝則聽信之。則如是，不能永念其爲君之道，不能寬大其心。以誑誕無實之言，羅織疑似，亂罰無罪，殺戮無辜，天下之人，受禍不同，而同於怨，皆叢於人君之一身，亦何便於此哉！大抵無逸之書，以知小人之依，爲一篇綱領。而此章則申言既知小人之依，則當蹈其知也。三宗、文王能蹈其知，故其胸次寬平。人之怨詈，不足以芥蔕其心。如天地之於萬物，一於長育而已。其悍疾憤戾，天豈私怒於其間哉！天地以萬物爲心，人君以萬民爲心，故君人者，要當以民之怨詈爲己責；不當以民之怨詈爲己怒。以爲己責，則民安而君亦安；以爲己怒，則民危而君亦危矣。吁！可不戒哉。周公曰：「嗚呼！嗣王其監于兹。」兹者，指上文而言也。無逸一篇七章，章首皆先致其咨嗟詠歎之意，然後及其所言之事。至此章，則於嗟歎之外，更無他語，惟以「嗣王其監于兹」結之，所謂言有盡而意則無窮，成王得無深警於此哉！

君奭召公告老而去，周公留之。史氏録其告語爲篇，亦誥體也。以周公首呼君奭，因以「君奭」名篇。篇中語多未詳。今文、古文皆有。○按此篇之作，史記謂召公疑周公當國踐祚。唐孔氏謂召公以周公嘗攝王政，今復在臣位。葛氏謂召公未免常人之情，以爵位先後介意，故周公作是篇以諭之。陋哉斯言！要皆爲序文所誤。獨蘇氏謂召公之意，欲周公告老而歸爲近之。然詳本篇旨意，迺召公自以盛滿難居，欲避權位，退老厥邑。周公反復告喻以留之爾。熟復而詳味之，其義固可見也。

周公若曰：「君奭，君者，尊之之稱。奭，召公名也。古人尚質，相與語多名之。弗弔，天降喪于殷，殷既墜厥命，我有周既受。我不敢知曰，厥基永孚于休。若天棐忱，我亦不敢知曰，其終出于不祥。不祥者，休之反也。天既下喪亡于殷，殷既失天命，我有周既受之矣。我不敢知曰，其基業長信於休美乎？如天果輔我之誠耶？我亦不敢知曰，其終果出於不祥乎？○按此篇，周公留召公而作。此其言天命吉凶，雖曰我不敢知，然其懇惻危懼之意，天命吉凶之決，實主於召公留不留如何也。嗚呼！君已曰時我，我亦不敢寧于上帝命，弗永遠念天威，越我民罔尤違，惟人。在我後嗣子孫，大弗克恭上下，遏佚前人光，在家不知。尤，怨。違，背也。周公歎息言召公已嘗曰，是在我而已。周公謂我亦不敢苟安天命，而不永遠念天之威，於我民無尤怨背違之時也。天命民心，去就無常，實惟在人而已。今召公乃忘前日之言，翻然求去，使在我後嗣子孫，大不能敬天敬民，驕慢肆侈，遏絶佚墜文武光顯，可得謂在家而不知乎？天命不易，天難諶。乃其墜命，弗克經歷嗣前人恭明德。天命不易，猶詩曰：「命不易哉」、「命不易保」、「天難諶信」、「乃其墜失天命」者，以不能經歷繼嗣前人之恭明德也。吴氏曰：弗克恭，故不能嗣前人之恭德。遏佚前人光，故不能嗣前人之明德。在今予小子旦，非克有正。迪惟前人光，施于我冲子。吴氏曰：小子，自謙之辭也。非克有正，亦自謙之辭也。言在今我小子旦，非能有所正也。凡所開導，惟以前人光大之德，使益焜燿，而付于冲子而已。以前言後嗣子孫，遏佚前人光而言也。又曰：『天不可信。』我道惟寧王德延，天不庸釋于文王受命。」又曰者，以上文言天命不易，天難諶。此又申言天不可信，故曰又曰天固不可信，然在我之道，惟以延長武王之德，使天不容捨文王所受之命也。公曰：「君奭，我聞在昔，成湯既受命，時則有若伊尹，格于皇天。在太甲，時則有若保衡。在太戊，時則有若伊陟、臣扈，格于上帝。巫咸乂王家。在祖乙，時則有若巫賢。在武丁，時則有若甘盤。時則有若者，言當其時有如此人也。保衡，即伊尹也。見説命。太戊，太甲之孫。伊陟，伊尹之子。臣扈，與湯時臣扈二人而同名者也。巫，氏；咸，名。祖乙，太戊之孫。巫賢，巫咸之子也。武丁，高宗也。甘盤，見説命。呂氏曰：此章序商六臣之烈，蓋勉召公匹休於前人也。伊尹佐湯，以聖輔聖，其治化與天無間。伊陟、臣扈之佐太戊，以賢輔賢，其治化克厭天心。自其偏覆言之謂之天，自其主宰言之謂之帝。書或稱天，或稱帝，各隨所指，非有重輕，至此章對言之，則聖賢之分，而深淺見矣。巫咸止言其乂王家者，咸之爲治，功在王室。精微之藴，猶有愧於二臣也。亡書有咸乂四篇，其乂王家之實歟。巫賢、甘盤而無指言者，意必又次於巫咸也。○蘇氏曰：殷有聖賢之君七，此獨言五，下文云殷禮陟配天，豈配祀于天者，止此五王，而其臣皆配食於廟乎？在武丁時不言傅説，豈傅説不配食於配天之王乎？其詳不得而聞矣。率惟兹有陳，保乂有殷。故殷禮陟配天，多歷年所。陟，升遐也。言六臣循惟此道，有陳列之功，以保乂有殷，故殷先王終以德配天，而享國長久也。天惟純佑命，則商實。百姓王人，罔不秉德明恤。小臣屏侯甸，矧咸奔走，惟兹惟德稱，用乂厥辟。故一人有事于四方，若卜筮，罔不是孚。」佑，助也。實，虚實之實。國有人則實。孟子言「不信仁賢，則國空虚」是也。稱，舉也。亦秉持之義。事，征伐會同之類。承上章六臣輔君格天致治，遂言天佑命有商，絶一而不雜。故商國有人而實。內之百官著姓，與夫王臣之微者，無不秉持其德，明致其憂。外之小臣與夫藩屏侯甸，矧皆奔走服役，惟此之故，惟德是舉，用乂其君。故君有事于四方，如龜之卜，如蓍之筮，天下無不敬信之也。公曰：「君奭，天壽平格，保乂有殷。有殷嗣天滅威。今汝永念，則有固命。厥亂明我新造邦。」呂氏曰：坦然無私之謂平。格者，通徹三極而無間者也。天無私壽，惟至平通格于天者則壽之。伊尹而下六臣，能盡平格之實，故能保乂有殷多歷年所。至于殷紂，亦嗣天位，乃驟罹滅亡之威，天曾不私壽之也。固命者，不墜之天命也。今召公勉爲周家久永之念，則有天之固命，其治效亦赫然明著於我新造之邦，而身與國俱顯矣。公曰：「君奭，在昔上帝割，申勸寧王之德，其集大命于厥躬。」申，重。勸，勉也。在昔上帝降割于殷，申勸武王之德，而集大命於其身，使有天下也。惟文王尚克修和我有夏。

亦惟有若虢叔，有若閎夭，有若散宜生，有若泰顛，有若南宮括。」虢叔，文王弟。閎、散、泰、南宮，皆氏。夭、宜生、顛、括，皆名。言文王庶幾能修治燮和我所有諸夏者，亦惟有虢叔等五臣爲之輔也。康誥言一二邦以修，無逸言用咸和萬民，即文王修和之實也。又曰：「無能往來，茲迪彝教，文王蔑德降于國人。蔑，無也。夏氏曰：周公前既言文王之興，本此五臣。故又反前意而言曰。若此五臣者，不能爲文王往來奔走於此，導迪其常教，則文王亦無德降及於國人矣。周公反覆以明其意，故以「又曰」更端發之。亦惟純佑秉德，迪知天威。乃惟時昭文王，迪見冒。聞于上帝，惟時受有殷命哉！言文王有此五臣者，故亦如殷爲天純佑命。百姓王人，罔不秉德也。上既反言文王若無此五臣爲迪彝教，則亦無德下及國人。故此又正言亦惟天乃純佑文王，蓋以如是秉德之臣，蹈履至到，實知天威。以是昭明文王，啓迪其德，使著見於上，覆冒於下，而升聞于上帝。惟是之故，遂能受有殷之天命也。武王惟茲四人，尚迪有祿。後暨武王誕將天威，咸劉厥敵。惟茲四人，昭武王惟冒，丕單稱德。虢叔先死，故曰四人。劉，殺也。單，盡也。武王惟此四人，庶幾迪有天祿，其後暨武王盡殺其敵，惟此四人能昭武王，遂覆冒天下。天下大盡稱武王之德，謂其達聲教于四海也。文王冒西土而已，丕單稱德，惟武王爲然。於文王言命，於武王言祿者，文王但受天命，至武王方富有天下也。呂氏曰：師尚父之事文武，烈莫盛焉，不預五臣之列，蓋一時議論，或詳或略，隨意而言。主於留召公，而非欲爲人物評也。今在予小子旦，若游大川，予往暨汝奭其濟。小子同未在位，誕無我責，收罔勗不及。耉造德不降，我則鳴鳥不聞。矧曰其有能格。」小子旦，自謙之稱也。浮水曰游。周公言承文武之業，懼不克濟，若浮大川，罔知津涯，豈能獨濟哉！予往與汝召公其共濟可也。小子，成王也。成王幼冲，雖已即位，與未即位同。誕，大也。大無我責上，疑有闕文。收罔勗不及，未詳。耉造德不降，言召公去，則耉老成人之德，不下於民。在郊之鳳，將不復得聞其鳴矣！況敢言進此而有感格乎？是時周方隆盛，鳴鳳在郊，卷阿鳴于高岡者，乃詠其實，故周公云爾也。公曰：「嗚呼！君肆其監于兹。我受命無疆惟休，亦大惟艱。告君乃猷裕，我不以後人迷。」肆，大。猷，謀也。兹，指上文所言。周公歎息，欲召公大監視上文所陳也。我文武受命，固有無疆之美矣。然迹其積累締造，蓋亦艱難之大者，不可不相與竭力保守之也。告君謀所以寬裕之道，勿狹隘欲去〔四〕，我不欲後人迷惑而失道也。○呂氏曰：大臣之位，百責所萃，震撼擊撞，欲其鎮定。辛甘燥濕，欲其調齊。槃錯棼結，欲其解紓。黯闇污濁，欲其茹納。自非曠度洪量，與夫患失乾没者，未嘗無翩然捨去之意。況召公親遭大變，破斧缺斨之時，屈折調護，心勞力瘁，又非平時大臣之比。顧以成王未親政，不敢乞身爾。一旦政柄有歸，浩然去志，固人情之所必至。然思文武王業之艱難，念成王守成之無助，則召公義未可去也。今乃汲汲然求去之不暇，其迫切已甚矣。盍謀所以寬裕之道，圖功攸終。展布四體，爲久大規模，使君德開明，未可捨去，而聽後人之迷惑也。公曰：「前人敷乃心，乃悉命汝作汝民極。曰：『汝明勗偶王，在亶，乘兹大命。惟文王德，丕承無疆之恤。』」偶，配也。蘇氏曰：周公與召公同受武王顧命輔成王，故周公言前人敷乃心腹，以命汝召公位三公以爲民極。且曰汝當明勉輔孺子，如耕之有偶也。在於相信，如車之有馭也。并力一心，以載天命。念文考之舊德，以丕承無疆之憂。武王之言如此，而可以去乎？公曰：「君！告汝朕允。保奭，其汝克敬以予。監于殷喪大否，肆念我天威。大否，大亂也。告汝以我之誠，呼其官而名之。言汝能敬以我所言，監視殷之喪亡大亂，可不大念我天威之可畏乎！予不允惟若茲誥。予惟曰：『襄我二人〔五〕。汝有合哉。』言曰：『在時二人，天休滋至，惟時二人弗戡。』其汝克敬德，明我俊民。在讓後人于丕時。戡，勝也。戡、堪，古通用。周公言我不信於人，而若此告語乎。予惟曰王業之成，在我與汝而已。汝聞我言而有合哉。亦曰在是二人。但天休滋至，惟是我二人將不堪勝。汝若以盈滿爲懼，則當能自敬德，益加寅畏，明揚俊民，布列庶位，以盡大臣之職業，以答滋至之天休。毋徒惴惴而欲去爲也。他日在汝推遜後人于大盛之時，超然肥遯，誰復汝禁，今豈汝辭位之時乎？嗚呼！篤棐時二人，我式克至于今日休。我咸成文王功于不怠，丕冒。海隅出日，罔不率俾。」周公復歎息言篤於輔君者，是我二人，我用能至于今日休盛。然我欲與召公共成文王功業于不怠，大覆冒斯民，使海隅日出之地，無不臣服，然後可也。周都西土，去東爲遠，故以日出言。吴氏曰：周公未嘗有其功，以其留召公，故言之。蓋叙其所已然，而勉其所未至，亦人所説而從者也。公曰：「君！予不惠若茲多誥，予惟用閔于天越民。」周公言我不順於理，而若茲諄複之多誥耶。予惟用憂天命之不終，及斯民之無賴也。韓子言畏天命而悲人窮，亦此意。前言若茲誥，故此言若茲多誥，周公之誥召公，其言語之際，亦可悲矣。公曰：「嗚呼！君，惟乃知民德，亦罔不能厥初，惟其終。祗若茲，往敬用治。」上章言天命民心，而民心又天命之本也。故卒章專言民德以終之。周公歎息謂召公踐歷諳練之久，惟汝知民之德。民德，謂民心之嚮順。亦罔不能其初，今日固罔尤違矣，當思其終，則民之難保者，尤可畏也。其祗順此誥，往敬用治，不可忽也。此召公已留，周公飭遣就職之辭。厥後召公既相成王，又相康王，再世猶未釋其政，有味於周公之言也夫。

蔡仲之命

蔡，國名。仲，字。蔡叔之子也。叔沒，周公以仲賢，命諸成王，復封之蔡，此其誥命之詞也。今文無，古文有。○按此篇次叙，當在洛誥之前。

惟周公位冢宰，正百工。羣叔流言，乃致辟管叔于商，囚蔡叔于郭鄰，以車七乘。降霍叔于庶人，三年不齒。蔡仲克庸祗德，周公以爲卿士。叔卒，乃命諸王邦之蔡。周公位冢宰，正百工，武王崩時也。郭鄰，孔氏曰：中國之外地名。蘇氏曰：郭，虢也。周禮六遂，五家爲鄰。管、霍，國名。武王崩，成王幼，周公居冢宰，百官總己以聽者，古今之通道也。當是時，三叔以主少國疑，乘商人之不靖，謂可惑以非義，遂相與流言倡亂以摇之。是豈周公一身之利害，乃欲傾覆社稷，塗炭生靈。天討所加，非周公所得已也。故致辟管叔于商，致辟云者，誅戮之也。囚蔡叔于郭鄰，以車七乘。囚云者，制其出入，而猶從以七乘之車也。降霍叔于庶人，三年不齒，三年之後，方齒録以復其國也。三叔刑罰之輕重，因其罪之大小而已。仲，叔之子，克常敬德，周公以爲卿士。叔卒，乃命之成王而封之蔡也。周公留佐成王，食邑於圻内。圻内諸侯，孟、仲二卿，故周公用仲爲卿，非魯之卿也。蔡，左傳在淮汝之間。仲不别封，而命邦之蔡者，所以不絶叔於蔡也。封仲以他國，則絶叔于蔡矣。吕氏曰：象欲殺舜，舜在側微，其害止於一身，故舜得遂其友愛之心。周公之位，則繫于天下國家，雖欲遂友愛於三叔，不可得也。舜與周公，易地皆然。史臣先書惟周公位冢宰，正百工，而繼以羣叔流言，所以結正三叔之罪也。後言蔡仲克庸祗德，周公以爲卿士。叔卒，即命之王，以爲諸侯，以見周公燮然於三叔之刑，幸仲克庸祗德，則亟擢用分封之也。吴氏曰：此所謂冢宰正百工，與詩所謂攝政，皆在成王諒闇之時，非以幼冲而攝。而其攝也，不過位冢宰之位而已，亦非如荀卿所謂攝天子位之事也。三年之喪，二十五月而畢。方其畢時，周公固未嘗攝，亦非有七年而後還政之事也。百官總己以聽冢宰，未知其所從始，如殷之高宗已然，不特周公行之。此皆論周公者所當先知也。王若曰：「小子胡，惟爾率德改行，克慎厥猷。肆予命爾侯于東土。往即乃封，敬哉！胡，仲名。言仲循祖文王之德，改父蔡叔之行，能謹其道，故我命汝爲侯於東土。往就汝所封之國，其敬之哉！吕氏曰：敬哉者，欲其毋失此心也。命書之辭，雖稱成王，實周公之意。爾尚蓋前人之愆，惟忠惟孝。爾乃邁迹自身，克勤無怠，以垂憲乃後。率乃祖文王之彝訓，無若爾考之違王命。蔡叔之罪，在於不忠不孝。故仲能掩前人之惡者，惟在於忠孝而已。叔違王命，仲無所因，故曰邁迹自身。克勤無怠，所謂自身也。垂憲乃後，所謂邁迹也。率乃祖文王之彝訓，無若爾考之違王命，上文所謂「率德改行」也。皇天無親，惟德是輔。民心無常，惟惠之懷。爲善不同，同歸于治。爲惡不同，同歸于亂。爾其戒哉！此章與伊尹申誥太甲之言相類，而有深淺不同者，太甲、蔡仲之有間也。善固不一端，而無不可行之善。惡亦不一端，而無可爲之惡。爾其可不戒之哉！慎厥初，惟厥終，終以不困。不惟厥終，終以困窮。惟，思也。窮，困之極也。思其終者，所以謹其初也。懋乃攸績，睦乃四鄰，以蕃王室，以和兄弟，康濟小民。勉汝所立之功，親汝四鄰之國，蕃屏王家，和協同姓，康濟小民，五者，諸侯職之所當盡也。率自中，無作聰明亂舊章。詳乃視聽，罔以側言改厥度。則予一人汝嘉。」率，循也。毋，無同。詳，審也。中者，心之理，而無過不及之差者也。舊章者，先王之成法。厥度者，吾身之法度，皆中之所出者。作聰明，則喜怒好惡，皆出於私而非中矣。其能不亂先王之舊章乎？戒其本於己者然也。側言，一偏之言也。視聽不審，惑於一偏之説，則非中矣。其能不改吾身之法度乎？戒其徇於人者然也。仲能戒是，則我一人汝嘉矣。呂氏曰：作聰明者，非天之聰明，特沾沾小智耳。作與不作，而天人判焉。

王曰：「嗚呼！小子胡，汝往哉，無荒棄朕命。」飭往就國，戒其毋廢棄我命汝所言也。

多方

成王即政，奄與淮夷又叛，成王滅奄，歸作此篇。按費誓言「徂兹淮夷、徐戎並興」，即其事也。疑當時扇亂，不特殷人，如徐戎、淮夷，四方容或有之。故及多方。亦誥體也。今文、古文皆有。○蘇氏曰：大誥、康誥、酒誥、梓材、召誥、洛誥、多士、多方八篇，雖所誥不一，然大略以殷人心不服周而作也。予讀泰誓、武成，常怪周取殷之易。及讀此八篇，又怪周安殷之難也。多方所告，不止殷人，乃及四方之士。是紛紛焉不心服者，非獨殷人也。予乃今知湯以下七王之德，深矣。方殷之虐，人如在膏火中。歸周如流，不暇念先王之德。及天下粗定，人自膏火中出，即念殷先七王如父母。雖以武王、周公之聖，相繼撫之，而莫能禁也〔六〕。夫以西漢道德比之殷，猶碔砆之與美玉。然王莽、公孫述、隗囂之流，終不能使人忘漢，光武成功，若建瓴然。使周無周公，則亦殆矣。此周公之所以畏而不敢去也。

惟五月丁亥，王來自奄，至于宗周。成王即政之明年，商奄又叛。成王征滅之。杜預云：奄，不知所在。宗周，鎬京也。吕氏曰：王者定都，天下之所宗也。東遷之後，定都于洛，則洛亦謂之宗周。衛孔悝之鼎銘曰：「隨難于漢陽，即宫于宗周。」是時鎬已封秦，宗周蓋指洛也。然則宗周初無定名，隨王者所都而名耳。

周公曰：「王若曰：猷！告爾四國多方，惟爾殷侯尹民，我惟大降爾命，爾罔不知。吕氏曰：先曰周公曰，而復曰王若曰，何也？明周公傳王命，而非周公之命也。周公之命誥，終於此篇。故發例於此，以見大誥諸篇，凡稱王曰者，無非周公傳成王之命也。成王滅奄之後，告諭四國殷民，而因以曉天下也。所主殷民，故又專提殷侯之正民者告之。言殷民罪應誅戮，我大降宥爾命，爾宜無不知也。

洪惟圖天之命，弗永寅念于祀。圖，謀也。言商奄大惟私意，圖謀天命，自底滅亡，不深長敬念以保其祭祀。吕氏曰：天命可受而不可圖，圖則人謀之私，而非天命之公矣。此蓋深示以天命不可妄干，乃多方一篇之綱領也。下文引夏商所以失天命受天命者，以明示之。

惟帝降格于夏，有夏誕厥逸，不肯慼言于民。乃大淫昏，不克終日勸于帝之迪，乃爾攸聞。言帝降災異以譴告桀，桀不知戒懼，乃大肆逸豫。憂民之言，尚不肯出諸口，况望其有憂民之實乎？勸，勉也。迪，啓迪也。視聽動息日用之間，洋洋乎皆上帝所以啓迪開導斯人者。桀乃大肆淫昏，終日之間，不能少勉，於是天理或幾乎息矣！况望其惠迪而不違乎？此乃爾之所聞，欲其因桀而知紂也。厥逸，與多士「引逸」不同者，猶亂之爲亂爲治耳。逸豫以民言，淫昏以帝言，各以其義也。此章上疑有闕文。厥圖帝之命，不克開于民之麗。乃大降罰，崇亂有夏。因甲于内亂，不克靈承于旅，罔丕惟進之恭，洪舒于民。亦惟有夏之民，叨懫日欽，劓割夏邑。此章文多未詳。麗，猶日月麗乎天之麗。謂民之所依以生者也。依於土，依於衣食之類。甲，始也。言桀矯誣上天，圖度帝命，不能開民衣食之原。於民依恃以生者，一皆抑塞遏絶之，猶乃大降威虐于民，以增亂其國。其所因則始于内嬖，蠱其心，敗其家，不能善承其衆，不能大進於恭，而大寬裕其民。亦惟夏邑之民，貪叨忿懫者，則曰欽崇而尊用之，以戕害於其國也。天惟時求民主，乃大降顯休命于成湯，刑殄有夏。言天惟是爲民求主耳。桀既不能爲民之主，天乃大降顯休命於成湯，使爲民主，而伐夏殄滅之也。○呂氏曰：曰求曰降，豈真有求之降之者哉！天下無統，涣散漫流，勢不得不歸其所聚。而湯之一德，乃所謂顯休命之實，一衆離而聚之者也。民不得不聚於湯，湯不得不受斯民之聚，是豈人爲之私哉！故曰天求之，天降之也。惟天不畀純，乃惟以爾多方之義民，不克永于多享。惟夏之恭多士，大不克明保享于民。乃胥惟虐于民，至于百爲，大不克開。純，大也。義民，賢者也。言天不與桀者大，乃以爾多方賢者，不克永于多享，以至于亡也。言桀於義民，不能用，其所敬之多士，率皆不義之民，上文所謂叨懫日欽者。同惡相濟，大不能明保享于民，乃相與播虐于民。民無所措其手足。凡百所爲，無一能達。上文所謂「不克開于民之麗」者，政暴民窮，所以速其亡也。此雖指桀多士，爾殷侯尹民嘗逮事紂者〔七〕，寧不惕然內愧乎！乃惟成湯，克以爾多方簡，代夏作民主。簡，擇也。民擇湯而歸之。慎厥麗乃勸，厥民刑用勸。湯深謹其所依，以勸勉其民，故民皆儀刑而用勸勉也。人君之於天下，仁而已矣。仁者，君之所依也，君仁則莫不仁矣。以至于帝乙，罔不明德慎罰，亦克用勸。明德，則民愛慕之。慎罰，則民畏服之。自成湯至于帝乙，雖歷世不同，而皆知明其德，慎其罰，故亦能用以勸勉其民也。明德慎罰，所以慎厥麗也。明德，仁之本也。慎罰，仁之政也。要囚，殄戮多罪，亦克用勸。開釋無辜，亦克用勸。德明之而已。罰有辟焉，有宥焉，故再言辟而當罪，亦能用以勸勉。宥而赦過，亦能用以勸勉。言辟與宥，皆足以使人勉於善也。今至于爾辟，弗克以爾多方享天之命。呂氏曰：爾辟，謂紂也。商先哲王世傳家法，積累維持如此。今一旦至于汝君，乃以爾全盛之多方，不克坐享天命而亡之，是誠可憫也。天命至公，操則存，舍則亡。以商先王之多，基圖之大，紂曾不得席其餘蔭，其亡忽焉。危微操舍之幾，周公所以示天下深矣，豈徒曰慰解之而已哉！嗚呼！王若曰：誥告爾多方，非天庸釋有夏，非天庸釋有殷。先言嗚呼，而後言王若曰者，唐孔氏曰：周公先自歎息，而後稱王命以誥之也。庸，用也。有心之謂。釋，去之也。上文言夏殷之亡，因言非天有心於去夏，亦非天有心於去殷。下文遂言乃惟桀、紂自取亡滅也。○呂氏曰：周公先自歎息，而始宣布成王之誥告，以見周公未嘗稱王也。又此篇之始〔八〕，周公曰，王若曰，複語相承，書無此體也。至於此章，先嗚呼而後王若曰，書亦無此體也。周公居聖人之變，史官豫憂來世傳疑襲誤，蓋有竊之爲口實矣。故於周公誥命終篇，發新例二。著周公實未嘗稱王，所以別嫌明微，而謹萬世之防也。乃惟爾辟。以爾多方，大淫圖天之命，屑有辭。紂以多方之富，大肆淫泆，圖度天命，瑣屑有辭，與多士言桀大淫佚有辭義同。殷之亡非自取乎？以下二章推之，此章之上，當有闕文。乃惟有夏，圖厥政，不集于享。天降時喪，有邦間之。集，萃也。享，享有之享。桀圖其政，不集于享而集于亡。故天降是喪亂，而俾有殷代之。夏之亡，非自取乎？乃惟爾商後王，逸厥逸，圖厥政，不蠲烝。天惟降時喪。蠲，潔。烝，進也。紂以逸居逸，淫湎無度。故其爲政，不蠲潔而穢惡，不烝進而怠惰，天以是降喪亡于殷。殷之亡，非自取乎？此上三節，皆應上文「非天庸釋」之語。惟聖罔念作狂，惟狂克念作聖。天惟五年，須暇之子孫。誕作民主，罔可念聽。聖，通明之稱。言聖而罔念，則爲狂矣。愚而能念，則爲聖矣。紂雖昏愚，亦有可改過遷善之理。故天又未忍遽絶之，猶五年之久，須待暇寬於紂，覬其克念，大爲民主。而紂無可念可聽者。五年，必有指實而言。孔氏牽合歲月者非是。或曰：狂而克念，果可爲聖乎？曰：聖固未易爲也。狂而克念，則作聖之功，知所向方，太甲其庶幾矣。聖而罔念，果至於狂乎？曰：聖固無所謂罔念也。禹戒舜曰：「無若丹朱傲，惟慢遊是好。」一念之差，雖未至於狂。而狂之理，亦在是矣。此人心惟危，聖人拳拳告戒，豈無意哉！天惟求爾多方，大動以威，開厥顧天。惟爾多方，罔堪顧之。紂既罔可念聽，天於是求民主於爾多方，大警動以禨祥譴告之威，以開發其能受眷顧之命者。而爾多方之衆，皆不足以堪眷顧之命也。惟我周王靈承于旅，克堪用德，惟典神天。天惟式教我用休，簡畀殷命，尹爾多方。典，主。式，用也。克堪者，能勝之謂也。德輶如毛，民鮮克舉之，言德，舉者莫能勝也。文武善承其衆，克堪用德，是誠可以爲神天之主矣。故天式教文武，用以休美，簡擇畀付殷命，以正爾多方也。呂氏曰：式教用休者，如之何而教之也。文武既得乎天，天德日新，左右逢原。其思也，若或起之；其行也，若或翼之。乃天之所以教，而用以昌大休明者也，非諄諄然而教之也。此章深論天下向者天命未定，眷求民主之時，能者則得之。孰有過汝者，乃無一能當天之眷。今天既命我周而定于一矣，爾猶洶洶不靖，欲何爲耶？明指天命，而讋服四海姦雄之心者，莫切於是。今我曷敢多誥？我惟大降爾四國民命。言今我何敢如此多誥，我惟大降宥爾四國民命。舉其宥過之恩，而責其遷善之實也。爾曷不忱裕之于爾多方？爾曷不夾介乂我周王享天之命？今爾尚宅爾宅，畋爾田，爾曷不惠王熙天之命？夾，夾輔之夾。介，賓介之介。爾何不誠信寬裕於爾之多方乎？爾何不夾輔介助我周王享天之命乎？爾之叛亂，據法定罪，則瀦其宅，收其田，可也。今爾猶得居爾宅，耕爾田，爾何不順我王室，各守爾典，以廣天命乎？此三節，責其何不如此也。爾乃迪屢不靜，爾心未愛。爾乃不大宅天命，爾乃屑播天命。爾乃自作不典，圖忱于正。爾乃屢蹈不靜，自取亡滅，爾心其未知所以自愛耶？爾乃大不安天命耶？爾乃輕棄天命耶？爾乃自爲不法，欲圖見信于正者，以爲當然耶？此四節，責其不可如此也。我惟時其教告之，我惟時其戰要囚之，至于再，至于三，乃有不用我降爾命，我乃其大罰殛之。非我有周秉德不康寧，乃惟爾自速辜。我惟是教告而誨諭之，我惟是戒懼而要囚之，今至于再，至于三矣。爾不用我降宥爾命，而猶狃於叛亂反覆，我乃其大罰殛殺之。非我有周持德不安静，乃惟爾自爲凶逆以速其罪耳。王曰：嗚呼！猷，告爾有方多士，暨殷多士，今爾奔走臣我監五祀。監，監洛邑之遷民者也。猶諸侯之分民，有君道焉，所以謂之臣我監也。言商士遷洛，奔走臣服我監，於今五年矣。不曰年而曰祀者，因商俗而言也。又按成周既成，而成王即政。成王即政，而商奄繼叛，事皆相因，纔一二年耳。今言五祀，則商民之遷固在作洛之前矣，尤爲明驗。越惟有胥伯小大多正，爾罔不克臬。臬，事也。周官多以胥、以伯、以正爲名。胥伯小大衆多之正，蓋殷多士授職於洛，共長治遷民者也。其奔走臣我監亦久矣，宜相體悉，竭力其職。無或反側偷惰而不能事也。自作不和，爾惟和哉。爾室不睦，爾惟和哉。爾邑克明，爾惟克勤乃事。心不安静，則身不和順矣。身不安静，則家不和順矣。言「爾惟和哉」者，所以勸勉之也。和其身，睦其家，而後能協于其邑。驩然有恩以相愛，粲然有文以相接，爾邑克明，始爲不負其職，而可謂克勤乃事矣。前既戒以「罔不克臬」，故以「克勤乃事」期之也。爾尚不忌于凶德，亦則以穆穆在乃位，克閱于乃邑謀介。忌，畏也。穆穆，和敬貌。頑民誠可畏矣，然如上文所言，爾多士庶幾不至畏忌頑民凶德，亦則以穆穆和敬，端處爾位，以潛消其悍逆悖戾之氣。又能簡閱爾邑之賢者，以謀其助，則民之頑者，且革而化矣，尚何可畏之有哉？成王誘掖商士之善，以化服商民之惡，其轉移感動之機微矣哉！爾乃自時洛邑，尚永力畋爾田。天惟畀矜爾，我有周惟其大介賚爾，迪簡在王庭。尚爾事，有服在大僚。爾乃自時洛邑，庶幾可以保有其業，力畋爾田。天亦將畀予矜憐於爾，我有周亦將大介助賚錫於爾，啓迪簡拔，置之王朝矣。其庶幾勉爾之事，有服在大僚，不難至也。多士篇，商民嘗以夏迪簡在王庭，有服在百僚爲言。故此因以勸厲之也。王曰：嗚呼！多士，爾不克勸忱我命，爾亦則惟不克享，凡民惟曰不享。爾乃惟逸惟頗，大遠王命，則惟爾多方探天之威，我則致天之罰，離逖爾土。誥告將終，乃歎息言爾多士，如不能相勸信我之誥命，爾亦則惟不能享上。凡爾之民，亦惟曰上不必享矣。爾乃放逸頗僻，大違我命。則惟爾多士自取天威，我亦致天之罰，播流蕩析，俾爾離遠爾土矣。爾雖欲宅爾宅，畋爾田，尚可得哉！多方，疑當作多士。上章既勸之以休，此章則董之以威，商民不惟有所慕而不敢違越，且有所畏而不敢違越矣。王曰：我不惟多誥，我惟祗告爾命。我豈若是多言哉！我惟敬告爾以上文勸勉之命而已。又曰：時惟爾初，不克敬于和，則無我怨。」與之更始，故曰「時惟爾初」也。爾民至此，苟又不能敬于和，猶復乖亂，則自底誅戮，毋我怨尤矣。開其爲善，禁其爲惡，周家忠厚之意，於是篇尤爲可見。○呂氏曰：「『又曰』二字，所以形容周公之惓惓斯民，會已畢而猶有餘情，誥已終而猶有餘語，顧盻之光，猶曄然溢於簡册也。

立政 吴氏曰：此書戒成王以任用賢才之道。而其旨意，則又止戒成王專擇百官有司之長，如所謂常伯、常任、準人等云者。蓋古者外之諸侯，一卿已命於君，內之卿大夫，則亦自擇其屬，如周公以蔡仲爲卿士，伯冏謹簡乃僚之類。其長既賢，則其所舉用無不賢者矣。葛氏曰：誥體也。今文、古文皆有。

周公若曰：「拜手稽首，告嗣天子王矣。」用咸戒于王曰：「王左右常伯、常任、準人、綴衣、虎賁。」周公曰：「嗚呼！休兹，知恤鮮哉。」此篇周公所作，而記之者周史也。故稱「若曰」，言周公帥羣臣進戒于王，贊之曰。拜手稽首，告嗣天子王矣。羣臣用皆進戒曰。王左右之臣，有牧民之長曰常伯，有任事之公卿曰常任，有守法之有司曰準人。三事之外，掌服器者曰綴衣，執射御者曰虎賁，皆任用之所當謹者。周公於是歎息言曰：美矣此官。然知憂恤者鮮矣。言五等官職之美，而知憂其得人者少也。吴氏曰：綴衣、虎賁，近臣之長也。葛氏曰：綴衣，周禮司服之類。虎賁，周禮之虎賁氏也。

古之人迪惟有夏，乃有室大競，籲俊尊上帝。迪知忱恂于九德之行，乃敢告教厥后。曰：拜手稽首后矣。曰：宅乃事，宅乃牧，宅乃準，兹惟后矣。謀面用丕訓德，則乃宅人。兹乃三宅無義民。古之人有行此道者，惟有夏之君。當王室大強之時，而求賢以爲事天之實也。迪知者，蹈知而非苟知也。忱恂者，誠信而非輕信也。言夏之臣，蹈知誠信于九德之行，乃敢告教其君。曰「拜手稽首后矣」云者，致敬以尊其爲君之名也。曰「宅乃事，宅乃牧，宅乃準，兹惟后矣」云者，致告以叙其爲君之實也。兹者，此也。言如此而後可以爲君也。即皋陶與禹九德之事。謀面者，謀人之面貌也。言非迪知忱恂于九德之行，而徒謀之面貌。用以爲大順於德，乃宅而任之，如此，則三宅之人，豈復有賢者乎？蘇氏曰：事，則向所謂常任也。牧，則向所謂常伯也。準，則向所謂準人也。一篇之中，所論宅俊者，參差不齊。然大要不出是三者。其餘則皆小臣百執事也。吴氏曰：古者凡以善言語人皆謂之教，不必自上教下而後謂之教也。

桀德，惟乃弗作往任，是惟暴德，罔後。夏桀惡德，弗作往昔先王任用三宅，而所任者乃惟暴德之人，故桀以喪亡無後。亦越成湯，陟丕釐上帝之耿命。乃用三有宅，克即宅，曰三有俊，克即俊。嚴惟丕式，克用三宅三俊。其在商邑，用協于厥邑。其在四方，用丕式見德。亦越者，繼前之辭也。耿，光也。湯自七十里升爲天子，典禮命討，昭著於天下，所謂陟丕釐上帝之光命也。三宅，謂居常伯、常任、準人之位者。三俊，謂有常伯、常任、準人之才者。克即者，言湯所用三宅，實能就是位而不曠其職。所稱三俊，實能就是德而不浮其名也。三俊，説者謂他日次補三宅者。詳宅以位言，俊以德言，意其儲養待用，或如説者所云也。惟，思。式，法也。湯於三宅三俊，嚴思而丕法之，故能盡其宅俊之用，而宅者得以效其職，俊者得以著其才，賢智奮庸，登于至治。其在商邑，用協于厥邑，近者察之詳，其情未易齊。畿甸之協，則純之至也。其在四方，用丕式見德，遠者及之難，其德未易徧。觀法之同，則大之至也。至純至大，治道無餘藴矣。曰邑曰四方者，各極其遠近而言耳。嗚呼！其在受德暋，惟羞刑暴德之人，同于厥邦。乃惟庶習逸德之人，同于厥政。帝欽罰之，乃伻我有夏，式商受命，奄甸萬姓。羞刑，進任刑戮者也。庶習，備諸衆醜者也。言紂德強暴，又所與共國者，惟羞刑暴德之諸侯，所與共政者，惟庶習逸德之臣下。上帝敬致其罰，乃使我周有此諸夏，用商所受之命，而奄甸萬姓焉。甸者，井牧其地，什伍其民也。亦越文王武王，克知三有宅心，灼見三有俊心，以敬事上帝，立民長伯。三宅三俊，文武克知灼見。皆曰心者，即所謂迪知忱恂而非謀面也。三宅已授之位，故曰克知。三俊未任以事，故曰灼見。以是敬事上帝，則天職修而上有所承；以是立民長伯，則體統立而下有所寄。人君位天人之兩間，而俯仰無怍者以是也。夏之尊帝，商之丕釐，周之故事，其義一也。長，如王制所謂五國以爲屬，屬有長。伯，如王制所謂二百一十國以爲州，州有伯，是也。立政：任人、準夫、牧，作三事。言文武立政三宅之官也。任人，常任也。準夫，準人也。牧，常伯也。以職言，故曰事。虎賁、綴衣、趣馬、小尹、左右攜僕、百司、庶府。此侍御之官也。趣馬，掌馬之官。小尹，小官之長。攜僕，攜持僕御之人。百司，若司裘、司服。庶府，若內府、大府之屬也。大都、小伯、藝人、表臣百司、太史、尹伯、庶常吉士。此都邑之官也。呂氏曰：大都小伯者，謂大都之伯，小都之伯也。大都言都不言伯，小伯言伯不言都，互見之也。藝人者，卜祝巫匠，執技以事上者。表臣百司，表，外也。表對裏之詞。上文百司，蓋內百司，若內府內司服之屬，所謂裏臣也。此百司，蓋外百司，若外府外司服之屬，所謂表臣也。太史者，史官也。尹伯者，有司之長，如庖人內饔，膳夫則是數尹之伯也。鐘師尹鐘，磬師尹磬，大師司樂，則是數尹之伯也。凡所謂官吏，莫不在內、外百司之中。至於特見其名者，則皆有意焉。虎賁、綴衣、趣馬、小尹、左右攜僕，以扈衛親近而見。庶府，以冗賤人所易忽而見。藝人，恐其或興淫巧機詐以蕩上心而見。太史，以奉諱惡公天下後世之是非而見。尹伯，以大小相維，體統所係而見。若大都小伯，則分治郊畿，不預百司之數者。既條陳歷數文武之衆職，而總結之曰庶常吉士。庶，衆也。言在文武之廷，無非常德吉士也。司徒、司馬、司空、亞旅。此諸侯之官也。司徒，主邦教。司馬，主邦政。司空，主邦土。餘見牧誓。言諸侯之官，莫不得人也。諸侯之官獨舉此者，以其名位通於天子歟。夷、微、盧、烝、三亳、阪、尹。此王官之監於諸侯四夷者也。微、盧，見經。亳，見史。三亳：蒙爲北亳，穀熟爲南亳，偃師爲西亳。烝，或以爲衆，或以爲夷名。阪，未詳。古者險危之地，封疆之守，或不以封，而使王官治之，參錯於五服之間，是之謂尹。地志載王官所治非一，此特舉其重者耳。自諸侯三卿以降，唯列官名而無他語。承上庶常吉士之文，以内見外也。夫上自王朝，内而都邑，外而諸侯，遠而夷狄，莫不皆得人以爲官使，何其盛歟！文王惟克厥宅心，乃克立兹常事司牧人，以克俊有德。文王惟能其三宅之心。能者，能之也。知之至，信之篤之謂。故能立此常任、常伯，用能俊有德也。不言準人者，因上章言文王用人，而申克知三有宅心之説，故略之也。文王罔攸兼于庶言、庶獄、庶慎。庶言，號令也。庶獄，獄訟也。庶慎，國之禁戒儲備也。有司，有職主者。牧夫，牧人也。文王不敢下侵庶職，惟於有司牧夫，訓敕用命及違命者而已。漢孔氏曰：勞於求才，逸於任賢。庶獄、庶慎，文王罔敢知于兹。上言罔攸兼，則猶知之，特不兼其事耳。至此「罔敢知」，則若未嘗知有其事，蓋信任之益專也。上言庶言，此不及者，號令出於君，有不容不知者故也。吕氏曰：不曰罔知於兹，而曰罔敢知于兹者，徒言罔知，則是莊老之無爲也。惟言罔敢知，然後見文王敬畏思不出位之意。毫釐之辨，學者宜精察之。

亦越武王，率惟敉功，不敢替厥義德。率惟謀，從容德，以並受此丕丕基。率，循也。敉功，安天下之功。義德，義德之人。容德，容德之人。蓋義德者，有撥亂反正之才；容德者，有休休樂善之量，皆成德之人也。周公上文言武王率循文王之功，而不敢替其所用義德之人。率循文王之謀，而不敢違其容德之士。意如虢叔、閎夭、散宜生、泰顛、南宫适之徒。所以輔成王業者，文用之於前，武任之於後。故周公於君奭言五臣克昭文王，受有殷命。武王惟兹四人，尚迪有禄。正猶此叙文武用人，而言並受此丕丕基也。嗚呼！孺子王矣。繼自今，我其立政、立事、準人、牧夫，我其克灼知厥若。丕乃俾亂，相我受民，和我庶獄、庶慎。時則勿有間之。我者，指王而言。若，順也。周公既述文武基業之大，歎息而言曰：孺子今既爲王矣。繼此以往，王其於立政、立事、準人、牧夫之任，當能明知其所順。順者，其心之安也。孔子曰：「察其所安，人焉廋哉。」察其所順者，知人之要也。夫既明知其所順，果正而不他。然後推心而大委任之，使展布四體以爲治，相助左右所受之民，和調均齊獄慎之事。而又戒其勿以小人間之，使得終始其治，此任人之要也。民而謂之受者，言民者乃受之於天，受之於祖宗，非成王之所自有也。自一話一言，我則末惟成德之彦，以乂我受民。末，終。惟，思也。自一話一言之間，我則終思成德之美士，以治我所受之民，而不敢斯須忘也。嗚呼！予旦已受人之徽言，咸告孺子王矣。繼自今文子文孫，其勿誤于庶獄、庶慎，惟正是乂之。前所言禹、湯、文、武任人之事，無非至美之言。我聞之於人者，已皆告孺子王矣。文子文孫者，成王，武王之文子，文王之文孫也。成王之時，法度彰，禮樂著，守成尚文，故曰文。誤，失也。有所兼，有所知，不付之有司而以己誤之也。正，猶康誥所謂正人，與宮正、酒正之正，指當職者爲言。不以己誤庶獄、庶慎，惟當職之人是治之。下文言其勿誤庶獄，惟有司之牧夫，即此意。自古商人，亦越我周文王，立政、立事、牧夫、準人，則克宅之，克由繹之，茲乃俾乂。自古及商人，及我周文王，於立政所以用三宅之道，則克宅之者，能得賢者以居其職也。克由繹之者，能紬繹用之而盡其才也。既能宅其才以安其職，又能繹其才以盡其用，茲其所以能俾乂也歟。國則罔有立政用憸人，不訓于德，是罔顯在厥世。繼自今立政，其勿以憸人。其惟吉士，用勱相我國家。自古爲國，無有立政用憸利小人者。小人而謂之憸者，形容其沾沾便捷之狀也。憸利小人，不順于德，是無能光顯以在厥世。王當繼今以往立政，勿用憸利小人。其惟用有常吉士，使勉力以輔相我國家也。吕氏曰：君子陽類，用則升其國於明昌。小人陰類，用則降其國於晻昧。陰陽升降，亦各從其類也。今文子文孫，孺子王矣，其勿誤于庶獄，惟有司之牧夫。始言和我庶獄、庶慎，時則勿有間之。繼言其勿誤于庶獄、庶慎，惟正是乂之。至是獨曰其勿誤于庶獄，惟有司之牧夫。蓋刑者，天下之重事。挈其重而獨舉之，使成王尤知刑獄之可畏，必專有司牧夫之任，而不可以己誤之也。其克詰爾戎兵，以陟禹之迹。方行天下，至于海表，罔有不服。以覲文王之耿光，以揚武王之大烈。詰，治也。治爾戎服兵器也。陟，升也。禹迹，禹服舊迹也。方，四方也。海表，四裔也。言德威所及，無不服也。覲，見也。耿光，德也。大烈，業也。於文王稱德，於武王稱業，各於其盛者稱之。吕氏曰：兵，刑之大也。故既言庶獄，而繼以治兵之戒焉。或曰：周公之訓，稽其所敝，得無啓後世好大喜功之患乎？曰：周公詰兵之訓，繼勿誤庶獄之後，犴獄之間，尚恐一刑之誤，況六師萬衆之命，其敢不審而誤舉乎！推勿誤庶獄之心，而奉克詰戎兵不戒，必非得已不已，而輕用民命者也。嗚呼！繼自今後王立政，其惟克用常人。」并周家後王而戒之也。常人，常德之人也。皋陶曰：「彰厥有常吉哉。」常人與吉士，同實而異名者也。周公若曰：「太史，司寇蘇公，式敬爾由獄，以長我王國。茲式有慎，以列用中罰。」此周公因言慎罰，而以蘇公敬獄之事，告之太史，使其并書以爲後世司獄之式也。蘇，國名也。左傳：蘇忿生以溫爲司寇。周公告太史以蘇忿生爲司寇，用能敬其所由之獄，培植基本，以長我王國，令於此取法而有謹焉。則能以輕重條列，用其中罰，而無過差之患矣。

校勘記

〔一〕日東景朝多陽日西景夕多陰　元刻本、明内府本、明官刻本及清傳經堂本作「日東景夕多風日西景朝多陰」。

〔二〕欲徙周而居之　「徙」原作「徒」，據元刻本、明内府本、明官刻本及清傳經堂本改。

〔三〕庶獄庶慎　「慎」原作「謹」，據元至正本、明内府本、明官刻本及清傳經堂本改。以下逕改不出校。

〔四〕勿狹隘欲去　「欲」，明内府本、明官刻本及清傳經堂本作「求」。

〔五〕襄我二人　「二」原作「一」，據元刻本、明内府本、明官刻本及清傳經堂本改。

〔六〕而莫能禁也　明内府本、明官刻本及清傳經堂本「禁」下有「禦」字。

〔七〕爾殷侯尹民嘗逮事紂者　「民」原作「氏」，據元至正本、明内府本、明官刻本及清傳經堂本改。

〔八〕又此篇之始　「又」原作「入」，據元刻本、明内府本、明官刻本及清傳經堂本改。

書集傳卷六

周官 成王訓迪百官，史録其言，以「周官」名之。亦訓體也。今文無，古文有。○按此篇與今周禮不同。如三公三孤，周禮皆不載。或謂公孤兼官，無正職，故不載。然三公論道經邦，三孤貳公弘化，非職乎？職任之大，無踰此矣。或又謂師氏即太師，保氏即太保。然以師保之尊，而反屬司徒之職，亦無是理也。又此言六年五服一朝，而周禮六服諸侯，有一歲一見者，二歲一見者，三歲一見者，亦與此不合。是固可疑。然周禮非聖人不能作也。意周公方條治事之官，而未及師保之職。所謂未及者，鄭重而未及言之也。書未成而公亡，其間法制有未施用，故與此異。而冬官亦闕。要之周禮首末未備，周公未成之書也。惜哉！讀書者參互而考之，則周公經制，可得而論矣。

惟周公撫萬邦，巡侯甸，四征弗庭，綏厥兆民。六服羣辟，罔不承德。歸于宗周，董正治官。此書之本序也。庭，直也。葛氏曰：弗庭，弗來庭者。六服，侯、甸、男、采、衛，并畿内爲六服也。禹貢五服通畿内，周制五服在王畿外也。周禮又有九服，侯、甸、男、采、衛、蠻、夷、鎮、蕃，與此不同。宗周，鎬京也。董，督也。治官，凡治事之官也。言成王撫臨萬國，巡狩侯甸，四方征討不庭之國，以安天下之民。六服諸侯之君，無不奉承周德。成王歸于鎬京，督正治事之官。外攘之功舉，而益嚴内治之修也。唐孔氏曰：周制無萬國，惟伐淮夷，非四征也。大言之爾。王曰：「若昔大猷，制治于未亂，保邦于未危。」若昔大道之世，制治保邦于未亂未危之前。即下文「明王立政」是也。曰：「唐虞稽古，建官惟百，内有百揆四岳，外有州牧、侯伯。庶政惟和，萬國咸寧。夏商官倍，亦克用乂。明王立政，不惟其官，惟其人。百揆，無所不總者。四岳，總其方岳者。州牧，各總其州者。侯伯，次州牧而總諸侯者也。百揆四岳，總治于内；州牧、侯伯，總治于外。内外相承，體統不紊，故庶政惟和，而萬國咸安。夏商之時，世變事繁，觀其會通，制其繁簡，官數加倍，亦能用治。明王立政，不惟其官之多，惟其得人而已。今予小子，祗勤于德，夙夜不逮。仰惟前代時若，訓迪厥官。逮，及。時，是。若，順也。成王祗勤于德，早夜若有所不及然。蓋修德者，任官之本也。立太師、太傅、太保，兹惟三公。論道經邦，爕理陰陽，官不必備，惟其人。立，始辭也。三公非始於此，立爲周家定制，則始於此也。賈誼曰：保者，保其身體。傅者，傅之德義。師，道之教訓。此所謂三公也。陰陽，以氣言；道者，陰陽之理，恒而不窮者也。易曰「一陰一陽之謂道」是也。論者，講明之謂。經者，經綸之謂。爕理者，和調之也。非經綸天下之大經，參天地之化育者，豈足以任此責。故官不必備，惟其人也。少師、少傅、少保，曰三孤。貳公弘化，寅亮天地，弼予一人。孤，特也。三少，雖三公之貳，而非其屬官，故曰孤。天地，以形言。化者，天地之用，運而無迹者也。易曰「範圍天地之化」是也。弘者，張而大之。寅亮者，敬而明之也。公論道，孤弘化，公燮理陰陽，孤寅亮天地。公論於前，孤弼於後，公孤之分如此。冢宰掌邦治，統百官，均四海。冢，大。宰，治也。天官卿，治官之長，是爲冢宰。内統百官，外均四海，蓋天子之相也。百官異職，管攝使歸于一，是之謂統。四海異宜，調劑使得其平，是之謂均。司徒掌邦教，敷五典，擾兆民。擾，馴也。地官卿，主國教化，敷君臣、父子、夫婦、長幼、朋友五者之教，以馴擾兆民之不順者，而使之順也。唐虞司徒之官，固已職掌如此。宗伯掌邦禮，治神人，和上下。春官卿，主邦禮，治天神、地祇、人鬼之事，和上下尊卑等列。春官於四時之序爲長，故其官謂之宗伯。成周合樂於禮官，謂之和者，蓋以樂而言也。司馬掌邦政，統六師，平邦國。夏官卿，主戎馬之事，掌國征伐，統御六軍，平治邦國。平，謂強不得陵弱，衆不得暴寡，而人皆得其平也。軍政莫急於馬，故以司馬名官。何莫非政，獨戎政謂之政者，用以征伐而正彼之不正，王政之大者也。司寇掌邦禁，詰姦慝，刑暴亂。秋官卿，主寇賊法禁。羣行攻刧曰寇。詰姦惡，刑彊暴作亂者。掌刑不曰刑而曰禁者，禁於未然也。吕氏曰：姦慝隱而難知，故謂之詰。推鞫窮詰，而求其情也。暴亂顯而易見，直刑之而已。司空掌邦土，居四民，時地利。冬官卿，主國空土，以居士農工商四民，順天時以興地利。按周禮，冬官則記考工之事，與此不同。蓋本闕冬官，漢儒以考工記當之也。六卿分職，各率其屬，以倡九牧，阜成兆民。六卿分職，各率其屬官，以倡九州之牧。自内達之於外，政治明，教化洽，兆民之衆，莫不阜厚而化成也。按周禮，每卿六十屬。六卿，三百六十屬也。吕氏曰：冢宰相天子，統百官，則司徒以下，無非冢宰所統。乃均列一職，而併數之爲六者，綱在綱中也。乾坤之與六子，並列於八方。冢宰之與五卿，並列於六職也。六年，五服一朝。又六年，王乃時巡。考制度于四岳，諸侯各朝于方岳，大明黜陟。」五服，侯、甸、男、采、衛也。六年一朝會京師，十二年王一巡狩。時巡者，猶舜之四仲巡狩也。考制度者，猶舜之協時月正日，同律度量衡等事也。諸侯各朝方岳者，猶舜之肆覲東后也。大明黜陟者，猶舜之黜陟幽明也。疏數異時，繁簡異制，帝王之治，因時損益者可見矣。王曰：「嗚呼！凡我有官君子，欽乃攸司，慎乃出令。令出惟行，弗惟反。以公滅私，民其允懷。建官之體統，前章既訓迪之矣。此則居守官職者咸在，曰凡有官君子者，合尊卑小大而同訓之也。反者，令出不可行而壅逆之謂。言敬汝所主之職，謹汝所出之令，令出欲其行，不欲其壅逆而不行也。以天下之公理，滅一己之私情，則令行而民莫不敬信懷服矣。學古入官，議事以制，政乃不迷。其爾典常作之師，無以利口亂厥官。蓄疑敗謀，怠忽荒政，不學墻面，莅事惟煩。學古，學前代之法也。制，裁度也。迷，錯繆也。典常，當代之法也。周家典常，皆文、武、周公之所講畫，至精至備。凡莅官者，謹師之而已，不可喋喋利口，更改而紛亂之也。積疑不決，必敗其謀。怠惰忽略，必荒其政。人而不學，其猶正墻面而立，必無所見，而舉錯煩擾也。○蘇氏曰：鄭子産鑄刑書，晉叔向譏之曰：「昔先王議事以制，不爲刑辟。」其言蓋取諸此。先王人法並任，而任人爲多。故律設大法而已。其輕重之詳，則付之人，臨事而議，以制其出入。故刑簡而政清。自唐以前，治罪科條，止於今律令而已。人之所犯，日變無窮，而律令有限。以有限治無窮，不聞有所闕，豈非人法兼行，吏猶得臨事而議乎？今律令之外，科條數萬而不足於用，有司請立新法者，日益不已。嗚呼！任法之弊，一至於此哉！戒爾卿士，功崇惟志，業廣惟勤，惟克果斷，乃罔後艱。此下申戒卿士也。王氏曰：功以智崇〔一〕，業以仁廣，斷以勇克，此三者，天下之達道也。呂氏曰：功者，業之成也。業者，功之積也。崇其功者存乎志，廣其業者存乎勤。勤由志而生，志待勤而遂。雖有二者，當幾而不能果斷，則志與勤虚用，而終蹈後艱矣。位不期驕，祿不期侈。恭儉惟德，無載爾僞。作德心逸日休，作僞心勞日拙。貴不與驕期而驕自至，祿不與侈期而侈自至。故居是位，當知所以恭。饗是祿，當知所以儉。然恭儉豈可以聲音笑貌爲哉！當有實得於己，不可從事於僞。作德，則中外惟一，故心逸而日休休焉。作僞，則揜護不暇，故心勞而日著其拙矣。或曰：期，待也。位所以崇德，非期於爲驕。祿所以報功，非期於爲侈。亦通。居寵思危，罔不惟畏。弗畏入畏。居寵盛，則思危辱。當無所不致其祗畏。苟不知祗畏，則入于可畏之中矣。後之患失者，與思危相似。然思危者，以寵利爲憂。患失者，以寵利爲樂。所存大不同也。推賢讓能，庶官乃和。不和政厖。舉能其官，惟爾之能。稱匪其人，惟爾不任。」賢，有德者也。能，有才者也。王氏曰：道二，義利而已。推賢讓能，所以爲義。大臣出於義，則莫不出於義，此庶官所以不争而和。蔽賢害能，所以爲利，大臣出於利，則莫不出於利，此庶官所以争而不和。庶官不和，則政必雜亂而不理矣。稱，亦舉也。所舉之人，能修其官，是亦爾之所能。舉非其人，是亦爾不勝任。古者大臣以人事君，其責如此。王曰：「嗚呼！三事暨大夫，敬爾有官，亂爾有政，以佑乃辟，永康兆民，萬邦惟無斁。」三事，即立政三事也。亂，治也。篇終歎息，上自三事，下至大夫，而申戒勅之也。其不及公孤者，公孤德尊位隆，非有待於戒勅也。

君陳君陳，臣名。唐孔氏曰：周公遷殷頑民於下都，周公親自監之。周公既殁，成王命君陳代周公，此其策命之詞。史録其書，以「君陳」名篇。今文無，古文有。

王若曰：「君陳，惟爾令德孝恭，惟孝友于兄弟，克施有政。命汝尹茲東郊，敬哉！言君陳有令德，事親孝，事上恭。惟其孝友於家，是以能施政於邦。孔子曰：「居家理，故治可移於官。」陳氏曰：天子之國，五十里爲近郊。自王城言之，則下都乃東郊之地。故君陳、畢命，皆指下都爲東郊。昔周公師保萬民，民懷其德。往慎乃司，茲率厥常，懋昭周公之訓，惟民其乂。周公之在東郊，有師之尊，有保之親，師教之，保安之，民懷其德。君陳之往，但當謹其所司，率循其常，勉明周公之舊訓，則民其治矣。蓋周公既殁，民方思慕周公之訓。君陳能發明而光大之，固其翕然聽順也。我聞曰：至治馨香，感于神明。黍稷非馨，明德惟馨。爾尚式時周公之猷訓，惟日孜孜，無敢逸豫。呂氏曰：成王既勉君陳昭周公之訓，復舉周公精微之訓以告之。「至治馨香」以下四語，所謂周公之訓也。既言此而揭之以「爾尚式時周公之猷訓」，則是四言爲周公之訓明矣。物之精華，固無二體。然形質止而氣臭升。止者有方，升者無間，則馨香者，精華之上達者也。至治之極，馨香發聞，感格神明，不疾而速。凡昭薦黍稷之苾芬，是豈黍稷之馨哉！所以苾芬者，實明德之馨也。至治舉其成，明德循其本，非有二馨香也。周公之訓，固爲精微，而舉以告君陳，尤當其可。自殷頑民言之，欲其感格，非可刑驅而勢迫。所謂洞達無間者，蓋當深省也。自周公法度言之，典章雖具，苟無前人之德，則索然萎薾，徒爲陳迹也。故勉之以用是猷訓，惟日孜孜，無敢逸豫焉。是訓也，至精至微，非日新不已，深致敬篤之功，孰能與於斯。

凡人未見聖，若不克見。既見聖，亦不克由聖。爾其戒哉！爾惟風，下民惟草。

未見聖，如不能得見。既見聖，亦不能由聖，人情皆然。君陳親見周公，故特申戒以此。君子之德風也，小人之德草也，草上之風必偃。君陳克由周公之訓，則商民亦由君陳之訓矣。

圖厥政，莫或不艱。有廢有興，出入自爾師虞。庶言同則繹。

師，衆。虞，度也。言圖謀其政，無小無大，莫或不致其難。有所當廢，有所當興，必出入反覆，與衆共虞度之。衆論既同，則又紬繹而深思之而後行也。蓋出入自爾師虞者，所以合乎人之同。庶言同則繹者，所以斷於己之獨。孟子曰：「國人皆曰賢，然後察之。國人皆曰可殺，然後察之。」庶言同則繹之謂也。

爾有嘉謀嘉猷，則入告爾后于内。爾乃順之于外，曰斯謀斯猷，惟我后之德。嗚呼！臣人咸若時，惟良顯哉！

言切於事謂之謀，言合於道謂之猷。道與事非二也，各舉其甚者言之。良以德言，顯以名言。或曰：成王舉君陳前日已陳之善，而歎息以美之也。○葛氏曰：成王殆失斯言矣。欲其臣善則稱君，人臣之細行也。然君既有是心，至於有過，則將使誰執哉！禹聞善言則拜，湯改過不吝，端不爲此言矣。嗚呼！此其所以爲成王歟？

王曰：「君陳，爾惟弘周公丕訓。無依勢作威，無倚法以削。寬而有制，從容以和。

此篇言周公訓者三，曰懋昭，曰式時，至此則弘周公之丕訓，欲其益張而大之也。君陳何至依勢以爲威，倚法以侵削者。然勢，我所有也；法，我所用也；喜怒，予奪，毫髮不於人而於己，是私意也，非公理也，安能不作威以削乎！君陳之世，當寬和之時也。然寬不可一於寬，必寬而有其制。和不可一於和，必從容以和之。而後可以和厥中也。殷民在辟，予曰辟，爾惟勿辟。予曰宥，爾惟勿宥，惟厥中。上章成王慮君陳之徇己，此則慮君陳之徇君也。言殷民之在刑辟者，不可徇君以爲生殺，惟當審其輕重之中也。有弗若于汝政，弗化于汝訓，辟以止辟，乃辟。其有不順于汝之政，不化于汝之訓，刑之可也。然刑期無刑，而可以止刑者乃刑之，此終上章之辟。狃于姦宄，敗常亂俗，三細不宥。狃，習也。常，典常也。俗，風俗也。狃于姦宄，與夫毁敗典常，壞亂風俗，人犯此三者，雖小罪亦不可宥，以其所關者大也。此終上章之宥。爾無忿疾于頑，無求備于一夫。無忿疾，人之所未化；無求備，人之所不能。必有忍，其乃有濟。有容，德乃大。孔子曰：「小不忍，則亂大謀。」必有所忍，而後能有所濟。然此猶有堅制力蓄之意。若洪裕寬綽，恢恢乎有餘地者，斯乃德之大也。忍言事，容言德，各以深淺言也。簡厥修，亦簡其或不修。進厥良，以率其或不良。王氏曰：修，謂其職業。良，謂其行義。職業有修與不修，當簡而別之，則人勸功。進行義之良者，以率其不良，則人勵行。惟民生厚，因物有遷。違上所命，從厥攸好。爾克敬典在德，時乃罔不變，允升于大猷。惟予一人膺受多福，其爾之休，終有辭於永世。」言斯民之生，其性本厚。而所以澆薄者，以誘於習俗，而爲物所遷耳。然厚者既可遷而薄，則薄者豈不可反而厚乎？反其歸厚，特非聲音笑貌之所能爲爾。民之於上，固不從其令而從其好。大學言其所令反其所好，則民不從，亦此意也。敬典者，敬其君臣、父子、兄弟、夫婦、朋友之常道也。在德者，得其典常之道，而著之於身也。蓋知敬典而不知在德，則典與我猶二也。惟敬典而在德焉，則所敬之典，無非實有諸己。實之感人，捷於桴皷。所以時乃罔不變，而信升于大猷也。如是，則君受其福，臣成其美，而有令名於永世矣！

顧命

顧，還視也。成王將崩，命羣臣立康王，史序其事爲篇。謂之「顧命」者，鄭玄云：回首曰顧，臨死回顧而發命也。今文、古文皆有。○呂氏曰：成王經三監之變，王室幾摇，故此正其終始特詳焉。顧命，成王所以正其終。康王之誥，康王所以正其始。

惟四月哉生魄，王不懌。始生魄，十六日。王有疾，故不悦懌。甲子，王乃洮頮水。相被冕服，憑玉几。王發大命臨羣臣，必齋戒沐浴。今疾病危殆，故但洮盥頮面，扶相者被袞冕，憑玉几以發命。乃同召太保奭、芮伯、彤伯、畢公、衛侯、毛公、師氏、虎臣、百尹、御事。同召六卿，下至御治事者。太保、芮伯、彤伯、畢公、衛侯、毛公，六卿也。冢宰第一，召公領之。司徒第二，芮伯爲之。宗伯第三，彤伯爲之。司馬第四，畢公領之。司寇第五，衛侯爲之。司空第六，毛公領之。太保、畢、毛，三公兼也。芮、彤、畢、衛、毛，皆國名，入爲天子公卿。師氏，大夫官。虎臣，虎賁氏。百尹，百官之長，及諸御治事者。平時則召六卿，使帥其屬。此則將發顧命，自六卿至御事，同以王命召也。王曰：「嗚呼！疾大漸，惟幾。病日臻，既彌留。恐不獲誓言嗣，茲予審訓命汝。此下成王之顧命也。自嘆其疾大進，惟危殆。病日至，既彌甚而留連，恐遂死，不得誓言以嗣續我志，此我所以詳審發訓命汝。統言曰疾，甚言曰病。昔君文王、武王宣重光，奠麗，陳教，則肄。肄不違，用克達殷，集大命。武猶文，謂之重光，猶舜如堯，謂之重華也。奠，定。麗，依也。言文武宣布重明之德，定民所依，陳列教條，則民習服。習而不違，天下化之。用能達於殷邦，而集大命於周也。在後之侗，敬迓天威。嗣守文武大訓，無敢昏逾。侗，愚也。成王自稱，言其敬迎上天威命而不敢少忽，嗣守文武大訓而無敢昏逾。天威，天命也。大訓，述天命者也。於天言天威，於文武言大訓，非有二也。今天降疾，殆，弗興弗悟。爾尚明時朕言，用敬保元子釗，弘濟于艱難。釗，康王名。成王言今天降疾我身，殆將必死，弗興弗悟。爾庶幾明是我言，用敬保元子釗，大濟于艱難。曰元子者，正其統也。柔遠能邇，安勸小大庶邦。懷來馴擾，安寧勸導，皆君道所當盡者。合遠邇小大而言，又以見君德所施，公平周溥，而不可有所偏滯也。思夫人自亂于威儀，爾無以釗冒，貢于非幾。」亂，治也。威者，有威可畏。儀者，有儀可象。舉一身之則而言也。蓋人受天地之中以生，是以有動作威儀之則。成王思夫人之所以爲人者，自治於威儀耳。自治云者，正其身而不假於外求也。貢，進也。成王又言羣臣其無以元子而冒進於不善之幾也。蓋幾者，動之微，而善惡之所由分也。非幾，則發於不善而陷於惡矣。威儀，舉其著於外者而勉之也。非幾，舉其發於中者而戒之也。威儀之治，皆本一念一慮之微，可不謹乎！孔子所謂知幾，子思所謂慎獨，周子所謂幾善惡者，皆致意於是也。成王垂絶之言，而拳拳及此，其有得於周公者亦深矣。○蘇氏曰：「死生之際，聖賢之所甚重也。成王將崩之一日，被冕服以見百官，出經遠保世之言，其不死於燕安婦人之手也明矣。其致刑措宜哉！」茲既受命還，出綴衣于庭。越翼日乙丑，王崩。綴衣，幄帳也。羣臣既退，徹出幄帳於庭。喪大記云：「疾病，君徹懸，東首於北墉下。」是也。於其明日，王崩。太保命仲桓、南宫毛，俾爰齊侯吕伋，以二干戈、虎賁百人，逆子釗於南門之外。延入翼室，恤宅宗。桓、毛，二臣名。伋，太公望子，爲天子虎賁氏。延，引也。翼室，路寢旁左右翼室也。太保以冢宰攝政，命桓、毛二臣，使齊侯吕伋以二干戈、虎賁百人，逆太子釗於路寢門外。引入路寢翼室，爲憂居宗主也。吕氏曰：發命者冢宰，傳命者兩朝臣，承命者勳戚顯諸侯，體統尊嚴，樞機周密，防危慮患之意深矣。入自端門，萬姓咸覩，與天下共之也。延入翼室，爲憂居之宗，示天下不可一日無統也。唐穆、敬、文、武以降，閹寺執國命，易主於宫掖，而外廷猶不聞。然後知周家之制，曲盡備豫。雖一條一節，亦不可廢也。丁卯，命作册度。命史爲册書法度。傳顧命於康王。越七日癸酉，伯相命士須材。伯相，召公也。召公以西伯爲相。須，取也。命士取材木以供喪用。狄設黼扆綴衣。狄，下士。祭統云：狄者，樂吏之賤者也。喪大記：「狄人設階。」蓋供喪役而典設張之事者也。黼扆，屏風畫爲斧文者。設黼扆幄帳，如成王生存之日也。牖間南嚮，敷重篾席，黼純，華玉仍几。此平時見羣臣、覲諸侯之坐也。敷設重席，所謂天子之席三重者也。篾席，桃竹枝席也。黼，白黑雜繒。純，緣也。華，彩色也。華玉以飾几。仍，因也。因生時所設也。周禮：吉事變几，凶事仍几。是也。西序東嚮，敷重厎席，綴純，文貝仍几。此旦夕聽事之坐也。東西廂謂之序。厎席，蒲席也。綴，雜彩。文貝，有文之貝，以飾几也。東序西嚮，敷重豐席，畫純，雕玉仍几。此養國老、饗羣臣之坐也。豐席，莞席也〔二〕。畫，彩色。雕，刻鏤也。西夾南嚮，敷重筍席，玄紛純，漆仍几。此親屬私燕之坐也。西廂夾室之前。筍席，竹席也。紛，雜也。以玄黑之色，雜爲之緣。漆，漆几也。牖間兩序西夾，其席有四，牖户之間謂之扆。天子負扆朝諸侯，則牖間南嚮之席，坐之正也。其三席各隨事以時設也。將傳先王顧命，知神之在此乎？在彼乎？故兼設平生之坐也。越玉五重，陳寶，赤刀、大訓、弘璧、琬琰，在西序；大玉、夷玉、天球、河圖，在東序。胤之舞衣、大貝、鼖鼓，在西房；兑之戈、和之弓、垂之竹矢，在東房。於東西序坐，北列玉五重，及陳先王所寶器物。赤刀，赤削也。大訓，三皇五帝之書，訓誥亦在焉。文武之訓，亦曰大訓。弘璧，大璧也。琬琰，圭名。夷，常也。球，鳴球也。河圖，伏羲時龍馬負圖出於河。一六位北，二七位南，三八位東，四九位西，五十居中者，易大傳所謂河出圖是也。胤，國名。胤國所制舞衣。大貝，如車渠。鼖鼓，長八尺。兑、和皆古之巧工。垂，舜時共工。舞衣，鼖鼓、戈、弓、竹矢，皆制作精巧中法度，故歷代傳寶之。孔氏曰：弘璧、琬琰、大玉、夷玉、天球，玉之五重也。呂氏曰：西序所陳，不惟赤刀、弘璧，而大訓參之。東序所陳，不惟大玉、夷玉，而河圖參之。則其所寶者，斷可識矣。愚謂寶玉器物之陳，非徒以爲國容觀美，意者成王平日之所觀閱，手澤在焉。陳之以象其生存也。楊氏中庸傳曰：宗器於祭陳之，示能守也。於顧命陳之，示能傳也。大輅在賓階面，綴輅在阼階面，先輅在左塾之前，次輅在右塾之前。大輅，玉輅也。綴輅，金輅也。先輅，木輅也。次輅，象輅、革輅也。王之五輅，玉輅以祀不以封，爲最貴。金輅以封同姓，爲次之。象輅以封異姓，爲又次之。革輅以封四衛，爲又次之。木輅以封蕃國，爲最賤。其行也，貴者宜自近，賤者宜遠也。王乘玉輅，綴之者金輅也。故金輅謂之綴輅。最遠者木輅也，故木輅謂之先輅。以木輅爲先輅，則革輅、象輅爲次輅矣。賓階，西階也。阼階，東階也。面，南嚮也。塾，門側堂也。五輅陳列，亦象成王之生存也。周禮典路云：「若有大祭祀則出路，大喪大賓客亦如之。」是大喪出輅爲常禮也。又按所陳寶玉器物，皆以西爲上者，成王殯在西序故也。二人雀弁，執惠，立于畢門之內。四人綦弁，執戈上刃，夾兩階戺。一人冕，執劉，立于東堂。一人冕，執鉞，立于西堂。一人冕，執戣，立于東垂。一人冕，執瞿，立于西垂。一人冕，執鋭，立于側階。弁，士服。雀弁，赤色弁也。綦弁，以文鹿子皮爲之。惠，三隅矛。路寢門，一名畢門。上刃，刃外嚮也。堂廉曰戺。冕，大夫服。劉，鉞屬。戣、瞿，皆戟屬。鋭，當作鈗。説文曰：「鈗，侍臣所執兵。從金允聲。」周書曰：「一人冕，執鈗。」讀若允。東西堂，路寢東西廂之前堂也。東西垂，路寢東西廂之階上也。側階，北陛之階上也。○呂氏曰：古者執戈戟以宿衛王宮，皆士大夫之職。無事而奉燕私，則從容養德，有膏澤之潤。有事而司禦侮，則堅明守義，而無腹心之虞。下及秦漢，陛楯執戟，尚餘一二。此制既廢，人主接士大夫者，僅有視朝數刻，而周廬陛楯，或環以椎埋嚚悍之徒。有志於復古者，當深繹也。王麻冕黼裳，由賓階隮。卿士邦君，麻冕蟻裳，入即位。麻冕，三十升麻爲冕也。

隮，升也。康王吉服，自西階升堂，以受先王之命，故由賓階也。蟻，玄色。公卿大夫及諸侯皆同服，亦廟中之禮。不言升階者，從王賓階也。入即位者，各就其位也。○呂氏曰：麻冕黼裳，王祭服也。卿士邦君祭服之裳皆纁。今蟻裳者，蓋無事於奠祝，不欲純用吉服。有位於班列，不可純用凶服。酌吉凶之間，示禮之變也。太保、太史、太宗，皆麻冕彤裳。太保承介圭，上宗奉同瑁，由阼階隮。太史秉書，由賓階隮，御王册命。太宗，宗伯也。彤，纁也。太保受遺，太史奉册，太宗相禮，故皆祭服也。介，大也。大圭，天子之守，長尺有二寸。同，爵名，祭以酌酒者。瑁，方四寸，邪刻之以冒諸侯之珪璧，以齊瑞信也。太保宗伯，以先王之命，奉符寶以傳嗣君，有主道焉，故升自阼階。太史以册命御王，故持書由賓階以升。蘇氏曰：凡王所臨所服用，皆曰御。曰：「皇后憑玉几，道揚末命，命汝嗣訓。臨君周邦，率循大卞，燮和天下，用答揚文武之光訓。」成王顧命之言，書之册矣，此太史口陳者也。皇，大。后，君也。言大君成王，力疾親憑玉几，道揚臨終之命，命汝嗣守文武大訓。曰汝者，父前子名之義。卞，法也。臨君周邦，位之大也。率循大卞，法之大也。燮和天下，和之大也。居大位、由大法、致大和，然後可以對揚文武之光訓也。王再拜，興，答曰：「眇眇予末小子，其能而亂四方，以敬忌天威？」眇，小。而，如。亂，治也。王拜受顧命，起答太史曰：「眇眇然予微末小子，其能如父祖治四方，以敬忌天威乎？」謙辭退託於不能也。顧命有敬迓天威，嗣守文武大訓之語，故太史所告，康王所答，皆於是致意焉。乃受同瑁，王三宿，三祭，三咤。上宗曰饗。王受瑁爲主。受同以祭。宿，進爵也。祭，祭酒也。咤，奠爵也。禮成於三，故三宿、三祭、三咤。葛氏曰：受上宗同瑁，則受太保介圭可知。宗伯曰饗者，傳神命以饗告也。太保受同，降盥，以異同，秉璋以酢。授宗人同，拜，王答拜。太保受王所咤之同，而下堂盥洗，更用他同。秉璋以酢。酢，報祭也。祭禮：君執圭瓚祼尸，太宗執璋瓚亞祼。報祭，亦亞祼之類。故亦秉璋也。以同授宗人而拜尸。王答拜者，代尸拜也。宗人，小宗伯之屬，相太保酢者也。太宗供王，故宗人供太保。太保受同，祭，嚌，宅。授宗人同，拜。王答拜。以酒至齒曰嚌。太保復受同以祭，飲福至齒。宅，居也。太保退居其所，以同授宗人，又拜。王復答拜。太保飲福至齒者，方在喪疚，歆神之賜而不甘其味也。若王則喪之主，非徒不甘味，雖飲福亦廢也。太保降，收。諸侯出廟門俟。太保下堂，有司收徹器用。廟門，路寢之門也。成王之殯在焉，故曰廟。言諸侯，則卿士以下可知。俟者，俟見新君也。

康王之誥今文、古文皆有。但今文合于顧命。

王出在應門之內。太保率西方諸侯，入應門左；畢公率東方諸侯，入應門右；皆布乘黃朱。賓稱奉圭兼幣，曰：「一二臣衛，敢執壤奠。」皆再拜稽首。王義嗣德，答拜。漢孔氏曰：王出畢門，立應門內。鄭氏曰〔三〕：周禮五門：一曰皐門，二曰雉門，三曰庫門，四曰應門，五曰路門。路門一曰畢門。外朝在路門外，則應門之內，蓋內朝所在也。周中分天下諸侯，主以二伯。自陜以東，周公主之；自陜以西，召公主之。召公率西方諸侯，蓋西伯舊職。畢公率東方諸侯，則繼周公爲東伯矣。諸侯入應門，列于左右。布，陳也。乘，四馬也。諸侯皆陳四黄馬，而朱其鬣，以爲廷實。或曰：黄朱，若篚厥玄黄之類。賓，諸侯也。稱，舉也。諸侯舉所奉圭兼幣。曰一二臣衛，一二，是非一也。爲王藩衛，故曰臣衛。敢執壤地所出奠贄，皆再拜首至地以致敬。義，宜也。義嗣德云者，史氏之辭也。康王宜嗣前人之德，故答拜也。吴氏曰：穆公使人吊公子重耳。重耳稽顙而不拜，穆公曰：「仁夫公子，稽顙而不拜，則未爲後也。」蓋爲後者拜。不拜，故未爲後也。吊者、含者、襚者，升堂致命，主孤拜稽顙，成爲後者也。康王之見諸侯，若以爲不當拜而不拜，則疑未爲後也，且純乎吉也。答拜既正其爲後，且知其以喪見也。

太保暨芮伯咸進，相揖，皆再拜稽首，曰：「敢敬告天子，皇天改大邦殷之命，惟周文武誕受羑若，克恤西土。冢宰及司徒與羣臣皆進相揖定位，又皆再拜稽首，陳戒於王曰：敢敬告天子。示不敢輕告，且尊稱之，所以重其聽也。曰大邦殷者，明有天下不足恃也。羑若，未詳。蘇氏曰：羑，羑里也。文王出羑里之囚，天命自是始順。或曰：羑若，即下文之厥若也。羑、厥，或字有訛謬。西土，文武所興之地。言文武所以大受命者，以其能恤西土之衆也。進告不言諸侯，以内見外。

惟新陟王，畢協賞罰，戡定厥功，用敷遺後人休。今王敬之哉！張皇六師，無壞我高祖寡命。」陟，升遐也。成王初崩，未葬未謚，故曰新陟王。畢，盡。協，合也。好惡在理不在我，故能盡合其賞之所當賞，罰之所當罰，而克定其功，用施及後人之休美。今王嗣位，其敬勉之哉！皇，大也。張皇六師，大戒戎備，無廢壞我文武艱難寡得之基命也。按召公此言，若導王以尚威武者。然守成之世，多溺宴安而無立志。苟不詰爾戎兵，奮揚武烈，則廢弛怠惰，而陵遲之漸見矣。成康之時，病正在是，故周公於立政，亦懇懇言之。後世墜先王之業，忘祖父之讎，上下苟安，甚至於口不言兵，亦異於召公之見矣。可勝歎哉！王若曰：「庶邦侯、甸、男、衛，惟予一人釗報誥。報誥而不及羣臣者，以外見內。康王在喪，故稱名。春秋嗣王在喪，亦書名也。昔君文武丕平冨，不務咎，底至齊信，用昭明于天下。則亦有熊羆之士，不二心之臣，保乂王家，用端命于上帝。皇天用訓厥道，付畀四方。丕平冨者，溥博均平。薄歛冨民，言文武德之廣也。不務咎者，不務咎惡，輕省刑罰，言文武罰之謹也。底至者，推行而底其至也。齊信者，兼盡而極其誠也。文武務德不務罰之心，推行而底其至，兼盡而極其誠，內外充實，故光輝發越，用昭明于天下，蓋誠之至者不可揜也。而又有熊羆武勇之士，不二心忠實之臣，戮力同心，保乂王室，文武用受正命於天下。上天用順文武之道，而付之以天下之大也。康王言此者，求助羣臣諸侯之意。乃命建侯樹屏，在我後之人。今予一二伯父，尚胥暨顧綏爾先公之臣服于先王。雖爾身在外，乃心罔不在王室。用奉恤厥若，無遺鞠子羞。」天子稱同姓諸侯曰伯父。康王言文武所以命建侯邦，植立藩屏者，意蓋在我後之人也。今我一二伯父，庶幾相與顧綏爾祖考所以臣服于我先王之道，雖身守國在外，乃心當常在王室，用奉上之憂勤，其順承之，毋遺我稚子之恥也。羣公既皆聽命，相揖趨出。王釋冕，反喪服。始相揖者，揖而進也。此相揖者，揖而退也。蘇氏曰：成王崩未葬，君臣皆冕服，禮歟？曰：非禮也。謂之變禮，可乎？曰：不可。禮變於不得已。嫂非溺，終不援也。三年之喪既成服，釋之而即吉，無時而可者。曰：成王顧命，不可以不傳，既傳不可以喪服受也。曰：何爲其不可也？孔子曰：將冠子，未及期日而有齊衰，大功之喪，則因喪服而冠。冠，吉禮也。猶可以喪服行之。受顧命，見諸侯，獨不可以喪服乎？太保使太史奉册授王于次，諸侯入哭於路寢而見王於次，王喪服受教戒諫，哭踊答拜。聖人復起，不易斯言矣。春秋傳曰：鄭子皮如晉，葬晉平公，將以幣行。子産曰：「喪安用幣！」子皮固請以行。既葬，諸侯之大夫，欲因見新君。叔向辭之曰：「大夫之事畢矣，而又命孤，孤斬焉在衰絰之中。其以嘉服見，則喪禮未畢。其以喪服見，是重受弔也，大夫將若之何？」皆無辭以退。今康王既以嘉服見諸侯，而又受乘黄玉帛之幣。使周公在，必不爲此。然則孔子何取此書也？曰：「至矣！其父子、君臣之間，教戒深切著明，足以爲後世法。孔子何爲不取哉！然其失禮，則不可不辯。」

畢命 康王以成周之衆，命畢公保釐，此其册命也。今文無，古文有。○唐孔氏曰：漢律曆志云：康王畢命豐刑，曰：惟十有二年，六月庚午朏。王命作册書豐刑。此僞作者傳聞舊語，得其年月，不得以下之辭，妄言作豐刑耳。亦不知豐刑之言，何所道也。

惟十有二年，六月庚午朏，越三日壬申，王朝步自宗周，至于豐。以成周之衆，命畢公保釐東郊。康王之十二年也。畢公嘗相文王，故康王就豐文王廟命之。成周，下都也。保，安。釐，理也。保釐，即下文旌别淑慝之謂。蓋一代之治體，一篇之宗要也。王若曰：「嗚呼！父師，惟文王武王敷大德于天下，用克受殷命。畢公代周公爲太師也。文王武王布大德于天下，用能受殷之命，言得之之難也。惟周公左右先王，綏定厥家。毖殷頑民，遷于洛邑。密邇王室，式化厥訓。既歷三紀，世變風移，四方無虞，予一人以寧。十二年曰紀，父子曰世。周公左右文、武、成王，安定國家，謹毖頑民，遷于洛邑，密近王室，用化其教。既歷三紀，世已變而風始移。今四方無可虞度之事，而予一人以寧。言化之之難也。道有升降，政由俗革，不臧厥臧，民罔攸勸。有升有降，猶言有隆有污也。周公當世道方降之時，至君陳、畢公之世，則將升於大猷矣。爲政者因俗變革，故周公毖殷而謹厥始，君陳有容而和厥中，皆由俗爲政者。當今之政，旌別淑慝之時也，苟不善其善，則民無所勸慕矣。惟公懋德，克勤小物，弼亮四世，正色率下，罔不祗師言。嘉績多于先王，予小子垂拱仰成。」懋，盛大之義。予懋乃德之懋。小物，猶言細行也。言畢公既有盛德，又能勤於細行，輔導四世，風采凝峻，表儀朝著，若大若小，罔不祗服師訓，休嘉之績，蓋多於先王之時矣。今我小子復何爲哉！垂衣拱手以仰其成而已。康王將付畢公以保釐之寄，故叙其德業之盛，而歸美之也。王曰：「嗚呼！父師，今予祗命公以周公之事，往哉！今我敬命公以周公化訓頑民之事，公其往哉。言非周公所爲，不敢屈公以行也。旌別淑慝，表厥宅里，彰善癉惡，樹之風聲。弗率訓典，殊厥井疆，俾克畏慕。申畫郊圻，慎固封守，以康四海。淑，善。慝，惡。癉，病也。旌善別惡，成周今日由俗革之政也。表異善人之居里，如後世旌表門閭之類。顯其爲善者，而病其爲不善者，以樹立爲善者風聲，使顯於當時，而傳於後世，所謂旌淑也。其不率訓典者，則殊異其井里疆界，使不得與善者雜處。禮記曰：「不變，移之郊；不變，移之遂。」即其法也。使能畏爲惡之禍，而慕爲善之福，所謂別慝也。圻，與畿同。郊圻之制，昔固規畫矣。曰申云者，申明之也。封域之險，昔固有守矣。曰謹云者，戒嚴之也。疆域障塞，歲久則易湮，世平則易玩，時緝而屢省之，乃所以尊嚴王畿。王畿安，則四海安矣。政貴有恒，辭尚體要，不惟好異。商俗靡靡，利口惟賢。餘風未殄，公其念哉。對暫之謂恒，對常之謂異，趣完具而已之謂體〔四〕，衆體所會之謂要。政事純一，辭令簡實，深戒作聰明趨浮末好異之事。凡論治體者皆然。而在商洛，則尤爲對病之藥也。蘇氏曰：張釋之諫漢文帝：「秦任刀筆之吏，争以亟疾苛察相高。其弊徒文具，無惻隱之實，以故不聞其過。陵夷至於二世，天下土崩。今以嗇夫口辯而超遷之，臣恐天下隨風靡，争口辯，無其實。」凡釋之所論，則康王以告畢公者也。我聞曰：世禄之家，鮮克由禮。以蕩陵德，實悖天道。敝化奢麗，萬世同流。古人論世禄之家，逸樂豢養，其能由禮者鮮矣。既不由禮，則心無所制，肆其驕蕩，陵蔑有德，悖亂天道，敝壞風化，奢侈美麗，萬世同一流也。康王將言殷士怙侈滅義之惡，故先取古人論世族者發之。兹殷庶士，席寵惟舊。怙侈滅義，服美于人。驕淫矜侉，將由惡終。雖收放心，閑之惟艱。吕氏曰：殷士憑藉光寵，助發其私欲者，有自來矣。私欲公義，相爲消長，故怙侈必至滅義。義滅則無復羞惡之端，徒以服飾之美，侉之於人，而身之不美，則莫之恥也。流而不反，驕淫矜侉，百邪並見，將以惡終矣。洛邑之遷，式化厥訓，雖已收其放心，而其所以防閑其邪者，猶甚難也。資富能訓，惟以永年。惟德惟義，時乃大訓。不由古訓，于何其訓。」言殷士不可不訓之也。資，資財也。資富而能訓，則心不遷於外物，而可全其性命之正也。然訓非外立教條也，惟德惟義而已。德者，心之理；義者，理之宜也。德義人所同有也。惟德義以爲訓，是乃天下之大訓。然訓非可以己私言也，當稽古以爲之説。蓋善無證，則民不從。不由古以爲訓，于何以爲訓乎！王曰：「嗚呼！父師，邦之安危，惟兹殷士。不剛不柔，厥德允修。是時四方無虞矣。蕞爾殷民，化訓三紀之餘，亦何足慮。而康王拳拳以邦之安危，惟繫於此，其不苟於小成者如此。文、武、周公之澤其深長也宜哉！不剛所以保之，不柔所以釐之。不剛不柔，其德信乎其修矣。惟周公克慎厥始，惟君陳克和厥中，惟公克成厥終。三后協心，同底于道。道洽政治，澤潤生民，四夷左衽，罔不咸賴，予小子永膺多福。殊厥井疆，非治之成也。使商民皆善，然後可謂之成。此曰成者，預期之也。三后所治者洛邑，而施及四夷。王畿，四方之本也。吴氏曰：道者，致治之道也。始之，中之，終之，雖時有先後，皆能即其行事，觀其用心，而有以濟之。若出於一時，若成於一人，謂人協心如此。公其惟時成周建無窮之基，亦有無窮之聞。子孫訓其成式惟乂。建，立。訓，順。式，法也。成周，指下都而言。吕氏曰：畢公四世元老，豈區區立後世名者。而勳德之隆，亦豈少此。康王所以望之者，蓋相期以無窮事業，乃尊敬之至也。嗚呼！罔曰弗克，惟既厥心。罔曰民寡，惟慎厥事。欽若先王成烈，以休于前政。蘇氏曰：弗克者，畏其難而不敢爲者也。曰民寡者，易其事以爲不足爲者也。前政，周公、君陳也。

君牙

君牙，臣名。穆王命君牙爲大司徒，此其告命也。今文無，古文有。

王若曰：「嗚呼！君牙，惟乃祖乃父，世篤忠貞，服勞王家。厥有成績，紀于太常。王，穆王也。康王孫，昭王子。周禮司勳云：「凡有功者，銘書於王之太常。」司常云：「日月爲常。」畫日月於旌旗也。惟予小子，嗣守文、武、成、康遺緒。亦惟先王之臣，克左右亂四方。心之憂危，若蹈虎尾，涉于春冰。緒，統緒也。若蹈虎尾，畏其噬；若涉春冰，畏其陷。言憂危之至，以見求助之切也。今命爾予翼，作股肱心膂。纘乃舊服，無忝祖考。膂，脊也。舊服，忠貞服勞之事。忝，辱也。欲君牙以其祖考事先王者而事我也。弘敷五典，式和民則。爾身克正，罔敢弗正。民心罔中，惟爾之中。弘敷者，大而布之也。式和者，敬而和之也。則，有物有則之則。君臣之義，父子之仁，夫婦之別，長幼之序，朋友之信，是也。典，以設教言，故曰弘敷。則，以民彝言，故曰式和。此司徒之教也。然教之本，則在君牙之身。正也，中也，民則之體，而人之所同然也。正，以身言，欲其所處無邪行也。中，以心言，欲其所存無邪思也。孔子曰：「子率以正，孰敢不正。」周公曰：率自中。此告君牙以司徒之職也。夏暑雨，小民惟曰怨咨。冬祁寒，小民亦惟曰怨咨。厥惟艱哉。思其艱以圖其易，民乃寧。祁，大也。暑雨祁寒，小民怨咨，自傷其生之艱難也。厥惟艱哉者，嘆小民之誠爲艱難也。思念其難以圖其易，民乃安也。艱者，飢寒之艱。易者，衣食之易。司徒敷五典，擾兆民，兼教養之職。此又告君牙以養民之難也。嗚呼！丕顯哉，文王謨。丕承哉，武王烈。啓佑我後人，咸以正罔缺。爾惟敬明乃訓，用奉若于先王。對揚文武之光命，追配于前人。」丕，大。謨，謀。烈，功也。文顯於前，武承於後，曰謨曰烈，各指其實而言之。咸以正者，無一事不出於正。咸罔缺者，無一事不致其周密。若，順。對，答。配，匹也。前人，君牙祖父。王若曰：「君牙，乃惟由先正舊典時式，民之治亂在茲。率乃祖考之攸行，昭乃辟之有乂。」先正，君牙祖父也。君牙由祖父舊職而是法之。民之治亂，在此而已。法則治，否則亂也。循汝祖父之所行，而顯其君之有乂，復申戒其守家法以終之。按此篇專以君牙祖父爲言，曰纘舊服，曰由舊典，曰無忝，曰追配，曰由先正舊典，曰率祖考攸行，然則君牙之祖父，嘗任司徒之職，而其賢可知矣。惜載籍之無傳也。陳氏曰：康王時，芮伯爲司徒，君牙豈其後耶？

冏命穆王命伯冏爲太僕正，此其誥命也。今文無，古文有。○呂氏曰：陪僕執御之臣，後世視爲賤品而不之擇者。曾不知人主朝夕與居，氣體移養，常必由之。潛消默奪於冥冥之中，而明争顯諫於昭昭之際，抑末矣。自周公作立政，而歎綴衣、虎賁知恤者鮮。則君德之所繫，前此知之者亦罕矣。周公表而出之，其選始重。穆王之用大僕正，特作命書，至與大司徒略等，其知本哉！

王若曰：「伯冏，惟予弗克于德，嗣先人宅丕后。怵惕惟厲，中夜以興，思免厥愆。伯冏，臣名。穆王言我不能于德，繼前人居大君之位。恐懼危厲，中夜以興，思所以免其咎過。昔在文武，聰明齊聖，小大之臣，咸懷忠良。其侍御僕從，罔匪正人，以旦夕承弼厥辟。出入起居，罔有不欽。發號施令，罔有不臧。下民祗若，萬邦咸休。侍，給侍左右者。御，車御之官。僕從，太僕羣僕，凡從王者。承，承順之謂。弼，正救之謂。雖文武之君，聰明齊聖，小大之臣，咸懷忠良，固無待於侍御僕從之承弼者。然其左右奔走，皆得正人，則承順正救，亦豈小補哉！惟予一人無良，實賴左右前後有位之士，匡其不及，繩愆糾謬，格其非心，俾克紹先烈。無良，言其質之不善也。匡，輔助也。繩，直。糾，正也。非心，非僻之心也。先烈，文武也。今予命汝作大正，正于羣僕侍御之臣。懋乃后德，交修不逮。大正，大僕正也。周禮：大僕，下大夫也。羣僕，謂祭僕、隸僕、戎僕、齊僕之類。穆王欲伯冏正其羣僕侍御之臣，以勉進君德，而交修其所不及。或曰：周禮，下大夫不得爲正。漢孔氏以爲太御中大夫。蓋周禮大御最長，下又有羣僕，與此所謂正于羣僕者合。且與君同車，最爲親近也。愼簡乃僚，無以巧言令色，便辟側媚，其惟吉士。巧，好。令，善也。好其言，善其色，外飾而無質實者也。便者，順人之所欲。辟者，避人之所惡。側者，姦邪。媚者，諛悦，小人也。吉士，君子也。言當謹擇汝之僚佐，無任小人，而惟用君子也。又按此言謹簡乃僚，則成周之時，凡爲官長者，皆得自舉其屬，不特辟除府史胥徒而已。僕臣正，厥后克正。僕臣諛，厥后自聖。后德惟臣，不德惟臣。自聖，自以爲聖也。僕臣之賢否，繫君德之輕重如此。呂氏曰：自古小人之敗君德，爲昏爲虐，爲侈爲縱，曷其有極。至於自聖，猶若淺之爲害。穆王獨以是蔽之者，蓋小人之蠱其君，必使之虚美薰心，傲然自聖，則謂人莫己若，而欲予言莫之違，然後法家拂士日遠，而快意肆情之事，亦莫或齟齬其間。自聖之證既見，而百疾從之。昏虐侈縱，皆其枝葉而不足論也。爾無昵于憸人，充耳目之官，迪上以非先王之典。汝無比近小人，充我耳目之官，導君上以非先王之典。蓋穆王自量其執德未固，恐左右以異端進，而蕩其心也。非人其吉，惟貨其吉。若時，瘝厥官。惟爾大弗克祗厥辟，惟予汝辜。」戒其以貨賄任羣僕也。言不于其人之善，而惟以貨賄爲善。則是曠厥官。汝大不能敬其君，而我亦汝罪矣。王曰：「嗚呼！欽哉！永弼乃后于彝憲。」彝憲，常法也。呂氏曰：穆王卒章之命，望於伯冏者，深且長矣。此心不繼，造父爲御，周遊天下，將必有車轍馬跡，導其侈者，果出於僕御之間，抑不知伯冏猶在職乎否也？穆王豫知所戒，憂思深長，猶不免躬自蹈之。人心操舍之無常，可懼哉！

呂刑

呂侯爲天子司寇。穆王命訓刑以詰四方，史録爲篇。今文、古文皆有。○按此篇專訓贖刑，蓋本舜典「金作贖刑」之語。今詳此書，實則不然。蓋舜典所謂贖者，官府學校之刑爾。若五刑，則固未嘗贖也。五刑之寬，惟處以流。鞭扑之寬，方許其贖。今穆王贖法，雖大辟亦與其贖免矣。漢張敞以討羌，兵食不繼，建爲入穀贖罪之法，初亦未嘗及夫殺人及盜之罪。而蕭望之等猶以爲如此，則富者得生，貧者獨死，恐開利路，以傷治化。曾謂唐虞之世，而有是贖法哉！穆王巡遊無度，財匱民勞，至其末年，無以爲計，乃爲此一切權宜之術，以斂民財。夫子録之，蓋亦示戒。然其一篇之書，哀矜惻怛，猶可以想見三代忠厚之遺意云爾。又按書傳引此多稱「甫刑」，史記作甫侯言於王作修刑辟，「呂」後爲「甫」歟？

惟呂命。王享國百年，耄荒，度作刑以詰四方。「惟呂命」，與「惟説命」語意同。先此以見訓刑爲呂侯之言也。耄，老而昏亂之稱〔五〕。荒，忽也。孟子曰：「從獸無厭謂之荒。」穆王享國百年，車輪馬跡，遍于天下。故史氏以「耄荒」二字發之，亦以見贖刑爲穆王耄荒所訓耳。蘇氏曰：荒，大也。大度作刑，猶禹曰「予荒度土功。」「荒當屬下句亦通。然耄亦貶之之辭也。王曰：「若古有訓，蚩尤惟始作亂，延及于平民，罔不寇賊。鴟義姦宄，奪攘矯虔。言鴻荒之世，渾厚敦厖。蚩尤始開暴亂之端，驅扇薰炙，延及平民，無不爲寇爲賊。鴟義者，以鴟張跋扈爲義。矯虔者，矯詐虔劉也。苗民弗用靈，制以刑，惟作五虐之刑，曰法，殺戮無辜。爰始淫爲劓、刵、椓、黥，越茲麗刑，并制，罔差有辭。苗民承蚩尤之暴，不用善而制以刑。惟作五虐之刑，名之曰法，以殺戮無罪。於是始過爲劓鼻、刵耳、椓竅、黥面之法，於麗法者必刑之，并制無罪。不復以曲直之辭爲差別，皆刑之也。民興胥漸，泯泯棼棼，罔中于信，以覆詛盟。虐威庶戮，方告無辜于上。上帝監民，罔有馨香德，刑發聞惟腥。泯泯，昏也。棼棼，亂也。民相漸染，爲昏爲亂，無復誠信，相與反覆詛盟而已。虐政作威，衆被戮者，方各告無罪於天。天視苗民，無有馨香德，而刑戮發聞，莫非腥穢。呂氏曰：形於聲嗟，窮之反也。動於氣臭，惡之熟也。馨香，陽也。腥穢，陰也。故德爲馨香，而刑發腥穢也。皇帝哀矜庶戮之不辜，報虐以威。遏絶苗民，無世在下。皇帝，舜也。以書攷之，治苗民，命伯夷、禹、稷、皋陶，皆舜之事。報苗之虐，以我之威。絶，滅也。謂竄與分北之類。遏絶之，使無繼世在下國。乃命重、黎，絶地天通，罔有降格。羣后之逮在下，明明棐常，鰥寡無蓋。重，少昊之後。黎，高陽之後。重即羲，黎即和也。呂氏曰：治世公道昭明，爲善得福，爲惡得禍，民曉然知其所由，則不求之渺茫冥昧之間。當三苗昏虐，民之得罪者，莫知其端，無所控訴，相與聽於神。祭非其鬼，天地人神之典，雜揉瀆亂，此妖誕之所以興，人心之所以不正也。在舜當務之急，莫先於正人心。首命重、黎，修明祀典，天子然後祭天地，諸侯然後祭山川，高卑上下，各有分限，絶地天之通，嚴幽明之分，焄蒿妖誕之説，舉皆屏息。羣后及在下之羣臣，皆精白一心，輔助常道，民卒善而得福，惡而得禍。雖鰥寡之微，亦無有蓋蔽而不得自伸者也。○按國語曰：少皞氏之衰，九黎亂德，民神雜揉，家爲巫史，民瀆齊盟，禍災荐臻，顓頊受之，乃命南正重司天以屬神，火正黎司地以屬民〔六〕，使無相侵瀆。其後三苗復九黎之德，堯復育重、黎之後不忘舊者，使復典之。皇帝清問下民，鰥寡有辭于苗。德威惟畏，德明惟明。清問，虛心而問也。有辭，聲苗之過也。苗以虐爲威，以察爲明。帝反其道，以德威，而天下無不畏；以德明，而天下無不明也。乃命三后，恤功于民。伯夷降典，折民惟刑。禹平水土，主名山川。稷降播種，農殖嘉穀。三后成功，惟殷于民。恤功，致憂民之功也。典，禮也。伯夷降天、地、人之三禮，以折民之邪妄。蘇氏曰：失禮則入刑，禮、刑一物也。伯夷降典以正民心，禹平水土以定民居，稷降播種以厚民生。三后成功，而致民之殷盛富庶也。吴氏曰：二典不載有兩刑官，蓋傳聞之謬也。愚意皋陶未爲刑官之時，豈伯夷實兼之歟？下文又言「伯夷播刑之迪」，不應如此謬誤。士制百姓于刑之中，以教祗德。命皋陶爲士，制百姓于刑辟之中，所以檢其心，而教以祗德也。○吴氏曰：皋陶不與三后之列，遂使後世以刑官爲輕。後漢楊賜拜廷尉，自以代非法家，言曰：「三后成功，惟殷于民，皋陶不與，蓋吝之也。」是後非獨人臣以刑官爲輕，人君亦以爲輕矣。觀舜之稱皋陶曰：「刑期于無刑，民協于中，時乃功。」又曰：「俾予從欲以治，四方風動，惟乃之休。」其所繫乃如此，是可輕哉？呂氏曰：呂刑一篇，以刑爲主，故歷叙本末，而歸之於皋陶之刑。勢不得與伯夷、禹、稷雜稱，言固有賓主也。穆穆在上，明明在下，灼于四方，罔不惟德之勤。故乃明于刑之中，率乂于民棐彝。穆穆者，和敬之容也。明明者，精白之容也。灼于四方者，穆穆明明，輝光發越而四達也。君臣之德，昭明如是，故民皆觀感動蕩，爲善而不能自已也。如是而猶有未化者，故士師明于刑之中，使無過不及之差，率乂于民，輔其常性，所謂刑罰之精華也。典獄，非訖于威，惟訖于富。敬忌，罔有擇言在身。惟克天德，自作元命，配享在下。」訖，盡也。威，權勢也。富，賄賂也。當時典獄之官，非惟得盡法於權勢之家，亦惟得盡法於賄賂之人。言不爲威屈，不爲利誘也。敬忌之至，無有擇言在身。大公至正，純乎天德，無毫髮不可舉以示人者。天德在我，則大命自我作，而配享在下矣。在下者，對天之辭。蓋推典獄用刑之極功，而至於與天爲一者如此。王曰：「嗟！四方司政典獄，非爾惟作天牧？今爾何監，非時伯夷播刑之迪。其今爾何懲，惟時苗民匪察于獄之麗，罔擇吉人，觀于五刑之中。惟時庶威奪貨，斷制五刑，以亂無辜。上帝不蠲，降咎于苗，苗民無辭于罰，乃絶厥世。」司政典獄，漢孔氏曰：諸侯也。爲諸侯主刑獄而言，非爾諸侯爲天牧養斯民乎？爲天牧民，則今爾何所監懲，所當監者，非伯夷乎？所當懲者，非有苗乎？伯夷布刑以啓迪斯民，捨皋陶而言伯夷者，探本之論也。麗，附也。苗民之察於獄辭之所麗，又不擇吉人，俾觀于五刑之中。惟是貴者以威亂政，富者以貨奪法。斷制五刑，亂虐無罪。上帝不蠲貸而降罰于苗，苗民無所辭其罰，而遂殄滅之也。王曰：「嗚呼！念之哉！伯父、伯兄、仲叔、季弟、幼子、童孫，皆聽朕言，庶有格命。今爾罔不由慰日勤，爾罔或戒不勤。天齊于民，俾我一日。非終惟終，在人。爾尚敬逆天命，以奉我一人。雖畏勿畏，雖休勿休，惟敬五刑，以成三德。一人有慶，兆民賴之，其寧惟永。」此告同姓諸侯也。格，至也。參錯訊鞫，極天下之勞者莫若獄。苟有毫髮怠心，則民有不得其死者矣。罔不由慰曰勤者，爾所用以自慰者，無不以日勤，故職舉而刑當也。爾罔或戒不勤者，刑罰之用，一成而不可變者也。苟頃刻之不勤，則刑罰失中，雖深戒之，而已施者亦無及矣。戒固善心也，而用刑豈可以或戒也哉！且刑獄非所恃以爲治也。天以是整齊亂民，使我爲一日之用而已。非終，即康誥「大罪非終」之謂，言過之當宥者。惟終，即康誥「小罪惟終」之謂，言故之當辟者。非終、惟終，皆非我得輕重，惟在夫人所犯耳。爾當敬逆天命，以承我一人。畏，威，古通用。威，辟之也。休，宥之也。我雖以爲辟，爾惟勿辟。我雖以爲宥，爾惟勿宥。惟敬乎五刑之用，以成剛柔正直之德。則君慶於上，民賴於下，而安寧之福，其永久而不替矣！王曰：「吁！來，有邦有土，告爾祥刑。在今爾安百姓，何擇非人，何敬非刑，何度非及。有民社者皆在所告也。夫刑，凶器也。而謂之祥者，刑期無刑，民協于中，其祥莫大焉。及，逮也。漢世詔獄所逮，有至數萬人者，審度其所當逮者，而後可逮之也。曰何曰非，問答以發其意，以明三者之決不可不盡心也。兩造具備，師聽五辭。五辭簡孚，正于五刑。五刑不簡，正于五罰。五罰不服，正于五過。兩造者，兩爭者，皆至也。周官以兩造聽民訟。具備者，詞證皆在也。師，衆也。五辭，麗於五刑之辭也。簡，核其實也。孚，無可疑也。正，質也。五辭簡核而可信，乃質于五刑也。不簡者，辭與刑參差不應，刑之疑者也。罰，贖也。疑於刑，則質于罰也。不服者，辭與罰又不應也，罰之疑者也。過，誤也。疑於罰，則質于過而宥免之也。五過之疵，惟官，惟反，惟内，惟貨，惟來。其罪惟均，其審克之。疵，病也。官，威勢也。反，報德怨也。内，女謁也。貨，賄賂也。來，干請也。惟此五者之病以出入人罪，則以人之所犯坐之也。審克者，察之詳而盡其能也。下文屢言以見其丁寧忠厚之至，疵於刑罰亦然。但言於五過者，舉輕以見重也。五刑之疑有赦，五罰之疑有赦，其審克之。簡孚有衆，惟貌有稽。無簡不聽，具嚴天威。刑疑有赦，正于五罰也。罰疑有赦，正于五過也。簡核情實可信者衆，亦惟考察其容貌，周禮所謂「色聽」是也。然聽獄以簡核爲本，苟無情實，在所不聽。上帝臨汝，不敢有毫髮之不盡也。墨辟疑赦，其罰百鍰，閱實其罪。劓辟疑赦，其罰惟倍，閱實其罪。剕辟疑赦，其罰倍差，閱實其罪。宫辟疑赦，其罰六百鍰，閱實其罪。大辟疑赦，其罰千鍰，閱實其罪。墨罰之屬千，劓罰之屬千，剕罰之屬五百，宫罰之屬三百，大辟之罰其屬二百，五刑之屬三千。上下比罪，無僭亂辭，勿用不行。惟察惟法，其審克之。墨，刻顙而涅之也。劓，割鼻也。剕，刖足也。宫，淫刑也。男子割勢，婦人幽閉。大辟，死刑也。六兩曰鍰。閱，視也。倍，二百鍰也。倍差，倍而又差，五百鍰也。屬，類也。三千，總計之也。周禮司刑所掌五刑之屬二千五百。刑雖增舊，然輕罪比舊爲多，而重罪比舊爲減也。比，附也。罪無正律，則以上下刑而比附其罪也。無僭亂辭，勿用不行，未詳。或曰：亂辭，辭之不可聽者。不行，舊有是法而今不行者。戒其無差誤於僭亂之辭，勿用今所不行之法，惟詳明法意而審克之也。○今按皋陶所謂罪疑惟輕者，降一等而罪之耳。今五刑疑赦，而直罰之以金。是大辟、宫、剕、劓、墨皆不復降等用矣。蘇氏謂五刑疑則入罰不降〔七〕，當因古制，非也。舜之贖刑，官府學校鞭扑之刑爾。夫刑莫輕於鞭扑。入於鞭扑之刑，而又情法猶有可議者，則是無法以治之，故使之贖，特不欲遽釋之也。而穆王之所謂贖，雖大辟亦贖也。舜豈有是制哉！詳見篇題。上刑適輕下服，下刑適重上服，輕重諸罰有權。刑罰世輕世重，惟齊非齊，有倫有要。事在上刑，而情適輕，則服下刑。舜之宥過無大，康誥所謂大罪非終者，是也。事在下刑，而情適重，則服上刑。舜之刑故無小，康誥所謂小罪非眚者，是也。若謂罰之輕重，亦皆有權焉。權者，進退推移，以求其輕重之宜也。刑罰世輕世重者，周官刑新國用輕典，刑亂國用重典，刑平國用中典，隨世而爲輕重者也。輕重諸罰有權者，權一人之輕重也。刑罰世輕世重者，權一世之輕重也。惟齊非齊者，法之權也。有倫有要者，法之經也。言刑罰雖惟權變是適，而齊之以不齊焉。至其倫要所在，蓋有截然而不可紊者矣。此兩句總結上意。罰懲非死，人極于病。非佞折獄，惟良折獄，罔非在中。察辭于差，非從惟從，哀敬折獄。明啓刑書胥占，咸庶中正。其刑其罰，其審克之。獄成而孚，輸而孚，其刑上備，有并兩刑。」罰以懲過，雖非致人於死，然民重出贖，亦甚病矣。佞，口才也。非口才辯給之人，可以折獄。惟温良長者，視民如傷者，能折獄而無不在中也。此言聽獄者，當擇其人也。察辭于差者，辭非情實，終必有差。聽獄之要，必於其差而察之。非從惟從者，察辭不可偏主，猶曰不然而然，所以審輕重而取中也。哀敬折獄者，惻怛敬畏以求其情也。明啓刑書胥占者，言詳明法律，而與衆占度也。咸庶中正者，皆庶幾其無過忒也。於是刑之罰之，又當審克之也。此言聽獄者，當盡其心也。若是，則獄成於下，而己信之；獄輸於上，而君信之。其刑上備，有并兩刑者，言上其斷獄之書當備情節，一人而犯兩事，罪雖從重，亦并兩刑而上之也。此言讞獄者當備其辭也。

王曰：「嗚呼！敬之哉！官伯族姓，朕言多懼，朕敬于刑，有德惟刑。今天相民，作配在下。明清于單辭，民之亂，罔不中聽獄之兩辭，無或私家于獄之兩辭。獄貨非寶，惟府辜功，報以庶尤，永畏惟罰。非天不中，惟人在命。天罰不極，庶民罔有令政在于天下。」此總告之也。官，典獄之官也。伯，諸侯也。族，同族。姓，異姓也。朕之於刑，言且多懼，況用之乎？朕敬于刑者，畏之至也。有德惟刑，厚之至也。今天以刑相佑斯民〔八〕，汝實任責，作配在下，可也。明清以下，敬刑之事也。獄辭有單有兩，單辭者，無證之辭也，聽之爲尤難。明者，無一毫之蔽。清者，無一點之污。曰明曰清，誠敬篤至，表裏洞徹，無少私曲，然後能察其情也。亂，治也。獄貨，鬻獄而得貨也。府，聚也。辜功，猶云罪狀也。報以庶尤者，降之百殃也。非天不中惟人在命者，非天不以中道待人，惟人自取其殃禍之命爾。此章文有未詳者，姑闕之。

王曰：「嗚呼！嗣孫，今往何監？非德于民之中，尚明聽之哉！哲人惟刑，無疆之辭，屬于五極，咸中有慶。受王嘉師，監于茲祥刑。」此詔來世也。嗣孫，嗣世子孫也。言今往何所監視，非用刑成德，而能全民所受之中者乎？下文哲人，即所當監者。五極，五刑也。明哲之人，用刑而有無窮之譽。蓋由五刑咸得其中，所以有慶也。嘉，善。師，衆也。諸侯受天子良民善衆，當監視于此祥刑，申言以結之也。

文侯之命

幽王爲犬戎所殺，晉文侯與鄭武公迎太子宜臼立之，是爲平王，遷於東都。平王以文侯爲方伯，賜以秬鬯弓矢，作策書命之，史録爲篇。今文、古文皆有。

王若曰：「父義和，丕顯文武，克慎明德，昭升于上，敷聞在下。惟時上帝，集厥命于文王。亦惟先正，克左右昭事厥辟，越小大謀猷，罔不率從，肆先祖懷在位。同姓故稱父。文侯名仇，義和其字。不名者，尊之也。丕顯者，言其德之所成。克慎者，言其德之所脩。昭升敷聞，言其德之所至也。文武之德如此，故上帝集厥命於文王，亦惟爾祖父能左右昭事其君，於小大謀猷，無敢背違，故先王得安在位。嗚呼！閔予小子，嗣造天丕愆，殄資澤于下民。侵戎我國家純。即我御事，罔或耆壽，俊在厥服，予則罔克。曰：『惟祖惟父，其伊恤朕躬。』嗚呼！有績予一人，永綏在位。歎而自痛傷也。閔，憐也。嗣造天丕愆者，嗣位之初，爲天所大譴，父死國敗也。殄，絶。純，大也。絶其資用惠澤於下民，本既先撥，故戎狄侵陵，爲我國家之害甚大。今我御事之臣，無有老成俊傑在厥官者，而我小子又材劣無能，其何以濟難。又言諸侯在我祖父之列者，其誰能恤我乎？又歎息言有能致功予一人，則可永安厥位矣。蓋悲國之無人，無有如上文先正之昭事，而先王得安在位也。

父義和，汝克昭乃顯祖，汝肇刑文武，用會紹乃辟，追孝于前文人。汝多修扞我于艱，若汝予嘉。」顯祖、文人，皆謂唐叔，即上文先正「昭事厥辟」者也。後「罔或耆壽俊在厥服」，則刑文武之道絶矣。今刑文武自文侯始，故曰「肇刑文武」。會者，合之而使不離。紹者，繼之而使不絶。前文人，猶云前寧人。汝多所修完扞衛我于艱難，若汝之功，我所嘉美也。王曰：「父義和，其歸視爾師，寧爾邦。用賚爾秬鬯一卣；彤弓一，彤矢百；盧弓一，盧矢百；馬四匹。父往哉！柔遠能邇，惠康小民，無荒寧。簡恤爾都，用成爾顯德。」師，衆也。黑黍曰秬，釀以鬯草。卣，中尊也。諸侯受錫命，當告其始祖，故賜鬯也。彤，赤。盧，黑也。諸侯有大功，賜弓矢，然後得專征伐。馬供武用，四匹曰乘。侯伯之賜無常，以功大小爲度也。簡者，簡閱其士。恤者，惠恤其民。都者，國之都鄙也。○蘇氏曰：予讀文侯篇，知東周之不復興也。宗周傾覆，禍敗極矣。平王宜若衛文公、越勾踐然。今其書乃旋旋焉與平康之世無異。春秋傳曰：厲王之禍，「諸侯釋位，以間王政。宣王有志，而後效官」。讀文侯之命，知平王之無志也。愚按史記：幽王娶於申而生太子宜臼。後幽王嬖褒姒，廢申后，去太子。申侯怒，與繒西夷犬戎，攻王而殺之。諸侯即申侯而立故太子宜臼，是爲平王。平王以申侯立己爲有德，而忘其弑父爲當誅。方將以復讎討賊之衆，而爲戍申戍許之舉。其忘親背義，得罪於天已甚矣。何怪其委靡頹墮，而不自振也哉！然則是命也，孔子以其猶能言文武之舊而存之歟，抑亦以示戒於天下後世而存之歟。

費誓費，地名。淮夷、徐戎並起爲寇，魯侯征之，於費誓衆，故以「費誓」名篇。今文、古文皆有。〇呂氏曰：伯禽撫封於魯，夷戎妄意其未更事，且乘其新造之隙，而伯禽應之者，甚整暇有序。先治戎備，次之以除道路，又次之以嚴部伍，又次之以立期會。先後之序，皆不可紊。又按費誓、秦誓皆侯國之事，而繫於帝王書末者，猶詩之録商頌、魯頌也。

公曰：「嗟！人無譁，聽命。徂茲淮夷、徐戎並興。漢孔氏曰：徐戎、淮夷並起寇魯，伯禽爲方伯，帥諸侯之師以征，歎而敕之，使無喧譁，欲其静聽誓命。蘇氏曰：淮夷叛已久矣，及伯禽就國，又脅徐戎並起，故曰「徂茲淮夷、徐戎並興」。徂茲者，猶曰往者云。善敹乃甲冑，敿乃干，無敢不弔。備乃弓矢，鍛乃戈矛，礪乃鋒刃，無敢不善。敹，縫完也。縫完其甲冑，勿使斷毀。敿，鄭氏云：猶繫也。王肅云：敿楯，當有紛繫持之。弔，精至也。鍛，淬。礪，磨也。甲冑所以衛身，弓矢戈矛所以克敵，先自衛而後攻人，亦其序也。！今惟淫舍牿牛馬，杜乃擭，敜乃穽，無敢傷牿。牿之傷，汝則有常刑。淫，大也。牿，閑牧也。擭，機檻也。敜，塞也。師既出，牛馬所舍之閑牧，大布於野，當室塞其擭穽。一或不謹，而傷閑牧之牛馬，則有常刑，此令軍在所之居民也。舉此例之，凡川梁藪澤，險阻屏翳，有害於師屯者皆在矣。此除道路之事。馬牛其風，臣妾逋逃，勿敢越逐，祗復之，我商賚汝。乃越逐不復，汝則有常刑。無敢寇攘，踰垣墻，竊馬牛，誘臣妾，汝則有常刑。

役人賤者，男曰臣，女曰妾。馬牛風逸，臣妾逋亡，不得越軍壘而逐之。失主雖不得逐，而人得風馬牛，逃臣妾者，又當敬還之，我商度多寡以賞汝。如或越逐而失伍，不復而攘取，皆有常刑。有故竊奪，踰垣墻，竊人牛馬，誘人臣妾者，亦有常刑。此嚴部伍之事。甲戌，我惟征徐戎。峙乃糗糧，無敢不逮，汝則有大刑。魯人三郊三遂，峙乃楨榦。甲戌，我惟築，無敢不供，汝則有無餘刑非殺。魯人三郊三遂，峙乃芻茭，無敢不多。汝則有大刑。」甲戌，用兵之期也。峙，儲備也。糗糧，食也。不逮，若今之乏軍興。淮夷、徐戎並起，今所攻獨徐戎者，蓋量敵之堅瑕緩急而攻之也。國外曰郊，郊外曰遂。天子六軍，則六鄉六遂。大國三軍，故魯三郊三遂也。楨榦，板築之木。題曰楨，墻端之木也。旁曰榦，墻兩邊障土者也。以是日征，是日築者，彼方禦我之攻，勢不得擾我之築也。無餘刑非殺者，刑之非一，但不至于殺爾。芻茭，供軍牛馬之用。軍以期會芻糧爲急，故皆服大刑。楨榦芻茭，獨言魯人者，地近而致使也。

秦誓左傳：杞子自鄭使告于秦曰：「鄭人使我掌其北門之管，若潛師以來，國可得也。」穆公訪諸蹇叔，蹇叔曰：「不可。」公辭焉，使孟明、西乞、白乙伐鄭。晉襄公帥師敗秦師于殽，囚其三帥。穆公悔過，誓告羣臣，史録爲篇。今文、古文皆有。

公曰：「嗟！我士，聽無譁。予誓告汝羣言之首。首之爲言，第一義也。將舉古人之言，故先發此。古人有言曰：『民訖自若是多盤，責人斯無難。惟受責俾如流，是惟艱哉。』訖，盡。盤，安也。凡人盡自若是多安於徇己，其責人無難。惟受責於人，俾如流水，略無扞格，是惟難哉。穆公悔前日安於自徇，而不聽蹇叔之言，深有味乎古人之語，故舉爲誓言之首也。我心之憂，日月逾邁，若弗云來。已然之過不可追，未遷之善猶可及。憂歲月之誓，若無復有來日也。惟古之謀人，則曰未就予忌。惟今之謀人，姑將以爲親。雖則云然，尚猷詢兹黄髮，則罔所愆。忌，疾。姑，且也。古之謀人，老成之士也。今之謀人，新進之士也。非不知其爲老成，以其不就已而忌疾之。非不知其新進，姑樂其順便而親信之。前日之過，雖已云然。然尚謀詢兹黄髮之人，則庶罔有所愆。蓋悔其既往之失，而冀其將來之善也。番番良士，旅力既愆，我尚有之。仡仡勇夫，射御不違，我尚不欲。惟截截善諞言，俾君子易辭，我皇多有之。番番，老貌。仡仡，勇貌。截截，辯給貌。諞，巧也。皇，遑通。旅力既愆之良士，前日所詆墓木既拱者，我猶庶幾得而有之。射御不違之勇夫，前日所誇過門超乘者，我庶幾不欲用之。勇夫我尚不欲，則辯給善巧言，能使君子變易其辭説者，我遑暇多有之哉！良士，謂蹇叔。勇夫，謂三帥。諞言，謂杞子。先儒皆謂穆公悔用孟明，詳其誓意，蓋深悔用杞子之言也。昧昧我思之，如有一介臣，斷斷猗無他技，其心休休焉，其如有容。人之有技，若己有之；人之彦聖，其心好之，不啻如自其口出。是能容之，以保我子孫黎民，亦職有利哉！昧昧而思者，深潛而靜思也。介，獨也。大學作「箇」。斷斷，誠一之貌。猗，語辭，大學作「兮」。休休，易直好善之意。容，有所受也。彦，美士也。聖，通明也。技，才。聖，德也。心之所好，甚於口之所言也。職，主也。人之有技，冒疾以惡之。人之彦聖，而違之俾不達。是不能容，以不能保我子孫黎民，亦曰殆哉！冒，大學作「娼」，忌也。違，背違之也。達，窮達之達。殆，危也。蘇氏曰：至哉穆公之論此二人也。前一人似房玄齡，後一人似李林甫。後之人主，監此足矣。邦之杌隉，曰由一人。邦之榮懷，亦尚一人之慶。杌隉，不安也。懷，安也。言國之危殆，繫於所任一人之非。國之榮安，繫於所任一人之是。申繳上二章意。

校勘記

〔一〕功以智崇　「智」，明內府本、明官刻本、清傳經堂本作「志」。

〔二〕莞席也　「莞」，明內府本、明官刻本、清傳經堂本作「筍」。

〔三〕鄭氏曰　「曰」字原脱，據元刻本、明內府本、明官刻本、清傳經堂本補。

〔四〕趣完具而已之謂體　「趣」原作墨釘，「而」原作「於」，據元刻本、明內府本、明官刻本、清傳經堂本補改。

〔五〕老而昏亂之稱　「而」字原脱，據明內府本、明官刻本、清傳經堂本補。

〔六〕火正黎司地以屬民　「火」，明內府本、清傳經堂本作「北」。
〔七〕蘇氏謂五刑疑則入罰不降　「則」，明內府本、明官刻本、清傳經堂本作「各」。
〔八〕今天以刑相佑斯民　「佑」，明內府本、明官刻本、清傳經堂本作「治」。

附録一

進書集傳表

〔宋〕蔡　抗

臣抗言：惟精惟一以執中，蓋三聖傳心之法；無黨無偏而建極，乃百王立治之經。念先臣親繹於師承，而遺帙粗明乎宗旨，恭逢叡聖，敢效涓埃。臣抗惶懼惶懼，頓首頓首。臣竊攷典、謨、訓、誥、誓、命之文，無非載道。及更劉、班、賈、馬、鄭、服之手，浸以失真。二孔注疏之雖存，諸家箋釋之愈衆。黨同伐異，已乖平平蕩蕩之風；厭常喜新，又失渾渾灝灝之旨。訛以相襲，雜而不純。曁皇圖赤伏之中興，有大儒朱熹之特出。經皆爲之訓傳，義理洞明，書尤切於討論，工夫未逮。謂先臣沉從游最久，見道已深，俾加探索之功，以遂發揮之志。微辭奥指，既得於講貫之餘，大要宏綱，盡授以述作之意。往復之緘具在，删潤之墨如新。半生殫採摭之勞，六卷著研覃之思。帝王之制，坦然明白；聖賢之言，炳若丹青。使登徹九重，亦緝熙之一助。兹者恭遇皇帝陛下，智由天錫，德與日新，任賢勿貳，去邪勿疑。既從民情而罔咈，保邦未危，制治未亂；益思君道之克艱，雖聰明之憲天，猶終始而念學。臣誤蒙拔擢，獲玷班行。自惟章句之徒，莫效絲豪之報。抱父書而永歎，望宸闕以冒塵。儻獲清閒乙覽之俯臨，豈但疇昔辛勤之不朽。置之座右，常聞無怠無荒之規；冒于海隅，咸仰克寬克仁之治。臣無任。瞻天望聖，激切屏營之至。所有先臣沉書集傳六卷，小序一卷，朱熹問答一卷，繕寫成十二册，用黄羅裝褙複封謹隨表上進以聞。臣抗惶懼惶懼，頓首頓首，謹言。

淳祐七年八月日奉議郎祕書自著作佐郎兼權侍右郎官兼樞密院編修官兼諸王宫大小學教授臣蔡抗上表

淳祐丁未八月二十六日臣抗面對延和殿所得聖語

〔宋〕蔡　抗

臣抗奏二劄，節次蒙聖諭。臣奏畢，又蒙玉音宣問。臣前此繳進奏劄，臣再一一奏畢，遂奏臣犬馬之情，切於愛主，久懷耿耿，無自指陳，兹侍清光，盡攄蕴抱，臣退歸山林，死無悔恨。玉音忽云：卿前日所進尚書解朕常看，其間甚好，是卿之父？臣奏：臣先臣沈辛勤三十年，著成此書。今遭遇陛下，賜之乙覽，九原知幸，千載光榮。玉音云：正是從朱熹學？臣奏：先臣此書，皆是朱熹之意。朱熹晚年訓傳諸經略備，獨書未有訓解。以先臣從游最久，遂授以大意，令具藁而自訂正之。今朱熹删改親筆，一一具存。玉音云：曾刊行？臣奏：坊中板行已久，蜀中亦曾板行。今家有其書，掠取先臣之緒餘以獻者，亦皆竊陛下官爵。獨先臣此書未得上徹聖覽，臣所以冒昧繳進。玉音云：昨已特付下尚書省議褒謚矣。臣奏：臣先臣此書惟以未得徹聖覽爲恨。今既得徹聖覽，此外臣何敢他有覬望。惟先臣此書上蒙聖恩褒借，臣不勝受恩感激。容臣下殿謝恩。遂退。

後省看詳

〔宋〕趙汝騰

中書後省准都省送到侍右郎官蔡抗奏繳進朱熹訂正先臣沈書集傳并書序、問答一十二册，送後省看詳。中今看詳，蔡君沈書解得於朱文公之指授，義理周浹，事證精切，多諸儒之所未講。其言聖賢傳心之法，帝王經世之具，天人會通之際，政治沿革之原，世變升降，民心離合，莫不得其指要，真足以垂世傳遠。其書宜藏之祕閣，以彜聖天子緝熙正學之須。謹按沈，西山先生季通子也。西山爲文公畏友，文公門人多從其學。沈不墜其先之傳，多有著述，而於討索涵泳之中，又能真知實踐，允謂醇儒。生雖不得仕，而學者敬慕之。真西山文忠公嘗銘其墓，三致意其人。昔邵先生康節歿於布衣而死得謚，今沈亦宜得謚。近年得謚者，其家多有所希冀，或自陳乞。沈之子孫於此，深有所不願也。聖朝何惜不畀沈以謚，而勸著書明理之儒哉！敬看詳以聞。右件元奏批頭，併書序、問答、集傳共壹拾貳册，隨狀見到，繳申尚書省。

淳祐八年二月　日朝請郎權尚書吏部侍郎兼權中書舍人兼同修國史實録院同修撰兼侍講趙汝騰狀

書傳問答

〔宋〕蔡抗集

贈太師徽國公朱熹與先臣沈手帖

比想冬寒，感時追慕，孝履支持。熹年來病勢交攻，困悴日甚，要是根本已衰，不復能與病爲敵。看此氣象，豈是久於人世者。諸書且隨分如此整頓一番，禮書大段未了，最是書説，未有分付處。因思向日喻及尚書文義通貫猶是第二義，直須見得二帝三王之心，而通其所可通，毋強通其所難通。即此數語，便已參到七八分。千萬便撥置此來，議定綱領，早與下手爲佳。諸説此間亦有之，但蘇氏傷於簡，林氏傷於繁，王氏傷於鑿，吕氏傷於巧。然其間儘有好處：如制度之屬，秖以疏文爲本。若其間有未穩處，更與挑剔，令分明耳。餘干人未遣，更欲付一書也。熹頓首　仲默賢契友。

又

承書知服藥有效，深以爲喜。熊生他處，用藥未聞如此，或是自有緣法相契也。星筮之説，俟更詳看。但云「天繞地左旋，一日一周」，此句下恐欠一兩字。説地處，却似亦説得有病。蓋天繞地一周了更過一度。日之繞地，比天雖退，然却一日只一周而無餘也。岐、梁恐須並存衆説，而以晁氏爲斷。但梁山證據不甚明白耳。禹貢有程尚書説，册大難送，俟到此可見。稍暇能早下來爲佳。熹頓首　仲默賢契友。

又

示喻書説數條皆是。但康誥「外事」與「肆汝小子封」等處，自不可曉，只合闕疑。熹嘗謂尚書有不必解者，有須着意解者，有略須解者，有不可解者。其不可解者，正謂此等處耳。熹頓首　仲默賢契友。

「弗辟」之説，只從鄭氏爲是。向董叔重得書，亦辨此條，一時信筆答之，謂當從古註説，後來思之不然。是時三叔方流言於國，周公處兄弟骨肉之間，豈應以片言半語，便遽然興師以誅之。聖人氣象，大不如此。又成王方疑周公，周公固不應不請而自誅之。若請之於王，王亦未必見從。則當時事勢，亦未必然。雖曰聖人之心，公平正大，區區嫌疑，自不必避。但舜避堯之子於南河之南，禹避舜之子於陽城，自是合如此。若居堯之宮，逼堯之子，即爲簒矣。或又謂成王疑周公，故周公居東。不幸成王終不悟，不知周公又如何處？愚謂周公亦惟盡其忠誠而已矣。胡氏家録有一段論此，極有意味。熹頓首　仲默賢契友。

陳淳安卿記朱熹語

臨行拜别，先生曰：「安卿，今年已許人書會，冬間更煩出行一遭，不然亦望自愛。」李丈禀白書解且乞放緩，願早成禮書，以幸萬世。先生曰：「書解甚易，只等蔡仲默來便了。禮書大段未也。」

黄義剛毅然記朱熹語

蔡仲默集註尚書至「肇十有二州」，因云禹即位後又併作九州。先生曰：「也見不得。但後面皆只説『帝命式于九圍』，『以有九有之師』，不知是甚麽時併作九州。」蔡仲默論五刑不贖之意，先生曰：「是穆王方有贖法。嘗見蕭望之言古不贖刑，熹甚疑之。後來方省是贖刑不是古。」因取望之傳看畢，曰：「説得也無引證。」

蔡仲默論五刑三就，先生曰：「熹嘗思量，以爲用此五刑是就三處，如大辟棄於市，宫刑下蠶室，其他底刑也是就箇隱僻處。不然教那人當風割了耳鼻，豈不破傷風，胡亂死了人。」

義剛歸有日，先生曰：「公這數日也，莫要閑。」義剛言：「伯静在此數日，因與之理會天度。」問：「伯静之説如何？」義剛言：「伯静以爲天是一日一周，日則不及一度，非天過一度也。」先生曰：「此説不是。若以爲天是一日一周，則四時中星如何解不同。若是如此，則日日一般，却如何紀歲，把甚麽時節做定限。若以天爲不過，而日不及一度，則趲來趲去，將次午時便打三更矣。」因取禮記月令疏，指其中説早晚不同及更行一度兩處曰：「此説得甚分明，其他曆書都不如此説。蓋非不曉，但是説滑了口後信口説，習而不察，更不去子細點檢。而今若就天裏看時，只是行得三百六十五度四分度之一。若把天外來説，則是一日過了一度。季通嘗有言，論日月則在天裏，論天則在太虚空裏。若去太虚空裏觀那天，自是日日衮得不在舊時處。」先生至此，以手畫輪子曰：「謂如今日在這一處，明日自是又衮動着些子，又不在舊時處了。」又曰：「天無體，只二十八宿便是體。日月皆從角起，日則一日運一周，依舊只到那角上。天則一周了，又過角些子。日日累上去，到一年便與日會。」次日，蔡仲默附至書傳天説云：天體至圓，周圍三百六十五度四分度之一，繞地左旋，常一日一周而過一度。日麗天而少遲，故日行一日，亦繞地一周，而在天爲不及一度。

積三百六十五日九百四十分日之二百三十五而與天會，是一歲日行之數也。月麗天而尤遲，一日常不及天十三度十九分度之七。積二十九日九百四十分日之四百九十九而與日會。十二會得全日三百四十八餘分之積又五千九百八十八，如日法九百四十而一得六不盡三百四十八。通計得日三百五十四九百四十分日之三百四十八，是一歲月行之數也。歲有十二月，月有三十日，三百六十日者，一歲之常數也。故日與天會而多五百九百四十分日之二百三十五者，爲氣盈。月與日會而少五日九百四十分日之五百九十二者，爲朔虛。合氣盈朔虛而閏生焉。故一歲閏率則十日九百四十分日之八百二十七。三歲一閏，則三十二日九百四十分日之六百單一；五歲再閏，則五十四日九百四十分日之三百七十五。十有九歲七閏，則氣朔分齊，是爲一章也。先生以此示義剛，曰：「此説分明。」

右贈太師、徽國公朱熹與先臣沈手帖及問答語録也。竊惟先臣沈奉命傳是書也，左右就養，逮啓手足，諸篇綱領，悉經論定。凡得之面命口授者已具載傳中，其見於手帖語録者僅止此。蒐輯披玩，不勝感咽于以見一時師友之際，其成是書也不易如此。謹附卷末，以致惓惓景仰孝慕之思云。

臣抗百拜敬書。

附録二　序　跋

書後序（僞孔序）

漢劉歆曰：孔子修易序書。班固曰：孔子纂書凡百篇而爲之序，言其作意。今攷序文，於見存之篇，雖頗依文立義，而識見淺陋，無所發明，其間至有與經相戾者。於已亡之篇，則依阿簡略，尤無所補，其非孔子所作明甚，顧世代久遠，不可復知。然孔安國雖云得之壁中，而亦未嘗以爲孔子所作。但謂書序，「序所以爲作者之意，與討論墳典」等語，隔越不屬，意亦可見。今姑依安國壁書之舊〔一〕，復合序爲一篇，以附卷末，而疏其可疑者於下云。

昔在帝堯，聰明文思，光宅天下，將遜于位，讓于虞舜，作堯典。聰明文思，欽明文思也。光宅天下，光被四表也。將遜于位，讓于虞舜，以虞書也。作者追言作書之意如此也。○虞舜側微，堯聞之聰明，將使嗣位，歷試諸難，作舜典。側微，微賤也。歷試，徧試之也。諸難，「五典」、「百揆」、「四門」、「大麓」之事也。今按舜典一篇，備載一代政治之終始，而序止謂「歷試諸難，作舜典」，豈足以盡一篇之義。○帝釐下土，方設居方，別生分類，作汩作、九共九篇、槀飫。漢孔氏曰：言舜理四方諸侯，各設其官居其方。生，姓也。別其姓族，分其類，使相從也。汩，始。作，興也。言治民之功興也。稟，勞。飫，賜也。凡十一篇，亡。今按十一篇共只一序，如此亦不可曉。○皋陶矢厥謨，禹成厥功，帝舜申之，作大禹、皋陶謨、益稷。矢，陳。申，重也。序書者徒知皋陶以謨名，禹以功稱，而篇中有「來禹汝亦昌言」與「時乃功懋哉」之語，遂以爲舜申禹使有言，申皋陶使有功，其淺近如此。而不知禹曷嘗無言，皋陶曷嘗無功，是豈足以知禹、皋陶之精微者哉！○禹别九州，隨山濬川，任土作貢。别，分也，分九州疆界是也。隨山者，隨山之勢。濬川者，濬川之流。任土者，任土地所宜而制貢也。○啓與有扈戰于甘之野，作甘誓。經曰「大戰于甘」者，甚有扈之辭也。序書者宜若春秋筆然。春秋桓王失政，與鄭戰于繻葛。夫子猶書「王伐鄭」，不曰「與」，不曰「戰」者，以存天下之防也。以啓之賢，征有扈之無道，正禮樂征伐自天子出也。序書者曰「與」曰「戰」若敵國者，何哉？孰謂書序爲夫子作乎？○太康失邦，昆弟五人，須于洛汭，作五子之歌。經文已明，此但疣贅耳。下文不註者放此。

○羲、和湎淫，廢時亂日，胤往征之，作胤征。以經攷之，羲、和蓋黨羿惡，仲康畏羿之强，不敢正其罪而誅之，止責其「廢厥職，荒厥邑」爾。序書者不明此意，亦曰「湎淫廢時亂日」，亦有所畏而不敢正其罪耶？○自契至于成湯，八遷，湯始居亳，從先王居，作帝告、釐沃。○湯征諸侯，葛伯不祀，湯始征之，作湯征。○伊尹去亳適夏，既醜有夏，復歸于亳。入自北門，乃遇汝鳩、汝方，作汝鳩、汝方。漢孔氏曰：先王，帝嚳也。醜，惡也。不期而會曰遇。鳩、方，二臣名，五篇亡。

○伊尹相湯伐桀，升自陑，遂與桀戰于鳴條之野，作湯誓。以伊尹爲首稱者，得之。咸有一德亦曰：「惟尹躬暨湯，咸有一德。」陑，在河曲之陽。鳴條在安邑之西。升自陑，義未詳。漢孔氏遂以爲出其不意。亦序意有以啓其陋歟！〇湯既勝夏，欲遷其社，不可。作夏社、疑至、臣扈。程子曰：聖人不容有妄舉，湯始欲遷社，衆議以爲不可而不遷，是湯有妄舉也。蓋不可者，湯不可之也。唐孔氏以於時有議論其事者，詳序文以爲欲遷者，湯欲之也。恐未必如程子所言。要之，序非聖人之筆，自不足以知聖人也。三篇亡。〇夏師敗績，湯遂從之，遂伐三朡，俘厥寶玉，誼伯、仲伯作典寶。三朡，國名，今定陶也。俘，取也。俘厥寶玉，恐亦非聖人所急。篇亡。〇湯歸自夏，至于大坰，仲虺作誥。大坰，地名。〇湯既黜夏命，復歸于亳，作湯誥。〇咎單作明居。一篇亡。〇成湯既没，太甲元年，伊尹作伊訓、肆命、徂后。孟子曰：湯崩，太丁未立，外丙二年，仲壬四年，太甲顛覆湯之典刑。史記：太子太丁，未立而死。立太丁之弟外丙，二年崩。又立外丙之弟仲壬，四年崩。伊尹乃立太丁之子太甲。序書者以經文首言「奉嗣王祇見厥祖」，遂云成湯既没，太甲元年。後世儒者以序爲孔子所作，不敢非之，反疑孟子所言，與本紀所載，是可嘆已！肆命、徂后二篇亡〔二〕。〇吴氏曰：太甲諒陰，爲服仲壬之喪，以是時湯葬已久，仲壬在殯。太甲，太丁之子，視仲壬爲叔父，爲之後者爲之子也。祇見厥祖，謂至湯之廟。蓋太甲既立，伊尹訓于湯廟，故稱祇見厥祖。若止是殯前，既不當稱奉，亦不當稱祇見也。〇太甲既立，不明，伊尹放諸桐。三年，復歸于亳，思庸，伊尹作太甲三篇。按孔氏云：桐，湯葬地也。若未葬之辭，蓋上文祇見厥祖，言湯在殯，故此不敢爲已葬。使湯果在殯，則太甲固已密邇其殯側矣。捨殯而欲密邇湯於將葬之地，固無是理也。孔氏之失，起於伊訓序文之繆。

遺外丙、仲壬二帝，故書指不通。○伊尹作咸有一德。○沃丁既葬伊尹于亳，咎單遂訓伊尹事，作沃丁。○伊陟相太戊，亳有祥，桑穀共生于朝，伊陟贊于巫咸，作咸乂四篇。○太戊贊于伊陟，作伊陟、原命。○仲丁遷于嚻，作仲丁。○河亶甲居相，作河亶甲。○祖乙圮于耿，作祖乙。沃丁，太甲之子。咎單，臣名。伊陟，伊尹之子。太戊，沃丁弟之子。桑穀二木合生于朝，七日而拱，妖也。巫咸，臣名。嚻、相、耿，皆地名。嚻、相在河北，耿在河東耿鄉。河水所毁曰圮。凡十篇，亡。○盤庚五遷，將治亳，殷民咨胥怨，作盤庚三篇。以篇中有「不常厥邑于今五邦」，序遂曰盤庚五遷。然今詳于「今五邦」之下，繼以「今不承于古，罔知天之斷命」，則是盤庚之前，已自有五遷。而作序者攷之不詳，繆云耳也。又五邦云者，五國都也。經言亳、嚻、相、耿，惟四邦爾。盤庚從湯居亳，不可又謂之一邦也。序與經文既已差繆，史記遂謂盤庚自有五遷，誤人甚矣。○高宗夢得説，使百工營求諸野，得諸傅巖，作説命三篇。按經文「乃審厥象，俾以形旁，求于天下」。是高宗夢得良弼形狀，乃審其狀貌，而廣求于四方。説築傅巖之野，與形象肖似。如序所云，似若高宗夢得傅説姓氏，又因經文有「羣臣」、「百官」等語，遂謂「使百工營求諸野，得諸傅巖。」非惟無補經文，而反支離晦昧，豈聖人之筆哉！○高宗祭成湯，有飛雉升鼎耳而雊，祖己訓諸王，作高宗肜日、高宗之訓。經言「肜日」，而序以爲「祭成湯」。經言「有雊雉」，而序以爲「飛雉升鼎耳而雊」。載籍有所傳歟，然經言「典祀無豐于昵」，則爲近廟，未必成湯也。宗室都宮，堂室深遠幽邃，而飛雉升立鼎耳而鳴，亦已異矣。

高宗之訓篇亡。○殷始咎周，周人乘黎。祖伊恐，奔告于受，作西伯戡黎。咎，惡。乘，時也。詳祖伊所告〔三〕，無一言及西伯者。蓋祖伊雖知周不利於商，而又知周實無所利於商。序言殷始咎周，似亦未明祖伊奔告之意。○殷既錯天命，微子作誥，父師、少師。○惟十有一年，武王伐殷。一月戊午，師渡孟津，作泰誓三篇。十一年者，十三年之誤也。序本依放經文，無所發明，偶三誤而爲一。漢孔氏遂以爲十一年觀兵，十三年伐紂。武王觀兵，是以臣脅君也。程子曰：此事間不容髮。一日而命未絶，則是君臣。當日而命絶，則爲獨夫。豈有觀兵二年而後始伐之哉！蓋泰誓序文，既有十一年之誤，而篇中又有「觀政于商」之語，僞泰誓得之傳聞，故上篇言觀兵之事，次篇言伐紂之事。司馬遷作周本紀，因亦謂十一年觀兵，十三年伐紂。訛謬相承，展轉左驗，後世儒者遂謂實然，而不知武王蓋未始有十一年觀兵之事也。且序言「惟十有一年，武王伐殷」。繼以「一月戊午，師渡孟津」，即記其年其月其日之事也。夫一月戊午既爲十三年之事，則上文十一年之誤，審矣。孔氏乃離而二之，於十有一年武王伐殷，則釋爲觀兵之時。於一月戊午師渡孟津，則釋爲伐紂之時。上文則年無所繫之月，下文則月無所繫之年。又序言十一年伐殷，而孔氏乃謂十一年觀兵，十三年伐殷，是蓋繆中之繆，遂使武王蒙數千百年脅君之惡。一字之誤，其流害乃至於此哉！○武王戎車三百兩，虎賁三百人，與受戰于牧野，作牧誓。戎車，馳車也。古者馳車一乘，則革車一乘。馳車，戰車。革車，輜車，載器械財貨衣裝者也。司馬法曰：一車甲士三人，步卒七十二人，炊家子十人，固守衣裝五人，廐養五人，樵汲五人。馳車七十五人，革車二十五人，凡百人。二車，故謂之兩。三百兩，三萬人也。虎賁，若虎賁獸之勇士，百人之長也。○武王伐殷，往伐歸獸，識其政事，作武成。歸獸，歸馬放牛也。武成所識，其事之大者亦多矣，何獨先取於歸馬放牛哉！○武王勝殷殺受，立武庚，以箕子歸，作洪範。唐孔氏曰：言殺受立武庚者，序自相顧爲文，未見意也。○武王既勝殷邦諸侯，班宗彝，作分器。宗彝，宗廟彝尊也，以爲諸侯分器。篇亡。○西旅獻獒，太保作旅獒。獻，貢也。○巢伯來朝，芮伯作旅巢命。篇亡。○武王有疾，周公作金縢。○武王崩，三監及淮夷叛。周公相成王，將黜殷，作大誥。三監，管叔、蔡叔、霍叔也。以其監殷，故謂之三監。○成王既黜殷命，殺武庚，命微子啓代殷後，作微子之命。微子封於宋，爲湯後。○唐叔得禾，異畝同穎，獻諸天子。王命唐叔歸周公于東，作歸禾。○周公既得命禾，旅天子之命，作嘉禾。唐叔，成王母弟。畝，壟也。穎，穗也。禾各一壟，合爲一穗。葛氏曰：唐叔雖幼，因禾必有獻替之言。成王既悟風雷之變，因命唐叔以禾歸周公于東。旅，陳也。二篇亡。○成王既伐管叔、蔡叔，以殷餘民封康叔，作康誥、酒誥、梓材。按胡氏曰：康叔，成王叔父也。經文不應曰「朕其弟」。成王，康叔猶子也，經文不應曰「乃寡兄」。其曰兄曰弟者，武王命康叔之辭也。序之繆誤，蓋無可疑。詳見篇題。又按書序，似因康誥篇首錯簡，遂誤以爲成王之書。而孔安國又以爲序篇亦出壁中，豈孔鮒藏書之時，已有錯簡耶？不可攷矣。然書序之作，雖不可必爲何人，而可必其非孔子作也。○成王在豐，欲宅洛邑，使召公先相宅，作召誥。○召公既相宅，周公往營成周，使來告卜，作洛誥。○成周既成，遷殷頑民。周公以王命告，作多士。遷商頑民在作洛之前。序書者攷之不詳，以爲成周既成，遷商頑民，謬矣。詳見本篇題。○周公作無逸。○召公爲保，周公爲師，相成王爲左右。召公不悦，周公作君奭。蘇氏曰：舊説或謂召公疑周公，陋哉斯言也。愚謂序文意義含糊，舊説之陋，有以啓之也。○蔡叔既没，王命蔡仲踐諸侯位，作蔡仲之命。○成王東伐淮夷，遂踐奄，作成王政。踐，滅也。篇亡。○成王既踐奄，將遷其君於蒲姑，周公告召公，作將蒲姑。史記作「薄姑」。篇亡。○成王歸自奄，在宗周誥庶邦，作多方。○周公作立政。○成王既黜殷命，滅淮夷，還歸在豐，作周官。成王黜殷久矣，而於此復言，何耶？○成王既伐東夷，肅慎來賀，王俾榮伯，作賄肅慎之命。賄，賂也。義未詳。篇亡。○周公在豐將没，欲葬成周。公薨，成王葬于畢，告周公，作亳姑。此言周公在豐，漢孔氏謂致政歸老之時，而下文君陳之序，乃曰「周公既没，命君陳分正東郊成周」。方未命君陳時，成周蓋周公治之。以公没，故命君陳，然則公蓋未嘗去洛矣。而此又以爲在豐將没，則其致政歸老，果在何時耶？篇亡。○周公既没，命君陳分正東郊成周，作君陳。○成王將崩，命召公、畢公率諸侯相康王，作顧命。○康王既尸天子，遂誥諸侯，作康王之誥。尸天子，亦無義理。太康尸位，羲和尸官，皆言居其位而廢棄其事之稱。序書亦用其例，謬矣。○康王命作册畢，分居里成周郊，作畢命。分居里者，表厥宅里，殊厥井疆也。○穆王命君牙，爲周大司徒，作君牙。序無所發明，曰周云者，殊無意義。或曰：此春秋「王正月」例也。曰：春秋魯史，故孔子繫之以王，此豈其例耶！下篇亦然。○穆王命伯冏爲周大僕正，作冏命。○吕命穆王訓夏贖刑〔四〕，作吕刑。此序亦無所發明，但增一夏字。自古刑辟之制，豈專爲夷狄，不爲中夏耶？或曰「訓夏贖刑」，謂訓夏后氏之贖刑也。曰：夏承虞治，不聞變法。周禮亦無五刑之贖，其非古制明甚。穆王耄荒，車輪馬跡無所不至。吕侯竊舜典「贖刑」二字，作爲此刑，以聚民財，資其荒用。夫子以其書猶有哀矜之意而録之。至其篇首，特以「耄荒」發之，其意微矣。詳見本篇。○平王錫晉文侯秬鬯、圭瓚，作文侯之命。經文止言秬鬯，而此益以圭瓚，有所傳歟。抑賜秬鬯者，必以圭瓚，故經不言歟。○魯侯伯禽宅曲阜，徐、夷並興，東郊不開，作費誓。徐，徐戎也。夷，淮夷也。○秦穆公伐鄭，晉襄公帥師敗諸崤，還歸，作秦誓。以經文意攷之，穆公之悔，蓋悔用杞子之謀，不聽蹇叔之言。序文亦不明此意。

校勘記

〔一〕今姑依安國壁書之舊　「書」，明内府本、明官刻本、清傳經堂本作「中」。

〔二〕肆命、徂后二篇亡　「二」原作「三」，據明内府本、明官刻本、清傳經堂本改。

〔三〕詳祖伊所告　「伊」原作「已」，據明内府本、明官刻本、清傳經堂本及前文改。

〔四〕吕命穆王訓夏贖刑「吕命」二字原脱，據元刻本、明内府本、明官刻本、清傳經堂本補。

南宋淳祐十年吕遇龍上饒郡學刻本跋

〔宋〕黄聞然

右書傳六卷，總序一卷，文公先生門人九峰蔡先生所集也。始書未有傳，分命門人纂集，莫可其意，乃專屬之九峰。其説出於一家，則必著姓氏。至於行有删句，句有刊字，附以己意，爲之緣飾者悉不復録，用詩集傳例也。宏綱要指，奥辭突義，既飫聞而熟講之矣。又複玩心繹意，融會其歸，精思力踐，務造其極。文公既殁，垂三十年而後始出其書，故其援據的確，訓釋明備，文從字順，了無可疑。典謨五篇，則又文公未易簣前所定手畢也。西山先生謂考序文之誤，訂諸儒之説，發明二帝三王群聖賢之用心，有先儒所未及者，豈虚語哉！傳本文公所命，故不復表著師説。若周公迪後，本以治洛，非封伯禽；秦穆悔過，在聽杞子，非爲孟明；居東以避流言，則康成爲是；作書以留召公，則蘇氏近之。他如此類，難遍每舉。聞然之生也後，不及一登考亭之門。歲庚辰，侍九峰於□郡郡齋，日夕習聞其説，因請受以□□，猶立善協一之旨。語録所記，若有合于横渠；書傳之云，乃少異于文公。揆之内心，亦有未釋然者。間竊從而質焉，則知一以心言，純粹不雜之義；一以理言，融會貫通之名也。從語録之說，逆上經文，既或未明，協下克字，複爲長語，味書傳之訓，惟能合而一之。故始雖主於一善，終則無一之不善，自涣然而無疑矣。審乎此，則文公釋經不盡同于程子者，非求異也，言蓋有在也。若夫洪範九疇，每以奇行五常居中；地本無十備，見於皇極内外篇。根極理要，探索幽眇，又其深造而自得之者，每以不獲先師印可爲恨。九原可作，其謂斯何？精義無二，總歸一揆。聞然受質不敏，雖涉其藩，未測其奥，憂患罪罰，偶未即死。方將執經聯屨，日侍海席，而山頽木壞，已不勝其悲矣。曩不自揆，僭狀其行，以請銘於當世名卿，輒複敘次所聞。掛名傳末，雖不足以發明□旨，姑以志無窮之憾焉耳。紹定壬辰□□後十日，後學黄聞然拜手敬書。

南宋淳祐十年吕遇龍上饒郡學刻本跋

〔宋〕朱　監

歲在庚申，先祖與九峰商訂是書，監生十一年矣，獨得在侍旁，締聽竊讀。三月九日，先祖即世，是書爲絶筆。嗚呼痛哉！後廿八年，九峰嗣子抗來濡須，出舊稿示監。捧玩數四，手澤如新，追想音容，潸涕横集。敬書其後而歸之。仲冬朔藐孤孫監百拜謹志。

南宋淳祐十年呂遇龍上饒郡學刻本跋

〔宋〕呂遇龍

伊川先生以春秋傳屬劉質夫，既成，門人請觀，先生曰：「卻須著某親作。」籲，亦難矣。文公晚年，訓傳略備。下至離騷，且爲之辯證。而帝王之書獨以付九峰。先生曰：「只等蔡仲默來便了。」文公豈輕所付哉！斯傳上經乙覽，四方人士争欲得而誦之，猶懼其售本之未善也。遇龍倚席上饒際，先生的嗣久軒先生爲部繡衣，茂明家學，而遇龍得以承教焉。隨從考質，鋟梓學宫。觀者能以一時師友問答求之，則知其不專於訓詁也。淳祐庚戌九月既望，後學金華呂遇龍敬書。

附録三　諸家著録

文獻通考經籍考卷四經部

〔元〕馬端臨

蔡九峰書集傳

自序：慶元己未冬，先生文公令沈作書傳。明年，先生没。又十年，始克成編，總若干萬言。嗚呼！書豈易言哉！沈自受讀以來，沉潛其義，參考衆説，融會貫通，乃敢折衷微辭奥旨，乃述舊聞。二典、禹謨，先生蓋嘗是正，手澤尚新。先生改本已附文集中，其間亦有經承先生口授指畫而未及盡改者，今悉更定，見本篇。集傳本先生所命，故凡引用師説，不復識别云。

宋史卷二百二藝文志

〔元〕托　托

蔡沈書傳六卷。

天禄琳琅書目卷五

書集傳一函七册

宋蔡沈撰，六卷。宋鄒近仁音釋。前沈序並尚書纂圖、書傳序共一册，後附書序一篇。

宋史蔡沈字仲默，建州建陽人。元定次子。少從朱子游，朱子晚年欲著書傳，未及爲，遂以屬沈。洪範之數，學者久失其傳，元定獨心得之，然未及論著，曰：「成吾書者沈也。」沈受父師之託，沉潛反復者數十年，然後成書。方年三十時，即屏去舉子業，一以聖賢爲師，隱居九峰。當世名卿物色將薦用之，沈不屑就。鄒近仁，宋史無傳。考江西志，近仁字季友，饒州人，爲龍陽丞。嘗叩道於楊簡，一再語而頓覺。性至孝，或干以利介焉弗受，人告之過，歛袵以服，所當爲，雖强禦不畏。著有歸軒集。此書與宋版纂圖互註毛詩、周禮體式相同，惟註字參差不齊，未能如宋槧之精美耳。

昆陵周良金藏本，無考。

書集傳　書類

提要

臣等謹案書集傳六卷，宋蔡沈撰。沈字仲默，號九峯，建陽人，元定之子也。事蹟附載宋史元定傳。慶元己未，朱子屬沈作書傳，至嘉定己巳書成。案此據自序年月，真德秀作沈墓誌，稱「數十年然後克成」，蓋誤衍一「數」字。淳祐中，其子抗表進於朝，稱集傳六卷、小序一卷、朱熹問答一卷，繕寫成十二册。其問答一卷久佚。董鼎書傳纂注稱，淳祐經進本録朱子與蔡仲默帖及語録數段，今各類入「綱領輯録」内，是其文猶散見鼎書中，其條目則不復可考。小序一卷，沈亦逐條辨駁，如朱子之攻詩序，今其文猶存，而書肆本皆削去不刊。考朱升尚書旁注稱古文書序自爲一篇，孔注移之各冠篇首，蔡氏删之而置於後，以存其舊，蓋朱子所授之旨，案陳振孫書録解題載朱子書古經四卷、序一卷，則此本乃朱子所定，先有成書，升以爲所授之旨，蓋偶未考。是元末明初刊本尚連小序。然宋史藝文志所著録者亦止六卷，則似自宋以來即惟以集傳單行矣。元何異孫十一經問對稱吉州所刊蔡傳，仍以書序置之各篇，初不害其蔡傳，蓋一家之板本，非通例也。沈序稱二典三謨經朱子點定，然董鼎纂注於正月朔旦條下註曰：「朱子親集書傳，自孔序止此，其他大義悉口授蔡氏，併親稿百餘段，俾足成之。」則大禹謨猶未全竣，序所云二典三謨特約舉之詞。鼎又引陳櫟之言曰：案櫟此條不載所作書傳纂疏中，蓋其書傳折衷之文也。朱子訂傳原本有曰：正月，次年正月也。神宗，説者以爲舜祖顓頊而宗堯，因以神宗爲堯廟，未知是否如帝之初等。蓋未嘗質言爲堯廟。今本云云，其朱子後自改乎？抑蔡氏所改乎？則序所謂朱子點定者亦不免有所竄易，故宋末黄景昌等各有正悞、辨疑之作，陳櫟、董鼎、金履祥皆篤信朱子之學者，而櫟作書傳折衷、鼎作書傳纂疏、履祥作尚書表注，皆斷斷有詞。明洪武中修書傳會選，改定至六十六條。國朝欽定書經傳説彙纂亦多所考訂釐正。蓋在朱子之説尚書，主於通所可通，而闕其所不可通，見於語録者不啻再三，而沈於殷盤、周誥一一必求其解，其不能無憾也固宜。然其疏通證明，較爲簡易，且淵源有自，大體終醇。元與古注疏並立學官，見元史選舉志。而人置注疏肄此書；明與夏僎解並立學官，見楊慎丹鉛録。而人亦置僎解肄此書，固有由矣。乾隆四十一年十月恭校上。

〔宋〕石𢨋　編　〔宋〕朱熹　删定　嚴佐之　校點

中庸輯略

目録

校點説明

中庸輯略二卷，宋石𡼖編，宋朱熹删定。石𡼖（一一二八—一一八二），字子重，號克齋。先世居會稽新昌，北宋宣和間避亂徙台州臨海。南宋紹興十五年登進士第，授左廸功郎、郴州桂陽縣主簿，歷官泉州同安縣丞，常州武進縣、南劍州尤溪縣知縣，將作監、太常寺主簿，知南康軍事，終朝散郎。𡼖幼承庭訓，嘗從外舅太子詹事陳良翰學，與朱熹同爲道學之友，二人「相好尤篤」。乾道初，石𡼖官同安縣丞，嘗參與朱熹修訂孟子集解，書信往來，討論「主敬」存養工夫，今存晦庵文集「與石子重書」凡十餘篇。乾道七年，朱熹南下尤溪，時任知縣的石𡼖曾爲熹父朱松舊居「韋齋」刻石揭牓，並撰韋齋記銘跋，恭稱「學于先生者」。熹臨別贈詩則云：「此道知君著意深，不嫌枯淡苦難禁。」「願言勉盡精微藴，風俗期君使再醇。」（石子重兄示詩留别次韻爲謝）。此外，朱熹還先後爲石𡼖撰寫了克齋記、南劍州尤溪縣學記、跋張敬夫爲石子重作傳心閣銘、中庸集解序等文；及𡼖卒，又親爲撰寫墓誌銘：「悲斯人之病而莫與瘳」，「悼斯學之孤而莫與儔」。

據朱熹知南康軍石君墓誌銘稱，石𡻕著述「有文集十卷藏於家，所集周易、大學、中庸解又數十卷傳學者」。惜文集向無傳世，集解諸書亦僅中庸集解嘗見書目著録。中庸之書，自北宋初始從禮記「脱穎而出」，漸而成爲伊洛之學依憑的主要經典。二程於中庸雖多傳説，卻無成書，後學所傳，「特出於門人所記平居問答之辭」，「又皆别自爲編，或頗雜出他説」，以至「學者欲觀其聚而不可得，固不能有以考其異而會其同」。有鑒于此，石𡻕乃搜采周敦頤、程顥、程頤、張載、吕大臨、謝良佐、游酢、楊時、侯仲良、尹焞凡十家之説，「集而次之，合爲一書，以便觀覽，名曰中庸集解」（朱熹中庸集解序）。然據張栻跋中庸集解曰：「子重之編此書，嘗從吾友朱熹元晦講訂，分章去取，皆有條次。」是知石𡻕集解中庸，並與朱熹有關。中庸集解初成於乾道八年，翌年九月，熹爲之撰序，稱其「采掇無遺，條理不紊，分章雖因衆説，然去取之間不失其當，其謹密詳審，蓋有得乎行遠自邇、登高自卑之意」。雖然，熹猶未盡稱意，既病其纂集「太煩」，且謂之「所輯録僅出於其門人之所記，是以大義雖明而微言未析，至其門人所自爲説，則雖頗詳盡而多所發明，然倍其師説而淫於老佛者亦有之矣」。遂於撰述中庸章句、或問之際，並「取石氏書，删其繁亂，名以輯略」（朱熹中庸章句序）。據考凡删芟七十四條，删節六十條。删訂既已，仍以集解原序冠其首。按通行本中庸輯略卷首朱熹中庸集解序，序年題「淳熙癸卯春三月」，其文字亦與「乾道癸巳九月辛亥」撰原序小有差異，以是推知熹删定輯略告竣宜在淳熙十年。輯略既經熹删定，且以名望之勝，故自來書目亦有逕題朱熹撰著者，如直齋、郡齋、宋志等。然究其名實，終不如四庫提要著録「宋石𡼖編、朱子删定」合宜。故今從其説，入朱子全書外編。

石𡼖中庸集解始刻於尤溪，宋時，「建陽、長沙、廣東、西皆有刻本」（朱熹書徽州婺源縣中庸集解板本後），而經朱熹删定之中庸輯略，亦嘗與中庸章句、或問一併梓行。按郡齋讀書志著録「中庸章句一卷、或問二卷、中庸輯略二卷」，解題言「希弁所藏各兩本，嶽麓書院精舍及白鹿洞書院所刊者」即是。惟自章句大行而輯略漸晦，傳本日寡。及明嘉靖中，始有御史新昌呂信卿，得唐順之家藏宋槧舊本，命刻於武進縣，後世通行輯略諸刻，若康熙間新昌石佩玉刊本、禦兒呂氏寶誥堂刊朱子遺書本、乾隆間四庫全書本等，皆緣此而出。然則嘉靖重刻輯略，雖稱源自宋槧，却非一依舊式，據四庫全書總目提要云，該本「凡先儒論説見於或問所駁者，多所芟節」。今以國家圖書館藏宋刻本與中國科學院圖書館藏明嘉靖刻本相比校，誠知館臣所言不虚。二本異同，大致有三：其一，明本較之宋刊，凡删落八十一條，增多一條；其二，明本於各分章前增録中庸原文，部分章節末節録朱熹章句之語，而宋本并無一字；其三，宋本於第十八章末析爲上下二卷，而明本則在第十七章末分卷。其餘文字異同多明本臆改，則在所不計。是知明嘉靖刻本及其他後世通行之本，已非輯略原初之貌，而宋刊之彌足珍貴，亦可由此窺其一斑。

國家圖書館藏宋刻本中庸輯略上下二卷，版框高十八·六釐米，寬十四·二釐米；左右雙邊，白口，單黑魚尾；版心上記大小字數，版心下記刻工名；卷下終頁末行刻有「儒學教授劉惟肖校勘無差」一行。「眩」、「貞」、「敦」、「徵」、「完」、「慎」、「廓」字闕筆避諱。卷上第五十七、五十八、六十九、七十頁，卷下第二十九、三十頁闕失，恭楷抄配；卷上首頁天頭鈐「毛褒字華伯號貢庵」朱文方印。按中國古籍善本書目著録宋刊輯略，僅此一部。考該書刻工，計有馬良、何彬、蔡仁、周嵩、張元彧、沈宗、賈端仁、顧祺、徐珙等九人，皆南宋中葉杭州地區刻書之聞名者。如徐珙嘗先後役事兩浙茶鹽司刻周易注疏、禮記正義、江東漕司刻後漢書注、「眉山七史」本南齊書、浙本晦庵文集之雕版，馬良是平江本營造法式、嘉興刊唐柳先生集的刻工，兩人併共同參與景定淮東倉司刊施顧注蘇詩、寶祐大字本通鑑紀事本末、紹定刊吴郡志、嘉定間杭州刊渭南文集、崔尚書宅刊北磵文集等著名宋本的刊刻。又何彬、蔡仁、周嵩、張元彧、賈端仁諸人，俱爲朱熹周易本義、詩集傳之刻工，而沈宗、顧祺也至少有過刊刻寶祐大字本通鑑紀事本末的經歷（參見王肇文古籍宋元刻工姓名索引）。又考該本避宋帝諱，闕筆止於「廓」，尚不及「馴」等與理宗名諱相涉之字，是擬刊於寧宗之時；而寧宗慶元二年「黨禁」案興，朱熹四書集注、語録等道學書籍版片悉遭禁毁，則其版印宜在書禁之前可知。復參諸卷末題刻之校勘者「儒學教授劉惟肖」，舉是數項推知，則是本宜爲南宋寧宗慶元初浙省官府所刻。雖此浙刻宋本未必就是明嘉靖重刊所依據的唐順之舊藏宋槧，但畢竟真實反映了朱熹生前就存在的宋刊輯略原貌，持與晚出之明嘉靖刻本及後世通行諸本相比較，其異同優劣，自可立判而明。

故此次校點整理，乃以國家圖書館藏宋刻本作底本，而取中國科學院圖書館藏明嘉靖刻本（校記簡稱「明本」）詳加對校，或判定是非，或出具異同。嘉靖本芟刈八十一條無以對校，則擬求諸石氏集解參校之。按集解原本雖「元時已罕覯」，明弘治間謝鐸校訂赤城續志即謂「今亡」，所幸宋衛湜禮記集義尚有輯存，清道光間莫友芝曾據集義校刊十先生中庸集解，遂取上海圖書館藏本（校記簡稱「集解本」）爲之參校。間或校而有疑，則别取十先生相關文獻，如程氏遺書、張子全書等書之通行版本，參酌他校。又所據底本、校本卷首併闕無序，兹别據清康熙間禦兒吕氏寶誥堂刊朱子遺書本補冠於書前。點校既畢，是以爲記。

二〇〇九年七月　嚴佐之

中庸輯略卷上

篇目

程子曰：中之理至矣，獨陰不生，獨陽不生，偏則爲禽獸，爲夷狄，中則爲人。中則不偏，常則不易，惟中不足以盡之，故曰中庸。明道○又曰：天地之化，雖廓然無窮，然而陰陽之度，日月寒暑晝夜之變，莫不有常。此道之所以爲中庸。伊川○又曰：中者只是不偏，偏則不是中，庸只是常。猶言中者是大中也，庸者是定理也。定理者，天下不易之理也，是經也。孟子只言「反經」，中在其閒。伊川○又曰：中庸之言，放之則彌滿六合，卷之則「退藏於密」。明道○又曰：中庸始言一理，中散爲萬事，末復合爲一理。明道○又曰：中庸之書，是孔門傳授，成於子思，傳於孟子。其書雖是雜記，更不分精粗一衮說了。今人語道，多説高便遺却卑，説本便遺却末。伊川○又曰：中庸之書，其味無窮，極索玩味。伊川○又曰：善讀中庸者，得此一卷書，終身用不盡也。伊川○又曰：中庸一卷書，自至理便推之於事，如「國家有九經」，及歷代聖人之迹，莫非實學也。如登九層之臺，自下而上爲是。○又曰：中庸之書，決是傳聖人之學，不雜。子思恐傳授漸失，故著此一卷書。○又曰：中庸是孔門傳授心法。

張子曰：學者信書，且須信論語、孟子。詩、書無舛雜，如中庸、大學出於聖門，無可疑者。○又曰：學者如中庸文字輩，直須句句理會過，使其言互相發明。

呂曰：中庸之書，聖門學者盡心以知性，躬行以盡性，始卒不越乎此書。孔子傳之曾子，曾子傳之子思，子思述所受之言以著於篇。故此書所論，皆聖人之緒言，入德之大要也。○又曰：聖人之德，中庸而已。中則過與不及皆非道也，庸則父子、兄弟、夫婦、君臣、朋友之常道。欲造次顛沛，久而不違於仁，豈尚一節一行之詭激者哉！○又曰：中庸之書，學者所以進德之要，本末具備矣。既以淺陋之學爲諸君道之，抑又有所以告諸君者。孔子曰：「古之學者爲己，今之學者爲人。」爲己者心存乎德行，而無意乎功名；爲人者心存乎功名，而未及乎德行。若後世學者，有未及乎爲人而濟其私欲者。今學聖人之道，而先以私欲害之，則語之而不入，導之而不行，教之者亦何望哉！聖人立教以示後世，未嘗使學者如是也。朝廷建學設科以取天下之士，亦未嘗使學者如是也。學者亦何心捨此而趨彼哉？聖人之學，不使人過，不使人不及，立喜怒哀樂未發之中以爲之本，使學者「擇善而固執之」，其學固有序矣。學者盍亦用心於此乎？用心於此，則義理必明，德行必脩，師友必稱，州里必譽，仰而上古，可以不負聖人之傳付，達於當今，可以不負朝廷之教養，世之有道君子樂得而親之，王公大人樂聞而取之，與夫自輕其身、涉獵無本、徼幸一旦之利者，果如何哉！諸君有意乎，則今日所講有望焉，無意乎，則不肖今日自爲譊譊無益，不幾乎侮聖言者。諸君其亦念之哉！

楊曰：中庸爲書，微極乎性命之際，幽盡乎鬼神之情，廣大精微，罔不畢舉，而獨以「中庸」名書何也？予聞之師曰：「不偏之謂中，不易之謂庸。中者天下之正道，庸者天下之定理。」推是言也，則其所以名書者，義可知也。世之學者，智不足以及此，而妄意聖人之微言，故物我異觀，天人殊歸，而高明、中庸之學，始二致矣。謂高明者所以處己而同乎天，中庸者所以應物而同乎人，則聖人之處己者常過乎中，而與夫不及者無以異也。爲是説者，又烏足與議聖學哉！

第一章　第一節

「天命」至「謂教」。

程子曰：言天之自然者，謂之天道；言天之付與萬物者，謂之天命。明道○又曰：「民受天地之中以生」，「天命之謂性」也。人之生也，直意亦如此，若以生爲生養之生，却是「脩道之謂教」也。至下文始自云「能者養之以福，不能者敗以取禍」，則乃是教也。明道○又曰：孟子曰「仁者人也，合而言之道也」，中庸所謂「率性之謂道」是也。明道○又曰：「生之謂性」，性即氣，氣即性生之謂也。人生氣稟，理有善惡，然不是性中元有此兩物相對而生也。有自幼而善，有自幼而惡，是氣稟有然也。善固性也，然惡亦不可不謂之性也。蓋「生之謂性」，「人生而靜」以上不容説，才説性時便已不是性也。凡人説性，只是説「繼之者善也」，孟子言「人性善」是也。夫所謂「繼之者善也」者，猶水流而就下也。皆水也，有流而至海，終無所污，此何煩人力之爲也。有流而未遠，固已漸濁，有出而甚遠，方有所濁，有濁之多者，有濁之少者，清濁雖不同，然不可以濁者不爲水也。如此則人不可以不加澄治之功。故用力敏勇則疾清，用力緩怠則遲清，及其清也，則却只是元初水也。亦不是將清來換却濁，亦不是取出濁來置在一隅也。水之清，則性善之謂也。故不是善與惡在性中爲兩物相對，各自出來。此理，天命也。順而循之，則道也。循此而脩之，各得其分，則教也。自「天命」以至於「教」，我無加損焉。此舜有天下而不與焉者也。○又曰：「上天之載，無聲無臭」。其體則謂之易，其理則謂之道，其用則謂之神，其命于人則謂之性，率性則謂之道，脩道則謂之教。孟子去其中又發揮出「浩然之氣」，可謂盡矣。故說神「如在其上，如在其左右」，大小大事而只曰「誠之不可揜如此」。夫徹上徹下，不過如此。形而上爲道，形而下爲器。須著如此說，器亦道，道亦器，但得道在，不繫今與後、已與人。○先生嘗語韓持國曰：如說妄說幻爲不好底性，則請別尋一箇好底性來換了此不好底性。蓋道即性也，若道外尋性，性外尋道便不是。聖賢論天德，蓋謂自家元是天然完全自足之物，若無所污壞，即當直而行之，若小有污壞，即敬以治之，使復如舊。所以能使如舊者，蓋爲自家本質元是完足之物，若合脩治而脩治之，是義也，若不消脩治而不脩治，亦是義也，故常簡易明白而易行。禪學者總是强生事，至如「山河大地」之說，是他山河大地，又干你何事。至如孔子，道如日星之明，猶患門人未能盡曉，故曰「予欲無言」。如顔子則便默識，其他未免疑問，故曰「小子何述」，又曰「天何言哉，四時行焉，百物生焉」，可謂明白矣。若能於此言上看得破，便信是會禪也，非是未尋得，蓋實是無去處說，此理本無二故也。明道○又曰：「生之謂性」與「天命之謂性」同乎？性字不可一概論。「生之謂性」，止訓所稟受也；「天命之謂性」，此言性之理也。今人言性柔緩、性剛急皆生來如此，此訓所稟受也。若性之理則無不善，曰天者，自然之理也。伊川○又曰：告子云「生之謂性」，凡天地所生之物須是謂之性。皆謂之性則可，於中却須分別牛之性、馬之性，是他便只道一般，如釋氏説「蠢動含靈皆有佛性」，如此則不可。「天命之謂性，率性之謂道」者，天降是於下，萬物流形各正性命者，是所謂性也，循其性而不失，是所謂道也。此亦通人物而言，循性者馬則爲馬之性，又不做牛底性，牛則爲牛之性，又不爲馬底性，此所謂「率性」也。人在天地之閒，與萬物同流，天幾時分別出是人是物？「脩道之謂教」，此則專在人事，以失其本性，故脩而求復之，則入於學，若元不失，則何脩之有？「成性存存，道義之門」，亦是萬物各有成性，存存亦是生生不已之意，天只是以生爲道。○又曰：「率性之謂道」，率，循也。若言道不消先立下名義，則茫茫地何處下手？何處著心？伊川○又曰：人須是自爲善，然又不可都不管他，蓋有教焉。「脩道之謂教」，豈可不脩？

張子曰：由太虛，有天之名；由氣化，有道之名。合虛與氣，有性之名；合性與知覺，有心之名。

吕曰：此章先明性、道、教三者之所以名。性與天道一也，天道降而在人，故謂之性。性者生生之所固有也，循是而之焉，莫非道也。道之在人，有時與位之不同，必欲爲法於後世，不可不脩。○一本云：中者天道也，天德也，降而在人，人稟而受之，是之謂性。書曰：「惟皇上帝，降衷于下民。」傳曰：「民受天地之中以生。」此人性之所以必善，故曰「天命之謂性」。性與天道，本無有異，但人雖「受天地之中以生」，而梏於蕞然之形體，常有私意小知撓乎其間，故與天地不相似，所發遂至乎出入不齊而不中節。如使所得於天者不喪，則何患不中節乎？故良心所發，莫非道也。在我者，惻隱、羞惡、辭遜、是非，皆道也；在彼者，君臣、父子、夫婦、昆弟、朋友之交，亦道也。在物之分，則有彼我之殊；在性之分，則合乎內外一體而已。是皆人心所同然，乃吾性之所固有，隨喜怒哀樂之所發，則愛必有差等，敬必有節文。所感重者，其應也亦重；所感輕者，其應也亦輕。自斬至緦，喪服異等，而九族之情無所憾；自王公至皂隸，儀章異制，而上下之分莫敢爭。非出於性之所有，安能致是乎？故曰「率性之謂道」。循性而行，無物撓之，雖無不中節者，然人稟於天者，不能無厚薄昏明，則應於物者，亦不能無小過小不及。故「喜斯陶，陶斯咏，咏斯猶，猶斯舞，舞斯慍，慍斯戚，戚斯嘆，嘆斯辟，辟斯踊矣，品節斯斯之謂禮」。閔子除喪而見孔子，予之琴而彈之，切切而哀，曰：「先王制禮，不敢過也。」子夏除喪而見孔子，予之琴而彈之，侃侃而樂，曰：「先王制禮，不敢不及也。」故心誠求之，雖不中，不遠矣。然將達之天下，傳之後世，慮其所終，稽其所敝，則其小過小不及者，不可以不脩。此先王所以制禮，故曰「脩道之謂教」。

游曰:「惟皇上帝,降衷于下民」,則天命也。若遁天倍情,則非性矣。天之所以命萬物者道也,而性者具道以生也。因其性之固然而無容私焉,則道在我矣,此「率性之謂道」也。若出於人爲,則非道矣。夫道不可擅而有也,固將與天下共之,故脩禮以示之中,脩樂以導之和,此「脩道之謂教」也。或蔽於天,或蔽於人,「爲我」至於無君,「兼愛」至於無父,則非教矣。知「天命之謂性」,則孟子性善之説可見矣。或曰性惡,或曰善惡混,或曰有三品,皆非知天命者也。

楊曰:「天命之謂性」,人欲非性也;「率性之謂道」,離性非道也。性,天命也;命,天理也;道則性命之理而已。孟子道性善,蓋原於此。謂性有不善者,誣天也。性無不善,則不可加損也,無俟乎脩焉,率之而已。揚雄謂學以脩性,非知性也。故孔子曰「盡性」,子思曰「率性」,曰「尊德性」,孟子曰「知性」、「養性」,未嘗言脩也。然則道其可脩乎?曰:道者百姓日用而不知也,先王爲之防範,使過不及者取中焉,所以教也,謂之脩者,蓋亦品節之而已。○又曰:「天命之謂性,率性之謂道」,性、命、道三者,一體而異名,初無二致也。故在天曰命,在人曰性,率性而行曰道,特所從言之異耳。○又曰:人性上不可添一物。堯、舜所以爲萬世法,只是率性而已。所謂率性,循天理是也。外邊用計用數,假饒立得功業,只是人欲之私，與聖賢作處，天地懸隔。○又曰：荆公云「天使我有是之謂命，命之在我之謂性」，是未知性命之理。其曰「使我」，正所謂使然也，使然者可以爲命乎？以命在我爲性，則命自一物。若中庸言「天命之謂性」，性即天命也，又豈二物哉？如云「在天爲命，在人爲性」，此語似無病，然亦不須如此説。性命初無二理，第所由之者異耳。「率性之謂道」，如易所謂「聖人之作易，將以順性命之理」是也。

第一章　第二節

「道也」至「獨也」。

程子曰：一物不該，非中也；一事不爲，非中也；一息不存，非中也。何哉？爲其偏而已矣。故曰：「道也者，不可須臾離也，可離非道也。」脩此道者，「戒慎乎其所不睹，恐懼乎其所不聞」而已。由是而不息焉，則「上天之載，無聲無臭」，可以馴致也。伊川○或問：游宣德記先生語云，人能戒慎恐懼於不睹不聞之閒，則「無聲無臭」，可以馴致，此説如何？曰：馴致，漸進也。然此亦大綱説，固是自小以至大，自脩身可以至於盡性至命，然其閒有多少般數，其所以至之之道當如何。荀子曰：「始乎爲士，終乎爲聖人。」今學者須讀書，纔讀書便望爲聖賢，然中閒至之之方更有多少。荀子雖能如此説，却以禮義爲僞，性爲不善。他自情性尚理會不得，怎生到得聖人？大抵以堯所行者欲力行之，以多聞多見取之，其所學者皆外也。伊川○先生嘗論「克己復禮」，韓持國曰：道上更有甚克？莫錯否？曰：如公之言，只是説道也。「克己復禮」乃所以爲道也，更無別處。「克己復禮」之爲道，亦何傷乎公之所謂道也。如公之言，只是一人自指其前一物，曰此道也。他本無可克者，若知道與己未嘗相離，則若不「克己復禮」，何以體道？道在己，不是與己各爲一物，可跳身而入者也。「克己復禮」非道，而何至如公言克不是道，亦是道也。實未嘗離得，故曰「可離非道也」。理甚分明。○又曰：道之外無物，物之外無道，是天地之間，無適而非道也。即父子而父子在所親，即君臣而君臣在所敬，以至爲夫婦，爲長幼，爲朋友，無所爲而非道，此道所以「不可須臾離也」。然則毁人倫、去四大者，其分於道也遠矣。故「君子之於天下也，無適也，無莫也，義之與比」。若有適有莫，則於道爲有間，非天地之全也。彼釋氏之學，於「敬以直内」則有之矣，於「義以方外」則未之有也。故滯固者入於枯槁，疏通者歸於肆恣，此佛之教所以爲隘也。吾道則不然，率性而已。斯理也〔一〕，聖人於易備言之。伊川○又云：佛有一箇覺之理，可以「敬以直内」矣，然無「義以方外」。其直内者，要之其本亦不是。伊川〔二〕○又曰：人只以耳目所見聞者爲顯見，所不見聞者爲隱微，然不知理却甚顯也。且如昔人彈琴，見螳螂捕蟬，而聞者以爲有殺聲。殺在心，而人聞其琴而知之，豈非顯乎？人有不善，自謂人不知之，然天地之理甚著，不可欺也。伊川○又曰：「於穆不已」，天之所以爲天也；「純亦不已」，文王之所以爲文也。此天德也。有天德便可語王道，然其要只在慎獨。明道○又曰：要脩持他這天理，則在德須有不言而信者。言難爲形狀，養之則須直不愧屋漏與慎獨，這是箇持養底氣象也。○又曰：孔子言仁，只說「出門如見大賓，使民如承大祭」。看其氣象，便須「心廣體胖」，「動容周旋中禮」，自然唯慎獨便是守之之法。○又曰：

洒掃應對便是形而上者，理無大小故也。故君子只在慎獨。明道

呂曰：此章明道之要不可不誠。道之在我，猶飲食居處之不可去，可去皆外物也。誠以爲己，故不欺其心。人心至靈，一萌于思，善與不善，莫不知之，他人雖明，有所不與也。故慎其獨者，知爲己而已。○又曰：「率性之謂道」，則四端之在我者，人倫之在彼者，皆吾性命之理，受乎天地之中，所以立人之道，「不可須臾離也」。絶類離倫，無意乎君臣父子者，過而離乎此者也。賊恩害義，不知有君臣父子者，不及而離乎此者也。雖過不及有差，而皆不可以行於世，故曰「可離非道也」。非道者，非天地之中而已。非天地之中而自謂有道，惑也。○又曰：所謂中者，性與天道也。謂之有物，則「不得於言」；謂之無物，則「必有事焉」。「不得於言」者，視之不見，聽之不聞，無聲形接乎耳目而可以道也。「必有事焉」者，「莫見乎隱，莫顯乎微」，「體物而不可遺」者也。古之君子，「立則見其參於前」，「在輿則見其倚於衡」，是何所見乎？「洋洋乎，如在其上，如在其左右」，是果何物乎？學者見乎此，則庶乎能擇中庸而執之隱微之間，不可求之於耳目，不可道之於言語。然有所謂昭昭而不可欺，感之而能應者，正惟虛心以求之，則庶乎見之，故曰「莫見乎隱，莫顯乎微」。然所以慎乎獨者，苟不見乎此，則何戒慎、恐懼之有哉？此「誠之不可揜」也。

謝曰：敬則外物不能易，「坐如尸，立如齊」，「出門如見大賓，使民如承大祭」，非禮勿

言動視聽，須是如顔子「事斯語」。「坐如尸」，坐時習，「立如齊」，立時習，是「不可須臾離也」。

楊曰：獨非交物之時有動乎中，其違未遠也。雖非視聽所及，而其幾固已瞭然心目之閒矣。其爲顯見，孰加焉？雖欲自蔽，「吾誰欺，欺天乎」？此君子必慎其獨也。○又曰：夫盈天地之閒，孰非道乎？道而可離，則道有在矣。譬之四方有定位焉，適東則離乎西，適南則離乎北，斯則可離也。若夫無適而非道，則烏得而離耶？故寒而衣，飢而食，日出而作，晦而息，耳目之視聽，手足之舉履，無非道也。此百姓所以日用而不知。「伊尹耕于有莘之野，以樂堯舜之道」。夫堯舜之道，豈有物可玩而樂之乎？即耕于有莘之野是已。此農夫田父之所日用者，而伊尹之樂有在乎是。若伊尹，所謂「知之」者也。

第一章　第三節

「喜怒」至「育焉」。

吕與叔曰：中者道之所由出。程子曰：此語有病。吕曰：論其所同，不容更有二名，别而言之，亦不可混爲一事，如所謂「天命之謂性，率性之謂道」。又曰：「中者天下之大本，和者天下之達道」，則性與道、大本與達道，豈有二乎？先生曰：中即道也。若謂道出於中，則道在中内别爲一物矣。所謂「論其所同，不容更有二名，别而言之，亦不可混爲一事」，此語固無病，若謂性與道、大本與達道可混爲一，即未安。在天曰命，在人曰性，循性曰道。性也，命也，道也，各有所當。大本言其體，達道言其用，體用自殊，安得不爲二乎？吕曰：既云「率性之謂道」，則循性而行莫非道，此非性中别有道也。中即性也，在天爲命，在人爲性，由中而出莫非道，所以云「中者道之所由出」。先生曰：「中即性也」，此語極未安。中也者，所以狀性之體段。若謂性有體段亦不可，姑假此以明彼。又曰：不偏之謂中，道無不中，故以中形道。如稱天圓地方，遂謂方圓即天地可乎？方圓既不可謂之天地，則萬物決非方圓之所自出。如中既不可謂之性，則道何從稱出於中？蓋中之爲義，自過不及而立名，若只以中爲性，則中與性不合。子居對以中者性之德，却爲近之。吕曰：不倚之謂中，不雜之謂和。先生曰：「不倚之謂中」甚善，語猶未瑩。「不雜之謂和」未當。呂曰：「喜怒哀樂之未發」，則赤子之心當其未發，此心至虛無所偏倚，故謂之中。以此心應萬物之變，無往而非中矣。孟子曰：「權然後知輕重，度然後知長短。物皆然，心爲甚。」此心度物所以甚於權度之審者，正以至虛無所偏倚故也。有一物存乎其間，則輕重長短皆失中矣，又安得如權度乎〔二〕？「大人不失其赤子之心」，乃所謂「允執厥中」也。大臨始者有見於此，便指此心名爲中，故前言「中者道之所由出」也。今細思，乃命名未當耳。此心之狀可以言中，未可便指此心名之曰中。先生曰：「喜怒哀樂未發謂之中」，赤子之心發而未遠乎中，若便謂之中，是不識大本也。呂曰：聖人智周萬物，赤子全未有知，其心固有不同矣。然推孟子所云，豈非止取純一無僞可與聖人同乎？非謂無毫髮之異也。大臨前日所云，亦取諸此而已。此義大臨昔者既聞先生君子之教，反求諸己，若有所自得，參之前言往行，將無所不合，由是而之焉，似得其所安，以是自信不疑。今承教乃云已失大本，茫然不知所向。聖人之學以中爲大本，雖堯舜相授以天下，亦云「允執其中」。中者無過不及之謂也，何所準則而知過不及乎？求之此心而已。此心之動，出入無時，何從而守之乎？求之於喜怒哀樂未發之際而已。當是時也，此心即赤子之心。此心所發，純是義理，與天下之所同然，安得不和？大臨前日敢指赤子之心爲中者，其說如此。來教云赤子之心可謂之和，不可謂之中。大臨思之，所謂和者，指已發而言之，今言赤子之心，乃論其未發之際，純一無僞，無所偏倚，可以言中，若謂已發，恐不可言心。先生曰：所云「非謂無豪髮之異」，是有異也，有異者得爲大本乎？推此一言，餘皆可見。呂曰：大臨以赤子之心爲未發，先生以赤子之心爲已發，所謂大本之實，則先生與大臨之言未有異也，但解赤子之心一句不同耳。大臨初謂赤子之心止取純一無僞與聖人同，恐孟子之義亦然，更不曲折一一較其同異，故指以爲言，固未嘗以已發不同處爲大本也。先生謂「凡言心者皆指已發而言」，然則未發之前謂之無心可乎？竊謂未發之前，心體昭昭具在，已發乃心之用也。先生曰：所論意雖以已發者爲未發，反求諸言，却是認已發者爲説。詞之未瑩，乃是擇之未精耳。凡言心者指已發而言，此固未當。心一也，有指體而言者，「寂然不動」是也，有指用而言者，「感而遂通天下之故」是也，惟觀其所見何如耳。大抵論愈精微，言愈易差也。伊川

○又曰：「敬而無失」，便是「喜怒哀樂之未發謂之中也」。敬不可謂之中，但「敬而無失」即所以中也。○蘇季明問：中之道與喜怒哀樂未發謂之中同否？曰：非也。喜怒哀樂未發，是言在中之義，只一箇中字，但用不同。或曰：於喜怒哀樂之前求中可否？曰：不可。既思於喜怒哀樂未發之前求之，又却是思也。既思即是已發。思與喜怒哀樂一般，纔發便謂之和，不可謂之中也。又問：呂博士言當求於喜怒哀樂未發之前，信斯言也，恐無

著莫，如之何而可？曰：言存養於喜怒哀樂未發之時則可，若言求中於喜怒哀樂未發之前則不可。又問：學者於喜怒哀樂發時，固當勉強裁抑，於未發之前當如何用功？曰：於喜怒哀樂未發之前更怎生求？但平日涵養便是，涵養久，則喜怒哀樂發自中節。或曰：有未發之中，有既發之中。曰：非也。既發時，便是和矣。發而中節，固是得中，「時中」之類。只爲將中和來分說，便是和也。伊川○又問：先生說「喜怒哀樂未發謂之中」是在中之義」，不識何意。曰：只喜怒哀樂不發，便是中也。曰：中莫無形體，只是箇言道之題目否？曰：非也。中有甚形體，然既謂之中也，須有箇形象。曰：當中之時，耳無聞，目無見否？曰：雖耳無聞，目無見，然見聞之理在始得。曰：中是有時而中否？曰：何時而不中？以事言之，則有時而中，以道言之，何時而不中。曰：固是所爲皆中，然而觀於四者未發之時，靜時自有一般氣象，及至接事時又自別，何也？曰：善觀者不如此，却於喜怒哀樂已發之際觀之。賢且說靜時如何。曰：謂之無物則不可，然自有知覺處。曰：既有知覺，却是動也，怎生言靜？人說「復其見天地之心」，皆以謂至靜能見天地之心，非也。復之卦下面一畫便是動也，安得謂之靜？自古儒者皆言靜見天地之心，惟頤言動而見天地之心。或曰：莫是於動上求靜否？曰：固是，然最難。云云。或曰：先生於喜怒哀樂未發之前，下動字下靜字？曰：謂之靜則可，然靜中須有物始得。這裏便是難處。學者莫若且先理會得敬，能敬則自知此矣。或曰：敬何以用功？曰：莫若主一。季明曰：某嘗患思慮不定，或思一事未了，他事如麻又生，如何？曰：不可，此不誠之本也。須是習，習能專一時便好，不拘思慮與應事，皆要求一。或曰：當靜坐時，物之過乎前者，還見不見？曰：看事如何。若是大事，如祭祀前，旒蔽明，黈纊充耳，凡物之過者，不見不聞也。若無事時，目須見，耳須聞。或曰：當敬時，雖見聞莫過焉而不留否？曰：不說道非禮勿視勿聽？勿者禁止之辭，纔說弗字便不得也。或問：雜說中以赤子之心爲已發，是否？曰：已發而去道未遠也。曰：「大人不失赤子之心」如何？曰：取其純一近道也。曰：赤子之心與聖人之心若何？曰：聖人之心如鏡如止水。伊川○又曰：性即理也，所謂理性是也。天下之理，原其所自，未有不善。喜怒哀樂未發，何嘗不善？發而中節，即無往而不善，發而不中節，然後爲不善。故凡言善惡，皆先善而後惡；言吉凶，皆先吉而後凶；言是非，皆先是而後非。伊川○又曰：「喜怒哀樂未發謂之中」，只是言一箇中一作「本」。體。既是喜怒哀樂未發，那裏有箇甚麼，只可謂之中。如乾體便是健，及分在諸處，不可皆名健，然在其中矣。天下事事物物皆有中，發而皆中節謂之和，非是謂之和便不中也。言和則中在其中矣，中便是含喜怒哀樂在其中矣。伊川○又曰：聖人未嘗無喜也，「象喜亦喜」；聖人未嘗無怒也，「一怒而安天下之民」；聖人未嘗無哀也，「哀此惸獨」；聖人未嘗無懼也，「臨事而懼」；聖人未嘗無愛也，「仁民而愛物」；聖人未嘗無欲也，「我欲仁，斯仁至矣」。但其中節，則謂之和。○又曰：中者「天下之大本」，天地之間，亭亭當當，直上直下之正理，出則不是，惟「敬而無失」最盡。明道○又曰：「喜怒哀樂未發謂之中」，中也者，言「寂然不動」者也，故曰「天下之大本」。「發而皆中節謂之和」，和也者，言「感而遂通」者也，故曰「天下之達道」。伊川○又曰：「致」與「位」字，非聖人不能言，子思特傳之耳。明道○又曰：聖人脩己以敬，以安百姓，篤恭而天下平。唯上下一於恭敬，則天地自位，萬物自育，氣無不和，四靈何有不至。此體信達順之道，聰明睿智皆由是出，以此事天饗帝。

游曰：極中和之理，則天地之覆載，四時之化育，在我而已。故曰：「天地位焉，萬物育焉。」然則三公所以燮理陰陽者，豈有資於外哉？亦盡吾喜怒哀樂之性而已。

楊曰：自「天命之謂性」至「萬物育焉」，中庸一篇之體要也。○又曰：怒者喜之反，哀者樂之反。既發則倚於一偏而非中也，故「未發謂之中」，中者不偏之謂也。由中而出，無人欲之私焉，發必中節矣，一不中節則與物戾，非和也，故「發而皆中節謂之和」。中也者，「寂然不動」之時也，無物不該焉，故謂之「大本」。和也者，所以「感通天下之故」，故謂之「達道」。中以形道之體，和以顯道之用。致中則範圍而不過，致和則曲成而不遺，故「天地位焉，萬物育焉」。○又曰：「喜怒哀樂未發謂之中，發而皆中節謂之和」，學者當於喜怒哀樂未發之際，以心體之，則中之義自見，執而勿失，無人欲之私焉，發必中節矣，發而中節，中固未嘗亡也。孔子之慟，孟子之喜，因其可慟可喜而已，於孔、孟何有哉？其慟也，其喜也，中固自若也。鑑之茹物，因物而異形，而鑑之明未嘗異也。莊生所謂「出怒不怒，則怒出於不怒，出爲無爲，則爲出於不爲」，亦此意也。若聖人而無喜怒哀樂，則「天下之達道」廢矣，一人衡行於天下，武王亦不必恥也。故於是四者，當論其中節不中節，不當論其有無也。○或問：正心誠意如何便可以平天下？曰：後世自是無人正心，若正得心，其效自然如此。此一念之間，豪髮有差，便是不正。要得常正，除非聖人始得。且如吾輩，還敢便道自己心得其正否？此須是於喜怒哀樂未發之際，能體所謂中；於喜怒哀樂已發之後，能得所謂和。「致中和」則天地可位，萬物可育，其於平天下何有！

侯曰：「喜怒哀樂之未發謂之中」，「寂然不動」也；「發而皆中節謂之和」，「感而遂通天下之故」也。中也，和也，非二也，於此四者已發未發之閒爾。未發之中，非「時中」之謂乎？中一也，未發之中，「時中」在其中矣，特未發耳。伊川先生曰，未發之中，在中之義是也。譬之水也，湛然澄寂謂之静，果其所行則謂之動。静也，動也，中、和二字譬焉，思過半矣。然則中謂之「大本」，和謂之「達道」何也？中者理也，無物不該焉，故曰「大本」。由是而之焉，順此理而發，君臣、父子、兄弟、夫婦、朋友之交，達之天下，莫不由之，以之脩身則身脩，以之齊家則家齊，以之治國則國治，以之平天下則天下平，故曰「達道」。致此者，非聖人不能，故曰：「致中和，天地位焉，萬物育焉。」

祁寬問曰：如顏子之「不遷怒」，此是中節，亦只是中，何故才發便謂之和？尹子曰：雖顏子之怒，亦是倚於怒矣。喜哀樂亦然，故只可謂之和。○又曰：「致中和」，致者，致之也，如致將去。

呂曰：人莫不知理義之當，無過無不及之謂中，未及乎所以中也。喜怒哀樂未發之前，反求吾心，果何爲乎？易曰：「寂然不動，感而遂通天下之故」。語曰：「子絶四：毋意，毋必，毋固，毋我。」孟子曰：「大人者，不失赤子之心。」此言皆何謂也？「回也，其庶乎屢空」，惟空然後可以見乎中，而空非中也。「必有事焉」，喜怒哀樂之未發，無私意小知撓乎其間，乃所謂空。由空然後見乎中，實則不見也。若子貢聚聞見之多，其心已實，如「貨殖焉」，所蓄有數，所應有限，雖曰富有，亦有時而窮，故「億則屢中」而未皆中也。「權然後知輕重，度然後知長短，物皆然，心爲甚」，則心之度物甚於權度之審，其應物當無豪髮之差。然人應物不中節者常多，其故何也？由不得中而執之，有私意小知撓乎其間，故理義不當，或過或不及，猶權度之法不精，則稱量百物不能無銖兩分寸之差也。此所謂性命之理出於天道之自然，非人私知所能爲也。故推而放諸四海而準，前聖後聖若合符節，故曰「喜怒哀樂之未發謂之中」。

第二章

「仲尼」至「憚也」。

程子曰：君子之於中庸也，無適而不中，則其心與中庸無異體矣。小人之於中庸，無所忌憚，則與戒慎、恐懼者異矣，是其所以反中庸也。伊川○又曰：「小人之中庸，小人而無忌憚也」，小人更有甚中庸？脱一「反」字。小人不主於義理，則無忌憚，無忌憚，所以反中庸也。亦有其心畏謹而不中，亦是反中庸。語惡有淺深則可，謂之中庸則不可。伊川○又曰：且喚做中。若以四方之中爲中，則四邊無中乎？若以中外之中爲中，則外面無中乎？如「生生之謂易」，「天地設位而易行乎其中」，豈可只以今之易書爲易乎？中者且謂之中，不可捉一箇中來爲中。明道○又曰：欲知中庸無如權。須是時而爲中，若以手足胼胝，閉户不出二者之間取中，便不是中。若當手足胼胝，則於此爲中；當閉户不出，則於此爲中。權之爲言，秤錘之義也。何物爲權？義也。然此只是説得到義，義以上更難説，在人自看如何。伊川○蘇季明問：君子時中，莫是隨時否？曰：是也。中字最難識，須是默識心通。且試言一廳則中央爲中，一家則廳中非中而堂爲中，言一國則堂非中而國之中爲中，推此類可見矣。且如初寒時，則薄裘爲中，如在盛寒而用初寒之裘，則非中也。更如

「三過其門不入」，在禹、稷之世爲中，若「居陋巷」則不中矣。「居陋巷」在顔子之時爲中，若「三過其門不入」，則非中也。或曰：男女不授受之類皆然？曰：是也。男女不授受，中也。在喪祭則不如此矣。伊川〇又曰：楊子「拔一毛」不爲，墨子又「摩頂放踵」爲之，此皆是不得中。至於「子莫執中」，又欲執此二者之中，不知怎生執得？識得則事事物物上皆天然有箇中在那上，不待人安排也，安排著則不中矣。伊川〇又曰：「可以仕則仕，可以止則止，可以久則久，可以速則速」，此皆時也，未嘗不合中，故曰「君子而時中」。伊川〇又曰：萬物無一物失所，便是天理時中。

張子曰：「時中」之義甚大，須「精義入神」，始得觀其會通，以行其典禮，此方真是義理也。行其典禮而不達會通，則有非時中者矣。君子要「多識前言往行以畜其德」者，以其看前言往行熟，則自能見得時中。

吕曰：君子蹈乎中庸，小人反乎中庸者也。「君子之中庸也」，有君子之心，又達乎時中；「小人之中庸也」，有小人之心，反乎中庸，無所忌憚，而自謂之時中也。時中者，「當其可」之謂也。「時止則止，時行則行」，當其可也。「可以仕則仕，可以止則止，可以速則速，可以久則久」，當其可也。曾子、子思易地則皆然，禹、稷、顔回同道，當其可也。舜不告而娶，周公殺管、蔡，孔子以微罪行，當其可也。小人見君子之時中唯變所適，而不知當其可，而欲肆其姦心，濟其私欲。或言不必信，行不必果，則曰唯義所在而已，然實未嘗知義之所在。有臨喪而歌，人或非之，則曰是惡知禮意，然實未嘗知乎禮意。猖狂妄行，不謹先王之法，以欺惑流俗，此小人之亂德，先王之所以必誅而不以聽者也。○又曰：執中無權，雖君子之所惡，苟無忌憚，則不若無權之爲愈。

游曰：道之體無偏，而其用則通而不窮。無偏，中也；不窮，庸也。以性情言之則爲中和，以德行言之則爲中庸，其實一道也。君子者，道中庸之實也。小人則竊中庸之名而實皆之，是中庸之賊也，故曰「反中庸」。

或問：有謂中所以立常，權所以盡變，不知權則不足以應物，知權則中有時乎不必用矣，是否？楊曰：知中則知權，不知權則是不知中也。如一尺之物，約五寸而執之，中也。一尺而厚薄小大之體殊，則所執者輕重不等矣，猶執五寸以爲中，是無權也。蓋五寸之執，長短多寡之中，而非厚薄小大之中也。欲求厚薄小大之中，則釋五寸之約，唯輕重之知，而其中得矣。故權以中行，中因權立。中庸之書不言權，其曰「君子而時中」，蓋所以爲權也。○又曰：中者豈執一之謂哉？亦貴乎時中也。時中者，「當其可」之謂也。堯授舜，舜授禹，受之而不爲泰；湯放桀，武王伐紂，取之而不爲貪；伊尹放太甲，君子不以爲簒；周公誅管、蔡，天下不以爲逆。以其事觀之，豈不異哉？聖人安行而不疑者，蓋當其可也。後世聖學不明，昧執中之權，而不通「時措之宜」，故徇名失實，流而爲之噲之讓、白公之争，自取絶滅者有之矣。至或臨之以兵而爲忠，小不忍而爲仁，皆失是也。

第三章

「子曰」至「久矣」。

程子曰：中庸天下之至理，德合中庸，可謂「至矣」。自世教衰，民不興於行，鮮有中庸之德也。一説：民鮮能久行其道也。

吕曰：中庸者，天下之所共知，天下之所共行，猶寒而衣，飢而食，渴而飲，不可須臾離也。衆人之情，厭常而喜新，質薄而氣弱，雖知不可離，而亦不能久也。惟君子之學，自明而誠，明而未至乎誠，雖心悦而不去，然知不可不思，行不可不勉，在思勉之分，而氣不能無衰，志不能無懈，故有「日月至焉」者，有「三月不違」者，皆德之可久者也。若至乎誠，則不思不勉，至於常久而不息，非聖人，其孰能之？

謝曰：中不可過，是以謂之「至德」。過可爲也，中不可爲，是以「民鮮能久矣」。

楊曰：道止於中而已，過之則爲過，未至則爲不及，故惟中庸爲至。

第四章

「子曰道之」至「味也」。

第五章

「子曰道之」至「矣夫」。

程子曰：「知者過之」，若是聖人之知，豈更有過？伊川○又曰：聖人與理爲一，故無過無不及，中而已矣。其他皆以心處這箇道理，故賢者常失之過，不肖者常失之不及。

吕曰：諸子百家，異端殊技，其設心非欲理義之不當，然卒不可以入堯舜之道者，所知有過不及之害也。疏明曠達〔四〕，以中爲不足守，出於天地範圍之中，淪於虛無寂寞之境，窮高極深，要之無所用於世，此過之之害也。蔽蒙固滯，不知所以爲中，泥於形名度數之末節，徇於耳目聞見之所及，不能體天地之化，達君子之時中，此不及之害也。二者所知，一過一不及，天下欲蹈乎中庸而無所歸，此道之所以不行也。賢者常處其厚，不肖者常處其薄。曾子執親之喪，水漿不入口者七日，高柴泣血三年，未嘗見齒，雖本於厚，而滅性傷生，無義以節之者也。宰予以三年之喪爲已久，食稻衣錦而自以爲安，墨子之治喪也，以薄爲其道，既本於薄，又徇生逐末，不勉於恩以厚之也。二者所行，一過一不及，天下欲擇乎中庸而不得，此道之所以不明也。知之不中，「習矣而不察」者也；行之不中，「行之而不著」者也。是知飲食而不知味者也。

楊曰：「極高明」而不知中庸之爲至，則道不行，「智者過之」也。「尊德性」而已，不「道問學」，則道不明，「賢者過之」也。夫道不爲堯、桀而存亡，雖不行不明於天下，常自若也。人日用而不知耳，猶之莫不飲食而鮮知味也。○又曰：若佛氏之寂滅，莊生之荒唐，絶類離倫，不足以經世，道之所以不行也，此「知者過之」也。若楊氏之「爲我」，墨氏之「兼愛」，過乎仁義者也，而卒至於塞路，道之所以不明也，此「賢者過之」也。自知賢愚不肖言之，則賢知宜愈矣，至其妨於道，則過猶不及也。○又曰：聖人，人倫之至也，豈有異於人乎哉？堯舜之道曰孝弟，不過行止疾徐之閒而已，皆人所日用，而味者不知也。夏葛而冬裘，渴飲而飢食，日出而作，晦而息，無非道者，譬之莫不飲食而知味者鮮矣。

吕曰：此章言失中之害。必知所以然，然後道行；必可常行，然後道明。知之過，無徵而不適用，不及則卑陋不足爲，是取不行之道也[五]。行之過，不與衆共，不及則無以異於衆，是不明之因也。行之不著，習矣不察，是皆飲食而不知味者。如此而望道之行，難矣夫[六]！

游曰：知出於知性，然後可與有行。「知者過之」，非知性也，故知之過而行之不至也。

己則不行，其能行於天下乎？若鄒衍之談天，公孫龍之詭辯，是知之過也。愚者又不足以與此。此道之所以不行也。行出於循理，然後可與有明，「賢者過之」，非循理也，故行之過而知之不至也。己則不知，其能明於天下乎？若楊氏「爲我」，墨氏「兼愛」，是行之過也。不肖者又不足以與此。此道之所以不明也。道不違物，存乎人者，日用而不知耳，故以飲食況之。飲食而知味，非自外得也，亦反諸身以自得之而已。夫行道必自致知始，使知道如知味，是道其憂不行乎？今也「鮮能知味」，此道之所以不行也。

第六章

張子謂范巽之曰：今人所以不及古人之因，此非難悟。設此語者，蓋欲學者存意之不忘，庶游心寖熟，有一日脱然如大寐之得醒耳。舜之心未嘗去道，故「好察邇言」。昧者日用不知，口誦聖言而不知察，況邇言一釋則弃，猶草芥之不足珍也。試更思此說，推舜與昧者之分，寐與醒之所以異，無忽鄙言之邇也。○又曰：只是要博學，學愈博則義愈精微。舜「好問」、「好察邇言」，皆所以「盡精微」也。

呂曰：舜之知所以爲大者，樂取諸人以爲善而已。「好問而好察邇言」，「隱惡而揚善」，皆樂取諸人者也。兩端，過與不及也。「執其兩端」，乃所以用其時中，猶持權衡而稱物輕重，皆得其平。故舜之所以爲舜，取諸人，用諸民，皆以能執兩端而不失中也。○一本云：「好問」則無知愚，無賢不肖，無貴賤，無長幼，皆在所問。「好察邇言」者，流俗之諺，野人之語，皆在所察。廣問合乎衆議者也，邇言出於無心者也，雖未盡合乎理義，而理義存焉。其惡者隱而不取，其善者舉而從之，此「與人同」之道也。

楊曰：「道之不行」，「知者過之」也，故以舜「大知」之事明之。「舜好問而好察邇言」，取諸人以爲善也；「隱惡而揚善」，與人爲善也。取諸人以爲善，人必以善告之；與人爲善，人必以善歸之，皆非小智自私之所能爲也。「執其兩端」，所以權輕重而取中也。由是而用於民，雖愚者可及矣。此舜所以爲「大知」，而道之所以行也。

第七章

楊曰：「擇乎中庸而不能朞月守」，非所謂知而不去者〔七〕，則其爲知也，乃所以爲愚者之不及也〔八〕。

第八章

程子曰：顔子擇中庸，「得一善則拳拳」〔九〕。中庸如何擇？如「博學之」，又「審問之」，又「謹思之」，又「明辯之」，所以能擇中庸也。雖然，學問思辯亦何所據乃識中庸？此則存乎致知。致知者，此則在學者自加功也。大凡於道，擇之則在乎智，守之則在乎仁，斷之則在乎勇。人之於道，則患在不能擇，不能守，不能斷。伊川

張子曰：知德以大中爲極，可謂知至矣，擇中庸而固執之，乃至之之漸也。惟知學然後能勉，能勉然後日進無疆而不息可期矣。○又曰：君子莊敬日强，始則須「拳拳服膺」，出於牽勉，至於中禮却從容，如此方是爲己之學。

吕曰：自「人皆曰予知」以下。中庸之可守，人莫不知之，鮮能蹈之，烏在其爲知也歟？惟顔子擇中庸而能守之，此所以爲顔子也。衆人之不能「朞月守」，聞見之知，非心知也。顔子「服膺而弗失」，心知而已，此所以與衆人異。○一本云：「擇乎中庸」，可守而不能久，「知及之」而「仁不能守之」者也。「知及之，仁不能守之」，自謂之知安在？其爲知也歟，「雖得之，必失之」。故君子之學，自明而誠。明則能擇，誠則能守。能擇，知也；能守，仁

也。如顔子者，可謂能擇而能守也。高明不可窮，博厚不可極，則中道不可識，故「仰之彌高，鑽之彌堅，瞻之在前，忽然在後」。察其志也，非見聖人之卓，不足謂之中，隨其所至，盡其所得，據而守之，則「拳拳服膺」而不敢失，勉而進之，則既「竭吾才」而不敢緩。此所以恍惚前後而不可爲，像求見聖人之止，欲罷而不能也。一宮之中，則庭爲之中矣，指宮而求之一國，則宮或非其中，指國而求之九州，則國或非其中。故極其大則中可求，止其中則大可有。此顔子之志乎？

游曰：道之不行，「知者過之」，如舜之知，則道之所以行也。道之不明，「賢者過之」，如回之賢，則道之所以明也。○又曰：「擇乎中庸」，見善明也。「得一善」則服膺不失，用心剛也。

楊曰：道之不明，「賢者過之」也，故又以回之事明之。夫「得一善」，「拳拳服膺而弗失」，此賢者所以不過也。回之言曰：「舜何人也，予何人也，有爲者亦若是。」用此道也，故繼舜言之。

第九章

程子曰：克己最難，故曰「中庸不可能也」。明道

呂曰：此章言中庸之難也。「均」之爲言，平治也。周官冢宰「均邦國」，平治之謂也。平治乎天下國家，智者之所能也；遜千乘之國，辭萬鐘之禄，廉者之所能也；犯難致命，死而無悔，勇者之所能也。三者世之所難也，然有志者率皆能之。中庸者，世之所謂易也，然非聖人，其孰能之？唯其以爲易，故以爲不足學而不察，以爲不足行而不守，此道之所以不行也。

第十章

程子曰：南方人柔弱，所謂强者，是理義之强，故君子居之。北方人强悍，所謂强者，是血氣之强，故小人居之。凡人血氣，須要以理義勝之。伊川

吕曰：此章言强之中也。南方之强，不及乎强者也；北方之强，過乎强者也。而强者，汝之所當强者也。南方中國，北方狄也，以北對南，故中國所以言南方也。南方雖不及强，然「犯而不校」，未害爲君子。北方則過於强，尚力用强，故止爲强者而已，未及君子之中也。得君子之中，乃汝之所當强也。「柔而立，寬而栗」，故能「和而不流」；剛而寡欲，故能「中立而不倚」；「富貴不能淫」，故「國有道，不變塞焉」；「貧賤不能移，威武不能屈」，故「國無道，至死不變」。塞，未達也。君子達，不離道，故當天下有道，其身必達。不變未達之所守，所謂「不變塞焉」者也。

游曰：中庸之道，造次顛沛之不可違，惟「自强不息」者爲能守之，故以「子路問强」次顔淵。

楊曰：公孫衍、張儀一怒而諸侯懼，安居而天下息，可謂強矣，而孟子曰「妾婦之道也」。至於「富貴不能淫，貧賤不能移，威武不能屈」，然後謂之大丈夫。故君子之強，至於「至死不變」，然後爲至。

第十一章

程子曰：「素隱行怪」，是過者也。「半塗而廢」，是不及者也〔一〇〕。「不見知而不悔」，是中者也。伊川

呂曰：怪者，君子之所不爲也；已者，君子之所不能也。不爲其所過，不已其所不及，此所以「依乎中庸」，自信而不悔也。

第十二章

程子曰：費，日用處。伊川○問：聖人亦何有「不能」「不知」也？曰：天下之理，聖人豈有不盡者？蓋於事有所不徧知不徧能也。至纖悉委曲處，如農圃百工之事，孔子亦豈能知哉？伊川○又曰：「鳶飛」「魚躍」，「言其上下察也」，此一段子思喫緊爲人處，與「必有事焉而勿正」之意同，活潑潑地〔二〕。會得時活潑潑地，會不得只是弄精神。明道○又曰：「鳶飛戾天」，向上更有天在；「魚躍于淵」，向下更有地在。

呂曰：天地之大，亦有所不能，故人猶有憾，況聖人乎？天地之大猶有憾，「語大」者也。有憾於天地，則大於天地矣，此所以「天下莫能載」。愚不肖之夫婦所常行，「語小」者也。愚不肖所常行，雖聖人亦有不可廢，此所謂「天下莫能破」。

謝曰：「鳶飛戾天，魚躍于淵」，非是極其上下而言，蓋真箇見得如此。此正是子思喫緊道與人處，若從此解悟，便可入堯舜氣象。○又曰：「鳶飛戾天，魚躍于淵」，無些私意。「上下察」以明道體無所不在，非指鳶魚而言也。若指鳶魚言，則上面更有天，下面更有地在。知「勿忘勿助長」則知此，知此則知夫子與點之意。○又曰：詩云「鳶飛戾天，魚躍于淵」，猶韓愈所謂「魚川泳而鳥雲飛」，上下自然，各得其所也。詩人之意，言如此氣象，周王「作人」似之。子思之意，言「上下察也」，猶孟子所謂「必有事焉而勿正」，察見天理，不用私意也。故結上文云：「君子語大，天下莫能載；語小，天下莫能破。」今人學詩，將章句横在肚裏，怎生得脱洒去？

楊曰：道者人之所日用也，故「費」。雖曰日用，而「至賾」存焉，故「隱」。

侯曰：聖人所「不知」「不能」，如孔子問禮於老聃，訪官名於郯子，謂異世之禮制，官名之因革，所尚不同，不可强知故也。又如大德，位禄名壽，舜之必得，而孔子不得。又如博施濟衆，脩己以安百姓，欲盡聖人溥博無窮之心，極天之所覆，極地之所載，無不被其澤者，雖堯舜之仁，亦在所病也。又如「民可使由之，不可使知之」，日用之費，民固由之矣，其道則安能人人知之？雖使堯、舜、周、孔所過者化，其化者不越所過者爾，又安能使窮荒極遠未過者皆化哉？此亦聖人之所「不能」也。

第十三章

程子曰：執柯伐柯，其則不遠，人猶以爲遠。君子之道，本諸身，發諸心，豈遠乎哉！伊川〇又曰：以己及物，忠也；推己及物，恕也，「違道不遠」是也。忠恕「一以貫之」，忠者天道，恕者人道，忠者無妄，恕者所以行乎忠也。忠者體，恕者用，「大本」、「達道」也。此與「違道不遠」異者，動以天爾。明道〇又曰：忠恕兩字要除一箇除不得。明道〇又曰：盡己之謂忠，推己之謂恕。忠，體也；恕，用也。〇又曰：盡己爲忠，如心爲恕。〇或問：恕字學者可用功否？曰：恕字甚大，然恕不可獨用，須得忠以爲體，不忠何以能恕？看忠恕兩字，自見相爲用處。伊川〇又曰：忠恕所以公平，造德則自忠恕，其致則公平。伊川〇又曰：人謂盡己之謂忠，盡物之謂恕。盡己之謂忠固是，盡物之謂恕則未盡。推己之謂恕，盡物之謂信。伊川〇又曰：有餘便是過。慥慥，篤實貌。

張子曰：所求乎「君子之道四」，是實未能。道何嘗有盡？聖人，人也，人則有限，是誠不能盡道也。聖人之心則直欲盡道，事則安能得盡？如博施濟衆，堯舜實病諸。堯舜之心，其施直欲至于無窮方爲博施，然安得若是？修己以安百姓，是以堯舜實病之〔一二〕，欲得人人如此，然安得如此？○又曰：以責人之心責己則盡道，所謂「君子之道四，丘未能一焉」者也。以愛己之心愛人則盡仁，所謂「施諸己而不願，亦勿施於人」者也。以衆人望人則易從，所謂「以人治人，改而止」者也。此君子所以責己、責人、愛人之三術也。

呂曰：妙道精義，常存乎君臣、父子、夫婦、朋友之閒，不離乎交際、酬酢、應對之末，皆人心之所同，然未有不出於天者也。若絶乎人倫，外乎世務，窮其所不可知，議其所不可及，則有天人之分，内外之别，非所謂「大而無外」，「一以貫之」，安在其爲道也歟？柯，斧之柄也。執斧之柄而求柯於木，其尺度之則固不遠矣，然柯猶在外，睨而眎之，始得其則。若夫治己治人之道，於己取之，不必睨眎之勞，而自得於此矣。故君子推是心也，其治衆人也，以衆人之道而已。以衆人之所及知，責其所知，以衆人之所能行，責其所行，改而後止，不厚望也。其愛人也，以忠恕而已。忠者，誠有是心而不自欺；恕者，推待己之心以及人者也。忠恕不可謂之道，而道非忠恕不行，此所以言「違道不遠」者。其治己也，以求乎人者反於吾身，事父、事君、事兄、先施之朋友，皆衆人之所能，盡人倫之至，則雖聖人亦自謂未能。此舜所以盡事親之道，必至瞽瞍底豫者也。庸者，常道也。事父孝，事君忠，事兄悌，交朋友信，「庸德」也，必行而已。有問有答，有唱有和，不越乎此者，「庸言」也，無易而已。不足而不勉，則德有止而不進；有餘而盡之，則道難繼而不行。無是行也，不敢苟言以自欺，故「言顧行」。有是言也，不敢不行而自棄，故「行顧言」。

問忠恕，謝氏曰：猶形影也，無忠做恕不出來。「己所不欲，勿施於人」，「施諸己而不願，亦勿施諸人」，説得自分明。恕，如心而已。

游曰：「有所不足，不敢不勉」，將以踐言也，則其「行顧言」矣。「有餘不敢盡」，恥躬之不逮也，則其「言顧行」矣。言行相顧，則於心無餒，故曰「胡不慥慥爾」。慥慥，心之實也。

楊曰：孟子言舜之「怨慕」，非深知舜之心不能及。此據舜惟患「不順於父母」，不謂其盡孝也。凱風之詩曰：「母氏聖善，我無令人。」孝子之事親如此，此孔子所以取之也。孔子曰：「君子之道四，丘未能一焉。」若乃自以爲能，則失之矣。

或曰：曾子説出忠恕二字，子思所以只發明恕字者，何故？侯曰：無恕不見得忠，無忠做恕不出來。誠有是心之謂忠，見於功用之謂恕。曰：明道言「忠恕二字要除一箇除不得」，正謂此歟？曰：然。○又曰：父子、君臣、兄弟、朋友之常，孔子自謂皆未能，何也？只謂恕己以及人，則將使天下皆無父子無君臣乎，蓋以責人之心責己，則盡道也。今人有君親而不盡其心以事焉，曰聖人猶未能盡，而曰恕己以及人，是禍天下君臣父子也。

第十四章

張子曰：責己者當知無天下國家皆非之理〔一三〕，故學至於「不尤人」，學之至也。

呂曰：「達則兼善天下」，「得志則澤加於民」，「素富貴，行乎富貴」者也，不驕不淫，不足以道之也。「窮則獨善其身」，「不得志則修身見於世」，「素貧賤，行乎貧賤」者也，不諂不懾，不足以道之也。「言忠信，行篤敬，雖蠻貊之邦行矣」，「素夷狄，行乎夷狄」者也。文王「內文明而外柔順以蒙大難」，箕子「內難而能正其志」，「素患難，行乎患難」者也。「愛人不親反其仁，治人不治反其智」，此「在上位」所以「不陵下」也。「彼以其富，我以吾仁，彼以其爵，我以吾義，吾何慊乎哉」，此「在下位」所以「不援上」也。陵下不從則罪其下，援上不得則非其上，是所謂「尤人」者也。「庸德之行，庸言之謹」，「居易」者也。「國有道，不變塞焉」，「國無道，至死不變」，「心逸日休」，「行其所無事」，如子從父命，無所往而不受，「俟命」者也。若夫「行險以徼」，一旦之幸得之，則貪爲己力，不得則不能反躬，是所謂「怨天」者也。故君子「正己而不求於人」，如射而已，射之不中，由吾巧之不至也。故「失諸正鵠」者，未有不反求諸身。如君子之治己，行有不得，亦反求諸身，則德之不進，豈吾憂哉？

游曰：「素其位而行」者，即其位而道行乎其中，若其素然也。舜之飯糗茹草，若將終身，此非「素貧賤」，而道「行乎貧賤」不能然也。及其爲天子，被袗衣鼓琴，若固有之，此非「素富貴」，而道「行乎富貴」不能然也。飯糗袗衣，其位雖不同，而此道之行一也。至於夷狄、患難，亦若此而已。道無不行，則「無入而不自得」矣。蓋道之在天下，不以易世而有存亡，故無古今，則君子之行道，不以易地而有加損，故無得喪。至於「在上位不陵下」，知富貴之非泰也；「在下位不援上」，知貧賤之非約也。此惟「正己而不求於人」者能之，故能「上不怨天，下不尤人」。蓋君子爲能循理，故「居易以俟命」，居易未必不得也，故窮通皆好。小人反是，故「行險以徼幸」，行險未必常得也，故窮通皆醜。學者要當篤信而已。「射有似乎君子」者，射者發而不中，則必反而求其不中之因，意者志未正邪？體未直邪？持弓矢而未審固邪？然而不中者寡矣。君子之正身亦若此也，「愛人不親反其仁，治人不治反其智，禮人不答反其敬，行有不得者，皆反求諸己」而已，而何怨天尤人之有哉？「失諸正鵠」者，行有不得之況也。

楊曰：君子居其位，若固有之，無出位之思，「素其位」也。

侯曰：揔老嘗問一士人曰：論語云「默而識之」，識是識箇甚？子思言「君子無入不自得」，得是得箇甚？或者無以爲對。侯子聞之曰：是不識吾儒之道，猶以吾儒語爲釋氏用。在吾儒爲不成說話，既曰「默識」與「無入不自得」，更理會甚識甚得之事？是不成說話也。今人見筆墨須謂之筆墨，見人須謂之人，不須問「默而識之」是默識也〔一四〕。聖賢於道猶是也。庸言之信，庸行之謹，是自得也，豈可名爲所得所識之事乎？

第十五章

呂曰：不得乎親，不可以爲人；不順乎親，不可以爲子。故君子之道莫大乎孝，孝之本莫大乎順父母。故仁人孝子欲順乎親，必先乎妻子不失其好，兄弟不失其和，室家宜之，妻帑樂之，致家道成，然後可以養父母之志而無違也。「行遠」、「登高」者，謂孝莫大乎順其親者也。「自邇」、「自卑」者，謂本乎妻子兄弟者也。故身不行道，不行於妻子，「文王刑於寡妻，至於兄弟」，則治家之道必自妻子始。

第十六章

問：明則有禮樂，幽則有鬼神，何也？程子曰：鬼神只是一箇造化，「天尊地卑，乾坤定矣」，「鼓之以雷霆，潤之以風雨」是也。伊川〇又曰：夫天，專言之則道也，分而言之，則以形體謂之天，以主宰謂之帝，以功用謂之鬼神，以妙用謂之神，以性情謂之乾。伊川〇又曰：鬼神者，造化之迹也。〇又曰：鬼是往而不反之義。〇又曰：立「清虛一大」爲萬物之源，恐未安，須兼清濁虛實，乃可言神。道體物不遺，不應有方所。明道〇又曰：「上天之載，無聲無臭」，其體則謂之易，其理則謂之道，其用則謂之神。故說神「如在其上，如在其左右」，大小大事，而只曰：「誠之不可揜，如此夫！」徹上徹下不過如此。〇問：世言鬼神之事，雖知其無，然不能無疑，如何可以曉悟其理？曰：理會得精氣爲物，遊魂爲變，與原始要終之說，便能知也。鬼神之道，只恁說與賢，雖會得，亦信不過，須是自得也。伊川

張子曰：鬼神者，二氣之良能也。〇又曰：天道不窮寒暑已，衆動不窮屈伸已。鬼神之實，不越二端而已矣。〇又曰：鬼神，往來屈伸之義。故天曰神，地曰祇，人曰鬼。神示者，歸之始；歸往者，來之終。〇又曰：天體物不遺，猶仁體事而無不在也。「禮儀三百，威儀

三千」，無一物之非仁也。「昊天曰明，及爾出王，昊天曰旦，及爾游衍」，無一物之不體也。○又曰：凡可狀皆有也，凡有皆象也，凡象皆氣也。氣之性，本虚而神，則神與性乃氣所固有。此鬼神所以「體物而不可遺」也。

吕曰：鬼神者無形，故視之不見，無聲，故聽之不聞。然萬物之生，莫不有氣，氣也者，神之盛也；莫不有魄，魄也者，鬼之盛也。故人亦鬼神之會爾。此「體物而不可遺」者也。鬼神者，周流天地之間，無所不在，雖「寂然不動」，而有感必通，雖無形無聲，而有所謂昭昭不可欺者，故「如在其上，如在其左右」也。「弗見」、「弗聞」，可謂「微」矣，然「體物而不可遺」，此謂之「顯」。周流天地之間，昭昭而不可欺，可謂「誠」矣，然因感而必通，此之謂「不可揜」。○又曰：鬼神者，二氣之往來爾。物感雖微，無不通於二氣。故人有是心，雖自謂隱微，心未嘗不動，動則固已感於氣矣。鬼神安有？不見乎其心之動，又必見於聲色舉動之間，人乘閒以知之，則感之著者也。

謝曰：動而不已，其神乎？滯而有迹，其鬼乎？往來不息，神也；摧仆歸根，鬼也。致生之故，其鬼神；致死之故，其鬼不神，何也？人以爲神則神，以爲不神則不神矣。知死而致生之不智，知死而致死之不仁，聖人所爲神明之也。○或問死生之説，謝曰：人死時，氣盡也。曰：有鬼神否？謝曰：余當時亦曾問明道先生，明道曰：「待向你道無來，你怎生信得，及待向你道有來，你但去尋討看。」謝曰：此便是答底語。又曰：横渠説得來別。這箇便是天地閒妙用，須是將來做箇題目入思議始得，講説不濟事。曰：沉魂滯魄影響底事如何？曰：須是自家看得破始得。張亢郡君化去，嘗來附語，亢所知事皆能言之。亢一日方與道士圍碁，又自外來，道士封一把碁子，令將去問之，張不知數，便道不得。又如紫姑神，不識字底把著寫不得，不信底把著寫不得。推此可以見矣。曰：先王祭享鬼神則甚？曰：是他意思別。三日齋，五日戒，求諸陰陽四方上下，蓋是要集自家精神，所以格「有廟」必於萃與涣言之。雖然如是，以爲有亦不可，以爲無亦不可。這裏有妙理，於若有若無之閒，須斷置得去始得。曰：如此却是鶻突也。謝曰：不是鶻突，自家要有便有，自家要無便無始得。鬼神在虚空中辟塞滿，觸目皆是，爲他是天地閒妙用，祖考精神便是自家精神。

楊曰：鬼神「體物而不可遺」，蓋其妙萬物而無不在故也。

第十七章

程子曰：「知天命」是達天理也，「必受命」是得其應也。命者是天之付與，如命令之命。天之報應，皆如影響，得其報者，是常理也，不得其報者，非常理也。然而細推之，則須有報應，但人以淺狹之見求之，便爲差互。天命不可易也，然有可易者，唯有德者能之。如修養之引年，世祚之祈天永命，常人之至於聖賢，皆此道也。伊川

張子曰：德不勝氣，性命於氣；德勝其氣，性命於德。窮理盡性，則性天命，命天德〔一五〕，氣之不可變者，獨死生脩天而已。故論死生則曰「有命」，以言其氣也；語富貴則曰「在天」，以言其理也。此「大德」所以「必受命」。

呂曰：中庸之行，孝弟而已。如舜之德位，皆極流澤之遠，始可謂盡孝。故禄位名壽之皆得，非大德，其孰能致之？○一本云：天命之所屬，莫踰於大德，至於禄位名壽之皆極，則人事至矣，天命申矣。行父母之遺體，敢不敬乎，則敬親之至，莫如「德爲聖人，尊爲天子」之大也。以天下養，養之至也，則養親之至，莫如「富有四海之內」之盛也。積厚者流澤廣，積薄者流澤狹，則繼親之至，莫如「宗廟饗之，子孫保之」之久也。舜之德大矣，故「尊爲天

子」，所謂「必得其位」；「富有四海之内」，所謂「必得其禄」；「德爲聖人」，所謂「必得其名」；「宗廟饗之，子孫保之」，則福禄之盛，享壽考而無疑也，所謂「必得其壽」。天之於萬物，其所以爲吉凶之報，莫非因其所自取也。植之固者，加雨露之養，則其末必盛茂；植之不固者，震風凌雨，則其本先撥。至於人事，則「得道者多助，失道者寡助」，是皆「因其材而篤焉」，「栽者培之，傾者覆之」者也。古之君子既有「憲憲」之「令德」，而又有「宜民宜人」之大功，此宜受天禄矣，故天保佑之，申之以受天命。此「大德」所以「必受命」，是亦「栽者培之」之義與。〇又曰：命雖不易，惟至誠不息，亦足以移之。此「大德」所以「必受命」，君子所以有性焉〔一六〕，不謂命也。

游曰：中庸以人倫爲主，故以孝德言之。

侯曰：舜匹夫也，而有天下，「尊爲天子，富有四海之内」，以天下養，「宗廟饗之，子孫保之」，孝之大也。位禄名壽必得者，理之常也；不得者，非常也。得其常者，舜也；不得其常者，孔子也。舜自匹夫而有天下，「栽者培之」也；桀自天子而爲匹夫，「傾者覆之」也。天非爲舜、桀而存亡之也，理固然也。故曰「大德必受命」，必言其可必也。

第十八章

呂曰：追王之禮，古所無有，其出於周公乎？大王避狄去邠，之岐山之下而居，「從之者如歸市」，則王業始基之矣。王季成大王之業〔一七〕，至文、武受命作周，故武王「一戎衣而有天下」，「纘大王、王季、文王之緒」而已。故追王大王、王季、文王者，明王業之所基也。武成曰：「大王肇基王迹，王季其勤王家。我文考文王，克成厥勲，誕膺天命，以撫方夏。大邦畏其力，小邦懷其德。惟九年大統未集，予小子，其承厥志。」此追王之意歟！追王之禮，文王之志也，武王承之，武王之業也，周公成之。武王末年，始受天命，於是禮也，蓋有所未暇，此周公所以兼言「成文、武之德」也。推是心也，故「上祀先公」，亦「以天子之禮」，而下「達乎諸侯、大夫及士庶人」。蓋先公組紺以上，追王所不及，如達其意於大王、王季，豈無是意哉？故「上祀先公以天子之禮」，所以達追王之意於其上也。喪從死者，祭從生者，則自諸侯達乎大夫、士、庶人，亦豈無是意哉？故「父爲大夫，子爲士，葬以大夫，祭以士，父爲士，子爲大夫，葬以士，祭以大夫」，葬之從死者之爵，祭之用生者之禄，上下一也，所以達追王之意於其下也。「期之喪達乎大夫」者，期之喪有二：有正統之期，爲祖父母者也；有旁親之期，爲世父母、叔父母、衆子昆弟、昆弟之子是也。正統之期，雖天子、諸侯莫敢降；旁親之期，天子、諸侯絶服而大夫降。所謂「尊不同」，故或絶或降也。大夫雖降，猶服大功，不如天子、諸侯之絶服，故曰「期之喪達乎大夫」也。如旁親之期亦爲大夫，則大夫亦不降，所謂「尊同則服其親之服」也。諸侯雖絶服，旁親尊同亦不降，所不臣者猶服之，如「始封之君不臣諸父昆弟，封君之子不臣諸父而臣昆弟」是也。「三年之喪達乎天子」者，三年之喪爲父爲母，適孫爲祖爲長子爲妻而已，天子達乎庶人一也。父在，爲母及妻，雖服期，然本爲三年之喪，但爲父爲夫屈者也。故與齊衰期之餘喪異者，有三服而加杖，一也；十一月而練，十三月而祥，十五月而禫，二也；夫必三年而後娶，三也。周穆后崩，太子壽卒，叔向曰「王一歲而有三年之喪二」，則包后亦爲三年也。父母之喪，則齊疏之服，飦粥之食，自天子達于庶人。蓋子之事親，所以自致其誠，不可以尊卑變也。

游曰：武王之事，非聖人所優爲也，故曰「一戎衣而有天下，身不失天下之顯名」。謂之「不失」，則與「必得」異矣，乃如其道，則「尊爲天子，富有四海之内，宗廟享之，子孫保之」，與舜未始不同也。〇又曰：武王於泰誓三篇，稱文王爲文考，至武成而「柴望」，然後稱文考爲文王，仍稱其祖爲大王、王季。然則周公「追王大王、王季」者，乃文王之德、武王之志也。故曰「成文、武之德」，不言文王者，武王既追王矣。武王既追王，而不及大王、王季，以其「未受命」，而其序有未暇也。禮記大傳載牧野之奠，「追王大王亶父、王季歷、文王昌」，亦據武成之書，以明追王之意出於武王也。世之説者，因中庸無追王文王之文，遂以謂文王自稱王，豈未嘗考泰誓、武成之書乎？ 君臣之分，猶天尊地卑，紂未可去而文王稱王，是二天子也，服事商之道，固如是耶？ 書所謂「九年大統未集」者，後世以「虞、芮質厥成」爲文王受命之始故也。當六國時，秦固以長雄天下，而周之位號微矣，辛垣衍欲帝秦，魯仲連以片言折之，衍不敢復出口，蓋名分之嚴如此。故以曹操之英雄，逡巡於獻帝之末而不得逞，彼蓋知利害之實也。曾謂至德如文王，一言一動順帝之則，而反盗虚名而拂天理乎？ 且武王觀政于商，而須暇之五年〔一八〕，非僞爲也。使紂一日有悛心，則武王當與天下共尊之，必無牧野之事。然則文王已稱之名，將安所歸乎？ 此天下之大戒，故不得不辯，亦所以正人心也。

楊曰：武王之武，蓋聖人之不幸者，非其欲也。然而「身不失天下之顯名」者，以其「一怒而安天下之民」故也。謂之「不失」，與舜之「必得」異矣。故泰誓曰：「受克予，非朕文考有罪，惟予小子無良。」蓋聖人雖曰「恭行天罰」，而猶有「受克予」之言，不敢自必也。謂之「不失」，不亦宜乎？ ○又曰：「追王大王、王季，上祀先公以天子之禮」，以金縢之書考之，其禮宜未備也。周公居攝七年而後禮樂備，故「追王大王、王季，上祀先公以天子之禮」，則文、武所以嚴父尊祖之義，於是盡矣。此文、武之德，蓋周公成之也。故孝經曰：「孝莫大於嚴父，嚴父莫大於配天，則周公其人也。」「斯禮也，達乎諸侯、大夫及士、庶人」，謂「上祀先公以天子之禮」也。葬不從死者，是無臣而爲有臣也；祭不從生者，是不以其所以養事其親也。

侯曰：中庸之道，參差不同，聖人之時中，當其可而已。文王三分天下有其二，以服事殷，此文王之中庸也；舜以匹夫而有天下，此舜之中庸也；武王「纘大王、王季、文王之緒，一戎衣而有天下」，此武王之中庸也。此謂「不失天下之顯名」者，非謂武王之有天下不及舜也。謂之「天下之顯名」者，謀從衆而合天心也，是與舜之有天下不異也。故亦曰「尊爲天子，富有四海之內，宗廟饗之，子孫保之」，易地皆然故也。有一毫不與舜受天下之心同，有一人不謳謌獄訟而歸之，非中也，篡也，尚有顯名哉？武王末年方受天命而有天下，未及有作，周公成文、武之德，追王先公之禮，喪葬之制，皆古先所未有也。此又周公之時中也。

校勘記

〔一〕斯理也 「理」，明本作「道」。

〔二〕「又云」至「伊川」　明本及集解本均作單行大字，且「又」上加○，「云」作「曰」，末無「伊川」二字。

〔三〕又安得如權度乎　「度」上，明本及伊川文集與吕大臨論中書有「如」字。

〔四〕疏明曠達　「曠」，明本作「洞」。

〔五〕是取不行之道也　「取」，明本無；「道」，明本作「因」。

〔六〕「吕曰此章言失中之害」至「難矣夫」一段，明本同，惟句末多「此通下章下同」六小字雙行。按集解本此段續接「楊曰」前吕曰「是知飲食而不知味者也」下，宜是。

〔七〕非所謂知而不去者　「知」上，明本有「智」字。

〔八〕乃所以爲愚者之不及也　「愚者之不及」五字，明本作「智」。

〔九〕得一善則拳拳　「一」字原闕，據明本及集解本補。

〔一〇〕是不及者也　「者」，明本及集解本、程氏遺書均無。

〔一一〕活潑潑地　「潑潑」原誤「撥撥」，據明本及集解本、程氏遺書改。下同。

〔一二〕是以堯舜實病之　「以」，明本及集解本作「亦」。

〔一三〕責己者當知無天下國家皆非之理　「無」，明本及張子全書在「皆非」上。

〔一四〕不須問默而識之是默識也　「默識」下，明本有「箇甚」二字。

〔一五〕性天命命天德　明本及張子全書作「性天德命天理」，集解本作「性命於天天命天德」。

〔一六〕「所以」至「所以有」十字，原小字雙行，據明本及集解本改。

〔一七〕王季成大王之業　「成」，明本作「承」。

〔一八〕而須暇之五年　「暇」，明本作「假」。

中庸輯略卷下

第十九章

吕曰：此章言「達孝」所以爲中庸。武王、周公所以稱「達孝」者，能成文王事親之孝而已。故「脩其祖廟，陳其宗器，設其裳衣，薦其時食」者，善繼文王事親之志也。「序爵」、「序事」、「旅酬」、「燕毛」者，善述文王事親之事也。踐文王之位，行文王之禮，奏文王之樂，敬文王之所尊，愛文王之所親，其所以事文王者，如生如存，故繼志述事，上達乎祖，此之謂「達孝」者歟！「祖廟」者，先王、先公之廟祧也。「宗器」者，國之玉鎮大寶器，天府所掌者也，若有大祭，則出而陳之以華國，如周書所謂「赤刀大訓，弘璧琬琰」，「大玉夷玉，天球河圖」之類是也。「裳衣」者〔一〕，守祧所掌先王、先公之遺衣服，祭祀則各以其服授尸是也。「時食」者，四時之物，如籩豆之薦，四時之和氣是也。「宗廟之禮，所以序昭穆」，别人倫也，親親之義也。父爲昭，子爲穆，父親也，親者邇則不可不别也；祖爲昭，孫亦爲昭，祖爲穆，孫亦爲穆，祖尊也，尊者遠則不嫌於無别也。故孫可以爲王父尸，子不可以爲父尸，此昭穆之别於尸者也。喪禮卒哭而祔，男祔於皇祖考，女祔於皇祖妣，婦祔於皇祖姑。喪服小記士大夫不得祔於諸侯，祔於諸祖父之爲士大夫者，亡則中一以上而祔，祔必以其昭穆，此昭穆之别於祔者也。有事於太廟，子姓兄弟亦以昭穆别之，羣昭羣穆不失其倫。凡賜爵，昭與昭齒，穆與穆齒，此昭穆之别於宗者也。「序爵」者，序諸侯、諸臣與祭者之貴賤也，貴貴之義也。詩曰「相維辟公，天子穆穆」，此諸侯之助祭者也。「於穆清廟，肅雍顯相，濟濟多士，秉文之德」，此諸臣之助祭者也。「序事」者，别賢與能而授之事也，尊賢之義也。孰可以爲宗而詔相？孰可以爲祝而祝嘏？孰可以贊祼獻？孰可以執籩豆？至於執爵沃盥，莫不辨其賢能之大小而序之也。「旅酬下爲上」者，使賤者亦得申其敬也，下下之義也。若特牲饋食之禮賓弟子兄弟，弟子各舉觶於其長，以行旅酬於宗廟之中，以有事爲榮也。「燕毛」者，既祭而燕則尚齒也，長長之義也。毛，髮色也，以髮色别長少而爲之序也。祭則貴貴，貴貴則尚爵；燕則親親，親親則尚齒，其義一也。天下之大經，親親、長長、貴貴、尊賢而已。人君之至恩，下下而已。一祭之閒，大經以正，至恩以宣，天下之事盡矣。「郊社之禮，所以事上帝」，「宗廟之禮，所以祀乎其先」〔二〕。「事上帝」者，所以立天下之大本，道之所由出也；「祀乎其先」者，所以正天下之大經，仁義之所由始也。故壇廟之别，牲幣之殊，升降祼獻之節，俎豆奇耦之數，酒醴薄厚之齊，燎瘞腥腍，小大多寡，莫不有義。一餕之均，則四簋黍見，其脩於廟中，一胎肉之均，則羔豚而祭，百官皆足。非特是也，知鬼神爲可敬，則鬼神無不在也。洋洋乎，「如在其上，如在其左右」，雖隱微之閒，恐懼戒慎而不敢欺，則所以養其誠心至矣。蓋以爲不如是則不足以立身，身且不立，烏能治國家哉？故曰：「明乎郊社之禮，禘嘗之義，治國其如示諸掌乎！」此之謂也。

游曰：大孝，聖人之絶德也；達孝，天下之通道也。要其爲人倫之至則一也。故繼志述事之末，亦曰「孝之至也」。「事死如事生」，以慎終者言之；「事亡如事存」，以追遠者言之。故始死謂之死，既葬則曰「反而亡焉」，此死亡之辨也。惟聖人爲能饗帝，孝子爲能饗親。饗帝，一德也；饗親，一心也。要不過乎物而已，其於慶賞刑威乎何有？故曰：「明乎郊社之禮，禘嘗之義，治國其如示諸掌乎！」成王自謂「予冲子，夙夜毖祀」，此迓衡之要道也。○又曰：祭祀之義，非精義不足究其説，非體道不足以致其義。蓋惟聖人爲能饗帝，爲其盡人道而與帝同德；孝子爲能饗親，爲其盡子道而與親同心也。仁孝之至，通乎神明，而神祇祖考安樂之，則於郊社之禮，禘嘗之義，始可以言明矣。夫如是，則於爲天下國家也何有？

楊曰：武王「纘太王、王季、文王之緒」，周公「追王太王、王季，上祀先公以天子之禮」，所以繼其志，述其事也。夫將祭必思其居處，故廟則有司脩除之，祧則守祧黝堊之，嚴祀事也。宗器，天府所藏是也，若「赤刀大訓」、「天球河圖」之類，歷世寶之，以傳後嗣，祭則陳之，示能守也；於顧命陳之，示能傳也。裳衣，守祧所藏是也，祭則各以所遺衣服授尸，所以依神也。時食，若四之日，獻羔祭韭之類，以生事之也。夫祭有昭穆，所以别父子遠近、長幼親疎之序也。故有事於太廟，則羣昭羣穆咸在，而不失其倫焉。此「宗廟之禮，所以序昭穆也」。尸飲五，君洗玉爵獻卿；尸飲七，以瑶爵獻大夫；尸飲九，以散爵獻士及羣有司。此序爵而尊卑有等，「所以辨貴賤也」。玉幣，交神明也；祼鬯，求神於幽也。故天地不祼，則玉幣尊於鬯也，故太宰贊之；鬯則大宗伯涖之，祼將又卑於鬯也〔三〕，故小宰贊之。若此類，所謂「序事」也。先王量德授位，因能授職，此「序事所以辨賢也」。既祭而以燕毛爲序，「所以序之獻，下逮羣有司，更爲獻酬，此「旅酬下爲上，所以逮賤也」。既祭而以燕毛爲序，「所以序齒也」。序昭穆，親親也；序爵，貴貴也；序事，尚德也；旅酬逮賤，燕毛序齒，尚恩也。敬親者不敢慢於人，况其所尊乎？愛親者不敢惡於人，况其所親乎？「事死如事生」，若餕閣之奠是也。「事亡如事存」，若「齊必見其所祭者」是也。記曰：「入門弗見也，上堂又弗見也，入室又弗見也，亡矣喪矣。」蓋死而後亡也，始死則事之如生，既亡則事之如存，著存不忘乎心，孝之至也。夫「上祀先公以天子之禮」，而下達乎庶人，推親親之恩，至於燕毛序齒，仁之至、義之盡也。武王、周公所以爲達孝也歟！詩曰「孝子不匱，永錫爾類」，此之謂也。○又曰：推先王報本反始之義，與夫觀「盥不薦」，渙、萃「假有廟」之象，則聖人所以自盡其心者，於是爲至。非深知鬼神之情狀，其孰能知之？知此則於治國乎何有！

第二十章　第一節

「哀公」至「知天」。

程子曰：昔者聖人立人之道，曰仁與義。孔子曰：「仁者人也，親親爲大；義者宜也，尊賢爲大。」惟能親親，故「老吾老以及人之老，幼吾幼以及人之幼」；惟能尊賢，故賢者在位，能者在職。惟仁與義盡人之道，則謂之聖人。伊川○又曰：不知天，則於人之愚知賢否有所不能知，雖知之有所不盡，故「思知人不可不知天」。不知人則所親者或非其人，所由者或非其道，而辱身危親者有之，故「思事親不可不知人」。

呂曰：所謂「文、武之政」者，以此道施之於爲政而已。有文、武之心，然後能行文、武之政，無文、武之心，則徒法不能以自行也，故曰「其人存則其政舉，其人亡則其政息」。○又曰：道者，人倫之謂也。非明此人倫，不足以反其身而萬物之備也，故曰「脩身以道」。非有惻怛之誠心，盡至公之全體，不足以脩人倫而極其至也，故曰「脩道以仁」。夫人立乎天地之中，其道與天地並立而爲三者也。其所以異者，天以陰陽，地以柔剛，人以仁義而已。所謂道者，合天地人而言之，所謂人者，合天地之中所謂人者而言之，非梏乎有我之私也。故非有惻怛之誠心，盡至公之全體，不可謂之仁也。親親而仁民，仁民而愛物，愛雖無間，而有差等，則親親大矣，所大者，行仁之本也，故曰「仁者人也，親親爲大」。行仁之道，「時措之宜」，則有義也。天下所宜爲者，莫非義也，而尊賢大矣，知尊賢之爲大而先之，是亦義也，故曰「義者宜也，尊賢爲大」。親親之中，父子首足也，夫妻判合也，昆弟四體也，其情不能無殺也。尊賢之中，有師也，有友也，有事我者也，其待不能無等也。因是等殺之別，節文所由生，禮之謂也，故曰「親親之殺，尊賢之等，禮所生也」。

游曰：螟蛉有可化之質，果蠃有能化之材，知是説，然後可與言政也。然則政之所託，可非其人乎？故曰「爲政在人」。人固未易知，若規矩準繩在我，則方圓曲直無所逃矣，故曰「取人以身」。規矩準繩無他，人道而已，故「脩身以道，脩道以仁」〔四〕。

楊曰：「人存則政舉」，故爲政在人。君子「有諸己」而後「求諸人」，故取人必以身。脩身而不以道，非「有諸己」也，則身不足以取人矣。道二，仁與不仁而已，故脩道必以仁。「仁者人也」，合天下之公，非私於一己者也。蓋無公天下之誠心，而任小己之私意，則違道遠矣。然「仁者人也」，愛有差等，則「親親爲大」。義者行吾敬而已，「時措之宜」，則「尊賢爲大」。以三爲五，以五爲九，上殺下殺旁殺而親畢矣，此「親親之殺」也。有就之而不敢召者，有友之而不敢臣者，此「尊賢之等」也。因其等殺而爲之別，禮之所由生也。孟子曰：禮者，「節文斯二者是也」。其斯之謂歟！

政也。侯曰：「文、武之政」，或舉或息，繫乎人之存亡，若待文、武興而舉之，則曠千古而無善政也。能由文、武之道，行文、武之政，是亦文、武而已。○又曰：天下之大，萬機之繁，非一人之所能舉也，必得天下聖賢而共之。身苟不脩，則賢者不屑也，故「取人以身」。○又曰：人實難知，知人則哲，能官人。欲知人而不知天，則賢不肖或失其宜，雖知有所未盡，亦非知人也。人之道，天理也。盡天理，則道盡矣。己不能盡天理，安能知人乎？故曰「思知人不可以不知天」。

第二十章　第二節

「天下」至「家矣」。

程子曰：天地生物，各無不足之理。常思天下君臣、父子、兄弟、夫婦，有多少不盡分處。明道○又曰：「知、仁、勇三者，天下之達德」〔五〕，學之要也。明道○又曰：知知，仁守，勇決。伊川○又曰：大凡於道〔六〕，擇之則在乎知，守之則在乎仁，斷之則在乎勇。人之於道，患在不能擇，不能守，不能斷。伊川○王彦霖問：道者一心也，有曰「仁者不憂」，有曰「智者不惑」，有曰「勇者不懼」，何也？曰：此只是名其德爾，其理一也。得此道而不憂者，仁之事也，因其不憂，故曰此仁也。智勇亦然，不成却以不憂謂之智，不惑謂之仁也。凡名其德，千百皆然，但此三者，達道之大也。○又曰：「所以行之者一」，一者誠也。止是誠實此三者，三者之外，更别無誠。○又曰：生知者只是他生自知義理，不待學而知。縱使孔子是生知，亦何害於學？如問禮於老聃，訪官名於郯子，何害於孔子？禮文、官名，既欲知舊物，又不可鑿空撰得出，須是問他先知者始得。伊川○又曰：「生而知之」，「學而知之」亦是才。○問：「生而知之」要學否？曰：生而知固不待學，然聖人必須學。伊川○又曰：「堯、舜性之」，生知也；「湯、武身之」，學而知之也。伊川○問：才出於氣否？

曰：氣清則才善，氣濁則才惡，稟得至清之氣生者爲聖人，稟得至濁之氣生者爲愚人。如韓愈所言，公都子所問之人是也。然此論生知之聖人，若夫學而知之，氣無清濁，皆可至於善，而復性之本。所謂「堯、舜性之」，是生知也；「湯、武反之」，是學而知也。孔子所言「上知下愚不移」，亦無不移之理，所以不移只有二，自暴自棄是也。伊川○又曰：「剛毅木訥」，質之「近乎仁」也；「力行」，學之「近乎仁」也。若夫至仁，則天地爲一身，天地之閒品物萬形爲四肢百體，夫人豈有視四肢百體而不愛者哉？聖人，仁之至也，獨能體是心而已，曷嘗支離多端而求之自外哉？故「能近取譬」者，仲尼所以示子貢以爲「仁之方也」。醫書謂手足風頑謂之四體不仁〔七〕，爲其疾痛不以累其心故也。夫手足在我，疾痛不與知焉，非不仁而何？世之忍心無恩者，其自棄亦若是而已。○又曰：「忠恕違道不遠」，可謂仁之方。「力行近乎仁」，求仁莫近焉。仁道難言，故止曰「近」、「不遠」而已，苟以力行便爲仁，則失之矣。

張子曰：「天下之達道五」，其生民之大經乎！經正則「道前定」，事豫立，不疑其所行，利用安身之要，莫先焉。○又曰：知、仁、勇，天下之達德，雖本之有差，及其所以知之成之則一也。蓋謂仁者以生知以安行此五者，知者以學知以利行此五者，勇者以困知以勉強行此五者。

呂曰：天下古今之所共，謂之達。所謂「達道」者，天下古今之所共行；所謂「達德」

者，天下古今之所共有。雖有共行之道，必知之體之勉之，然後可行；雖知之體之勉之，不一於誠，則有時而息。求之有三，知之則一；行之有三，成功則一。所入之塗則不能不異，所至之域則不可不同。故君子論其所至，則生知與困知，安行與勉行，未有異也。既未有異，是乃所以爲中庸。若乃企生知、安行之資爲不可幾及，輕困學、勉行爲不能有成，此道之所以不明不行，中庸之所以難久也。愚者自是而不求，自私者以天下非吾事，懦者甘爲人下而不辭，有是三者，欲身之脩，未之有也。故好學非知，然足以破愚；力行非仁，然足以忘私；知恥非勇，然足以起懦。知是三者，未有不能脩身者也。天下之理一而已，小以成小，大以成大，無異事也。舉斯心以加諸彼，遠而推之四海而準，久而推之萬世而準。故一身脩而知所以治人，知所以治人而所以治天下國家，皆出乎此也。此者何？中庸而已。○又曰：性，一也。流形之分，有剛柔昏明者，非性也。有三人焉，皆有目以別乎衆色，一居乎密室，一居乎帷箔之下，一居乎廣廷之中〔八〕，三人所見昏明各異，豈目不同乎？隨其所居，蔽有厚薄爾。凡學者，所以解蔽去惑，故生知、學知、困知，「及其知之一也」，安得不貴於學乎？

游曰：仁者不憂，智者不惑，勇者不懼，此成德也。孔子自謂我無能焉，夫成德豈易得乎？能知好學、力行、知恥，則可以入德矣。

侯曰：知恥非勇也，能恥不若人則勇矣。

第二十章　第三節

「凡爲」至「一也」。

程子曰：「尊賢也，親親也」，蓋先尊賢，然後能親親。夫親親固所當先，然不先尊賢，則不能知親親之道。伊川○又曰：「體羣臣」者，體，察也。心誠求之，則無不察矣，忠厚之至也。故曰「忠信重禄，所以勸士」，言盡其忠信而厚其禄食，此所以勸士也。明道

吕曰：經者，百世所不變也。「九經」之用，皆本於德懷，無一物不在所撫，而刑有不與焉。「脩身」，「九經」之本，必親師友，然後脩身之道進，故次之以「尊賢」；道之所進，莫先其家，故次之以「親親」；由親親以及朝廷，故「敬大臣」，「體羣臣」；由朝廷以及其國，故「子庶民」，「來百工」；由其國以及天下，故「柔遠人」，「懷諸侯」，此「九經」之序。視羣臣猶吾四體，視庶民猶吾子，此視臣視民之别。自天子至於庶人一是，皆以脩身爲本。我之於道也，知崇則無不知，知「有諸己」矣；禮卑則無不敬，能「有諸己」矣。故貌足畏也，色足憚也，言足信也。顛沛造次一於禮而不違，則富貴所不能淫，貧賤所不能移，威武所不能屈，所謂「强立而不反」者也。故曰「脩身則道立」，又曰「齊明盛服，非禮不動，所以脩身也」。禮義由賢者出，知賢爲可尊，則學日進而知益明，然讒、色、貨之害，皆足以奪之正，惟知之

審，信之篤，迎之致敬以有禮，則患賢者之不至，未之有也。故曰「尊賢則不惑」，又曰「去讒遠色，賤貨而貴德，所以勸賢也」。尊之欲其貴，愛之欲其富，所好則與同其樂，所惡則與同其憂，此諸父昆弟所以相勸而親。故曰「親親則諸父昆弟不怨」，又曰「尊其位，重其禄，同其好惡，所以勸親親也」。大臣不可不敬，是民之表也，非其人，黜之可也，任之則信之，信之則敬之，故諫行言聽，膏澤下於民。既任之矣，又使小臣閒之，諫必不行，言必不聽，而怨乎不以，内適足以自眩，外不足以圖治矣。託之以大事，則小事有所不必親，必使慎簡乃僚，惟所任使，則大臣勸於事君矣。故曰「敬大臣則不眩」，又曰「官盛任使，所以勸大臣也」。君視臣如手足，則臣視君如腹心，所報可知矣，待之以忠信，養之以重禄，此士所以願立乎其朝矣。故曰「體羣臣則士之報禮重」，又曰「忠信重禄，所以勸士也」。愛之如子，則凡可以安之者無不爲也，使之所以佚之，取之所以治之，雖勞而不怨，此農所以願耕於其野矣。故曰「子庶民則百姓勸」，又曰「時使薄斂，所以勸百姓也」。不通工易事，以羨補不足，則男不得專事於農，女不得專事於桑，且將爲陶冶、爲梓匠、爲釜甑以食，爲宫室以居，耒耜錢鎛以耕耨，欲其穀不可勝食，材木不可勝用，得乎？故百工之事，國家之所不可無也，雖曰末技，所以佐其本業者得以盡力，此財用所以足也。所以來之者，亦能辨其苦良而制其食，則工知勸矣。如稾人「春獻素，秋獻成，書其等以饗工，乘其事，試其弓弩，以下上其食而誅賞」，此所謂「日省月試，餼廩稱事」者也。然則來百工而不來商賈者，蓋百工之所須，皆商賈之所致也，百工來則商賈自通，有不必道也。「遠人」惟可以柔道御之，遠者不柔，則邇者不可能。故聖人貴乎柔遠，「送往迎來，嘉善而矜不能」，皆以柔道也，柔遠能邇，此四方所以歸也。「繼絶世」者，無後者爲之立後也；「舉廢國」者，已滅者復之也；「治亂」者，以道正之也；「持危」者，以力助之也；「朝聘以時」，所以繼好也；「厚往而薄來」，燕賜多而納貢寡也。凡此皆「所以懷諸侯」也，懷其德則畏其力矣。「九經」雖曰治天下國家之常道，無誠以行之，則道爲虚矣，雖終日從事，而功不立也，人不信也，此不誠所以無物也。故曰「凡爲天下國家有九經，所以行之者一也」，一即誠也。

游曰：「齊明」所以一其志，「盛服」所以脩其容，「非禮勿動」則内無逸德，外無過行，内外進矣，則「富貴不能淫，貧賤不能移」，故「脩身則道立」。「去讒」則任專，「遠色」則好之篤，「賤貨」則義利分，「貴德」則真僞核。夫如是，則「見善明，用心剛」矣，故「尊賢則不惑」。「尊其位」所以貴之，「重其禄」所以富之，「同其好」以致其利，「同其惡」以去其害，則禮備而情親，諸父兄弟所以望乎我者足矣，故「親親則不怨」。○又曰：「不惑」在理，故於「尊賢」言之；「不眩」在事，故於「敬大臣」言之。○又曰：人情莫不欲逸也，「時使」之而使有餘力，莫不欲富也，「薄斂」之而使有餘財，則「子庶民」之道也，故「百姓勸」。「日省月試」以程其能,「餼廪稱事」以償其勞,則惰者勉而勤者悦矣,此「來百工」之道也,故「財用足」。「送往迎來」以厚其禮,「嘉善而矜不能」以致吾仁,待之者甚周,責之者甚約,此「柔遠人」之道也,故「四方歸之」。「繼絶世」則賢者之類無不悦,「舉廢國」則功臣之後無不勸,亂者懼焉,危者怙焉,其來也節以時,其往也遺以禮,則「懷諸侯」之道也。夫如是,則德之所施者博,而威之所制者廣矣,故「天下畏之」。經雖有九,而所以行之一者,誠而已,不誠則「九經」爲虚文,是無物也。

楊曰:「體羣臣則士之報禮重」者,君臣一體也,君之視臣如手足,則臣視君如腹心矣。「子庶民則百姓勸」者,赤子之無知,雖陷穽在前而莫之知避也,使之就利而違害,在保者而已,其子之也如是,百姓寧有不勸乎? ○又曰:「去讒、遠色、賤貨」者,人君信讒邪,邇聲色,殖貨利,則尊德樂義之心不至,而賢者不獲自盡矣,雖有尊賢之心,而賢者不可得而勸也。○又曰:「官盛任使」,不累以職,則以道事其君者,得以自盡矣,故曰「官盛任使,所以勸大臣也」。遇之不以忠信,養之不以重禄,則士不得志,有窶貧之憂,尚何勸之有? 故曰「忠信重禄,所以勸士也」。時使之不盡其力,薄斂不傷其財,則農者願耕於其野,商賈願藏於其市,行旅願出於其途,而養生送死無憾矣,此所以「勸百姓」之道也。○又曰:天下國家之大,不誠未有能動者也。雖法度彰明,無誠心以行之,皆虚器也。○又曰:自脩身推而至於平天下，莫不有道焉，而皆以誠意爲主，苟無誠意，雖有其道，不能行也。故中庸論「天下國家有九經」，而卒曰「所以行之者一」。一者何？誠而已。蓋天下國家之大，未有不誠而能動者也。然而非格物致知，烏足以知其道哉？大學所論誠意正心脩身治天下國家之道，其原乃在乎物格推之而已。若謂意誠便足以平天下，則先王之典章文物皆虚器也。故明道先生嘗謂，有關雎、麟趾之意，然後可以行周官之法度，正謂此耳。

第二十章　第四節　「凡事」至「不窮」。

張子曰：「事豫則立」，必有教以先之，盡教之善，必精義以研之，「精義入神」，然後立。斯立動，斯和矣。○又曰：「博學於文」者，只要得「習坎」「心亨」。蓋人經歷險阻艱難，然後其心亨通。博文者皆是小德應物，不學則無由知之。故中庸之欲「前定」，將所以應物也〔九〕。

吕曰：豫，素定也。素定者，先事而勞，事至而佚，既佚則且無所事其憂。不素定者，先事而佚，事至而憂，雖憂而亦無所及於事。寇將至而爲干櫓，水將至而爲隄防，其爲不亡者幸也。故素定者事皆有成，言有成説，事有成業，行有成德，道有成理。用而不括，動而有功，所謂「精義入神以致用」，則精義者，豫之謂也。能定然後能應，則能定者，豫之謂也。擬之而後言，議之而後動，擬議以成其變化，則擬議者，豫之謂也。致用也，能應也，成變化也，此所以無「跲」、「困」、「疚」、「窮」之患也。言有成説，則「使於四方」，不憂乎不能專對也。事有成業，則「千乘之國，攝乎大國之閒，加之以師旅，因之以飢饉」，不憂乎不能治也。行有成德，則富貴不憂乎能淫，貧賤不憂乎能移，威武不憂乎能屈也。道有成理，則「徵諸庶民，考諸三王」，「質諸鬼神」，「百世以俟聖人」，不憂乎不合也。

游曰：豫者，「前定」之謂也。惟至誠爲能定，惟前定爲能應。故以言則必行，以事則必誠，以行則無悔，以道則無方。誠定之效如此，故繼「九經」言之。

第二十章　第五節

「在下」至「身矣」。

程子曰：「止於至善」，「不明乎善」，此言善者義理之精微，無可得名，且以「至善」目之。「繼之者善」，此言善却言得輕，但謂繼斯道者莫非善也，不可謂惡。伊川○又曰：這一箇道理，不爲堯存，不爲桀亡，只是人不道他這裏，「道」作「到」。知此便是明善。○又曰：明善在明，守善在誠。○又曰：人患事繫累，思慮蔽固，只是不得其要，要在明善。明善在乎格物窮理，窮至於物理，則漸久後，天下之物皆能窮，只是一理。伊川○又曰：且省外事，但明乎善，惟進誠心，其文章雖不中，不遠矣。所守不約，汎濫無功。明道○又曰：學者必知所以入德，不知所以入德，未見其能進也。故孟子曰：「不明乎善，不誠其身。」易曰：「知至至之。」

游曰：欲誠其意，先致其知，故「不明乎善，不誠乎身」矣。學至於誠，身安往而不致其極哉？以内則順乎親，以外則信乎友，以上則可以得君，以下則可以得民。此舜之「允塞」，所以「五典克從」也。

楊曰：「不明乎善」，雖欲「擇善而固執之」，未必當於道也。故欲「誠乎身」，必先於明善。「不誠乎身」，則身不行道矣，身不行道，不行於妻子，況能順其親乎？故欲「順乎親」，必先於「誠身」。「不順乎親」，則於其所厚者薄也，況於朋友乎？故欲「信乎朋友」，必先「順乎親」。夫責善，朋友之道也，「不信乎朋友」，則其善不足稱也，已而欲「獲乎上」，不亦難乎？「不獲乎上」，則身不能保，況欲治其民乎？不可得也。○又曰：反身者，反求諸身也。蓋萬物皆備於我，非自外得，「反諸身」而已。○又曰：明善在致知，致知在格物。號物之多至於萬，則物蓋有不可勝窮者，反身而誠，則舉天下之物在我矣。詩曰：「天生烝民，有物有則。」凡形色具於吾身者，無非物也，而各有則焉，反而求之，則天下之理得矣。

第二十章　第六節　「誠者」至「必強」。

周子曰：誠者，聖人之本。大哉乾元，萬物資始，誠之源也。乾道變化，各正性命，誠斯立焉，純粹至善者也。故曰：「一陰一陽之謂道，繼之者善也，成之者性也。」元亨，誠之通；利貞，誠之復。大哉易也，性命之源乎！○又曰：聖，誠而已矣。誠，五常之本，百行之源也。靜無而動有，至正而明達也。五常百行非誠，非也，邪暗塞也，故誠則無事矣。至易而行難，果而確無難焉，故曰「一日克己復禮，天下歸仁焉」。

程子曰：無妄之謂誠，不欺其次矣。一本云：李邦直云「不欺之謂誠」，便以不欺爲誠。徐仲車云「不息之謂誠」，中庸言「至誠無息」，非以無息解誠也。或以問先生，先生云云。○又曰：誠者天之道，敬者人事之本。敬者用也，敬則誠。明道○又曰：主一之謂敬，一者之謂誠，敬則有意在。○又曰：「不勉而中，不思而得」，與勉而中，思而得，何止有差等，直是相去懸絕。「不勉而中」即常中，「不思而得」即常得。所謂「從容中道」者，指他人所見者言之，若不勉不思者，自在道上行，又何必言中不中，得不得。不勉不思亦有大小深淺，至於曲藝，亦有不勉不思者。所謂「日月至焉」與「久而不息」者，所見規模雖略相似，其意味氣象迥別，須心潛默識，玩索久之，庶幾自得。學者不學聖人則已，欲學之，須熟玩味聖人之氣象，不可只於名上理會，如此只是講論文字。伊川○問：致知與力行兼否？曰：爲常人言，纔知得非禮不可爲，須用勉強，至於知穿窬不可爲，則不待勉強，是知亦有深淺也。古人言樂循理之謂君子，若勉強，只是知循理，非是樂也。纔到樂時，便是循理爲樂，不循理爲不樂，何苦而不循理，自不須勉強也。若夫聖人，「不勉而中，不思而得」，此又上一等事。伊川○又曰：知至則當至之，知終則當終之，須以知爲本。知之深則行之必至，無有知之而不能行，只是知得淺。飢而不食烏喙，人不蹈水火，只是知，人爲不善，只爲不知。知至而至之，知之事，故「可與幾」；知終而終之〔一〇〕，故「可與存義」。知至是致知，博學、明辨、審問、慎思皆致知。知至之事篤行，便是終之。如「始條理」、「終條理」，因其能始條理，故能終條理，猶知至即能終之。伊川○又曰：博學、審問、慎思、明辨、篤行五者，廢其一，非學也。○又曰：思曰睿，思慮久後，睿自然生。若於一事上思未得，且別換一事思之，不可專守著這一事。蓋人之知識於這裏蔽著，雖強思亦不通也。伊川○又曰：思曰睿，睿作聖。致思如掘井，初有渾水，久後稍引動得清者出來。人思慮始皆溷濁，久自明快。伊川○問：張旭學草書，見擔夫與公主争道，及公孫大娘舞劒，而後悟筆法，是心常思念，至此而感發否？曰：然。須是思，方有感悟處，若不思，怎生得如此？然可惜張旭留心於書，若移此心於道，何所不至。伊川○又曰：不深思則不能造於道，不深思而得者，其得易失。然而學者有無思無慮而得者，何也？曰：以無思無慮而得者，乃所以深思而得之也。以無思無慮爲不思而自以爲得者，未之有也。○問：人有日誦萬言，或妙絶技藝，此可學否？曰：不可。大凡所受之才，雖加勉強，止可少進，而鈍者不可使利也，惟理可進。除是積學既久，能變得氣質，則「愚必明」，「柔必強」。伊川

張子曰：勉蓋未能安也，思蓋未能有也。○又曰：以心求道，正由以己知人，終不若彼自知，彼爲「不思而得」也。○又曰：性通極於無氣，其一物耳；命稟同於性遇，乃適然焉。人一己百，人十己千，然有不至，猶難語性，可以言氣；行同報異，猶難語命，可以言遇。○又曰：形而後有氣質之性善，反之則天地之性存焉。故氣質之性，君子有弗性者焉。

吕曰：誠者理之實然，致一而不可易者也。天下萬古，人心物理，皆所同然，有一無二，雖前聖後聖，若合符節，是乃所謂誠，誠即天道也。天道自然，無勉無思，其中其得，自然而已。聖人誠一於天，天即聖人，聖人即天，由仁義行，何思勉之有，故「從容中道」而不迫。誠之者，以人求天者也。思誠而復之，故明有未究，於善必擇，誠有未至，所執必固。善不擇，道不精，執不固，德將去，學問思辨所以求之也，行所以至之也。求之至之，非人一

己百，人十己千，不足以化氣質。○一本云：誠者理之實，致一而不可易者也。大而天下，遠而萬古，求之人情，參之物理，皆所同然，有一無二，雖前聖後聖，若合符節，理本如是，非人私智之所能爲，此之謂誠，誠即天道也。天道自然，何勉何思？莫非性命之理而已。故「誠者天之道」，性之者也；「誠之者人之道」，反之者也。聖人之於天道，性之者也；賢者之於天道，反之者也。性之者，成性而與天無閒也，天即聖人，聖人即天，縱心所欲，由仁義行也，出於自然，從容不迫，不待乎思勉而後中也。反之者，求復乎性而未至，雖誠而猶雜之僞，雖行而未能無息，則善不可不思而擇，德不可不勉而執，不如是猶不足以至乎誠，故學問思辨皆所以求之也，行所以至之也。君子將以造其約，則不可不學；學而不能無疑，則不可不問；未至於精而通之，則不可不思；欲知是非邪正之別，本末先後之序，則不可不辨；欲至乎道，欲成乎德，則不可不行。學以聚之，聚不博則約不可得，博學而詳説之，將以反説約也。爲學之道，造約爲功，約即誠也。不能至是，則多聞多見，徒足以飾口耳而已。語誠則未也，故曰「有弗學，學之弗能弗措也」。學者不欲進則已，欲進則不可以有成心，有成心則不可與進乎道矣。故成心存，則自處以不疑，成心亡，然後知所疑矣。小疑必小進，大疑必大進，蓋疑者不安於故而進於新者也。如問之審，審而知，則進孰禦焉，故曰「有弗問，問之弗知弗措也」。學也問也，求之外者也，聞也見也，得之外者也。不致吾思以反諸身，則學問聞見非吾事也。故知所以爲性，知所以爲命，反之於我何物也，知所以名仁，知所以名義，反之於我何事也，故曰思則得之，不思則不得也。慎其所以思，必至于得而後已，則學問聞見皆非外鑠，是乃所謂誠也，故曰「有弗思，思之弗得弗措也」。理有宜不宜，時有可不可。道雖美矣，膠於理則亂；誠雖至矣，失其時則乖，不可不辨也。辨之者，不別則不見，不講則不明，非「精義入神」，不足以致用，故曰「有弗辨，辨之弗明弗措也」。四者致知之道，而未及乎行也。學而行之，則由是以至于誠無疑矣。知崇者所以致吾知也，禮卑者所以篤吾行也。學之博者，莫若知之之要，知之要者，不若行之之實也。行之之實，猶目之視，耳之聽，不言而喻也，如日月之運行，不可得而已也。篤之猶有勉也，篤之至于誠，則不勉矣，行之弗篤，猶未誠也，故曰「有弗行，行之弗篤弗措也」。「人一能之己百之，人十能之己千之」者，君子所貴乎學者，爲能變化氣質而已。德勝氣質，則柔者可進於強，愚者可進於明，不能勝氣質，則雖有志於善，而柔不能立，愚不能明。蓋均善而無惡者性也，人所同也；昏明強弱之稟不齊者才也，人所異也。誠之者，反其同而變其異也。思誠而求復，所以反其同也。人一己百，人十己千，所以變其異也。孟子曰「居移氣，養移體」，況學問之益乎！故學至於「尚志」，以天下之士爲未足，則尚論古之人，雖質之柔，而不立者寡矣。學至於「致知」、「格物」，則天下之理斯得，雖質之愚，而不明者寡矣。夫愚柔之質，質之不美者也。以不美之質求變而美，非百倍其功，不足以致之。今以鹵莽滅裂之學，或作或輟，以求變不美之質，及不能變，則曰天質不美，非學所能變。是果於自棄，其爲不仁之甚矣。

謝曰：誠是實理，不是專一。尋常人謂至誠，止是謂專一。實理則「如惡惡臭，如好好色」，不是安排來。

問：中庸只論誠，而論語曾不一及誠，何也？楊曰：論語之教人，凡言恭敬忠信所以求仁而進德之事，莫非誠也。論語示人以入之之方，中庸言其至也。蓋中庸子思傳道之書，不正言其至，則道不明。孔子所罕言，孟子常言之，亦猶是矣。

第二十一章

程子曰：君子之學，必先明諸心，知所往，然後力行以求至，所謂自明而誠也。故學必盡其心，知其性，然後反而誠之，則聖人也。伊川〇問：橫渠言「由明以至誠，由誠以至明」，此言恐過當。程子曰：「由明以至誠」，此句却是；「由誠以至明」則不然，誠即明也。伊川

張子曰：「自誠明」者，先盡性，以至于窮理也。謂先自其性理會來，以至於理。「自明誠」者，先窮理，以至于盡性也。謂先從學問理會，以推達于天性也。

呂曰：「自誠明」，性之者也；「自明誠」，反之者也。性之者自成德而言，聖人之所性也；反之者自志學而言，聖人之所教也。一本云：謂之性者，生之所固有以得之；謂之教者，由學以復之。成德者至于實然不易之地，理義皆由此出也，天下之理如目睹耳聞，不慮而知，不言而喻，此之謂「誠則明」。志學者致知以窮天下之理，則天下之理皆得，卒亦至於實然不易之地，至簡至易，行其所無事，此之謂「明則誠」。

第二十二章

程子曰：「贊天地之化育」，自人而言之。從「盡其性」至「盡物之性」，然後「可以贊天地之化育」，「可以與天地參矣」，言人盡性所造如是，若只是至誠，更不須論。所謂「人者天地之心」，及「天聰明，自我民聰明」，止謂只是一理，而天人所爲各自有分。○又曰：「至誠」可以贊化育者，可以回造化。明道○又曰：「至誠」，「可以贊天地之化育，則可以與天地參」。贊者，參贊之義，「先天而天弗違，後天而奉天時」之謂也。非謂贊助，只有一箇誠，何助之有？明道○又曰：心具天德，心有不盡處，便是天德處未能盡，何緣知性知天？盡己心則盡人盡物，「與天地參」。贊化育，贊則直養之而已。○又曰：凡言「充塞」云者，却似箇有規模底體面，將這氣充實之。然此只是指而示之近耳，氣則只是氣，更說甚充塞。如化育則只是化育，更說甚贊。贊與充塞又早却是別一件事也。伊川

張子曰：二程解「窮理盡性以至於命」，只窮理便是至於命，亦是失於太快。此義儘有次序，須是窮理，便能盡得己之性，既盡得己之性，則推類又盡人之性，既盡得人之性，須是并萬物之性一齊盡得，如此然後至於天道也。其間煞有事，豈有當下理會了？學者須是

窮理爲先，如此則方有學。今言「知命」與「至於命」儘有近遠，豈可以知便謂之至也。○又曰：性者萬物之一源，非有我之得私也。惟大人爲能盡其道，是故立必俱立，知必周知，愛必兼愛，成不獨成。彼自蔽塞而不知順吾理者，則亦末如之何矣。○又曰：幽贊天地之道，非聖人而能哉？詩人謂「后稷之穡，有相之道」，贊化育之一端與。

呂曰：至於實理之極，則吾生之所固有者不越乎是。吾生所有既一於理，則理之所有皆吾性也。人受天地之中，其生也，具有天地之德，柔強昏明之質雖異，其心之所然者皆同。特蔽有淺深，故别而爲昏明，稟有多寡，故分而爲強柔。至於理之所同然，雖聖愚有所不異。盡己之性，則天下之性皆然，故能盡人之性。蔽有淺深，故爲昏明，蔽有開塞，故爲人物；稟有多寡，故爲強柔，稟有偏正，故爲人物。故物之性與人異者幾希，惟塞而不開，故知不若人之明，偏而不正，故才不若人之美。然人有近物之性者，物有近人之性者，亦繫乎此。於人之性，開塞偏正無所不盡，則物之性未有不能盡也。己也，人也，物也，莫不盡其性，則天地之化幾矣。故行其所無事，順以養之而已，是所謂「贊天地之化育」者也。如堯「命羲、和，欽若昊天」，「至于民之析、因、夷、隩，鳥獸之孳尾、希革、毛毨、氄毛」，無不與知，則所贊可知矣。天地之化育猶有所不及，必人贊之而後備，則天地非人不立。故人與天地並立爲「三才」，此之謂「與天地參」。

游曰：「萬物皆備於我矣，反身而誠，樂莫大焉」，故「惟天下至誠，爲能盡其性」。千萬人之性，一己之性是也，故「能盡其性，則能盡人之性」。萬物之性，一人之性是也，故「能盡人之性，則能盡物之性」。同焉皆得者，各安其常，則盡人之性也；誘然皆生者，各得其理，則盡物之性也。至於盡物之性，則和氣充塞，故「可以贊天地之化育」。夫如是，則天覆地載，教化各任其職，而成位乎其中矣。

楊曰：性者萬物之一源也，非夫體天德者，其孰能盡之？能盡其性，則人物之性斯盡矣。言有漸次也，贊化育，參天地，皆其分内耳。○又曰：孟子曰：「萬物皆備於我，反身而誠，樂莫大焉。」知萬物皆備於我，則數雖多，反而求之於吾身可也。故曰「盡己之性則能盡人之性，盡人之性則能盡物之性」，以己與人物，性無二故也。

問：天下將亂，何故賢者便生得不豐厚？侯曰：氣之所鍾便如此〔一〕。曰：有變化之道乎？曰：在君相斡旋之力爾。若舉賢任能，使政事治而百姓和，則天地之氣和而復淳厚矣。此天下所以有資於聖賢，有賴於君相也。子思曰「贊天地之化育」，正謂是耳。若曰治亂自有數而任之，則何賴於聖賢哉？子思所以言贊化育也。書亦曰「祈天永命」，如此而已。

第二十三章

程子曰：「其次致曲」者，學而後知之也，而其成也，與「生而知之」者不異焉。故君子莫大於學，莫害於畫，莫病於自足，莫罪於自棄。學而不止，此湯、武所以聖也。伊川○又曰：「致曲」者，就其曲而致之也。伊川○又曰：人自提孩，聖人之質已完，只先於偏勝處發，或仁或義，或孝或弟，去氣偏處發，便是致曲，去性上脩，便是直養，然同歸于誠。○又曰：自明而誠，雖多由致曲，然亦自有大體中便誠者。雖亦是自明而誠，謂之「致曲」則不可。明道○又曰：曲，偏曲之謂，非大道也。就一事中用志不分，亦能有誠，如養由基射之類是也。「誠則形」，誠後便有物，如參前倚衡，如「有所立卓爾」是也。「形則著」，又著見也。「著則明」，是有光輝之時也。「明則動」，誠能動人也。君子所過者化，豈非動乎？或曰：變與化何别？曰：變如物方變而未化，化則更無舊跡，自然之謂也。莊子言變大於化，非也。伊川

游曰：誠者不思不勉，直心而徑行也。其次則臨言而必思，不敢縱言也，臨行而必擇，不敢徑行也，故曰「致曲」，曲折而反諸心也。擬議之間，鄙詐不萌而忠信立矣，故「曲能有

誠」。有諸中必形諸外，故「誠則形」。形於身必著於物，故「形則著」。誠至於著，則内外洞澈，清明在躬，故「著則明」。明則有以動衆，故「明則動」。動則有以易俗，故「動則變」。變則革污以爲清，革暴以爲良，然猶有迹也，化則其迹泯矣，日用飲食而已。至於化，則神之所爲也，非天下之至誠，孰能與於此？

楊曰：能盡性者，誠也。「其次致曲」者，誠之也。學問思辨而篤行之，致曲也。

第二十四章

程子曰：人固「可以前知」，然其理須是用則知，不用則不知。知不如不知之愈，蓋用便近二。所以釋子謂又不是野狐精也。○又曰：蜀山人不起念十年，便能前知。

呂曰：誠一於理，無所間雜，則天地人物，古今後世，融徹洞達，一體而已。興亡之兆，猶心之有思慮，如有萌焉，無不前知。蓋有方所，則有彼此先後之別，既無方所，彼即我也，先即後也，未嘗分别隔礙，自然達乎神明，非特前知而已。○一本云：至誠與天地同德，與天地同德，則其氣化運行與天地同流矣。興亡之兆，禍福之來，感於吾心，動於吾氣，如有萌焉，無不前知。況乎誠心之至，求乎蓍龜而蓍龜告，察乎四體而四體應，所謂「莫見乎隱，莫顯乎微」者也。此至誠所以達乎神明而無間，故曰「至誠如神」。「動乎四體」，如傳所謂「威儀之則以定命」者也。

第二十五章

程子曰：「誠者自成」，如至誠事親則成人子，至誠事君則成人臣。「不誠無物」、「誠者物之終始」，猶俗語徹頭徹尾，不誠更有甚物也。伊川○又曰：聖人言忠信者多矣，人道只在忠信，不誠則無物。「出入無時莫知其鄉」者，人心也，若無忠信，豈復有物乎？明道○又曰：只著一箇私意便是餒，便是缺了他浩然之氣處。「誠者物之終始，不誠無物」，這裏缺了他，則便這裏没這物。○又曰：學者不可以不誠，不誠無以爲善，不誠無以爲君子。修學不以誠，則學雜；爲事不以誠，則事敗；自謀不以誠，則是欺其心而自棄其志；與人不以誠，則是喪其德而增人之怨。今小道異端亦必誠而後得，而況欲爲君子者乎？故曰學者不可以不誠。雖然，誠者在知道本而誠之耳。伊川○又曰：成己須是仁，推成己之道成物便是知〔一二〕。○又曰：古之學者爲己，其終至於成物。今之學者爲物，其終至於喪己。伊川○又曰：「性之德」者，言性之所有，如卦之德乃卦之韞也。明道○又曰：性不可以内外言。伊川○又曰：「時措之宜」，言隨時之義，若「溥博淵泉而時出之」〔一三〕。伊川

呂曰：誠者實而已矣，所謂「誠者物之終始，不誠無物」也。故君子必明乎善，知至則

意誠矣。既有惻怛之誠意，乃能竭不倦之強力，竭不倦之強力，然後有可見之成功。苟不如是，雖博聞多見，舉歸於虛而已，是誠之所以爲貴也。誠雖自成也，道雖自道也，非有我之得私也，與天下同之而已。故思成己必思所以成物，是所謂仁智之具也，性之所固有，合内外而無間者也。夫天大無外，造化發育皆在其閒，自無内外之别。人有是形而爲形所梏，故有内外生焉，内外一生，則物自物，己自己，與天地不相似矣。反乎性之德，則安有物我之異，内外之别哉？故具仁與智，無己無物，誠一以貫之，合天地而施化育，故能「時措之宜」也。○又曰：子貢曰：「學不厭，智也；教不倦，仁也。」學不厭所以成己，此則成己爲仁；教不倦所以成物，此則成物爲智。何也？夫盡性以成己則仁之體也，推是以成物則智之事也，自成德而言也。學不厭所以致吾知，教不倦所以廣吾愛，自入德而言也。此子思、子貢之言所以異也。

游曰：誠者，非有成之者，自成而已；其爲道，非有道之者，自道而已。自成自道，猶言自本自根也。以性言之爲誠，以理言之爲道，其實一也。

楊曰：誠自成，道自道，無所待而然也。○又曰：萬物一體也，成己所以成物也。「成己仁也」，合天下之公言之也；「成物智也」，即成己之道而行其所無事也。仁智具，「性之德」也。有成己之仁，故能「合内外之道」，有成物之知，故知「時措之宜」也。○又曰：大學自正心誠意至治國家天下，只一理，此中庸所謂「合内外之道」也。孔子曰：「子帥以正，孰敢不正？」子思曰：「君子篤恭而天下平。」孟子曰：「其身正而天下歸之。」皆明此也。○又曰：知合乎内外之道，則禹、稷、顔子之所同可見。蓋自誠意正心推之，至於可以平天下，此内外之道所以合也。故觀其意誠心正，則知天下由是而平，觀天下平，則知非意誠心正不能也。兹乃禹、稷、顔回之所以同也。○又曰：「精義入神」乃所以「致用」，「利用安身」乃所以「崇德」，此「合内外之道」也。

侯曰：上言「誠者自成」，「道自道」，子思恐學者以内外爲二事，知體而不知用，故又曰：「誠者非成己而已也，所以成物也。」猶言「能盡其性則能盡人之性，能盡人之性則能盡物之性」者也。豈有能成己而不能成物者？不能成物，則非能成己者也。人物雖殊，理則一也。故曰：「成己，仁也；成物，知也。」

第二十六章

程子曰：「維天之命，於穆不已」，此是理自相續不已，非是人爲之。如使可爲，雖使百萬般安排也，須有息時，只爲無爲，故不息。中庸言「不見而章，不動而變，無爲而成，天地之道，可一言而盡也」。伊川○問：義還因事而見否？曰：非也，性中自有。或曰：無狀可見？曰：說有便是見，但人自不見，昭昭然在天地之中也。且如性，何須待有物方指爲性，性自在也。賢所言見者事，頤所言見者理，如曰「不見而章」是也。伊川○又曰：「子在川上曰：『逝者如斯夫，不舍晝夜。』」自漢以來儒者皆不識此義，此見聖人之心「純亦不已」也。「純亦不已」，此乃天德也。有天德便可語王道，其要只在慎獨。明道○又曰：天命不已，文王純於天道亦不已。純則無二無雜，不已則無閒斷先後。○又曰：詩云：「上天之載，無聲無臭，儀刑文王，萬邦作孚。」上天又無聲臭之可聞，只看文王便萬邦取信也。又曰「維天之命，於穆不已」，蓋曰天之所以爲天也；「文王之德之純」，蓋曰文王之所以爲文也。然則文王之德，直是似天。「昊天曰明，及爾出王；昊天曰旦，及爾游衍」，只爲常是這箇道理。此箇亦須待他心熟，便自然別。

吕曰：實理不貳則其體無雜，其體不雜則其行無間，故「至誠無息」。非使之也，機自動耳，乃乾坤之所以闔闢，萬物之所以生育，亘萬古而無窮者也。如使之則非實，非實則有時而息矣。久者，日新而無敝之謂也。徵，驗也。悠遠，長也。天地運行而不息，故四時變化而無敝，日月相從而不已，故晦朔生明而無敝，此之謂「不息則久」。四時變化而無敝，故有生生之驗，晦朔生明而無敝，故有照臨之驗，此之謂「久則徵」。生生也，照臨也，苟日新而有徵，則可以繼繼其長至於無窮矣，此之謂「徵則悠遠」。悠遠無窮者，其積必多，博者能積衆狹，厚者能積衆薄，此之謂「悠遠則博厚」。有如是廣博，則其勢不得不高，有如是深厚，則其精不得不明，此之謂「博厚則高明」。博厚則無物不能任也，高明則無物不能冒也，悠久則無時而不養也。所以載物、覆物、成物者，其能也；所以章、所以變、所以成者，其功也。能非力之所任，功非用而後有，其勢自然，不得不爾，是皆至誠不貳而已，此「天地之道」所以「一言而盡」也。天地所以「生物不測」者，至誠不貳者也；天地所以神者〔一四〕，積之無疆者也。如使天地爲物而貳，則其行有息，其積有限，「昭昭」、「撮土」之微，將下同乎衆物，又焉有載物、覆物、成物之功哉？雖天之大，「昭昭之多」而已，雖地之廣，「撮土之多」而已。「山之一拳」，「水之一勺」，亦猶是矣。其所以高明、博厚、神明不測者，積之之多而已。今夫人之有良心也，莫非受天地之中，是爲可欲之善，不充之，則不能與天地相似而至乎大，大而不化，則不能不勉不思與天地合德而至於聖。然所以至于聖者，充其良心，德盛仁熟而後爾也。故曰：「過此以往，未之或知也。窮神知化，德之盛也。」如指人之良心而責之與天地合德，猶指撮土而求其載華岳、振河海之力，指一勺而求其生蛟龍、殖貨財之功，是亦不思之甚也。天之所以爲天，不已其命而已；聖人之所以爲聖，不已其德而已。其爲天人德命則異，其所以不已則一，故聖人之道可以配天者，如此而已。

游曰：博厚而不久，則載物之德隳矣；高明而不久，則覆物之道缺矣。是則悠久者，天地所以成終始也，故所以成物。

第二十七章

程子曰：自「大哉聖人之道」至「至道不凝焉」，皆是一貫。明道○又曰：中庸言「禮儀三百，威儀三千」，方是説「優優大哉」，又却非如異教之説，須得如枯木死灰以爲得也。○又曰：「德性」者，言性之可貴，與言性善其實一也。明道○又曰：須是「合内外之道」，「一天人，齊上下」，「下學而上達」，「極高明而道中庸」。○又曰：「極高明而道中庸」，非是二事。中庸，天理也，天理固高明，不極乎高明，不足以「道中庸」，中庸乃高明之極也。○又曰：理則「極高明」，行之只是中庸也。明道

張子曰：天體物而不遺，猶仁體事而無不在也。「禮儀三百，威儀三千」，無一物之非仁也。「昊天曰明，及爾出王，昊天曰旦，及爾游衍」，無一物之不體也。○又曰：不「尊德性」，則問學從而不道；不「致廣大」，則精微無所立其誠；不「極高明」，則擇乎中庸，失「時措之宜」矣。○又曰：「尊德性而道問學，致廣大而盡精微，極高明而道中庸」，皆逐句爲一義，上言重，下語輕。「尊德性」猶「據於德」，德性須尊之。道，行也。問，問得者；學，行得者，猶學問也。「尊德性」須是將前言往行、所聞所知以參驗，恐行有錯。「致廣大」須「盡精

微」，不得鹵莽。「極高明」須道中庸之道。○又曰：今且將「尊德性而道問學」爲心，日自求於問學有所背否，於德性有所懈否。此義亦是博文約禮，下學上達。以此警策一年，安得不長？每日須求多少爲益，知所亡改得少不善，此德性上之益。讀書求義理，編書須理會，有所歸著，勿徒寫過，又多識前言往行，此問學上益也。勿使有俄頃閑度，似此三年，庶幾有進。○又曰：「致廣大」「極高明」，此則儘遠大，所處則直是精約。○又曰：温故知新，多識前言往行以畜德，繹舊業而知新，益思昔未至而今至之，緣舊所見聞而察來，皆其義也。

呂曰：道之在我者，德性而已，不先貴乎此，則所謂問學者，不免乎口耳爲人之事而已。道之全體者，廣大而已，不先充乎此，則所謂精微者，或偏或隘矣。道之上達者，高明而已，不先止乎此，則所謂中庸者，同汙合俗矣。温故知新，將以進吾知也；敦厚崇禮，將以實吾行也。知崇禮卑至于成性，則道義皆從此出矣。居上而驕，知上而不知下者也；爲下而倍，知下而不知上者也。國有道，不知言之足興，知藏而不知行者也；國無道，不知默之足容，知行而不知藏者也。是皆一偏之行，不蹈乎時中。惟明哲之人，知上知下，知行知藏，此所以卒「保其身」者也。

游曰：「發育萬物，峻極于天」，至道之功也。「禮儀三百，威儀三千」，至道之具也。

「洋洋乎」，言上際於天，下蟠於地也。「優優大哉」，言動容周旋中禮也。夫以三百三千之多儀，非天下至誠，孰能從容而盡中哉？故曰「待其人然後行」，蓋盛德之至者人也。「故曰苟不至德，至道不凝焉」，至德非他，至誠而已矣。○又曰：「懲忿窒慾」，「閑邪存誠」，此「尊德性」也。非學以聚之，問以辨之，則擇善不明矣，故繼之以「道問學」。「尊德性而道問學」，然後能「致廣大」。尊其所聞，行其所知，充其德性之體，使無不該徧，此「致廣大」也。非「盡精微」，則無以極深而研幾也，故繼之以「盡精微」。「致廣大而盡精微」，然後能「極高明」。始也未離乎方，今則無方矣；始也未離乎體，今則無體矣。離形去智，廓然大通，此「極高明」也。非「道中庸」，則無踐履可據之地，不幾於蕩而無執乎，故繼之以「道中庸」。高明者中庸之妙理，而中庸者高明之實德也。其實非兩體也。

楊曰：道之「峻極於天」，道之至也。無禮以範圍之，則蕩而無止，而天地之化或過矣。「禮儀三百，威儀三千」，所以體道而範圍之也。「故曰苟不至德，至道不凝焉」，所謂至德者，禮其是乎！夫禮，天所秩也。後世或以爲忠信之薄，或以爲僞，皆不知天者也。故曰「待其人，然後行」。蓋道非禮不止，禮非道不行，二者常相資也。苟非其人，而梏於儀章器數之末，則愚不肖者之不及也，尚何至道之凝哉？○又曰：「尊德性」而後能「致廣大」，「致廣大」而後能「極高明」，「道問學」而後能「盡精微」，「盡精微」而後能「擇中庸而固執之」，入德之序也。○又曰：國無道，可以「卷而懷之」，然後「其默足以容」。此明哲保身之道，非遵養之有素，其何能爾。不然，雖欲「卷而懷之」，其可得乎？○又曰：道止於中而已矣，出乎中則過，未至則不及，故惟中爲至。夫中也者，道之至極，中而又謂之極，屋極亦謂之極，蓋中而高故也。「極高明」而不道乎中庸，則賢智者過之也；「道中庸」而不極乎高明，則愚不肖者之不及也。世儒以高明、中庸析爲二致，非知中庸也。以謂聖人以高明處己，中庸待人，則聖人處己常過之，待人常不及，道終不明不行，與愚不肖者無以異矣。

第二十八章

呂曰：通下章「寡過矣乎」已上。無德爲愚，無位爲賤。有位無德而作禮樂，所謂「愚而好自用」；有德無位而作禮樂，所謂「賤而好自專」；生周之世而從夏、殷之禮，所謂「居今之世，反古之道」。三者有一焉，取裁之道也。故王天下有三重焉：議禮所以制行，故行必同倫；制度所以爲法，故車必同軌；考文所以合俗，故書必同文。惟王天下者行之，諸侯有所不與也。故國無異政，家不殊俗，蓋有以一之也。如此則寡過矣。

楊曰：愚，無德也，而好自用；賤，無位也，而好自專。居今之世，無德無位而反古以有爲，皆取裁之道，明哲不爲也。故繼之曰：「非天子，不議禮，不制度，不考文。」蓋禮樂、制度、書文必自天子出，所以定民志，一天下之習也。變禮易樂，則有誅焉，況敢妄作乎？有其位可以作矣，然不知禮樂之情，則雖作而不足爲法於天下矣。故有其位無其德亦不敢作也，況無其位乎？

侯曰：「吾學夏禮，杞不足徵也；吾學殷禮，有宋存焉；吾學周禮，今用之，吾從周」，明三代之禮皆可沿革也。宋、杞不足徵吾言則不言，周禮今用之，則吾從周，此孔子之時中也。顔淵問爲邦，子曰：「行夏之時，乘殷之輅，服周之冕，樂則韶舞。」此沿革之大旨也，通天下、等萬世不弊之法也。使孔子而有位焉，其獨守周之文而不損益乎？

第二十九章

程子曰：理則天下只是一箇理，故推至四海而準，須是質諸天地，考諸三王不易之理。故敬則只是敬此者也，仁是仁此者也〔一五〕，信是信此者也。

呂曰：君子之道，必無所不合而後已，有所不合，僞也，非誠也。故於身、於民、於古、於天地、於鬼神、於後世無不合，是所謂誠也，非僞也，物我、古今、天人之所同者也。

楊曰：動，凡動容周旋皆是也，行則見於行事矣。

侯曰：「質諸鬼神而無疑，知天也」，天之心即吾之心也。「百世以俟聖人而不惑，知人也」，前聖之道、後聖之道是也。天也，人也，無它理也〔一六〕。是理也，惟聖人能盡之，故「動而世爲天下道，行而世爲天下法，言而世爲天下則」。道也，法也，則也，非吾一己之私，天下之道，天下之行，天下之言，吾由之而不悖爾，所以「遠之則有望，近之則不厭」也。

第三十章

程子曰：孔子既知宋桓魋不能害己，又却微服過宋。舜既見象之將殺己，而又「象憂亦憂，象喜亦喜」。國祚長短，自有命數，人君何用汲汲求治。禹、稷救飢溺者，過門不入，非不知飢溺而死者自有命，又却救之如此其急。數者之事，何故如此，須思量到「道並行而不相悖」處可也。伊川○又曰：「小德川流，大德敦化」，只是言孔子川流是日用處，大德是存主處，如俗言敦本之意。伊川○又曰：「大德敦化」，於化育處敦本也。「小德川流」，日用處也。此言仲尼與天地合德。伊川

張子曰：接物皆是小德，統會處便是大德，更須大體上求尋也。

吕曰：此言仲尼譬天地之大也。其博厚足以任天下，其高明足以冒天下。其化循環而無窮，達消息之理也；其用照鑒而不已，達晝夜之道也。尊賢容衆，嘉善而矜不能，「並育而不相害」之理也。貴貴尊賢，賞功罰罪，各當其理，「並行不相悖」之義也。「禮儀三百，威儀三千」，此「小德」所以「川流」；「洋洋乎，發育萬物，峻極于天」，此「大德」所以「敦化」也。○一本云：「祖述」者，推本其意。「憲章」者，循守其法。「川流」者，如百川派别。「敦

化」者，如天地一氣。○又曰：五行之氣，紛錯於太虛之中，「並行而不相悖」也。然一物之感，無不具有五行之氣，特多寡不常爾，一人之身，亦無不具有五行之德。故百理差殊，亦「並行而不相悖」。

游曰：中庸之道，至仲尼而集大成，故此書之末以仲尼明之。道著於堯、舜，故「祖述」焉；法詳於文、武，故「憲章」焉。體元而亨，利物而正，一喜一怒，通於四時，夫是之謂「律天時」。脩其教不易其俗，齊其政不易其宜，使五方之民各安其常，各成其性，夫是之謂「襲水土」。「上律天時」，則天道之至教修；「下襲水土」，則地理之異宜全矣。故博厚配地，「無不持載」，高明配天，「無不覆幬」，變通「如四時之錯行」，照臨「如日月之代明」。小以成小，大以成大，動者植者，皆裕如也，是謂「並育而不相害」。或進或止，或久或速，無可無不可，是謂「並行而不相悖」。動以利物者智也，故曰「小德川流」；靜以裕物者仁也，故曰「大德敦化」。言川流，則知敦化者仁之體；言敦化，則知川流者智之用。

侯曰：「譬如天地之無不持載，無不覆幬」〔一一七〕，萬物所以「並育而不相害」也。「譬如四時之錯行，如日月之代明」，道所以「並行而不相悖」也。

第三十一章

程子曰：「溥博淵泉，而時出之」，須是先有「溥博淵泉」，方始能「時出」，自無「溥博淵泉」，豈能以時出之？伊川

呂曰：此章言聖人成德之用，其效如此。聖人成德，固萬物皆備，應於物而無窮矣。然其所以爲聖，則停蓄充盛，與天地同流而無閒者也。至大如天，至深如淵，時而出之，如四時之運用，萬物之生育。所見於外者，人莫不敬信而悦服，至於「血氣」之類「莫不尊親」，非有天德，孰能配之？

楊曰：書曰「惟天生聰明時乂」，易曰「知臨大君之宜吉」，則聰明睿智，人君之德也，故「足以有臨」。臨而不容，不足以得衆，容而無執，不足以有制，執而不敬，或失於自私，敬而無別，或無以方外，非成德也。「溥博如天」，則其大無外；「淵泉如淵」，則其流不窮。「淵泉」言有本也。「而時出之」，則其流不息矣。故民莫不敬信而悦服，凡有「血氣」之類「莫不尊親」，則與天同德矣，故曰「配天」。

第三十二章

程子曰：「肫肫其仁」，蓋言厚也。明道

游曰：自「惟天下至聖」以下。「聰明睿智」，聖德也；「寬裕温柔」，仁德也；「發強剛毅」，義德也；「齊莊中正」，禮德也；「文理密察」，智德也。溥博者，其大無方；淵泉者，其深不測。或容以爲仁，或執以爲義，或敬以爲禮，或別以爲智〔一八〕，惟其時而已，此所謂「時出之」也。夫然，故外有以正天下之觀，内有以通天下之志，是以見而民敬，言而民信，行而民悦，自西自東，自南自北，莫不心悦而誠服，此「至聖」之德也。「天下之大經」，五品之民彝也。凡爲天下之常道，皆可名於經，而民彝爲大經。「經綸」者，因性循理而治之，無汨其序之謂也。「立天下之大本」者，建中於民也。「淵淵其淵」，非特「如淵」而已，「浩浩其天」，非特「如天」而已，此「至誠」之道也。德者其用也，有目者所共見，有心者所共知，故「凡有血氣者莫不尊親」。道者其本也，非道同志一，莫窺其奥，故曰：「苟不固聰明聖知達天德者，其孰能知之？」蓋「至誠」之道，非「至聖」不能知，「至聖」之德，非「至誠」不能爲，故其言之序，相因如此。

楊曰：上言「至聖」，此言「至誠」，何也？曰聖人，人倫之至也，以人言之則與天地相似而已，故「如天」、「如淵」，以「至聖」言之。誠者天之道，誠即天也，故「其天」、「其淵」，以「至誠」言之。此其異也。

第三十三章

程子曰：學始於不欺暗室。○又曰：不愧屋漏，便是箇持氣象。伊川○又曰：不愧屋漏，則心安而體舒。伊川○又曰：所謂敬者，主一之謂敬。所謂一者，無適之謂一。且欲涵泳主一之義，一則無二三矣。言敬無如易「敬以直内，義以方外」，須是直内，乃是主一之義。至於不敢欺不敢慢，「尚不愧于屋漏」，皆是敬之事也。伊川○又曰：聖人修己以安百姓，「篤恭而天下平」。惟上下一于恭敬，則天地自位，萬物自育，氣無不和，四靈何有不至。此體信達順之道，聰明睿智皆由是出，以此事天享帝。○又曰：道一本也，知不二本，便是「篤恭而天下平」之道。明道○又曰：君子之遇事無巨細，一於敬而已矣。簡細故以自崇，非敬也；飾私智以爲奇，非敬也。要之，無敢慢而已。語曰：「居處恭，執事敬，雖之夷狄不可棄也。」然則「執事敬」者，固爲仁之端也，推是心而成之，則「篤恭而天下平」矣。伊川○又曰：「毛猶有倫」，入豪釐絲忽終不盡。明道○又曰：聖人之言依本分，至大至妙事，語之若尋常，此所以味長。釋氏之説，纔見得些，便驚天動地，言語走作，却是味短，只爲乍見。如中庸言道，只消道「無聲無臭」四字，總括了多少釋氏言非黄非白，非鹹非苦多少言語〔一九〕。伊川○又曰：中庸之説，其本至於「無聲無臭」，其用至於「禮儀三百，威儀三千」。自「禮儀三百，威儀三千」，復歸於「無聲無臭」，此言聖人心要處，與佛家之言相反，儘教説無形迹無色〔二〇〕，其實不過「無聲無臭」，必竟有甚見處，大抵語論閒不難見。如人論金曰黄色，此人必是不識金，若是識金者更不言，設或言時，別自有道理。張子厚嘗謂，佛如大富貧子。横渠論此一事甚當。伊川

張子曰：「闇然」，修於隱也；「的然」，著於外也。

游曰：「君子内省不疚，無惡於志」，「君子所不可及者，其惟人所不見乎」，言慎獨也。

楊曰：君子之道，充諸内而已，故「闇然而曰章」；小人鶩外而不乎其實，故「的然而曰亡」。此「衣錦」所以「尚絅」，而「惡其文之著也」。淡疑於可厭，簡疑於不文，温疑於不理。淡、簡、温，所謂「闇然」也。「淡而不厭，簡而文，温而理」，則闇然而章矣。此充養「尚絅」之至也。○又曰：道不可須臾離也，以其無適而非道也。故於不聞不睹，必恐懼戒慎焉。「相在爾室，尚不愧于屋漏」，其充此之謂乎！○又曰：「『上天之載，無聲無臭』，至矣。」蓋道本乎天，而其卒也反乎天，兹其所以爲至者乎〔二一〕。○又曰：孟子言大人「正己而物正」，物正，物自正也。大人只知正己而已，惟能正己，物自然正。此乃「篤恭而天下平」之意。

侯曰：不愧屋漏與慎獨不同。○又曰：自「衣錦尚絅」至「無聲無臭，至矣」，子思再叙入德成德之序也。○又曰：子思之書中庸也，始於「寂然不動」，中則「感而遂通天下之故」，及其至也，「退藏於密」，以神明其德，復於天命，反其本而已。其意義無窮，非玩味力索，莫能得之。

校勘記

〔一〕裳衣者　「裳衣」二字原倒，據明本及集解本乙正。

〔二〕所以祀乎其先　「祀」原作「事」，明本同，據集解本及中庸經文改。

〔三〕祼將又卑於鬯也　「將」，明本作「則」。

〔四〕此下明本多游氏一段語録：又曰：失其身而能事其親，吾未之聞矣，故修身然後能事親，至於能事親，則修身之至也，故曰「思修身不可以不事親」。知事親則德之本立矣，而不知人，則上以事君，下而取友，去就從違，莫知所向，而貽其親之憂者有矣。蓋「取人以身」，不能事親，安所取人哉？其序由事親然後能知人，至於能知人，則事親之至也，故曰「思事親不可以不知人」。集解本則接上文多以下一段文字：在上欲得乎民，在下欲獲乎上，皆以修身爲本，失其身而能事其親，吾未之聞矣。至於能事親，則修身之至也。知事親，則德之本立矣。而不知人，則上以事君，下以取友，去就從違，莫知所向，而貽其親之憂者有矣。能知人，則事親之至也。知人者智也，而明或不足以自知，將「逆詐」「億不信」而不肖之心應之，莫知其然也。蓋知人者可與言理，知天者可與言性，至於能知天，則知人之至也。「親親之殺」，事親者能之；「尊賢之等」，知人者能之。

〔五〕天下之達德　明本無「天下」二字。

〔六〕「大凡於道」至「不能斷」　明本無此伊川一段語録，刊者或以此段文字重見本書第八章「程子曰」下，特芟刈之。又「大」原作「夫」，兹據集解本及本書第八章改。

〔七〕醫書謂手足風頑謂之四體不仁　「謂之」，明本作「爲」。

〔八〕一居乎廣廷之中　「乎」原作「于」，據明本及集解本改。

〔九〕將所以應物也　「所」，明本及集解本均無。

〔一〇〕知終而終之　句下明本有「行之事」三字。

〔一一〕氣之所鍾便如此　「鍾」原作「鐘」，據明本及集解本改。

〔一二〕推成己之道成物便是知　「知」，明本及程氏遺書、游廌山集作「智」。

〔一三〕若溥博淵泉而時出之　「時」字原闕，據明本及集解本、程氏遺書補。

〔一四〕天地所以神者　「神」，明本及集解本作「成」。按宋真德秀西山讀書記卷十七載引吕氏此段語録作「成物」。

〔一五〕仁是仁此者也　二「仁」字，明本均作「悦」。

〔一六〕無它理也　「它」，明本作「異」。

〔一七〕無不覆幬　「幬」原作「燾」，據明本及集解本、中庸經文改。

〔一八〕或别以爲智　「爲」字原闕，據明本及集解本補。

〔一九〕非鹹非苦多少言語　明本「鹹」作「甘」，且無「多少」二字。按程氏遺書「多少」上有「費」字。

〔二〇〕儘教説無形迹無色　「色」上，明本有「聲」字。

〔二一〕兹其所以爲至者乎　「者」，明本作「也歟」，集解本作「也」。

附録一　書目著録序跋題記

直齋書録解題卷二

〔宋〕陳振孫

中庸集解二卷。會稽石𡼖子重集録周敦頤、程顥、程頤、張載、吕大臨、謝良佐、游酢、楊時、侯仲良凡十家之説，晦庵爲之序也。

中庸輯略一卷。朱熹既爲章句，復取石子重所集解，删其繁亂，名以輯略。其取舍之義，則或問詳之。

郡齋讀書志卷五下附志

〔宋〕趙希弁

中庸章句一卷、或問二卷、中庸輯略二卷、大學章句一卷、或問二卷。右晦菴先生既定著章句于經文之下，又述平時問答所疑以爲或問，中庸又述輯略兩卷，蓋集伊洛諸儒之説也。希弁所藏各兩本，嶽麓書院精舍及白鹿洞書院所刊者。

玉海卷三十九　〔宋〕王應麟

淳熙大學章句中庸章句。朱文公熹撰。淳熙十六年二月甲子序大學章句，三月戊申序中庸章句，二書各有或問，中庸又有輯略。紹熙五年閏月戊午朔講盤銘。

宋史卷二百二藝文志第一百五十五　〔元〕脱脱

十先生中庸集解二卷，朱熹序。

石𡼏中庸集解二卷。

朱熹中庸輯略二卷。

文獻通考卷一百八十經籍考七　〔元〕馬端臨

中庸集解二卷。宋陳振孫直齋書録解題曰：「會稽石𡼏子重集録周敦頤、程顥、程頤、張載、吕大臨、謝良佐、游酢、楊時、侯仲良凡十家之説，晦庵爲之序也。」

中庸輯略一卷。宋陳振孫直齋書録解題：「朱熹既爲章句，復取石子重所集解，删其繁亂，名以輯略。其取舍之義，則或問詳之。」

明一統志卷四十五　〔明〕李賢等

石𡼏，新昌人，與朱熹爲友，號克齋，有大學、中庸輯略行世。

赤城續志　〔明〕謝鐸

中庸輯略，臨海石子重著。今亡。

經義考卷二十八　〔清〕朱彝尊

石氏𡼏中庸集解二卷，存。陳耆卿曰：石𡼏字子重，其祖自會稽徙臨海。中紹興十五年進士，補廸功郎，歷將作監、太常寺主簿，終朝散郎。謝鐸曰：中庸輯略，臨海石子重著，今亡。按克齋先生中庸輯略，宋志作十先生中庸集解，朱子章句實本之，章句行而石氏之書流傳日寡。此謝鳴治赤城續志謂其已亡也。近其裔孫珮玉始刻之新昌家塾。

四庫全書總目卷三十五

〔清〕紀昀

中庸輯略二卷，宋石𡼖編，朱子删定。𡼖字子重，號克齋，新昌人。紹興十五年進士，官至太常主簿，出知南康軍。中庸爲禮記第三十一篇，孔穎達疏引鄭玄目録云：此書於别録屬通論。漢書藝文志有中庸傳二篇，顔師古注曰：今禮記中有中庸一篇，亦非本禮經。蓋子思之作是書，本以闡天人之奥，漢儒以無所附麗，編之禮記，實於五禮無所屬，故劉向謂之「通論」，師古以爲「非本禮經」也。梁武帝嘗作義疏，見於隋志，然其書不傳。迨有宋諸儒研求性道，始定爲心傳之要，而論説亦遂日詳。故𡼖輯是編，斷自周子、二程子、張子，而益以吕大臨、謝良佐、游酢、楊時、侯仲良、尹焞之説，初名集解。乾道癸巳，朱子爲作序，極稱其謹密詳審。越十有六年，淳熙己酉，朱子作中庸章句，因重爲删定，更名輯略，而仍以集解原序冠其首。觀朱子中庸章句自序，稱「既定著章句一篇，以俟後之君子，而一二同志復取石氏書，删其繁亂，名以輯略，且别爲或問以附其後云云」。據此，則是編及或問，皆當與中庸章句合爲一書。其後章句孤行，而是編漸晦。明嘉靖中，御史新昌呂信卿，始從唐順之得宋槧舊本，刻之毘陵。凡先儒論説見於或問所駁者，多所芟節。如第九章游氏「以舜爲絶學無爲」之説，楊氏「有能斯有爲」之説，第十一章游氏「離人立於獨未發有念」之説，多竟從删薙，不復存其説於此書。至如第一章内所引程子答蘇季明之次章，或問中亦力斥其記録失真，而原文乃仍載書中。或爲失於刊削，或爲别有取義，則其故不可得詳矣。

欽定四庫全書簡明目録卷四

中庸集解二卷。宋石𡼖編。采周子、二程子、張子、吕大臨、謝良佐、游酢、楊時、侯仲良、尹焞十家解説中庸之語，朱子中庸輯略即據此書爲藍本也。

中庸輯略二卷。宋朱熹編。因石𡼖中庸集解而删其繁蕪。據中庸章句序，蓋初附章句之末，其後乃别本孤行也。

中庸集解序

〔宋〕朱熹

中庸一書，子思子之所作也。昔者曾子學於孔子而得其傳矣，孔子之孫子思學於曾子，而得其所傳於孔子者焉，既而懼夫傳之久遠而或失其真也，於是推本所傳之意，質以所聞之言，更相反覆，作爲此書。孟子之徒實受其說，孟子没而不得其傳焉。漢之諸儒雖或傳誦，然既雜乎傳記之間而莫之貴，又莫有能明其所傳之意者。至唐李翱，始知尊信其書，爲之論說，然其所謂滅情以復性者，又雜乎佛、老而言之，則亦異於曾子、子思、孟子之所傳矣。至於本朝濂溪周夫子，始得其所傳之要以著於篇，河南二程夫子又得其遺旨而發揮之，然後其學布於天下。然明道不及爲書，今世所傳陳忠肅公之所序者，乃藍田吕氏所著之别本也。伊川雖嘗自言中庸今已成書，然亦不傳於學者，或以問於和靖尹公，則曰先生自意不滿而火之矣。二夫子於此既皆無書，故今所傳特出於門人所記平居問答之辭，而門人所記行於世者，唯吕氏、游氏、楊氏、侯氏爲有成書，若横渠先生，若謝氏、尹氏，則亦或記其語之及此者耳，又皆别自爲編，或頗雜出他説，蓋學者欲觀其聚而不可得，固不能有以考其異而會其同也。熹之友會稽新昌石君𡼏子重，乃始集而次之，合爲一書，以便觀覽，名曰中庸集解。復第其録如右，而屬熹序之。熹惟聖門傳授之微旨見於此篇者，諸先生言之詳矣。熹之淺陋，蓋有行思坐誦，没世窮經而不得其所以言者，尚何敢措一辭於其間。然嘗竊謂秦漢以來聖學不傳，儒者惟知章句訓詁之爲事，而不知復求聖人之意，以明夫性命道德之歸。至於近世先知先覺之士始發明之，則學者既有以知夫前日之爲陋矣。然或乃徒誦其言以爲高，而又初不知深求其意，甚者遂至於脱略章句，陵籍訓詁，坐談空妙，展轉相迷，而其爲患反有甚於前日之爲陋者。嗚呼，是豈古昔聖賢相傳之本意，與夫近世先生君子之所以望於後人者哉？熹誠不敏，私竊懼焉。故因數重之書，特以此言題其篇首，以告夫同志之讀此書者，使之毋跂於高，毋駭於奇，必沉潛夫句讀文義之間，以會其歸，必戒懼夫不睹不聞之中，以踐其實，庶乎優柔厭飫，真積力久，而於博厚高明悠久之域，忽不自知其至焉，則爲有以真得其傳，而無徒誦坐談之弊矣。抑子重之爲此書，采掇無遺，條理不紊，分章雖因衆説，然去取之間不失其當，其謹密詳審，蓋有得乎行遠自邇、登高自卑之意。雖「哀公問政」以下六章據家語，本一時問答之言，今從諸家不能復合，然不害於其脈理之貫通也。又以簡帙重繁，分爲兩卷，亦無他義例云。淳熙癸卯三月新安朱熹序。

（録自晦庵集卷七十五）

中庸章句序

〔宋〕朱熹

中庸何爲而作也？子思子憂道學之失其傳而作也。蓋自上古聖神繼天立極，而道統之傳有自來矣。其見於經，則「允執厥中」者，堯之所以授舜也；「人心惟危，道心惟微，惟精惟一，允執厥中」者，舜之所以授禹也。堯之一言至矣盡矣，而舜復益之以三言者，則所以明夫堯之一言必如是而後可庶幾也。蓋嘗論之，心之虛靈知覺，一而已矣，而以爲有人心、道心之異者，則以其或生於形氣之私，或原於性命之正，而所以爲知覺者不同，是以或危殆而不安，或微妙而難見耳。然人莫不有是形，故雖上智不能無人心，亦莫不有是性，故雖下愚不能無道心。二者雜於方寸之間，而不知所以治之，則危者愈危，微者愈微，而天理之公，卒無以勝夫人欲之私矣。精則察夫二者之間而不雜也，一則守其本心之正而不離也。從事於斯，無少間斷，必使道心常爲一身之主，而人心每聽命焉，則危者安，微者著，而動靜云爲自無過不及之差矣。夫堯、舜、禹，天下之大聖也。以天下相傳，天下之大事也。以天下之大，聖行天下之大事，而其授受之際，丁寧告戒不過如此，則天下之理，豈有以加於此哉！自是以來，聖聖相承，若成湯、文、武之爲君，皋陶、伊、傅、周、召之爲臣，既皆以此而接夫道統之傳。若吾夫子，則雖不得其位，而所以繼往聖，開來學，其功反有賢於堯、舜者。然當是時，見而知之者，惟顏氏、曾氏之傳得其宗，及曾氏之再傳而復得。夫子之孫子思，則去聖遠而異端起矣。子思懼夫愈久而愈失其真也，於是推本堯、舜以來相傳之意，質以平日所聞父師之言，更互演繹，作爲此書，以詔後之學者。蓋其憂之也深，故其言之也切，其慮之也遠，故其説之也詳。其曰「天命率性」，則「道心」之謂也；其曰「擇善固執」，則「精一」之謂也；其曰「君子時中」，則「執中」之謂。世之相後千有餘年，而其言之不異如合符節，歷選前聖之書，所以提挈綱維，開示蘊奥，未有若是其明且盡者也。自是而又再傳，以得孟氏爲能推明是書，以承先聖之統。及其没而遂失其傳焉，則吾道之所寄，不越乎言語文字之間，而異端之説日新月盛，以至於老、佛之徒出，則彌近理而大亂真矣。然而尚幸此書之不泯，故程夫子兄弟者出，得有所考，以續夫千載不傳之緒，得有所據，以斥夫二家似是之非。蓋子思之功，於是爲大而微。程夫子則亦莫能因其説而得其心也。惜乎其所以爲説者不傳，而凡石氏之所輯録，僅出於其門人之所記。是以大義雖明，而微言未析。至其門人所自爲説，則雖頗詳盡而多所發明，然倍其師説而淫於老、佛者亦有之矣。熹自蚤歲即嘗受讀而竊疑之，沉潛反復，蓋亦有年。一旦恍然，似有以得其要領者，然後乃敢會衆説而折其中，既爲定著章句一篇，以竢後之君子。而一二同志復取石氏書，删其繁亂，名以輯略。且記所嘗論辨取舍之意，别爲或問，以附其後。然後此書之旨，支分節解，脈絡貫通，詳略相因，巨細畢舉，而凡諸説之同異得失，亦得以曲暢旁通，而各極其趣。雖於道統之傳不敢妄議，然初學之士或有取焉，則亦庶乎行遠升高之一助云爾。淳熙己酉春三月戊申新安朱熹序。（録自晦庵集卷七十六）

書徽州婺源縣中庸集解板本後

〔宋〕朱熹

此書始刻於南劍之尤溪，熹實爲之序其篇目，今建陽、長沙、廣東、西皆有刻本，而婺源宰三山張侯又將刻之縣學，以惠學者。熹故縣人，嘗病鄉里晚學見聞單淺，不過溺心於科舉程試之習，其秀異者又頗馳騖乎文字纂組之工，而不克專其業於聖門也。是以儒風雖盛，而美俗未純，父子兄弟之間，其不能無愧於古者多矣。今得賢大夫流傳此書，以幸教之，固熹之所欲聞而樂贊其成者也。是書所記，雖本於天道性命之微，而其實不外乎達道達德之粲然者。學者誠能相與深究而力行之，則先聖之所以傳，與今侯之所以教者，且將有以自得之，而舊俗之未純者，亦可以一變而至道矣。（録自晦庵集卷八十一）

跋中庸集解

〔宋〕張栻

右石𡼖子重所編集解兩卷，某刻於桂林郡學官。子重之編此書，嘗從吾友朱熹元晦講訂，分章去取，皆有條次。元晦且嘗爲之序矣。桂林學官舊亦刻中庸解，而其間雜亂以他，懼其反誤學者，於是漫去舊版，而更刻此書。竊惟中庸一篇，聖賢之淵源也，體用隱顯，成己成物備矣。雖然，學者欲從事於此，必知所從入，而後可以馴致焉。其所從入奈何？子思以不睹不聞之訓著於篇首，又於篇中發明「尚絅」之義，且曰「君子之所不可及者，其惟人之所不見乎」，而推極夫篤恭之效，其示來世，可謂深切著明矣。學者於此亦知所用其力哉。有以用其力，則於是書反復紬繹，將日新而無窮。不然，辟諸枵腹而觀他人之食之美也，亦奚以益哉？

（録自南軒集卷三十三）

中庸集説小序

〔宋〕衛湜

中庸一篇，會稽石氏集解，自濂溪先生而下凡十家。朱文公嘗爲之序，已而自著章句，以十家之説删成輯略，别著或問，以開曉後學。然十家之説輯略所不敢取者，朱氏或問疏其失，僅指摘三數言，後學或未深解。今以石氏本增入，庶幾覽者可以參繹其旨意。（録自禮記集説卷一百二十三）

讀禮記中庸小序

〔宋〕黄震

中庸按家語子思所作，實得聖門之親傳，非漢儒所集其他記禮比也。然至唐李翺始爲之説，至本朝周濂溪始得其要，至二程先生、張横渠、吕氏、游氏、楊氏、侯氏、謝氏、尹氏，始各推衍其義。自是爲集解者凡三家。會稽石𡻕集濂溪以下十人之説。晦庵先生因其集解，删成輯略，别爲章句以總其歸，又爲或問以明所以去取之意，已無餘藴矣。吴郡衛湜再爲集解，乃增入石氏元本，及附入石氏元所不集，與晦庵以後諸皆取之晦庵章句，雖亦參錯其間，意若反有未滿於晦庵者。天台賈蒙久爲集解，雜列諸家晦庵章句之説，又特間見一二而已。晦庵以命世特出之才，任萬世道統之託，平生用力盡在四書。四書歸宿於中庸，其該貫精備，何可當也，而二家之所見如此哉。（録自黄氏日抄卷二十五）

明嘉靖刻本中庸輯略序

〔明〕唐順之

中庸輯略凡二卷。初，宋儒新昌石𡼖子重，采二程先生語，與其高第弟子游、楊、謝、侯諸家之説中庸者，爲集解凡幾卷，朱子因而芟之爲輯略。其後朱子既自采二程先生語入章句中，其於諸家則又著爲或問以辨之。自章句、或問行，而輯略、集解二書因以不著於世。友人御史新昌吕信卿，宿有志於古人之學，且謂子重其鄉人也，因購求此二書，而余以所藏宋板輯略本授之。已而吕子巡按江南，則屬武進李令板焉，而集解則不可復見矣。

序曰蓋古之亂吾道者，常在乎六經、孔氏之外，而後之亂吾道者，常在乎六經、孔氏之中。昔者世教衰而方術競出，陰陽、老墨、名法，嘗與儒並立，而爲六家爲九流，其道不相爲謀，而相與時爲盛衰。佛最晚出，其説最盛，至與吾儒並立而爲儒佛，然其不相謀而相盛衰也，則亦與六家九流同。夫彼之各駕其説，而其盛也，至與儒亢而六而九而二也，斯亦悖矣。雖然其不相爲謀也，則是不得相亂也。嗚呼，六經、孔氏之教，所以别於六家九流與佛，而豈知其後也，六家九流與佛之説，竄入於六經、孔氏之中，而莫知辨也。説易者以陰陽或以老莊，是六經、孔氏中有陰陽家有老家矣；説春秋者以法律，説禮者以形名度數，是六經、孔氏中有名家有法家矣；説論語者以「尚同」之與「兼愛」、「尚賢」、「明鬼」，是六經、孔氏中有墨家矣；性不可以善惡言其作用，是性之説乎？心不可以死生言其真心，常住之説乎？是六經、孔氏中有佛家矣。六家九流與佛之與吾六經、孔氏並也，是門外之戈也，六家九流與佛之説竄入於六經、孔氏之中而莫之辨也，是室中之戈也。雖然六家九流之竄於吾六經、孔氏也，其爲説也粗，而其爲道也小，猶易辨也。佛之竄於吾六經、孔氏也，則其爲道也宏以潤，而其爲説也益精以密。儒者曰體用一原，佛者曰體用一原，儒者曰顯微無間，佛者曰顯微無間，其孰從而辨之？嗟乎，六經、孔氏之旨，與伊洛之所以講於六經、孔氏之旨者，固具在也。苟有得乎其旨，而超然自信乎吾之所以「一原」、「無間」者，而後彼之所謂「一原」、「無間」者可識矣。儒者於喜怒哀樂之發，未嘗不欲其順而達之。其順而達之也，至於天地萬物皆吾喜怒哀樂之所融貫，而後「一原」、「無間」者可識也。佛者於喜怒哀樂之發，未嘗不欲其逆而消之。其逆而消之也，至於天地萬物泊然無一喜怒哀樂之交，而後「一原」、「無間」者可識也。其機嘗主於逆，故其所謂旋聞反見與其不住色聲香觸，乃在於聞見色聲香觸之外。其機嘗主於順，故其所謂不睹不聞與其無聲無臭者，乃即在於睹聞聲臭之中。是以雖其求之於内者，窮深極微，幾於吾聖人不異，而其天機之順與逆，有必不可得而強同者。子程子曰：聖人本天，釋氏本心。又曰：善學者卻於已發之際觀之。是中庸之旨而百家之所不能駕其説，羣儒之所不能亂其真也。彼游、楊、謝、侯諸家之説，其未免於疵矣乎？吾弗敢知，然而醇者大矣。其未能不浸淫於老與佛乎？吾弗敢知，然而師門之緒言蓋多矣。學者精擇之而已矣，則是書其遂可廢乎？是信卿所爲刻以待學者之意也。嘉靖乙巳八月朔旦武進唐順之序。（録自明嘉靖刻本中庸輯略卷首）

清康熙石氏刻本重訂中庸輯略序

〔清〕陳大典

輯略一書何昉乎？宋儒子重石先生憂中庸之失其傳而爲是書也。中庸之旨自子輿氏後，惟兩程夫子得其解，而未獲成篇。先生爰集遺語，並采門人吕、游、楊、謝之説，彙爲集解，删爲輯略，其道乃復著於天下。先生與考亭朱夫子稱道義交，而是編尤爲考亭所推許。彼時石氏簪紱盈朝，先生身登華仕，志在理學，與考亭共相砥礪，故學業彌劭雲。晚開義塾，構書院於鼓山之巔，講學論道，延四方之來學，而弟子日益進爲當時之宗工矣。予習呫嗶，最留意於中庸，謂是聖賢心法所在，必有闡發藴奥、錫後學指南者。於是廣爲蒐羅，聞有宋石先生輯略，惜乎購求未得，有似饑渴在懷，庶幾旦暮遇之。適同年張子沭新與先生十二世裔孫鳴之爲姻婭至戚，予藉是以獲交。鳴之倜儻磊落，居今嗜古，説劍談文，韋皋、魏了翁之流也。燕京聚首，每述其箕裘，誠剡水望族，並敘其家學，輒稱道先生。予聞而歎曰：「安得續李青蓮之神遊天姥，得過先生之講堂，覩先生之肖貌，快讀先生之遺編耶！」孰意天作之合，謁選得新昌令，奉檄而南。私心深幸昔之願夢遊而不獲者，今得親履其地，可以慰仰望矣。下車之始，訪先生之書院，已埋没於荒煙蔓草，購先生之遺書，半零落於鼠碎蟲侵。躡鼓山而徘徊，有父老向予言曰：「此基址乃先生創立以延來學者也，此書院乃郡侯洪公增建以隆廟祀者也，此理學名儒坊又洪公以表厥宅里、樹之風聲者也。今院存兩楹，坊日就圮，鼓山名勝，漸淪榛莽。」竊計次年簿書之餘，當勤求輯略正本，修葺書院坊碑，以復前人舊觀，以續先賢正脈。奈何甲寅歲初，羽書旁午，直至於今，供糗糧，飭武備，是吏之寢食俱廢矣，不遑酧志，隱疚在心。而鳴之自都門還里，力爲重光先澤，弘長道風，以俗吏末學未逮之志願，俱爲箕爲裘之子孫一肩任之。鳩材庀工，百廢俱興，將見書院坊碑相繼巍焕矣。更搜輯略殘編，鳴之不憚晨窗暮火，越五閲月，始得校正魯魚，讎訂亥豕，重翻刻梓，昭示後學。昔中庸自堯舜以來，道比相承，至孔子而成其大，子思纂集以爲書，子輿氏、兩程氏盡悟其旨，考亭夫子注疏其義，子重先生彙歸其要，使理障豁然，道垂萬禩。嗟夫！朱夫子、石先生洵中庸之功臣也。至數百年後，微言將絶，又得石鳴之留心理學，究古情殷，重葺中庸輯略，綴新堂構，可謂先儒之功臣，石氏之孝裔，豈惟功名事業在韋、魏之流亞也！以儒將而翼贊聖經，則功德所被，更覺淵遠矣。康熙乙卯秋初知新昌縣事三韓後學陳大典頓首拜撰。（録自清康熙石佩玉刊本中庸輯略卷首）

清康熙石氏刻本　重訂中庸輯略序

〔清〕石佩玉

予族自漢萬石君後，建安太守淵爲從晉元帝渡江，徙於會稽，至檢校太保諱元，遂居新昌。嗣自英碩鵲起，纓緌蟬聯，忠孝節烈之事，經邦弘化之才，俱不可更僕數，而獨以理學著聞者，則有吾祖知南康軍子重公，郡志所載理學第一人者是也。夫古稱大儒，立德、立言、立功三者俱堪不朽，而予謂立言更難，其爲烈更遠。故曰：存則其人，亡則其書。使千百世之讀其書者，由此而德以弘，更由此而功以顯，則是立言者必以包舉其二無疑也。予自成童時，稔聞父兄之教，云子重公遺有中庸輯略一書，實足以衣被人文，鼓鐘來學。恨予生也晚，既不獲負劍辟咡，親承其詔，迄今斷琴故履，零落莫追，以至欲讀其遺書而不可得。既而違志而乘世，匏系長安，凡薦紳先生及四方知名士，每見必首問吾祖子重公，其遺書何在，予因是皦愵彌甚。客歲乞假南旋，遂趨新昌故里，登鼓山之巔。其間山容水色，良田美池，猶如故也。至欲覓吾祖講學之所，則已鞠爲茂艸矣。憑弔久之，惻然懷抱。因思吾祖之書，衣被人文，鼓鐘來學，其遺澤未泯，而皐比之室，無有能修復之者，以是嗟吾族之式微，而今昔之不同也。予毅然謀所以修復之舉，而復購得其所鏤舊版于殘缺失次之餘，爲之細加讎較，補遺訂訛。予朝夕卒讀之，真足發理義之淵懿，闡聖賢之指歸，所謂文如日月，終古不變，而光景常新，毋惑乎紫陽之以兄事吾祖也。予手是編，呼子侄之「遲」輩進，而語之曰：「家學淵源，其在是矣。爾輩俱以能文稱於時，而不研繹理學，則所頌習者皆糟粕耳。且祖宗無不欲賢其子孫，能守其金玉與能讀其遺書，孰賢乎？今榱桷如故，坊記維新，與諸子登其堂，拜其像。清風明月，靈爽如生，儼然見有高座而闡宗風者焉。纘承繼起，不無望於後賢矣。且使合邑諸君子俱能振興於斯，則以爲吾祖之傳人也可，以爲子思之傳人也亦可。」時康熙乙卯仲秋十二世裔孫佩玉拜識。

（録自清康熙石佩玉刊本中庸輯略卷首）

校刊中庸集解序

〔清〕莫友芝

中庸集解者，宋新昌石氏子重集録周子、二程子、張子，及程子門人吕、謝、游、侯、尹十家之説，宋志又謂十先生中庸集解。朱子論孟精義每標籤題皆冠以「國朝諸老先生」字，則云「十先生」者，疑爲元題。書成於乾道癸巳，朱子爲講訂而序其篇目，極稱其謹密詳審。越十年，淳熙癸卯，删爲輯略，據今輯略本所題年，仍以元序冠之。後又爲或問以明諸家之醇駁。淳熙己酉中庸章句成，乃以輯略、或問並附諸後，故中庸序並舉三書也。輯略行，集解遂微。自鐵峰趙氏中庸箋義數所集十家，遺尹氏而誤增司馬温公、王荊公二家。臨川詹氏中庸纂箋、訥庵景氏中庸集説啟蒙所記亦爾。蓋元時已罕覯本書，不至唐荊川序輯略、謝鳴治志赤城始歎佚亡矣。戊申秋，課彝兒讀戴記時，檢閲衛氏集説，則十家之説具在。喜遺緒之可尋，亟爲鈔出，復取輯略及真氏集編、趙氏纂疏所引，校其文句，補脱存異，以還石氏之舊。夫章句者中庸之指歸，集解者章句之尋原。未有章句，既緣集解以觀會通；已有章句，宜泝集解以明取捨。夫治獄者不審爰書，不知用律之曲當；治醫者不析證變，不識處藥之至精。集解之於章句、或問，亦猶是而已矣。

（録自清道光莫友芝刊本十先生中庸集解卷首）

附録二 傳記資料

知南康軍石君墓誌銘

〔宋〕朱熹

吾友石君子重，諱某。其先世爲會稽新昌右族。曾大父諱某，不仕。大父諱某，避庚子之亂，始居台州臨海縣，後以遺逸召，授右廸功郎以没。父諱某，贈朝奉郎。母安人朱氏，太宜人陳氏。君幼端愨，警悟不羣，年十二即自知刻意爲學，晝夜不怠。年十八擢進士第，丁外艱，服除，授左廸功郎、郴州桂陽縣主簿。會故參知政事李安簡公謫居郡下，性嚴重，不輕許可，一見君，深器重之，授館其家，日與論説前言往行，勵以致遠之業。常語人曰：吾閱人多矣，未有石君比者。秩滿，改從事郎，調泉州同安縣丞。天旱民饑，縣白府請得蠲歲租如故事。太守怒，檄君杖主吏。君移書太守曰：「杖一吏，細事耳，然其所繫則大。民今皇皇，無以爲命，縱不能救，忍復箝其口乎？」守怒未已，遣幕府官按驗，至則希守意，以爲不當蠲。君争益力，部使者聞之，因以其事諉君。君既行視歸，即揭牓喻民，蠲之什九，然後言府，且亟召鄉吏閉廨中，使鄉爲一榜，户列所蠲與其當輸之數。既成，立授里胥，使走揭於其所。於是上官不得變其説，鄉吏無所逞其姦，邑人便之。改宣教郎、知常州武進縣事。民訟有數年不決者，君一訊立辨，雖姦民健猾者，亦皆驚服愧謝而去。它邑滯訟，多請屬君以決。郡守欲爲寓客治第，而屬役於縣，其費且數十萬。君不可，曰：「吾爲天子牧民，豈爲若人治第者耶？且浚吾民之膏血以媚人，吾不忍也。」守怒，欲中以法，掇拾亡所得。會君有親嫌，法當兩易，君不顧求罷，竟歸。民數千人詣郡請留君，不可，則相與伺守出，遮道號訴，至有褫其襜帷者，守不能禁。君因更調南劍州尤溪縣待次，家食三年，雖貧不戚也。至官，吏以財匱請借民租，君不答，但日治税籍，凡民逃絶而田入見户者，與鬻産而不能更其籍者，皆正之。又謹視其出内之際，要爲簡易以便民，而吏不得以容其姦，關市之徵亦損其數。於是官無苛擾，農商得職，租入以時，力役有序，至有争先爲里正者。縣故窮僻，學校久廢，士寡見聞，不知所以爲學。君至，即命其友古田林用中來掌教事，而選邑子願學者充弟子員。始教之日，親率佐史賓客往臨之，因爲陳説聖賢教學，凡以爲修己治人之資，而非如今之所謂者。聞者皆動心焉。自是五日一往，伐鼓升堂，問諸生進業次第，相與反復，以求義理至當之歸。員外諸生數十，或異邦之人，皆裹糧來就學。君視故學宫爲不稱，乃廣其規模，新其棟宇，市書萬卷，買田數百畆以充入之。既成，爲考古制，舉鄉飲酒禮以落之，於是士始知學，而民俗亦變。君又摭其舊俗之不美者數事，爲文以訓飭之，民皆傳寫誦習焉。遠鄉有據險自豪，不輸租賦數十年，日與比鄉爲仇敵者，君爲榜喻之，即歛手聽命，輸賦解仇，復與齊民齒。民王某者，有刑罪具獄上，府吏以邀求不厭，欲致之死。君争之不聽，則請自對獄，與吏辯，代民死，民乃得免。歲大疫，多治藥劑，分遣醫者散之村落，自爲詩以勸之，賴以活者甚衆。及代去，民或畫像祠之。監察御史陳公舉善，聞其賢，薦之朝，而君自從吏部選授福建路安撫司幹辦公事以去。會丞相史公再入，薦一時名士數人，君復與焉。有旨召對，君辭不獲，乃入見。首陳人君之道與天同方，天心至公，故人君之心不可以有一毫之私。因歷引時事以質之，言甚剴切。上皆然之，差監登聞檢院，未幾，除將作監主簿，尋改太常。居頃之，有所不樂，因謁告歸省，請得奉祠終養。除知南康軍事。將行而遭内艱，未終制。有詔舉材堪刺舉者，吏部尚書鄭公丙以君對，然君已不及聞矣。其卒以淳熙九年六月乙丑，享年五十有五，積官至朝散郎。君爲人外和内剛，平居恂恂，如不能言者，而遇事立斷，毅然有不可犯之色。事繼母承順不違，兄弟之間，怡怡如也。族黨有貧不能自活者，買田捐金以振業之，教其子與己子等，嫁孤女多得所歸，道遇棄子，募人母之，月有給焉。其爲政一主於愛民，而憂國之心又甚切，於賢材之用舍，政令之得失，一有所聞，憂喜之誠形於言色，至或累日不解。然自處甚約，自律甚嚴，在州縣未嘗屈意上官，在朝廷未嘗造請當路。繇疎賤一旦見天子，盡言竭忠，未嘗少爲迂回避就之計。其爲學，自聘君朝奉時已傳其業，後更從舅氏太子詹事陳公良翰受書焉。聞人之善，必手記而心慕之，其人可見，雖少賤僻遠不憚。其與予遊，相好尤篤也。晚名其燕居之室曰「克齋」，讀書其間，没身不懈。後生執業就正者，皆頼君知所鄉，而君未嘗少自足也。此其志豈可量哉！予前年守南康，朝廷以君與予善，除以爲代。予亦日夜望君至，冀得用疲甿學子爲寄，而君不果來。當年奉使浙東，聞新、剡饑民轉入台境甚衆，亟以屬君。君即慨然以爲己任，其得免於饑凍捐瘠而歸者，蓋數百人。然其後予以事至台，則已不及見君而哭其殯矣。嗚呼，悲夫！君之配朱氏、劉氏、李氏，皆贈安人，姜氏，封安人。子男四人：繼微、繼喻、繼善、繼周。女五人，長適范籍，次許嫁商月卿，餘尚幼。君爲文明白徑切，似其爲人，然非有故，未嘗作。今有文集十卷藏於家，所集周易、大學、中庸解又數十卷傳學者。繼微等將以十二月庚申葬君龍穀山雲溪先塋之側，使來請銘。時予已病，歸卧故山，念不得往而祖君之行也。乃敘其事而銘之。其詞曰：予悲斯人之病，而莫與瘳也；悼斯學之孤，而莫與儔也。又哀君之有志，而久不讎也；時若可竢，而君不留也。龍穀之城，雲溪之宅，詔彼茫茫，不在斯刻。

（録自晦庵集卷九十四）

石子重兄示詩留别次韻爲謝三首

〔宋〕朱熹

此道知君著意深，不嫌枯淡苦難禁。更須涵養鑽研力，彊矯無忘此日心。克己工夫日用間，知君此意久晞顔。摛文妄意輸朋益，何似書紳有訂頑。喜見薰成百里春，更慙謙誨極諄諄。願言勉盡精微藴，風俗期君使再醇。（録自晦庵集卷九十四）

克齋記

〔宋〕朱熹

性情之德，無所不備，而一言足以書其妙，曰「仁」而已。所以求仁者，蓋亦多術，而一言足以舉其要，曰「克己復禮」而已。蓋仁也者，天地所以生物之心，而人物之所得以爲心者也。惟其得夫天地生物之心以爲心，是以未發之前，四德具焉，曰仁、義、禮、智，而仁無不統。已發之際，四端著焉，曰惻隱、羞惡、辭讓、是非，而惻隱之心無所不通。此仁之體用，所以涵育渾全，周流貫徹，專一心之妙，而爲衆善之長也。然人有是身，則有耳目鼻口四肢之欲，而或不能無害夫仁。人既不仁，則其所以滅天理而窮人欲者，將益無所不至。

此君子之學所以汲汲於求仁，而求仁之要，亦曰去其所以害仁者而已。蓋非禮而視，人欲之害仁也；非禮而聽，人欲之害仁也；非禮而言且動焉，人欲之害仁也。知人欲之所以害仁者在是，於是乎有以拔其本，塞其源，克之克之而又克之，以至於一旦豁然欲盡而理純，則其胸中之所存者，豈不粹然天地生物之心，而藹然其若春陽之温哉？默而成之，固無一理之不具，而無一物之不該也；感而通焉，則無事之不得於理，而無物之不被其愛矣。嗚呼，此仁之爲德，所以一言而可以盡性情之妙，而其所以求之之要，則夫子之所以告顔淵者，亦可謂一言而舉也與。然自聖賢既遠，此學不傳，及程氏兩先生出，而後學者始得復聞其説，顧有志焉者或寡矣。若吾友會稽石君子重，則聞其説而有志焉者也。故嘗以「克」名齋，而屬予記之。予惟「克」「復」之云，雖若各爲一事，其實天理人欲，相爲消長，故克己者乃所以復禮，而非克己之外別有復禮之功也。今子重擇於斯言，而獨以「克」名其室，則其於所以求仁之要，又可謂知其要矣，是尚奚以予言爲哉？自今以往，必將因夫所知之要而盡其力，至於造次顛沛之頃而無或怠焉，則夫所謂仁者，其必盎然有所不能自已於心者矣，是又奚以予言爲哉？顧其所以見屬之勤，有不可以終無言者，因備論其本末，而書以遺之。幸其朝夕見諸屋壁之間，而不忘其所有事焉者，則亦庶乎求仁之一助云爾。乾道壬辰月日新安朱熹謹記。

（録自晦庵集卷七十七）

名堂室記

〔宋〕朱熹

紫陽山在徽州，里嘗有隱君子居焉，今其上有老子祠。先君子故家婺源，少而學於郡學，因往遊而樂之。既來閩中，思之獨不置，故嘗以「紫陽書堂」者刻其印章，蓋其意未嘗一日而忘歸也。既而卒不能歸，將没，始命其孤熹來居潭溪之上，今三十年矣。貧病苟活，既不能反其故鄉，又不能大其閭閻，以奉先祀，然不敢忘先君子之志，敬以印章所刻，牓其所居之聽事，庶幾所謂「樂樂其所自生，禮不忘其本」者，後世猶有考焉。先君子又每自病其卞急害道，尉尤溪時，嘗取古人佩韋之義，牓其聽事東偏之室曰「韋齋」，以燕處而讀書焉。延平羅公先生仲素實記之，而沙陽曹君令德又爲之銘。官署中更盜火，無復遺跡。近歲，熹之友石君子重知縣事，始復牓焉，且刻記銘于石，以示後來。熹惟先君子之志不可以不傳於家，而熹之躁迫滋甚，尤不可以忘先人之戒，則又取而揭之於寢，以自鞭策，且示子孫。蓋聽事寢堂，家之正處，今皆以先君子之命命之。嗚呼，熹其敢不夙興夜寢，陟降在兹，無或不虔，以忝先訓。晦堂者，燕居之所也。熹生十有四年，而先君子棄諸孤，遺命來學於籍溪胡公先生，草堂、屏山二劉先生之門。先生飲食教誨之，皆無不至，而屏山獨嘗字而祝之曰：「木晦於根，春容曄敷，人晦於身，神明内腴。」後事延平李公先生，先生所以教熹者，蓋不異乎三先生之説，而其所謂晦者，則猶屏山之志也。熹惟不能踐修服行，是以顛沛。今乃以是名堂，以示不敢忘諸先生之教，且志吾晦，而自今以始，請得復從事於斯焉。堂旁兩夾室，暇日默坐，讀書其間，名其左曰「敬齋」，右曰「義齋」。蓋熹嘗讀易，而得其兩言曰「敬以直内，義以方外」，以爲爲學之要，無以易此，而未知其所以用力之方也。及讀中庸，見其所論修道之教，而必以戒慎恐懼爲始，然後得夫所以持敬之本。又讀大學，見其所論明德之序，而必以格物致知爲先，然後得夫所以明義之端。既而觀夫二者之功，一動一静，交相爲用，又有合乎周子太極之論，然後又知天下之理，幽明鉅細，遠近淺深，無不貫乎一者，樂而玩之，固足以終吾身而不厭，又何暇夫外慕哉？因以「敬」、「義」云者名吾二齋。且歷敘所以名夫堂室之意，以見熹之所以受命於父師，與其區區講學之所逮聞者如此，書之屋壁，出入觀省，以自詔云。

（録自晦庵集卷七十八）

跋張敬夫爲石子重作傳心閣銘

〔宋〕朱熹

熹既爲尤溪大夫石子重記其修學之事，又爲作此五銘焉。時子重方爲藏書之閣於講堂之東，中寘周、程三君子像，旁列書史之櫃，而使問名於熹，請以「傳心」榜之，而子重遂並以其銘見屬。熹愚不敏，不敢專也，且惟子重之爲是閣，蓋非學校經常之則，非得知道而健於文者不能有所發明也。則轉以屬諸廣漢張君敬夫，而私記其説如此云。

（録自晦庵集卷八十一）

南劍州尤溪縣學傳心閣銘

〔宋〕張栻

乾道九年，知南劍州尤溪縣事石𡻕，既新其縣之學，復建閣于學之東北，買書五千卷，藏之其上，而命工人繪濂溪周先生、河南二程先生之像，寘于其中，使學者得共朝夕瞻仰焉。新安朱熹爲之名曰「傳心之閣」，而𡻕又以書請銘于廣漢張某。某竊惟念，自孟子没，聖學失傳，歷世久遠，其間儒者非不知尊孔孟而誦六經，至考其所得，則不越於詁訓文義之間而已，於聖人之心所以本諸天地而措諸天下與來世者，蓋鮮克涉其藩，而況睹其大全者哉。惟三先生生乎千載之後，乃能攷諸遺經，而得其不傳之妙，以相授受。然後六經之言，羣聖之心，全體大用，晦而復明，如日之中，萬物皆覩。嗚呼，盛矣！某愚不敏，夙嚮往焉，敢以建閣之意，命名之説，洗心拜手，叙而銘之。銘曰：

惟民之生，厥有彝性。情動物遷，以隳厥命。惟聖有作，合乎天心。脩道立教，以覺來今。孰謂道遠，始卒具陳。俾爾由學，而聖可成。鄒魯云邈，章句有師。一經皓首，語道則迷。惟子周子，崛起千載。孰探其源，以識其大。立象盡意，闡幽明微。聖學有傳，不曰在兹。惟二程子，實嗣其徽。既自得之，又光大之。有渾其全，則無不總。有析其精，則無不中。曰體曰用，著察不遺。曰隱曰微，莫間其幾。於皇聖心，如日有融。於赫心傳，來者所宗。有屹斯閣，尤溪之濱。翼翼三子，繪事孔明。儼然其秋，温然其春。揭名傳心，詔爾後人。咨爾後人，來拜于前。起敬起慕，永思其傳。于味其言，于考其爲。體于爾躬，以旨其歸。爾之體矣，循其至而。爾之至矣，道豈異而。傳心之名，千古不渝。咨爾後人，無替厥初。（録自南軒集卷三十六）

與朱侍講元晦書

〔宋〕吕祖謙

學記、中庸集解及它石刻皆領。學記所論甚正，但序述縣尹語言，微似過重。雖曰文字之常，然聞石子重乃篤志於學者，吾人分上所以相期，正當損飾就實耳。大抵論義理，談治道，闢異端，則不當有一毫回避屈撓。至於説自己及著實朋友，只當一味歛縮，時義與工夫皆當然也。集解序引指出高奇等弊極有益，但李翺似不足言，而「哀公問政」以下六章雖載在家語，皆同時問答之言，然安知非子思裁取之以備中庸之義乎？有未然處，望見教。（録自東萊别集卷八）

挽石子重

〔宋〕陸九淵

古重百里長，寄命謀託孤。今以京秩授，縻至無賢愚。州家督版帳，殿最視所輸。况乃積弊久，宿負堆文符。老姦乘倉皇，陰拱爲師模。民窮歛愈急，吏飽官自癯。天子爲焦勞，宵旰思良圖。高選部使者，庶使德意敷。石君在薦剡，聞者皆歡愉。不知何方民，凋瘵遲君蘇。君丞固安日，歲旱當蠲租。縣白如故事，守怒牢睢盱。賴君爭之力，意得所請俞。揭數授里正，俾後不可渝。又嘗宰尤溪，吏輩初闒闟。首以財匱告，欲闢侵民途。君乃治税籍，弊蠹窮根株。簡易以便民，上下交相孚。民自不忍負，豈復煩催驅。闢徵且損數，孰謂儒術迂。使家得此人，黄屋何憂虞。惜哉不及用，重使吾嗟吁。（録自象山集卷二十五）

讀石子重先生輯略

〔宋〕潘音

吴越遠中原，斯文久寥落。季子已邈如，言偃亦渺若。千載萃貞元，石城倡絶學。游楊出程門，論議紛灼爍。先生咀其華，用傳此輯略。言深旨斯遠，施博守則約。餘生媿顓蒙，遺言仰光覺。大道闢荆蓁，天性啟橐籥。誠身須固執，擇善無踳駁。孔門授受宗，誰云盡糟粕。

（載宋陳思兩宋名賢小集卷三百八十待清軒遺稿）

赤城志石子重小傳

〔宋〕陳耆卿

石𡼖，臨海人，字子重。祖公孺，辟庚子之亂，自會稽徙此。後以詔居遺逸，補迪功郎。𡼖從朱文公遊，自是里人知有洛學。歷將作監、太常寺主簿，終朝散郎知南康軍事，見文公所爲銘。

（載宋陳耆卿赤城志卷三十三人物門二仕進進士科）

鼓山書院記

〔明〕洪珠

宋紹興間，有醇儒出自會稽新昌，曰克齋先生。先生姓石諱𡼖字子重。世系自漢晉，遠且耀，至宋而大昌，宦蹟行業，譜牒有記矣。自先生高祖石城公建茲院，延明道先生典塾事，伊洛之學始入越，繼亦休熄。先生起，奮趨此學，著有中庸集解，發揮道德性命，微辭旨義燦如也。晦翁得考據以明暢中庸，又三仕同官，薰蒸琢磨上下，而先生詣重致遠之學，遂以大成。晚開此堂教諸子，延自遠方來士日與講論，無過求仁爲要，因扁其堂曰「克齋」。此學蓋終其身思以行之鄉國天下來世也。余少讀朱子全書，見其嘗恠越中學術于華實之際。迨守紹興，讀會稽志，亦見其始末記載，皆仙佛幻跡、風流題詠，王、謝一派爲烈，無侈書先生學業者，何如也？蓋古者君子仕于鄉，則思舉其故，若廢名賢盛德不載，墮賢人世胄躅業不彰，恥莫大焉。學術係人心政治，乃尋鼓山舊址，得地直可一拾八丈，横如其數。搆六楹，中設先生神位，前四楹爲儀門，又前二楹爲臺門。南臨大路，建綽楔以樹風聲。山田地共二十八畝，咸畀先生裔孫克剛歲供祀事。南望旗山，如見大賓矣，乃梵刹峥嶸，思一掃而未暇。北負金庭，委羽瑞蓮，龍驤之跡猶有存者，而荒幻可畏。三溪遶其西，四明倒影，吊知章之狂放，惜其不知所裁。天姥在東，凌層雲表，又惜其題抹鐫雕，多是浮華放浪之跡。唯堂中屹勢尊，宅安境浄，泉石幽響，前人講學聲韻，若可聽聞。嗚呼，孔門一派，自孟子後至明道而始明，紫陽一派，傳自伊洛，新昌一派，分自紫陽，不可誣也。亦以行于越矣。則登斯堂也，能無益思先生名齋之義？高山仰止，克己求仁，極于詣重致遠之際，而盡易其舊者，意在斯乎！意在斯乎！因繫之辭，俾世歌以祀公，曰：

道要渺兮誰傳，覽千古兮思大賢。惟氣質兮間值，亦天運兮回還。美好修兮前哲，超獨得兮靈玄。紹世業兮猗那，導洛源兮揚閩波。信修兮勉慕，代不同兮將謂何。將謂何兮思遲遲，尋石鼓兮文旗。悵遺跡兮荒草滋，集芳馨兮建堂幃。山空兮無塵，會適兮交神。若有告余兮道真，保厥美兮依于仁，依于仁兮學所止歸。漁川與泳兮鳥雲與飛，風雲雨露兮似是而非。凡我髦士兮喫緊以，爲南明高兮光古瀰。畹有蘭，汀有芷，越多士兮公多孫子，神居其間兮永與終始。

賜進士出身、亞中大夫、浙江等處承宣布政使司、左參政、前紹興府知府、莆田西淙洪珠撰文。賜進士出身、中順大夫、紹興府知府、前户部郎中、玉融梅塘毛秉鐸書丹。賜同進士出身、承事郎、紹興府推官、晉江見吾子陳讓篆額。嘉靖甲午仲夏吉日，新昌縣知縣曹祥、縣丞姜操、典史鄭延光、儒學教諭許淵、訓導吴晟、許效賢立石。

（録自清康熙石佩玉刊本中庸輯略卷首）

石子重小傳

〔清〕嵇曾筠

石𡼖，台學源流字子重。其先新昌人，大父公孺始遷臨海。𡼖自少警悟不羣，及長刻意爲學。與晦庵朱子交好，嘗稱其論仁之體要甚當，願與長者各盡力於斯。又謂心説甚善，但更須收斂造約爲佳。以紹興十五年進士，歷四縣，知南康軍卒，年五十有五。晦庵誌其墓。晚名其燕居之室曰「克齋」，讀書其間，没身不懈。後生執業就正者，多賴以知嚮方。陳耆卿修郡乘，謂里人自克齋知有洛學。車若水亦云克齋石公，所謂大人爲己之學，深造而自得者也。所集周易大學中庸解數十卷、文集十卷傳學者。

（録自清浙江通志卷一百七十六人物五儒林中）

石子重先生傳略

石𡼖字子重，幼端愨警悟，博覽群書，有志聖賢之學。年十八舉進士，授桂陽主簿，秩滿，調同安縣丞。民饑，白府請蠲租如故事，部使者委𡼖以便宜行事，卒定蠲租之議。改知武進縣，有訟數年不決，𡼖立辨。郡守欲爲寓客治第，屬役于縣，費且數十萬，𡼖不從。守怒，欲中以法。𡼖求罷歸，更調尤溪縣。時學校久廢，𡼖屬其友古田林用中來掌教事，選邑才俊充弟子員，率左史賓客往臨之，開陳聖賢教學之方，聞者莫不感悟，他邦士子有裹糧來就學者。𡼖視學舍不稱，乃廣新規制，買書萬卷，置田數百畝贍之，更考古制舉行鄉飲酒禮。於是士咸知學，而民俗丕變。及代去，民畫像祀之。監察御史陳舉善薦于朝，丞相史浩舉名士數人，𡼖與焉。有旨召對，首陳人君之道與天地仝大，言甚剴切，上皆然之。累遷太常主簿，代朱熹知南康軍。未行，熹使浙東，聞新、剡飢民散入台境，亟以屬𡼖。𡼖奮義前往，不辭勞疾，民賴以存活者甚衆。熹曰：「醇儒康濟之績也。」𡼖天資高邁，究心理學，與熹友，益講明經傳宗旨，盡得其精奥，發爲著述，簡明醇粹，多與熹合。所著中庸集解，熹嘗採之爲中庸集註，又别爲輯略，以存諸儒之説，而𡼖尊經衛道之功明矣。熹嘗名其所居曰「克齋」而爲之記，以著求仁尚友之志，一時學者多師事焉。熹嘗呼之曰子重兄，及卒，又述其平生志行之大者，爲之銘墓。所著有文集十卷，集周易、大學、中庸解數十卷。從祀鄉賢。嘉靖間，郡守洪珠重建書院于鼓山，崇祀而表章之，郡志稱「理學第一人」云。

（錄自清康熙石佩玉刊本中庸輯略卷首）